儿童早期学习品质的发展与培养研究

彭杜宏　著

江苏人民出版社

图书在版编目(CIP)数据

儿童早期学习品质的发展与培养研究/彭杜宏著
. 一南京:江苏人民出版社,2021.8
ISBN 978 - 7 - 214 - 24176 - 4

Ⅰ.①儿… Ⅱ.①彭… Ⅲ.①儿童教育－早期教育－
研究 Ⅳ.①G61

中国版本图书馆 CIP 数据核字(2019)第 266740 号

书　　　名　儿童早期学习品质的发展与培养研究
著　　　者　彭杜宏
责 任 编 辑　石　路
出 版 发 行　江苏人民出版社
地　　　址　南京市湖南路 1 号 A 楼,邮编:210009
网　　　址　http://www.jspph.com
制　　　版　江苏凤凰制版有限公司
印　　　刷　江苏凤凰通达印刷有限公司
开　　　本　718 毫米×1 000 毫米　1/16
印　　　张　21.75　插页 4
字　　　数　300 千字
版　　　次　2021 年 8 月第 1 版
印　　　次　2021 年 8 月第 1 次印刷
标 准 书 号　ISBN 978 - 7 - 214 - 24176 - 4
定　　　价　88.00 元

(江苏人民出版社图书凡印装错误可向承印厂调换)

序

　　儿童自出生后就不断表现出学习的各种倾向性,如好奇、感兴趣、投入其中、充满热情、坚持尝试、主动探索、天马行空地想象等等。如何珍视儿童早期这些积极的学习倾向性并明智地引导促其成长为强大而有效的终身学习者? 如何让儿童天生的学习热情与倾向性发展为持续终生的学习动力与能力? 本书便拟站在儿童毕生学习与发展的高度,针对关乎儿童毕生学习与发展的根本性问题——儿童早期学习品质的奠基,进行基于国际学术前沿的本土理论创新与系统实证探索。

　　学习品质(Approaches to Learning,简称 ATL)即用以描述儿童趋近与投入学习过程时的系列行为、认知与态度倾向;它是一整套和"参与"有关的学习机制,如学习过程中的主动性、坚持性、专注力、好奇心、想象、创造、灵活性、能力动机等等。学习品质既含有儿童与生俱来的一些倾向,也含有早期经验与环境促成的发展结果。国内外大量实证研究揭示儿童早期学习品质与儿童在园学习与入学准备显著相关;也能显著预测儿童入学后不同学段的学业成就,甚至大学学业成就。儿童早期学习品质还对儿童的同伴关系、社会能力等有显著影响。它们能有效降低个体行为问题与学业困难的风险、降低行为问题对其学业成就的负面影响,以及调节低质量学校教育或家庭贫困对儿童的负面影响等。综上,尽管学习品质不是儿童要学习的知识、技能本身,但它远比知识技能本身更重要(鄢超云,2019)。对学习品质的重要性怎么强调都不为过(霍力岩等,2016)。

因此,本书聚焦"儿童早期学习品质的发展与培养"这一核心问题,从三大方面展开了研究与探索:(一)文献梳理与理论研究(第1、2、3章),主要为后续章节打开根源性问题的国际视野,夯实文献基础与理论依据。(二)现状测评研究(第4、5、6章),主要对我国学前儿童的整体学习品质、典型学习品质要素等展开全面观测与纵向追踪,勾勒出其整体发展现状、个体差异与纵向趋势的图景。(三)培养与干预研究(第7、8、9、10章),从理论与实证层面展开儿童早期学习品质培养的理论建构、个案干预实践与成人教养素质测评研究。全书共10大章27分节,内容章节基于其内在逻辑推进与提炼,力图透彻阐述这一"我国政府倡导的学前教育改革新方向"问题。

在一个知识、技术、价值观等快速变化的时代,当没有人能对不断飞速变化着的未来世界做出准确预测时,要为儿童当下及未来学习与生活奠定坚实的基础,就离不开对学习品质的高度重视。希望本书的内容能引起各级教育部门及教育实践者对儿童早期的学习天性、积极倾向性与学习过程表现的高度重视。同时希望学前教育评价政策能给予园所机构、教师与家长以科学的导向与有力的支持。让他们能安心陪伴、观察、倾听与记录儿童,重视儿童学习与发展的过程,重视儿童学习过程中积极倾向与品质的塑造:顺应、点燃、强化。从而为每一个儿童的天性舒展、完整成长、学业的投入与成功、人生的自信与幸福奠定基石;为我国源源不断的优秀人才涌现奠定基石。

目　录

第一章　绪论

当今时代,高精技术与人工智能的迅猛发展不断改变着人类社会与人们生活的世界。有关人类自身发展的科学研究(如儿童发展、学习科学、认知神经科学等)也不断获得新的研究发现与重大进展。外界社会的深刻变化与科学研究的发展推进要求人们不断更新大脑中的已有认知,更新对儿童早期的发展认识以及对儿童早期教养的认识。如儿童早期不再主要指3—6岁的学龄前时期,他们出生后的前三年或出生后的第一年也至关重要(Leach,2018;Bleses et al.,2020);自出生后儿童便在语言、数学、社会情绪、学习品质等多个与日后学业密切相关的领域快速准备着(Bleses et al.,2021)。研究表明,自胎儿期到出生后的学步儿童期是人类大脑增长与发展最快的时期(Sheridan,Nelson,2009);脑的大小到6岁时长到成人体积的90%左右(Courchesne et al.,2011);前额叶的发展与扩张在整个儿童期及随后几年几乎是其他区域的两倍(Hill et al.,2010)。而大脑的早期发育极易受养育环境的影响(Phillips et al.,2017;Shonkoff et al.,2016)等等。正如教育家洛克指出的"我们幼小时所得的印象,哪怕极微极小,小到几乎觉察不出,都有极重大极长久的影响"(洛克,1999:1)。因此,本章先基于国内外新近相关实证研究来更新我们对生命头六年的认识;进而阐述儿童早期最佳学习环境的创设以及支持儿童完整的成长与学习品质奠基等重要问题。

第一节　科学认识生命头六年的学习

一、生命头几年的悄然发展

生命头几年,即从出生至 6 岁/8 岁,称为"儿童早期"(Early childhood)或"学前期"。理解生命的无数奇迹般地展现的真正关键是年幼的和发展中的生物(蒙台梭利,2005:195)。随着研究的推进与发展,人们对生命头几年的认识越来越丰富,甚至有人呼吁,21 世纪是新生儿的世纪。在生命头几年里不仅发生了翻天覆地的变化,而且这些变化中的婴幼儿逐渐发展着众多非凡的能力。如作为人类认知开端的感知觉,研究发现尚在胎儿期,人类的听觉系统就已经开始发育形成(Ferronato, Domellöf, & Rönnqvist, 2014);在出生后的几天内,新生儿已经对声音刺激的频率、响度、时长等特征敏感 (Arimitsu et al., 2011);在生命早期,新生儿、婴儿对情绪语音便有了感知、分辨与识别能力,并表现出对特定情绪的加工偏好(周玉等,2017);进一步的脑电研究发现,刚出生一周的新生儿大脑可自动辨别正性与负性情绪语音,高兴语音比两种负性语音诱发了更大的失匹配反应,从神经学层面为新生儿情绪性语音加工的正性偏向提供了证据(张丹丹等,2019)。研究还发现 9 个月大的中国婴儿便能把本族与他族的面孔区分开来(刘少英等,2016);12 个月大的中国婴儿能表征普通话声调的语义特性(陶冶等,2013)。对于生活中的物理世界,婴儿在最初的几个月就表现出了对于最基本物理事件的理解,包括遮挡、支撑和碰撞等(胡清芬等,2011)。对于自我的世界,婴儿在 15—24 个月时便开始出现了对自己身心发展方面的自我认知(刘凌等,2010)。对于包含复杂认知的人类高级认知功能——问题解决,在相当长的时期中,人们倾向于将婴儿视为仅仅具备感知运动反射和基本知觉能力的个体。而研究表明,11 个月后,大部分婴儿已能正确解决问题(董奇等,2002)。即使运动神经有缺陷婴儿,也表现出一定的问题解决能力(Tripathi et al., 2017)。此外,有些能力在婴幼儿期开始萌芽随后迅速发展,而有些能力潜伏在儿童早期正"顺势待发"。如研究发现,虽然 3 岁幼儿尚难以自发进行二级观点采择,但已具备进行二级观点采择的潜质(金心怡等,2019)。意图读取作为一种重要的社会认知能力,在婴儿 1 岁以内出现,之后飞速发展(陈亚萍等,2013)。一些不是与生俱来的能力(如跨期决策能力等)也伴随着大脑的发育不断发展并在儿童期及随后呈现快速增长趋势(Anandakumar et al.,2018;何清华等,2020)。反之,一些潜在发展问题或发展不足也在儿童早期发生发展着。如以往研究一度认为早发性的外显问题行为在入学前开始,后来研究显示稳定的外显问题行为出现于17至24个月龄之间(e. g., Tremblay et al., 2004);最近一项研究结果显示,早期外显问题行为的发展模式再次向下调整,婴儿8个月时外显问题行为便已存在(许少月等,2017)。

像发现新大陆一样,当代科学研究越来越多地揭示出婴幼儿早期智慧的萌芽与发展的过程以及婴幼儿期所具有的莫大学习潜力与能力。研究也越来越多地揭示,早期的发展与随后的学习与发展有着千丝万缕的不同程度的相关关系。如研究发现,儿童2岁时的情绪调节策略能显著预测他们4岁时的社会行为(王莉等,2002);儿童4岁时所表现的注意力与坚持性能显著预测他们21岁时的数学与阅读学业成就;还能显著预测他们25岁时能否顺利完成大学学业(McClelland,2013)。而那些对新奇事物具有强烈偏好的年幼婴儿更有可能在他们2至7岁时的智力测验中得到高分(Bornstein,1989;Fagan & Montie, 1988)。此外,研究也表明,具有外显问题行为的婴儿约有50%在1年后仍然继续发展,且婴儿期的问题行为可能是后期心理健康问题的前兆因素(许少月等,2017),等等。早在19世纪著名教育家裴斯泰洛齐就指出,"思维能力可以萌芽于婴儿的头脑中"(裴斯泰洛齐,2001:365);近代学前教育理论的奠基人、德国儿童教育家福禄培尔指出,"人的整个未来生活,其根源全在于这一生命阶段。"(福禄培尔,2001:39)"假如儿童在这一年龄阶段遭到损害,假如存在于他身上的他的未来生命之树的胚芽遭到损害,那么他必须付出最大的艰辛和最大的努力才能成长为强健的人。"(福禄培尔,2001:40)意大利教育家蒙台梭利指出"3岁决定孩子的一生";"儿童,隐藏着未来世界的命运"(蒙台梭利,2005:203)。原苏联教育家苏霍姆林斯基也指出,"童年是人生最重要的时期,它不是对未来生活的准备时期,而是真正的、光彩夺目的一段独特的、不可再现的生活。"(苏霍姆林斯基,1998,13—14)综上,现当代科学研究的积累与古今中外的教育家普遍共识之一即:儿童早期在人的毕生发展中是一个十分关键的阶段;儿童早期教育在人的整个教育体系中占有极其重要的地位。觉知儿童早期于儿童毕生学习与发展的关键性具有重大现实与理论意义。

二、儿童早期发展的敏感期

（一）敏感期概念

敏感期或关键期是发展神经生物学领域中的一个重要概念,关键期概念起源于奥地利生态学家、诺贝尔奖获得者洛伦兹对印刻现象的研究(陈建华等,2008)。敏感期是儿童心理发展的某一阶段或阶段之间出现的对儿童发展具有特定意义的时期(申继亮,方晓义,1992);也指某个时期是儿童发展的最佳时机(刘良华,2019)。当代认知神经科学研究者认为敏感期(Sensitive Period)指的是练习/经历(Experience)对个体行为与大脑发展有特别效应的那段时期(Penhune,2011),是个体发展过程中环境影响能起最大作用的时期。现今几乎所有的教育家都认同并进行了解读、论证、归纳,甚至强调其重要性,从而使之成为现代儿童教育的理论基石和实践前提(罗碧琼等,2018)。

（二）早期发展的敏感期

个体发展中的敏感期是一个难以想象的惊奇现象。研究者确实发现不同领域发展中的敏感期现象。如 Penhune(2011)发现音乐训练的可能敏感期,如接受音乐训练年龄小一些比年长一些儿童有着更好的完成任务表现;听觉与大脑运动区有更大的变化。Humphreys 等(2019)发现,5 岁前的严重压力经历与日后 HV(Hippocampal Volume)有中等程度的显著负相关,但 6 岁及往后的严重压力经历与 HV 没有显著相关,由此推测 5 岁前的生活压力经历/体验是青少年期患 HV 的一个敏感期。儿童早期究竟有哪些敏感期? 有学者认为,儿童早期是突触建立连结的关键时期;0—10 岁是儿童语言学习的敏感期(陈建华等,2008);人脑的初级感觉皮层发育的关键期是出生后的第 3—5 年(丁峻,2010);3 岁前后的儿童处于情感、语感和身体动作发展的敏感期(刘良华,2019);综述表明,婴儿期是个体移情能力发展的关键时期(刘秀丽,朱宇宁,2018);研究发现,4 岁是幼儿学习品质发展的关键期(温赫柏,2018)。此外,发展心理学研究表明,2—6 岁是对良好的行为规范的敏感期;2—4岁是对色、声、触摸等感觉的敏感期;婴儿自出生后几个月内,视觉系统发育飞快,当3个月大时,眼睛聚焦已接近成人;7—10个月是爬行的关键期。24月龄以内的婴幼儿神经可塑性强,早期干预能很大程度上改善其语言、认知及适应能力(毕小彬等,2020)。有学者对儿童发展的敏感期进行了简要归纳(罗碧琼等,2018),参见表1。综上,整个儿童早期都是大脑、认知、学习等飞速发展的时期。

表1 儿童敏感期的内容结构

敏感期名称	年龄段	内容与特殊征	教育措施
语言敏感期	0～6岁	开始观看和模仿大人说话的嘴形,并发出牙牙学语声	系统的语言教育
秩序敏感期	2～4岁	对顺序、生活习惯以及所有物的秩序具有内在需求;同时,客观环境对于儿童的秩序感也存在要求	有秩序的环境;熟悉、认识、融入环境
感官敏感期	0～6岁	借着五官来熟悉环境;3岁前,透过潜意识的"吸收性心智""吸收"身边事物;3～6岁,透过感官分析、感知环境里的事物	利用感官的作用进行教育
对细微事物感兴趣的敏感期	1.5～4岁	孩子能捕捉到大人常会忽略的、身边环境中的微小事物的奥秘	关注细微事物
动作敏感期	0～6岁	孩子在2岁期间是最活泼好动的时期且已经学会自己走路	正确协调肢体动作,帮助大脑均衡发展
社会规范敏感期	2.5～6岁	两岁半的孩子不再以自我为中心,明显倾向于结交朋友、群体活动	生活规范、日常礼节,自律的生活
书写敏感期	3.5～4.5岁	在语言、感官、肢体动作等敏感期内,孩子得到了充分的学习后,便自然会产生书写能力	寓书写于语言、感官、肢体动作教学中
阅读敏感期	4.5～5.5岁	阅读发展能力较迟,在语言、感官、肢体动作等敏感期内,孩子得到了充分的学习后,便自然会产生阅读能力	寓阅读于语言、感官、肢体动作教学中
文化敏感期	6～9岁	从3岁开始对文化学习有兴趣;6～9岁萌生出探究事物的强烈需求	以本土文化与民族传统文化为基础提供丰富的文化信息

(资料来源:罗碧琼,唐松林,盛红勇,2018)

（三）科学把握儿童早期发展的敏感期

早期经验决定神经细胞网络连接格局,进而影响大脑潜能及其功效（袁爱玲等,2007）。如果善待和利用了这个敏感期,儿童的发展就会顺利而成功;如果错过或破坏了这个敏感期,就会导致教育的失败,而且,这种失败往往不可补救或很难补救（刘良华,2019）。正如有学者指出人们都以为神童是具有某种神秘天赋的儿童,其实,从脑科学角度看,他们只不过是有幸在大脑发育的各种关键期,得到了丰富而适宜的后天养育,从而形成了比一般儿童更多的神经突触和更发达的神经回路而已（袁爱玲等,2007）。因此,在儿童发展的不同敏感期,成人（家长与教师）应为其提供怎样的支持和帮助成为另一个关键的问题。因为某种感觉能力在相应时期内出现、消失,当它们出现时,能最有效地学习;忽视了敏感期的训练,可能会造成难以弥补的损失。最重要的是孩子内在发展和成长的最佳时机将会一次次地被剥夺。很多看似淘气、捣蛋,甚至偏执的行为,可能都是敏感期孩子自身发展驱动他们去学习和发展的结果。儿童个体发展的某些敏感期,常常是家庭或园所教养（含顺应、跟随与支持等）能产生最大影响的时期。例如,学前期是母亲支持对儿童海马发展（作者注:海马发展与儿童日后情绪能力密切相关）影响显著的时期,母亲支持水平越高,海马体积越大;而入学后母亲支持未发现这种影响效应（Luby, J. L., Belden, A. et al. ,2016）。因此,提高早期教育质量,把握发展的敏感期,提供及时的适宜性支持至关重要。

与此同时,不同的个体有不同的发展节律。每一个体的儿童的发展敏感期具有个体差异性,有的可能早一些,有的可能晚一些,不能按既定的参照时间完全对号入座。正如大教育家洛克所言,人类的心理构造与气质之彼此不同,并不亚于他们的面孔与体态方面的区别（洛克,1999）。此外,儿童早期的发展也具有一定的阶段性特征。发展的阶段性是指发展有一定的自然秩序。如皮亚杰认知发展阶段理论指出,儿童早期主要处于感觉运动期和具体形象思维期等。科学合理地把握儿童早期发展的敏感期,遵循儿童发展的内在进程十分必要。

三、儿童早期的学习心理与学习机制

(一)学习发生的根本过程

早期认知发展理论代表性人物皮亚杰提出"童年时代的两个世界":一个是成人与儿童相互作用的世界;另一个是同伴与儿童相互作用的世界,反映出互动—相互作用在儿童学习与发展中的重要性。社会文化学习理论代表人物维果茨基更是强调社会文化在个体学习与发展中的作用,认为人的心理是在人与人之间相互交往的过程中发展起来的。

当代学习理论指出(Illeris,2018),所有学习的发生都依存于两个不同的过程:(1)与周围他人、文化、环境等的外部互动;(2)个体内部的精致与获得的心理过程。此前行为主义或认知主义心理学分别就其中一个过程进行研究,但学习的发生取决于这两个交融的完整过程(参见图1)。

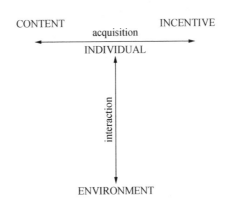

图1　学习发生的基本过程(Illeris,2018:3)

由此可见,与成人和环境的互动,是学习发生的关键过程之一;给予儿童独立自主活动的时间和空间,让他们进行内部的精致、加工与获得是另一关键过程。在学习的获得上,Illeris(2018)认为,包含内容(Content)与激励/动机(Incentive)两大维度。对于儿童早期而言,相对于内容上的获得,儿童在学习的激励层面如热情、好奇、兴趣、投入上的获得更为重要。当今社会学习的物质资源与机会极度丰富,而学习的发生并不与之对应地提升。学校与父母越来越要使出浑身解数来调动学生的学习专注与投入,甚至在课堂上用智能"紧箍咒"监测每一个学生课堂学习是否专心。不难看到,学习

的发生是一个复杂的过程。我们需要从整体的层面考虑促使学习发生的方方面面。在这点上,上述模型提供了一个学习发生的最广泛层面的模型参考。

(二)儿童早期学习心理特点

小学之前儿童的学习似乎是天然而然的事情,然而,一进入小学,家长们就开始疲惫不堪。那么,如何能让儿童早期天生的学习心性一直延续下去?把握儿童早期学习的心理特点,对于顺势引导儿童的学习以及保持良好学习势头非常重要。

1. 吸收性心智

吸收性心智是蒙台梭利教育理念中的核心概念之一,《有吸收力的心灵》也是蒙台梭利的封笔之作(蒙台梭利,成墨初等,2013)。如蒙台梭利认为,每一个儿童都有一颗"有吸收力的心灵",如同他们与生俱来的"内在生命力",具有无穷无尽的力量。它反映了儿童天生的巨大的学习热情与自主学习天性。他们拥有一种内驱力,常常不知疲倦地投入(游戏、工作或运动之中)、自主地反复练习,在各类活动中和反复练习中发展着自己的能力和增加着能量。研究揭示,幼儿在上学初期的数学能力与自发数量聚焦有关(Hannula-Sormunen,2015)。自发数量聚焦即个体以他人不提示的自发方式将注意力集中在一组物品或事件的精确数量方面的自发学习过程(Hannula & Lehtinen,2005)。儿童自主发起的活动中学习往往也最多、最充分;有时比成人发起的主导性活动中学得更持久。基于此,教育不是教师要教予儿童什么内容,而是为儿童创造有质量的环境、安排有意义的活动,辅助儿童自由地发展,让他们从环境和活动中获取知识以及让他们那自然赋予的能力充分发挥出来。承认儿童这种非凡的潜力,成人才可能更好地履行他们的职责。正如蒙台梭利所言,帮助得当,儿童就能更好地成长。我国儿童教育家王振宇先生指出,"在儿童身上集中着人类精神的本原:儿童的执着,表现着人类求真的实验精神;儿童的浪漫,反映着人类求美的艺术精神;儿童的率真,反映着人类求善的道德精神。在儿童清澈的明眸中,闪烁着科学家的敏锐、艺术家的热情和哲学家的简洁。只有了解儿童,才会尊重儿童。"(王振宇,2000)

2. 学习的具身性

儿童早期的学习是典型的具身学习与操作学习。具身学习本质上是身心融合的学习。具身认知认为，个体的认知、思维、记忆、学习、情感和态度等是身体作用于环境的活动塑造出来的（叶浩生，2015）。对于年幼儿童而言，其认知、思维、记忆、学习、情感和态度等更是通过身体来表达与创造。如幼儿的经验体验来自他们的身体最直接、最具体的感受，没有经过加工而失掉具体细节，幼儿的身心活动高度融合。个体的思维发展也是从直观行动思维开始，继而发展具体形象思维，再到抽象逻辑思维，当中还伴随着动作逻辑思维和形象逻辑思维的发展（林崇德，2006）。综上，儿童的学习必须经由自己来完成，而不能由任何成人来代替。他们需要直接感知、亲身体验和动手操作，这与皮亚杰关于儿童早期主要处于感觉运动期和具体形象思维期的认知发展阶段理论相一致。蒙台梭利也指出，儿童的工作由行动和外部世界的真实物体所组成（蒙台梭利，2005：191）。

3. 学习的内隐性

自动地、无意识地、不知不觉地获得环境中的复杂知识的过程即内隐学习。内隐学习在生命早期得以发展并贯穿整个生命历程。儿童早期的学习也是突出的内隐学习，且是广泛的内隐学习。比如，儿童早期第一或第二语言可以完全在相应的环境中无意识地获得。有研究者指出，相对于外显学习，内隐学习对儿童的身心发展起着更为重要的作用（转引自谢超香，2016）。当然，儿童的学习同时也是融合有意识和无意识、外显与内隐的过程。不过，个体最初阶段的发展是通过与环境不断接触、与环境相互作用、根据先天的加工反应倾向进行编码实现的（卡米洛夫-史密斯，2001：16—24）；在外显学习系统形成之前的很长一段时间，内隐学习系统就已经存在了，外显学习系统是在内隐学习系统发展稳定的基础上才逐渐发展进化的（Reber，1993）。换言之，年龄越小的孩子，越是以自动化的、无意识的内隐学习为主。因此，所有的在园时间、在家时间、正式时间、非正式的闲暇时间，都可以成为儿童获取知识、开阔眼界、活跃思维的有效学习机会。

4. 学习优势偏向

儿童早期学习中的个体差异，包括个体优势偏向的差异等，如同儿童的成长密码。每一个人都有自己的优势智力和独特的智力组合，都有自己的特点和风格,有自己的学习速率、兴趣偏好、优势资质与潜能等。正如多元智能理论指出的,人具有多元智能,而每个人的智能和发展方向、水平是不一样的。同时,人不仅有天赋,而且在天赋上有着丰富的差异:在天赋水平上,有"极高天赋、中等天赋、少许天赋和没有天赋"(Milgram,2005)。世界著名成功学大师唐纳德·克利夫顿曾说:"任何人的欠缺点都比才干多得多,而且大部分缺点是无法弥补的。"顺应孩子的自然天性,发现他们的特长和优势,找到他们各自的生长点——有生命力、有发展性、有潜力的点,鼓励他们在这些方面坚持不懈,便走上了成功的通道。正如澳大利亚墨尔本大学心理学教授莉·沃特斯(2018)的著作《优势教养》所倡导的,我们要把大部分的注意力放在帮助孩子发挥优势上,即发现孩子的优势;培养其优势与天赋,让他们成为最好的自己。如何发现儿童的优势偏向?第三章附录 2 "观察与发现儿童的日常策略"可提供一些参考。

综上,儿童早期有着许多领域发展的敏感期,同时,也有着不同于人生其他任何时段的独特学习心理。实践领域的专家指出,"家长在孩子婴幼儿时期多付出一些辛苦,往往有四两拨千斤的功效。这个'付出'是天下最划算的'投资'。如果把这件事做反了,在孩子小时候不注意,不把孩子教育当回事,到孩子长大了,不知会有多少麻烦。"(尹建莉,2009:197)

第二节　创造儿童早期学习的最佳环境

一、儿童早期学习环境的关键性

当代认知神经科学研究表明,婴儿大脑的发育主要依靠其基因与其所处环境的互动(Szyf,2009,Talge et al.,2007,Belsky,de Haan,2011;Penhune,2011)。"所有的生命,即使是植物的生命,都是以环境为条件得以发展的。"(蒙台梭利,2005:192)"儿童的生命成长需要一种不同的环境和不同的生活媒介。"(蒙台梭利,2005:200)叶圣陶先生指出,"受教育的人的确跟种子一样,全都是有生命的,能自己发育自己成长的;给他们充分的合适的条件,他们就能成为有用之才。所谓办教育,最主要的就是给受教育者提供充分的合适条件。"(转引自朱永新,孙云晓,刘秀英,2017:61)研究也表明,儿童早期语言发展上的个体差异很大程度上受他/她所处的家园环境的影响(Justice,Jiang,Strasser,2018)。关注儿童的学习,首先要关注儿童学习发生所依存的内外环境。那么,在儿童早期,我们应给儿童提供怎样的高质量学习环境?

二、儿童早期最佳学习环境的系统分析与模型建构

儿童早期学习环境系统包含诸多元素。同时,好的教育和好的养育有着许多的共同特征(Moore,2006)。其中,最根本、最深层的学习环境是成人自身的生命成长与进化。这是一种内在的深层环境。由此衍生出间接作用的两大环境要素:(1)成人与儿童之间、成人与成人之间亲密友爱信任的和谐关系;(2)成人自身散发出的润物无声的榜样熏陶环境。以及直接作用的三大环境要素:(1)充分尊重儿童的学习环境;(2)儿童身心放松自由的学习环境;(3)理解与支持儿童的学习环境。由此,本书建构了"基于成人生命成长与进化的环境模型(The Nurturing Environment Based on Adults' Life Growth and Evolution,简称 LG 模型),也即儿童早期最佳学习环境系统模型(如图2所示)。这些环境要素的每一个面向、每一个层面都与其他层面紧密连结、交互融合。只有成人保持生命的向上成长与进化,整个系统(家庭教养系统、园所教养系统)才能发生改变。也只有当成人有生命成长与进化的意识与自觉,才会学习越来越多的科学教养理念,日益懂得"尊重儿童"、"给予儿童自由"、"理解与支持儿童"的关键性。上述便构成了儿童早期优质或最佳学习环境的核心要素。只有让儿童生长于优质的家庭环境、园所环境中,才能最为有效地支持儿童的学习与发展,包括儿童早期学习品质的发展与养成。如儿童学习中的坚持性与专注性表现,想象力与创造力的发展,好奇心与学习热情的持续等都离不开创造有利于幼儿学习的环境(曹云云,2018;刘云艳,2004)。

本书中,"成人"指的是家庭教养者(以父母为主的主要照看人)以及园所教养者(以教师为主的主要照看人)。3岁以下的儿童,教养者主要是家

长;3岁以上入园的儿童,教养者主要是家长与老师。这些成人长期、直接与儿童频繁互动,都是影响儿童学习与发展的重要他人。在儿童年幼的这一段时间,提升家长、教师的素质与教养水平对支持儿童的学习与发展至关重要(National Academies of Science, Engineering, & Medicine, 2016)。下面便对基于成人生命成长与进化的儿童早期最佳学习环境模型(LG 模型)进行阐述。

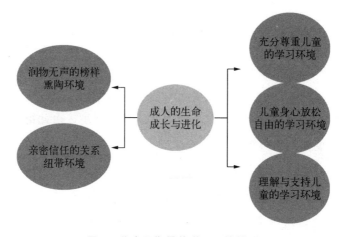

图 2　儿童早期最佳学习环境模型

三、内在根源性环境:成人的生命成长与进化

儿童早期最佳学习环境系统中,最根本、最深远的环境是成人自身的生命成长与进化,它是整个环境系统的根基。如生命成长教育、儿童早期教育的实践者林巨(2014:封面)所指出的:"家长唯有发现自己的'伤',才能中止对孩子的伤;只有疗愈自己的伤,才能疗愈孩子的伤;唯有学会爱自己,才能真正学会爱孩子。"这一论断同样适用于教师和其他成人教养者。而"抚养孩子也不仅仅是父母的任务,而是父母精神生命第二次发育的最佳时机"(朱永新,孙云晓,刘秀英,2017)。下面便就成人生命成长的迫切性、主要目标等方面进行简要阐述。

(一)成人生命生长的迫切性与必要性

1. 成人"破坏者"与破坏行为的惊人普遍性

成人"破坏者"指的是在教养儿童过程中对儿童的天性与学习心理有

意或无意产生种种破坏的成人(含家长、教师等直接教养者)。成人"破坏者"极端的表现有虐童事件等;除去极端的例子,其破坏行为与破坏现象无处不见。成人世界对儿童的破坏常常处于集体无意识之中。正如蒙台梭利所言,"儿童确实是受害者,但社会并没有意识到这一点。"(转引自单中惠,2019)这种破坏性的行为既可能出于"好心"、"无心";也可能出于"坏心"。如我国学者指出,"成人在教育儿童时屡屡采取不合适的教育方法,使'教育'变成一种破坏性行为。"(尹建莉,2009:153)"无论是在日常生活还是学校教育中,我们给了孩子许多不符合他们成长需要的东西,却剥夺了更多孩子成长所需要的东西;我们的出发点是为了孩子,但很多时候,我们的作为却恰恰不利于孩子的健康成长。"(苗雪红,2012)"成人迷恋于把儿童纳入他们自己的生活方式,把他们树立为儿童完美的榜样。他们惊人的盲目性看起来似乎是完全不可治愈的。"(蒙台梭利,2005:206)

在生活世界中,普通的成人破坏现象无处不在。主要表现类型如:
(1)身体上过度关注:如强烈要求儿童多吃饭;对于儿童少穿了一件衣服十分担心等等。(2)对儿童心理的无知或不敏感。研究发现,不同社会经济地位家庭对儿童早期心理健康问题存在不同程度的无视或无知,而这也是导致问题严重的一个重要原因(Li et al.,2019)。"如果父母对孩子的问题不敏感,视而不见,甚至自身还存在缺陷,那么,父母就会阻碍孩子的心智成熟。"(斯科特,2013:40)如对于哭闹中的儿童生硬地把他/她塞入幼儿园。通过各种"吓唬"而使儿童不碰触所谓的"危险",等等。(3)其他破坏性行为,如期望过高,酷爱比较;极度催逼;是非不分明、前后不一致、没有原则、言行不一、情绪无常,此类变化无常会给孩子带来痛苦;抱怨、要求、责备、不满、唠叨……都会造成对孩子的破坏或伤害。(4)家园环境的破坏。如家庭中的争吵,不理解对方,不承担养育孩子的艰辛,对对方的不尊重;教师间的矛盾或不和谐等等,都是对孩子成长莫大的破坏。

2. 成人"破坏者"的早期根源

成人"破坏者"有其自身的早期根源。最主要的是源自原生家庭的伤。原生家庭如同一个巨大"能量场",影响着人的一生。成人个体的消极心理、性格障碍(邓秋,杨雪,2017)、人际关系障碍(申艳婷,郑舒,2018)都与原生家庭关系密切。个人"伤痕累累"的童年经历以致极少有丰满的人性,康健的心灵。比如,容易紧张、忧虑、急躁、发火、没有耐心;容易干涉、控制、摆权威、要他/她听自己的、与孩子生气、不能忍受孩子一时的任性或胡闹等等。其次来自重要他人的伤害或破坏。如园所教育中来自教师的伤害。研究也发现,当前幼儿教师普遍承受较高的心理压力,幼儿教师的心理健康水平显著低于全国常模(缪佩君等,2018)。因而成人个体可能在自己早年的园所、学校生活中受到过有意、无意的伤害。成人成为儿童发展历程中的破坏者有着极深远的内外根源。

3. 成人生命状态对儿童影响的全方位性与深远性

教育家洛克指出,"我现在要说的一件事情,在整个的教育工作中恐怕是最不容易见到,而又最难好好地遵守的,就是,儿童从刚能说话的时候起,左右便得有个谨慎、清醒、甚至聪明的人,他的责任在把儿童领上正轨,使他们不去接近一切坏事,尤其是不受不良伴侣的熏染。"(洛克,1999:65)而蒙台梭利认为,"要真正消除儿童跟成人的冲突,促使儿童心理发展正常,就必须在成人中进行一次剧烈的变革",成人必须从自己身上找到导致儿童压抑的那些无意的错误,并深刻认识到:"儿童是成人之父"。父母或教师是影响儿童心理发育甚至导致畸变的一个重要因素,即使是一个真诚地热爱儿童的成人,如果他/她的生命状态、教养态度与行为等不发生改变,就不可避免地对儿童造成伤害或破坏。研究发现,父母的态度、行为、人格特征等对儿童创造力有着显著的影响(Kwasniewska et al.,2018)。1岁前母亲的积极养育行为(如敏感性、鼓励自主)对学步儿、3岁儿童的社会化成就有显著预测作用(董书阳等,2017)。"'儿童多动症'是个谎言。'儿童多动症'的真正'致病原因'是成人犯了两个错误:错误的儿童观,错误的教育方法。"(尹建莉,2009:317)综上,成人生命状态对儿童的影响既是毕生的,又是全方位的。家长或教师是什么样的人,是什么样的生命状态,比教他/她什么更重要。

4. 成人生命成长是儿童生命成长的重要前提

德国哲学家、教育家雅斯贝尔斯曾说,"教育是人的灵魂的教育,而非理智知识和认识的堆集……教育的本质意味着：一棵树摇动另一棵树，一朵云推动另一朵云，一个灵魂唤醒另一个灵魂。"（雅斯贝尔斯，1991:3—4）我国教育专家叶澜指出，"教育是直面人的生命、通过人的生命、为了人的生命质量的提高而进行的社会活动，是以人为本的社会中最体现生命关怀的一种事业。"（李家成，2003）因而，教师的专业发展应走向教师的生命成长，因为教师生命成长关注了教师完整生命优化，关注教师为人与为师的统一（吕以新，李方红，2013）。实践领域的培训专家根据多年的从业经验指出，"孩子本身是没有问题的；孩子出生有潜能有潜力、身心健康；孩子的问题也不是问题；家长对待孩子及对待孩子问题的方式方法是问题。最高层次的家长是为孩子改变自己。"另有学者指出，"家长在思考改变孩子的问题时，切入点永远应该是如何改变自己的教育方式。……不这样思考，你就永远找不到改变孩子的路径。"（尹建莉，2009:120）成人只有保持不断地生命成长才可能懂得或更好地懂得珍爱生命；才可能懂得或更好地懂得促进生命成长；才可能懂得或更好地懂得引导自我实现，如意识到每一个儿童都是一个独特的生命，允许儿童个体生命的自由表达与表现，关注儿童的精神成长，打开儿童生命成长的通道（天性与潜能），营造广阔和谐的成长空间，促成儿童生命的茁壮成长。成人只有保持不断地生命成长，才能真正与儿童的生命建立连接，才能走进儿童的生命世界；才能建立自己的理念与行为之间的连接，缩小认知与行为之间的差距……因此，成人保持生命成长是呵护儿童生命成长的重要前提。

（二）成人生命成长与进化的目标

第一，从成人自身生命成长的角度而言，成人需要在身体心灵精神层面上不断丰满与完善。

1. 身体的修炼。具身认知理论认为，认知是以身体为基础的，且身体影响认知（司亚楠，2018）。它揭示了传统认知的重要缺陷——对个体身体的忽视（殷明，刘电芝，2015）。养成锻炼身体的习惯，保持健康的体魄，既促进认知，又滋养心理。

2. 心理的修炼。包括：（1）自我的修复与人格成长。如大气、平和、心胸开阔、积极乐观、富有耐心等。正如洛克所言，"镇定力、忍耐心以及温柔、勤勉、谨慎种种德性,具备这种种德行的人是很难用通常的薪额去请来的,也是不容易找到的。"(洛克,1999:65)(2)情绪觉知与情绪管理能力的提升。如觉知自己情绪,接纳自己情绪,调节与控制自己的情绪等等。

3. 灵性的修炼。灵性是什么? 有人认为,灵性是一种悟力(王飙,2016);有人认为,灵性是心灵的境界(方笑,2017);有人认为,灵性处于心灵内核深处……它既是作为人的良知,又是潜意识中的智慧。不管它是什么,不可否认的是,每一个孩子都是有灵的生命。有学者甚至认为,人的一生当中,幼儿时期灵性最高(靳慧,2017)。成人自己进行灵性修炼才能呵护好儿童的灵性成长。人工智能时代呼唤灵性教育(侯长林,2018)。灵性教育是一种面向人的内在心灵世界,通过关注人的精神生活需求,拓展人的精神生命潜能,充盈人的精神情感体验,增强人的精神意识自觉,从而不断提升人的精神生命质量的教育(杨颖东,郝志军,2016)。同时,灵性教育体现出尊重天性、遵循自然,重视体验、关注意义,对话建构、追求智慧等价值追求(杨颖东,郝志军,2016)。综上,成人通过展开自我灵性教育,在沉思与宁静中寻回自己的灵性,让心灵休憩片刻,宁静致远,追求人性中的至善至美;实现生命不同境界的跨越。

第二,从成人与儿童互动的角度而言,成人需要不断学习科学养育理念,通过教养理念、教养姿态与教养角色的转变提升教养水平。

原苏联教育家苏霍姆林斯基早指出,青年人不是生来就会当父母的。反之,需要大量专业的理论与理念的学习,不断形成科学的、先进的、跟上时代发展的教养理念获得相应证书后才可以为人父母。成人在儿童面前的"姿态"包括身体的"姿态"、心理的"姿态"。身体"姿态"的改变意味着能蹲下来与儿童平视;不会用成人强壮的力量威胁、吓唬儿童等等。心理"姿态"的改变意味着在儿童面前能有一颗谦卑的心,能有向儿童学习的真正的谦卑与谦虚;能谦和地与儿童交流。在儿童早期教养面前,成人教养者能清晰意识到自己理性的有限、自我的渺小;无论在孩子面前还是在儿童教养上,始终能保持一颗真正谦卑、谦逊的心;能真正蹲下来向儿童学习。成人还要能根据儿童在不同阶段的发展需要有针对性地使用恰当的养育来促进其积极发展(梁玉华,庞丽娟,2011)。成人在教养水平上的成长与进化是儿童良好学习与发展的重要保障。

综上,生命成长与进化可以说是每个个体生命的生存使命。在儿童面前,成人需要重新审视自己。需要注入新的生命,获得诸多领域的新的成长与进化。走上生命成长之路,向孩子学习真正的生命成长之道;是孩子在挽救我们,而不是相反(刘晓东,2018;林巨,2014;孙瑞雪,2010)。

四、间接作用的两大环境要素

(一)亲密友爱信任的关系纽带环境

该要素包含两层意思:一是成人与成人之间亲密友爱信任的和谐关系;二是成人与儿童之间亲密友爱信任的情感纽带关系,包括亲子关系、师幼关系。这两种互动中的关系纽带环境对儿童的成长有着间接的重要影响。以亲子关系为例,国内外大量研究证明了亲子关系在儿童早期乃至毕生学习与发展、心理健康、同伴关系、婚姻关系等中的重要影响。如有学者指出,在儿童青少年的各种社会关系中,亲子关系对儿童青少年的发展起着至关重要的作用;积极的亲子关系有助于促进儿童青少年的健康成长,是其发展的重要保护因素,能减少不良因素的消极影响(吴旻等,2016)。另有学者指出,亲子关系,作为个体一生中持续时间最长的第一种人际关系,对儿童青少年发展的影响最为深远,同时也对个体的同伴关系和师生关系有着重要的影响(叶子,庞丽娟,1999)。研究表明,能与父母建立安全依恋的儿童,其社交能力发展更好,更乐观,不良适应问题更少(Gailiot,Mead,& Baumeister,2008)。在儿童进入学校前,安全型亲子依恋对其认知及行为发展影响最大,并持续影响其一生(Moullin,Waldfogel & Washbrook,2014)。母子亲密度与幼儿创造性人格特质之间显著相关(高健等,2021)。值得注意的是,在关系建设的互动过程中,成人需要净化对儿童的爱;不被外界需要所污染。"爱是未被自私或懒惰所污染的深沉情感的有意识的表达。"(蒙台梭利,2005:209)。

(二)润物细无声的榜样熏陶环境

德国哲学家雅思贝尔斯指出:"教育就是一棵树摇动一棵树,一朵云推动一朵云,一个灵魂唤醒另一个灵魂。"我们不需要把自己头脑里的东西强势地倒给孩子,只需要创造良好的环境、唤醒他的灵魂,激发他体内巨大的创造潜力。成人榜样也有助于抓住生活中无数个体验时刻、抓住生活中的点滴教育契机,润物细无声地发生影响。

五、直接作用的三大环境要素

(一)充分尊重儿童的学习环境

教育家艾玛逊指出,"教育的秘诀在于尊重。"(朱永新,马国川,2018:37)儿童教育的至高宗旨即尊重儿童。尊重是前提、核心与关键。尊重儿童也几乎成为成人世界或教育世界里的口头禅;其字面意思每一个成人都能理解。然而,对儿童的不尊重的现象却无处不在、无时不有。充分尊重儿童的家园学习环境,意味着:(1)在成人的内心世界,能对儿童怀有敬畏的心,真正意识到儿童是值得成人世界尊重的。正如有学者指出的,"一个真实的儿童,他不断以新的形象呈现在成人的面前,每天都值得你景仰、敬仰。至少在福禄培尔、蒙台梭利、丰子恺等人那里是如此。儿童的高贵、丰富和创生能力是与生俱来的。"(刘晓东,2019)(2)俯身互动、平等对待儿童,把他们当作一个个平等的主体。不因自己的知识、身高、威严、力量而有任何想指教评价、控制战胜的意念。(3)尊重儿童的选择、尊重儿童的喜好、尊重儿童的观点、尊重儿童的自尊、尊重儿童的权利……成人发自内心地尊重儿童,真实地落在日常点滴的教育行为与互动过程中。(4)教育教养言行发出前先考虑是否尊重了儿童。把尊重儿童作为与儿童互动中言行的出发点。(5)创设老师尊重儿童,儿童相互尊重,儿童尊重老师的"尊重"文化和环境。环境中的每一个体懂得尊重每一个生命,尊重贯穿日常生活的全程、全域。一个在尊重的环境里学习的孩子,一个受到足够尊重的儿童,一个有着尊严和自尊的儿童,随后十几年的教养与教育都会变得轻而易举。

(二)儿童身心放松与自由的学习环境

儿童的成长就是天性的展开(刘晓东,2019)。而只有当儿童感到身心安全和放松时,天性才能自然地展开。正如美国《开端计划早期学习结果框架(0—5岁)》中指出"儿童在情感和身体安全舒适时学习最好"(转引自索长清,2018)。因此,创设让儿童有安全感,身心放松的学习环境非常重要。哲学家弗洛姆的一句话值得成人教养者一千遍地体味:"教育的对立面是操纵,它出于对孩子之潜能的生长缺乏信心,认为只有成年人去指导孩子该做哪些事,不该做哪些事,孩子才会获得正常的发展。然而这样的操纵是错误的(弗洛姆,1988:79)。"自然主义教育理念先锋卢梭指出,"你认为这样让它自由是浪费了时间吗? 恰恰相反,这段时间是用得非常恰当的。"(卢梭,1978:89)儿童教育家蒙台梭利在《儿童的秘密》中指出:成人的环境对儿童来说并不是一种适宜的环境,而是一群障碍物,他们把儿童的内心冲突的表现视为是叛逆、不正常,这群障碍物加强了儿童的防备,使他们的态度乖戾,并使他们易受成人的暗示,比如他们会接受成人对他们的反面评价,从而认为自己是一个不好的孩子。但是这种冲突并不能简单地解释成是对怀有敌意怕环境的一种防御机制,而应该理解为一种更高尚的品质寻求自我展示的表现。因此,作为还意识不到自己是障碍物,或怎样的障碍物的成人,如果想尽可能减少自己的障碍效应,就尽量给儿童提供一个使其能自由发展的环境,从而得以尽可能地解放和发展儿童。老卡尔在介绍自己的成功教养经验中指出,"不能强迫施教",这是他主张的教育法的一大原则。他认为不管教什么,首先必须努力唤起孩子的兴趣。(卡尔,2009:45)"如果说真有一种药能治孩子的毛病,那么'减少干预'和'自由的气氛'应该是最好的两片药。"(尹建莉,2009:335)另有学者指出,"可是很多人根本不知道,当你给予了孩子爱和自由,那么孩子们自己便会以你难以想象的完美姿态发展。"(孙瑞雪,2004)正如诗人泰戈尔所言:

> 让我的爱
>
> 像阳光一样包围着你
>
> 而又给你
>
> 光辉灿烂的自由

（三）儿童获得理解与支持的学习环境

只有充分理解儿童,才可能真正提供适宜的、有效的支持;儿童只有感到获得被理解,才能露出开心、满足的笑容。正如洛克指出,照料儿童的人应该仔细研究儿童的天性和才能,并且应该经常试试,看他们最容易走哪一条路子,哪一条路子最与他们相适合。如果要想使他改换一种天性,那就是白费力气的了(洛克,1999:38)。理解儿童意味着懂得何时给予他独立思考的空间;懂得聆听孩子言语或动作背后的含义;懂得发现孩子的天分倾向与潜能;懂得发现孩子认知的方式,独特的个性……在无数个观察、发现、解读中理解儿童,由此才能有效地支持儿童的学习与成长。蒙台梭利也曾大声疾呼:成人应该了解和认识儿童,理解和解放儿童(单中惠,2019)。成人必须把自己摆在儿童的位置上,端正自己对待儿童的态度,克服自己的傲慢和偏见,改变用自己的意志替代儿童的意志,进一步尊重和关爱儿童,在不断地向儿童学习的同时,对儿童提供保护和必要帮助(单中惠,2019)。

综上,无论家庭或幼儿园,创造高质量的学习环境是所有成人教养者需不懈努力的目标。同时,高质量的学习环境是反思性的、个性化性的、适宜性的、并对不同儿童的潜力与需求有系统观察等(Bowers,2008)。因此,儿童早期学习最佳学习环境模型中的要素也需要成人批判地学习、合理地应用。

第三节　完整的成长与学习品质奠基

儿童早期是个体一生中可能获得完整地成长的最佳时机。随着科学研究的深入,"完整的人"也日益进入哲学、教育学、社会学、艺术、医学等学科领域的研究视野(肖川,2001;舒心心等,2014;Sanderse et al.,2015;吴康宁,2017;沈亚娟,2017;王文娜,2018;Jenkins et al.,2018;陆平,2019;陈方平,2019;李润洲,2020)。完整的人的培育是教育的理想追求(李润洲,2020);真正的教育应该关注完整的人的成长与发展(肖川,2001)。完整的成长意味着视儿童为一个完整的人,关注儿童各方面的学习与成长;关注儿童良好的学习习惯、行为倾向、性格品质、基本学习素养的养成;关注儿童学习与发展各个领域之间、目标之间的相互整合与渗透;身心的协调与健康发展。当前许多研究与实践高度关注儿童的认知、语言和动作技能等准学业技能的入学准备。但究竟什么才是入学准备中所需要的最关键的技能?《学习故事》的作者卡尔教授指出:"我们不明白,为什么那些与有意义的活动没有任何联系的特定技能和知识就可以预测出儿童未来的学业成就呢?"国内学者指出,"只传授知识的教育,只追求分数的教育,是撕裂人的教育,是扼杀人的教育……只有完整的教育,才能培育完整的人。"(朱永新,马国川,2018:35)那么,在儿童早期,何谓完整的成长?学习品质在儿童完整的成长与早期全面奠基中有何重要贡献?本节便基于儿童完整的成长视域来看儿童早期学习品质的培养。

一、我们的关注点

"我们现在的社会对孩子长达18年的判断,是以学习好坏来衡量的。这个衡量标准和判断人的观念,本身就极具破坏性。它会诱导民众全然不顾生命成长的法则,而以现实的功利为指南……儿童的成长最急功近利不得,因为那样做意味着破坏生命的开始。"(孙瑞雪,2010:301)

的确,生活中,几乎所有成人教养者看到的多是儿童在语言、阅读、表达、数学、英语、唱歌、跳舞等方面的学业与技能表现。会唱歌了,会弹琴了,会跳舞了,会背儿歌了,会看故事书了,会讲故事了,会口算心算了,会说英语了,会画画了,会上台表演了,会拿大奖了……父母满心欢喜甚是骄傲,老师舒了一口气,圆满完成了教育任务。我们常单一地评估儿童的发展,测评各种显性的、基于记忆的、短期效应的、易考察的指标;相比之下,关注儿童学习过程中的参与状态、精神状态、情感动机性质与品质发展少得多。比如:

我们很少关注儿童的目光与眼神——是炯炯有神、熠熠发光吗?

我们很少关注儿童的表情与神态——是笑声不断、目不转睛、聚精会神、专注投入吗?

我们很少关注儿童活力状态——是活蹦乱跳、激情满怀、活力四射、勃勃生机吗?

我们很少关注儿童的内在动力系统——是充满好奇、乐在其中、满心欢喜、激动、兴奋、全身心投入吗?

我们很少关注儿童的意愿——是自己主动地参与、充满了喜爱吗?

我们很少关注儿童的心理自我——是自信大方、阳光自在、开朗热情吗?

我们很少关注儿童的沟通合作水平——是能协商、愿意沟通、遵守规则、自觉自律吗?

我们很少关注儿童的能力动机——是主动给自己提出目标吗? 是有成功完成任务的决心还是遇到困难容易放弃?

我们忽视过程、忽视状态、忽视内在动力系统、忽视习惯与品质塑造……正如有学者指出的,在教育场域中,完整的人时常遭遇着肢解(李润洲,2020)。或许是出于外在的被迫、无奈或内在的恐惧、虚荣心,让儿童一时间获得了令成人满意的学习结果。于是,蒙台梭利说,儿童成了受害者(单中惠,2019)。儿童早期的学习,不仅仅是基础知识、基本技能、各项特长等;更要着眼于儿童毕生的学习动力、学习能力、学习潜力、学习品质、学习习惯,这是儿童早期学习与教养的长远之策。如果我们常常看到的是面无表情、毫无生气、暮气沉沉、没有活力、缺乏激情、很少开怀大笑、从未任性得大声喊叫;看不到满面洋溢的快乐、高兴和笑脸,那么,孩子所接受的外界影响(无论来自学校教育还是来自家庭教育),可能存在巨大的问题,也可能埋下深深的隐患。比如,他/她可能一辈子都没有发展出快乐的能力或幸福的能力——无论怎样的学业事业成功,他/她内心都无法体验至极的或轻松的、简单的快乐! 因而关注点偏离了,便可能让原本乐于想象创造的儿童、原本积极主动的儿童、原本不知疲倦的儿童、原本充满好奇热爱探究的儿童,被一步步压抑或破坏。在家或在园给予孩子最好的教育,需要我们首先把握合理的关注方向。对儿童而言,他就应当像儿童的样子:快乐的哼唱,尽情的啼哭,安静的发呆,专注的玩耍,他们活蹦乱跳、生机勃勃、精力充沛、活力四射、整天笑嘻嘻……

二、完整的成长与完整的儿童

何谓完整的成长？为何要完整地成长？完整的成长与完整的儿童（Global Development，the Whole-child Approach）根源于大量儿童心理发展研究的启示（Jenkins et al.，2018）。某些发达国家里，完整的儿童与完整的成长理念被广为接受。即使小学阶段往后，老师依然认同儿童完整的成长于未来生活的重要性（Sanderse et al.，2015）。

完整的成长是多维的、全面的、动态的、系统的成长。完整的成长意味着不是一味地追求知识与技能的发展，不是单一的、片面的、狭隘的、短时效应的成长。完整的成长意味着：既发展聪慧头脑又发展健康的体魄；既展开广泛的学习又成长健全的人格；在成长中表现出生命活力、人格独立、有安全感、开朗自信、洋溢着快乐和笑容……完整的成长意味着：身体发育、好奇心、注意力、社会情绪、认知、责任感等等各方面发展是相互联系、不可分割的整体。数十载的研究也已表明，学业的、非学业技能是相互交融的，教育应该关注和促进两方面的共同发展（Jones & Bouffard，2012）。国内学者也指出，人的生命由身体和心灵两部分组成，身体的呵护看得到，心灵的关爱则是隐性又必不可缺的；儿童成长不能只关注其身体需求的物质供养，同时要注重其心灵的陪伴和呵护（唐田田，2018）。因此完整的成长不是单向度的，不是片面的认知、疏离的情感、软弱的意志、畸形的人格。

完整的成长是完整的儿童的必要保障和必然结果。有学者指出，完整的人是身体与精神合一的人，是情意知融生的人，也是全面发展的人（李润洲，2020）。那么，完整的儿童应是身体强健、心理健康、社会-情绪成熟、有良好的学习品质、成长型思维模式、坚强的意志、健全的人格、富有想象力、创造力的人。完整的儿童，应是独立性强、思维开阔、自信、记忆力好，在陌生环境中容易建立安全感；有生命活力、有热爱、有激情的人。林语堂先生曾说，"所谓完满甜美的生命，一定是为爱美的习惯所点缀，所滋润，丰富的生命。"（林语堂，2002:97）儿童全方位地、完整的成长，才能应对不确定性的未来。为了培养完整的人，也不能不进行完整的教育（吴康宁，2017）。综上，成人世界需要关注人的完整性,以人为本,尊重儿童,让儿童更好地成为人,成为一个身心健康、心智健全、自由和谐的人。

三、学习品质的早期奠基

儿童的学习是动态的、复杂的、全面的。身体、心理、社会、情绪、情感、认知、行为、品质、习惯等各方面都是学习的有机构成。学习品质是与学习有关的行为;它反映的是儿童逐渐投入学习时的各种倾向与行为;用以描述儿童是如何学的,而不是儿童学到了什么(Kagan,Moore,Bredekamp,1995;Scott-Little,Kagan,Frelow,2005;McDermott,Leigh,& Perry,2002)。如新西兰早期教育课程强调的"有助于学习的心智倾向",它是一整套和参与有关的机制,是在儿童完全融入环境时发展的;是个体的品质,与生俱来的一些东西,或环境促成的结果;主要表现为感兴趣、在参与、遇到困难或不确定情境能坚持、与他人沟通、承担责任五大方面(卡尔,2016:23—25;卡尔,李,2016:5)。这些有助于学习的心智倾向也即学习品质(余璐,刘云艳,2017)。

学习品质对儿童现在与将来的学习与发展都有重要的影响,幼儿阶段学习品质的好坏决定了幼儿现在和将来的学习与发展质量(索长清,2018)。新西兰当代儿童早期教育专家卡尔教授指出,有助于学习的心智倾向(如兴趣、准备参与、坚持不懈的热情、沟通的意愿等)是早期教育的宝贵成果(卡尔,2016:51)。试想,如果一个人总会执着地追求自己想望的目标,不轻易放弃;不畏惧困难,把困难当历练;有着超强耐心和毅力,有一种不服输的性格,这样的儿童,在人生中,长大后能不成功吗?如果给儿童早期成长中的这些最重要的方面打好坚实的基础,无论学业还是事业,都会走上学有所成、事业有成的道路。反之,"如果学生不是主动要学习,没有内在能力动机和学习的能力,那么,不论教师多么优秀;不论运用怎样的评价方法;不论学校有多好的装备;要在教育上有所成就是完全有限的。"(Basch,2011)

良好的学习品质,是儿童完整的成长的核心构成部分;是儿童早期学习与发展中的重要奠基;也是儿童在完整的成长中自然发展和培养的结果。大思想家康德在晚年还念念不忘："我永远不会忘记我的母亲。她在我身上培植了最初的优质品质……她的教诲对我一生都有极大的影响。"（易杰雄，2004：19）大教育家裴斯泰洛齐呼吁，"无论在哪里，教育都旨在取得更高的品质而不单是机械地训练记忆。"（裴斯泰洛齐，2001：398）

为更直观地描绘学习品质在儿童早期完整地成长中的地位与作用，本研究从学习心理学视角建构了个体毕生学习与发展的简要模型（参见图3）。图3显示：身心健康平安为个体毕生学习与发展的地基；与此同时，学习品质（Approaches to Learning，简称ATLs）与社会-情绪（Social Emotion，简称SE）是儿童早期最重要的两大奠基领域。这两大方面应是儿童早期教养中我们的关注点——或教育的首要关注点。社会-情绪主要指儿童的社会性与情绪能力发展，包括：（1）自我意识与情绪技能，如自我意识、情绪的辨别与表达、自我调节；（2）关系与社会技能，如依恋关系、社会互动、学会尊重（Arizona Department of Education，2018）；或自我概念、情绪表达、社会能力、自我效能等关键能力（Wisconsin Child Care Information Center，2017；徐鹏，2018）。关于学习品质的本质内涵及其学习与发展效应，下一章将作深入介绍。在以上基础上，个体的学习要着眼到思维与认知的发展上。学校教育也要把学生的思维能力、学习能力、认知能力作为教育的关注点与核心，而不是传授的教学内容。由此，个体持续发展着一般思维（如观察、比较、分类、推理等）与高阶思维（如想象创造、元认知、批判思维、设计思维等）能力。贯穿个体学习与发展的历程，当儿童内心向往着自由与美、充盈着审美的追求，内在热情与驱力会让他/她在上述各领域坚实发展的基础上走向独特的自我实现之路：天资、潜能的自由彰显与充分实现。如美国人本主义心理学家马斯洛曾在调查一批成就卓越的成功人士时，发现他们经常经历过生命中的一种特殊心理经验，"感受到一种发自心灵深处的颤栗、欣快、满足、超然的情绪体验"，由此达到的人性解放和心灵自由，像灯塔一样照亮了他们的人生旅途（张玉能，2013）。另有儿童教育实践家所言："一个在审美情趣方面很高雅的孩子，长大后不会很平庸，也不会很野蛮，更不会很庸俗。"（孙瑞雪，2009：103）综上，学习品质是儿童早期完整地成长的重要构成,是儿童早期最重要的奠基领域之一。而儿童早期完整的成长是成为完整的儿童与完整的人的必要前提;是个体在毕生学习与发展过程中达到心灵自由与自我实现的重要保障。需要指出的是,图3所示的模型是基于学习心理学视角对关键的发展元素与发展脉络的勾勒;是为了从宏观的、长远的视角更清晰、更直观地看儿童完整的成长与儿童早期学习品质奠基问题。是否合理? 可能当中某些逻辑关系还需要论证、某个关键的要素还有待检验,这属未来研究推进的课题了。本著作重点在于探索儿童早期学习品质,随后便从儿童早期学习品质的本质内涵、因素结构、学习与发展效应逐步展开深入系统的研究。至于图3当中某些关键要素的发展促进或培养问题,本章第二节、第八章所提供的理念(如成人的生命成长与进化、亲密信任的关系纽带环境、顺应与点燃等)也值得参考。

图3　个体毕生学习与发展模型

附录　成人生命成长的自传体研究

一、引言

　　达尔文根据长期观察自己孩子心理发展而写成《一个婴儿的传略》;普莱尔以自己的孩子为研究对象,从其出生到 3 岁的心理发展进行了系统的观察和实验,出版了《儿童心理》,成为第一本科学、系统的儿童心理学著作。陈鹤琴以自己的第一个孩子为对象,从孩子出生起连续花了 808 天观察、记录、实验,根据所积累的丰富材料与深刻分析,写成《儿童心理之研究》和《家庭教育》。上述国内外大家的研究都以自己的孩子为对象。本研究则以自己为对象——对成人的生命成长进行观察记录。在家庭养育实践中,成年养育者的生命状态、生命成长状态都会给儿童的毕生学习与发展带来深远的影响。本研究以作者自己为例,对养育孩子过程中自身的学习与成长进行简要的记录、反思与总结。

二、基本情况

　　研究对象是笔者自己。简要的背景信息:教育学本科、心理学硕士、心理学博士毕业,一直在高校担任教师。34 岁时育有一女:Annie。小朋友自出生后一直由笔者和她爸爸带养。本研究遵循自下而上的质性研究逻辑,采用自传式观察,对日常生活中比较有感触的情境或事件进行即刻/现场的记录或回顾性叙事,通过记录自身生命成长的历程以深描其生命成长的过程与变化,以及因自身生命成长带来的养育理念与行为的变化;继而观察与分析对孩子成长与发展上的可能影响。

三、生命成长日志

　　(一)以参加儿童艺术教育培训及其影响为例

　　孩子出生后我们就给她买了黑白、彩色等图案卡片,1 岁之后又买了各类画画的书。但每次宝宝喊我给她画猫咪和狗狗的时候,我就有些为难,画不出来啊！于是,我拿着纸对着画画书上的猫猫狗狗蒙着画,有时索性喊她爸爸来画,她爸爸也不会画但略比我强。于是他在前面摆着图画书,照着书上的画。就这样,宝宝画画的时候便会喊出"妈妈画,爸爸画,爸爸帮我画"之类。此时,我和她爸爸感叹自己不会画真是遗憾。

直到有一天去上海参加了一期儿童艺术教育培训。两天的学习后回来,豁然开朗,一身轻松! 自此,孩子的绘画学习由此从歧途走入坦途。培训老师指出,当今的艺术教育存在这样一个怪圈:"指导与被指导→权威体制→评判体系(考量体制)→被评判者(被考量者)→恐惧的产生→艺术失真→走向死寂"。他告诉我们,"1. 发现与使用工具便是艺术的开始。儿童发现工具时,使用工具时,就在发展技艺了,玩工具的孩子根本对主题不感兴趣。因此没有必要跟他说,画什么画什么。他拿着笔或颜料,只是对笔和颜料这两个工具感兴趣,好奇,它们怎么会在纸上留下不同颜色的或不同的印记? 于是,他们不断地涂,发现这个工具可以涂很多很多不同的东西,对工具的好奇而已。2. 绘画过程要保持安静。不需要成人的指指点点、指手画脚之类。3. 老师的呈现既是规则也是艺术。老师呈现的状态就是规则。老师要鼓励尝试:鼓励孩子用各种方法尝试各种材料,让孩子充分动起手来,在孩子作画过程中不要打扰他们,肯定他们的作品。重要的是,他们在这个过程中参与了美术活动,参与了这个活动。幼儿在画、老师也在画,大家都沉浸在自由的表达中,这样的画面就很美。而不是老师高高在上,一味地,置身于外的指导、干预。4. 艺术需要展现。孩子画完了之后,挂出来,让他/她可以时常看到自己的作品。5. 技法的涉入。画画的技法只有在孩子需要的时候,才给他讲,如他想画出什么效果而感到不知道如何画时,就可以教他技法了。如果他没有需要,就没必要教他。不管年龄多大。"

图 1　儿童艺术教育培训

生命以各种方式表达和张扬自己。老师提醒来参加培训的幼儿园教师与家长:请学着放下和远离评价,因为那是恐惧并会给我们制造恐惧,从而让我们偏离生活和自由的生命,将我们置于冲突之中。参加培训后的我,由原来对绘画的紧张与压力、恐惧与自卑,变为学会了解放自己,学会了给自己自由,学会了自由地表达自己!自己画画时自由地、轻松地去画,第一次感受到画画的轻松,画画的愉悦!最为重要的是,参加培训后的我,懂得了生命的本能就是创造,艺术的生命就是创造,生命本身就是艺术,我们就是艺术,艺术何需懂?!参加培训后的我,也懂得了,孩子画画时,让她自由地、轻松地去画,就行了!

学习后的我对各种艺术教育的谎言有了觉知和敏感。如曾听到幼儿园的某些小朋友对我说:"老师,我不会画";或看到幼儿园老师给出小朋友画出小兔子的"模版"——上面一个小圆圈(头),下面一个大圆圈(身子),再添四根棒棒(两只耳朵、两条腿),全班幼儿画出同一模子的兔子时,我立刻警觉:孩子们画画的信心、兴致、天赋与想象已被破坏!有学者指出,"每一次上课,老师都给孩子们一个画画儿的框框,孩子的想象力会被一点点扼杀。这样的绘画班,只能使孩子的想象力加速度地贫乏。……我叹口气,心里真希望幼儿园取消绘画班,那样的话,让我再交300元也愿意。"(尹建莉,2009:292)。而自参加培训(小朋友2岁多时)到上幼儿园之前(中班),Annie小朋友画画完全由着她的兴致,也有许多次令人惊喜的创作。以三个不同时段里的"作品"为例(参见书末彩页图1、2、4、5、6、7、8、9、10)。没有一幅画是教的,都是即兴创作,兴致上来了的自由画画。她不仅喜欢上了画画,还很自信地创作着自己想画的一切。这,完全得益于我那年那月的学习。我一直记得那一次学习,因为它彻底把我从画画的自卑深渊连根拔起,让我从一个儿童想象力、艺术天赋的破坏者成为一个有意识的支持者、培养者。

试想,如果没有那样一次专业的培训和学习,又会给孩子的成长带去多少破坏呢?如某次在小区里看到几个同龄小朋友在室外一起玩。蹦跳着,或模仿着模特走时装步。一个4岁左右的小男孩,趴在自己的小自行车上,音乐响起时不敢自由舞动的身体。当我对他说,"你可以随便跳,跳什么舞都行。"经过一番友好的鼓励,他终于鼓起勇气说:"那你们不许笑我,不许说我啊。"然后,身体依然带着绷紧的感觉,终于舞动了几下。当我听到他的如此前提和提醒;当我看到他的紧张、身心绷紧的状态,我感到很遗憾! 一个被成人世界破坏得很严重的幼小生命!才4岁的孩子,就已经失去了自由放松自己身体、自由挥舞自己身体的自在与乐趣!成人破坏深重的类似情形还有许多。由此深感庆幸自己在不断成长,由此减免或减少了对儿童的诸多破坏。

前苏联教育家裴斯泰洛齐曾指出绘画应临摹大自然或将实物直接摆在儿童眼前,同时指出,"能让儿童尝试着去描绘他周围的东西,描绘他所感兴趣的东西,以此来训练他的技能,这比让他们费力地临摹那些本身也是临摹的东西会使儿童得到更多的乐趣。……提供的帮助不应该扩展到如何进行具体的一笔一画。……在经过一些无效的尝试以后得到的教益是不容易忘却的;它能使人们在进行新的尝试中得到更多的满足和动力。"(裴斯泰洛齐,2001:381)通过接受培训,与培训老师的对话、与参与的同伴互动学习,让绘画外行的我深入具体地理解了如何保护和支持儿童的艺术活动。

(二)以日常时段里的教养感想与行为反思为例

下面是笔者在 Annie 3—6 岁不同时段里的观察记录与自我反思日志。

Annie 快 3 岁时写的某篇日志:

Annie 最近一个月以来,都喜欢大声吼。可能自从我对她大声吼了两次后。我们之间的交往,不如以前那么容易商量。包括她不愿意扎辫子、不愿意穿某衣服裤子等,有了许多自己的不乐意。不知道是这个月龄段的心理发展特征,还是我们之间的交往和关系没有以前那么和谐、那么容易商量。我的确多了些急躁。不知道是否与我的大声吼有关,她不如以前那么主动和热情地与成人打招呼了。以前见到陌生人都会热情主动地喊啊、打招呼啊,现在不那么主动热情和大方了。我想应该有关系。应该是我的原因,有些遗憾,因为之前我并没意识到她能那么大方、自信、热情、主动地和成人交流、打招呼,是一种很重要的发展特征。(2014 年 5 月 23 日)

Annie 3.5 岁时写的某篇日志:

3 岁往后,对小孩的教育主要靠身教了。最有效的,是家长自己做得很好,而对小孩几乎毫无要求。对于小孩的错误或缺点,作为父母亲,应该多糊涂一些。他的小的不足,要装作看不见,而不应该看得那么精细、那么密切、那么清晰——一个一个都不错过的那么较真、那么严肃!这就是我目前的毛病。对小孩的任性或小的不足,看得太认真太细致,而且当着她的面说她,在她爸爸面前说她,在她面前吓唬她——类似于"妈妈不喜欢你""妈妈不想和你在一起玩"之类,这类极其糟糕的语言攻击!近期我的一个极大的毛病,就是变化无常——对小孩的态度不稳定,不是一致的温柔,一贯的温柔,亲密;而是,时而亲密温柔,时而发火暴怒。这种冰火两重天是最伤害孩子的。我知道,而我却再犯。近期的一个毛病还有,话语太多。而这些话语既缺乏智慧又毫无幽默,全是负能量的话语。因而,从今天开始,我要对自己做大调整了。首先是不说话。不论生气的时候还是亲密的时候,尽量少说话——以后尽量少说话,话语越少越好。二是,让声音变成一贯的低声温柔型,至少是平稳型,无大声吼叫与过度亲密的无常变化。三是,尽量学会智慧和幽默地说话。时不时让大家开怀一笑——如果要说话的话。(2015 年 1 月 29 日)

Annie 4 岁多时写的某篇日志:

对孩子当前的表现不要急于纠正,给予她自动调节的空间和时间。尤其是你不愿意看到的表现,不要急于评论和下结论,孩子总是在不断变化中的,改变了你(成人)自己以及自己的说话、行为方式,他们的不良行为或表现也会随之改变。所以,切忌对当下某一个行为或表现急于判断、评论、下结论。同时,即使她做错了事情,应该给予她自我纠正的机会,她内疚时尤其不能再说什么,否则,人的内疚与自我纠正的力量都被泯灭了。

如果孩子在努力争取你的注意力的时候,就不会把精力用于发展自己了。这是对我当前很大的一个提醒和冲击。我必须不要让孩子努力地争取我的注意力,最近她就特别需要我们的注意力,而不是主动地去探索、发掘可能的活动了,她总感觉没什么可以玩,总是喊爸爸、妈妈——这是一个很大的信号。我们对她的关注也确实没有以前那么多,确实太忙了。

孩子吃手问题的认识。是我们平时对她的要求太多了,老是说"文明吧?""不文明妈妈不喜欢;不文明爸爸不喜欢""做一个文明的小孩……"总是要求她文明,因为亲历所见了国内外同龄小朋友之间的一些行为区别,所以总是提醒她向文明的小孩学习……经不断提醒自己以及小朋友的爸爸,一同改变着我们平时的一些教养言行,宝宝吃手的行为某天突然消失了,没有再出现。(2015 年 9 月 28 日)

Annie 6 岁多时写的某篇日志:

到了北京了。第二天早上宾馆早餐时,Annie 第一句话:"哇,太美味了,闻着都想吃很多!"一两分钟后,她突然说:"妈妈,我们不去北京了吧! 星期天回去的话,就没时间做作业了。"一脸的担忧,好像她还没有意识到自己已到了北京……(2017 年 9 月 15 日)

游玩快结束要回去了。我对 Annie 说,下周末我们就去昆明玩。她想了想说,"妈妈,我想呆家里。"我问"为什么?"她说,"我想在家里做作业。"今天早上刚 6:16 时,她醒了,被我洗脸的声音吵到。她突然从睡梦中转身过来睁开眼睛看着我,问了句,"妈妈,我还可以睡吗?"我回答:"你睡觉好了! 妈妈会喊你的,没关系,你睡你的觉。"多么乖巧的孩子,又多么恐惧的心灵。尽管主动想着做作业是好习惯,但周末两天的休息时间脑子里全是作业,刚刚步入小学就被作业背上沉重的心事和一丝丝的忧虑,应该不是好的倾向。因而,我现在的任务是彻底保护小朋友! 不让所谓的教育破坏一个活泼生命的轻松与自在、快乐与自信、热情与活力、想象与创造! 那学习的自由与玩耍嬉戏的天性!(2017 年 9 月 18 日)

日志有很多,限于篇幅,仅呈现以上几篇。5 岁前后所记录的主要是对小朋友自身发展特点的观察——生活中的细节与情境表现,由此让自己获得对她的学习品质表现、思维能力发展、社会-情绪发展等方面的整体了解。直至今日笔者仍保持着自我反思,虽记录少了许多。比如,近半年的主要反思是:在缘于自身受教育经历而导致的某些摇摆矛盾中、在反思某些周围环境与他人的干扰后,坚定了让小朋友完全做自己的教育理念,不是按任何他人的期望或外界的标准等。如 2020 年 6 月送给她 9 岁的生日祝福是"当地主"——所有事情自己做主。此后,学习上、生活中,她的独立自主品质得到了进一步的巩固、提升。2021 年 6 月送给她 10 岁的生日祝福是"做自己"——大胆地去探索,勇敢地做自己。旨在进一步强化她的勇敢、自信、冒险精神、想象、创造、主动等品质。综上,就笔者自身的体会,养育婴幼儿是一个摸索的过程;是一个自我反思、自我透视、自我觉知的过程;是一个不断学习、不断纠偏、不断成长、不断变化的过程。

四、小结

虽然在发展与教育心理学专业领域浸润多年,然而在自家小孩的教养上仍感匮乏困惑,于是如饥似渴地拜读各类好书,外出参加培训,学习观察记录孩子的典型表现;出生后前三年几乎全身心陪伴,提前深入幼儿园观察学习等等。尽管如此,笔者依然在某些时候、某些地方,渴望得到专家或高人的指点,希望得到及时的分析和解读;从而读懂孩子的某些表现,明确自己当下言行是否适宜等等。因而,一直在学习的途中。值得欣慰的是,因为参加培训、广泛阅读和交流学习,小朋友不仅绘画作品充满了想象;其他的学习品质表现、创造力、推理能力等也发展较好。如中班时她接受认知灵活性测试,其认知灵活性的表现很棒;中班时参与了工具创新测试,成功完成任务。7 岁时参与了瑞文推理测试,相当于 IQ130 或以上。尤其是,她的独立性、专注力、主动性、好奇心、学习热情、坚持性、合作能力、情绪调节、冒险精神、能力动机等都表现优良。小学四年以来学习生活很适应;几乎整天都很开心,很享受上学的生活;在校的学业成就也保持优秀(尽管我们不关注成绩本身)。二年级往后小朋友便开始自行负责和管理自己的学习了(当然,遇到难点的地方会耐心或重点辅导,比如作文),作为家长的我们总体感到很轻松。这应该与前六年家长自身的不断地学习与反思以及给予小朋友的呵护与陪伴密不可分。目前主要是陪小朋友一起户外运动,爬山、打球、旅游、看看书以及每天餐桌上的闲聊或论辩等。

综上,经历了学习、体验与反思,深感儿童的教育,重在把握其生命的头几年,如把握好了儿童从出生到 3 岁、从 3 岁到 6 岁/8 岁这段历程,将极大程度地塑造、奠基儿童毕生学习与发展的最佳基础。这一塑造与奠基,又重在习惯、品质与能力,如学习品质的奠基。正如学前教育专家指出,"三岁看大,七岁看老"。是什么能够三岁看大、七岁看老？是认多少字、做多少数学题、读多少唐诗吗？不是。年幼时儿童表现出的浓厚的学习兴趣、积极主动、认真专注、不怕困难、敢于挑战的学习品质,它远比知识技能本身更重要(鄢超云,2019)。如果青年父母和托幼机构教师等成人教养者能怀着一颗谦虚的心,不断保持自身生命的成长与进化,每一个人都可以践行高质量的儿童早期教育,都可能成为最好的父母、老师！"童年是值得成人向其表达敬意的。儿童身上的天性资源是一切人力资源、人文资源的源头。"(刘晓东,2018)由此,或许我们也不用纠结于学区房或重点学校、不用担心社会经济地位对孩子的影响。如实证研究揭示的,家庭社会经济地位(包括父母职业、受教育程度、家庭收入等)对幼儿学习品质并不起显著的预测作用(林朝湃等,2020;彭杜宏等,2020;杨兴盼,2018)。和孩子一起成长,不断丰富自己的教养理念、提升自己的教养水平、改善自己的教养方式,我们都可以实现低物质成本(甚至零成本)培养根深中华、创新国际、具有国际竞争力的优秀人才。

第二章　儿童早期学习品质的本质内涵、因素结构及学习效应

　　近年来儿童早期学习品质受到国际学术界的广泛关注,那么,究竟什么是学习品质? 儿童早期学习品质的主要表现有哪些? 早期学习品质发展究竟对儿童当前与日后的学习有怎样的影响? 对此,本章拟通过对国际上积累的有关儿童早期学习品质的实证研究发现以及最新政策文件的相关界定等进行综合梳理,由此厘清学界对儿童早期学习品质本质内涵、儿童早期学习品质因素结构以及儿童早期学习品质的学习与发展效应等关键问题的理解。希望这一梳理能增进人们对儿童早期学习品质认识的广度和深度;能给我国儿童早期学习品质实证研究以及学前教育质量评价政策研究以参考;能促进实践界更好地识别儿童早期的学习品质及其培养的深远意义,既而科学有效地支持儿童学习品质的发展与完整的成长;切实从品质与能力层面奠定儿童毕生学习与发展的坚实基础。

第一节　儿童早期学习品质的本质内涵

一、引言

　　早在 20 世纪 90 年代初美国国家教育目标的目标一(Goal1)提出帮助美国所有儿童都做好入学准备;"学习品质"(Approaches to Learning,简称

ATL)自此被纳入儿童早期学习与发展以及入学准备的一个重要领域
(Kagan et al.,1995)。研究发现,在控制了年龄、性别、种族等人口学变量基
础上,学习品质对教师评定的数学与阅读学业成就的解释率均超过智力因
素(Schaefer,McDermott,1999);学习品质对学业成就的预测力超越了认知
能力的预测力(McClelland et al.,2000;Yen,Konold,& McDermott,
2004);儿童在园发展的多种能力中,学习品质与一般能力(如认知能力)对
儿童早期学业的成功有独特的显著贡献,两者能解释 40% 的变异
(McWayne,Fantuzzo,McDermott,2004);与其他在园行为表现(如外化行
为、内化行为和亲社会行为)的比较发现,学习品质是学前儿童数学学业成
就的最强预测变量(DiPerna et al.,2007)。而来自澳大利亚、奥地利、哥伦
比亚、德国、斯洛文尼亚、尼加拉瓜等六国的幼儿教师都认为独立性、专注
力、社会性技能等是儿童早期入学准备中最重要的准备(Niklas,Cohrssen
et al.,2018)。可见,众多影响儿童学习的因素中,学习品质的贡献非同小
可。由此,学习品质的研究也正引领儿童学习研究的发展方向,成为帮助和
促进儿童学习的一个新的切入点(Wu et al.,2019;Sung,Wickrama,2018;
Bustamante, White, Greenfield, 2018; Hu, Teo, Nie, Wu, 2017;
Barnard-Brak et al.,2016;Razza et al.,2015)。

我国对学前儿童学习品质的研究起步较晚,对幼儿学习品质的概念本
质、构成要素等问题尚未完全形成清晰的认识(张莉,周兢,2018;陈雅川,黄
爽,2018;温赫柏,2018;索长清,2019);对学习品质究竟在儿童学习与发展
中有怎样的影响也匮乏实证参考证据。实践中尽管入学准备受到高度重
视,但入学准备中学习品质的培养常常受到忽视。教师对幼儿学习品质的
概念认识也不清晰、意义认识较笼统;对幼儿学习品质发展的支持质量低或
无视幼儿学习品质的培养(彭芬,2015;陈芬,2015;胡连峰,2017;许琼华,
2016)。因此,下面从儿童早期学习品质的本质内涵出发,对其因素结构与
学习与发展效应进行全面概览。

二、儿童早期学习品质的本质内涵:来自国外实证研究的界定

儿童早期,学习品质究竟指的什么?对学习品质本质内涵的探讨是综

述学习品质实证研究之前的必要工作(Barnard-Brak，Stevens et al.，2016)，也是儿童学习品质有效培养的基本前提。从历史的角度，学习品质概念的提出可追溯到20世纪90年代初的美国。最早使用"学习品质"(Approaches toward/to Learning)这一概念的是丽莲·凯兹(L G Katz,1992)和卡根团队(Kagan et al.，1995)。尤其是，卡根等在美国国家教育目标委员会(National Education Goals Panel，简称 NEGP)正式提出学习品质作为入学准备和儿童早期学习与发展的一个重要领域；由此，学习品质这一专业术语引入了儿童早期教育领域。卡根等认为，判断儿童是否"准备好"，还需看其是否发展出足够的注意力、动机、成熟度、获取新知的认知能力；并指出，学习品质是反映儿童逐渐投入学习的各种倾向、意向或风格；是一系列影响儿童怎样进入学习情境的学习风格与行为；以及儿童自己怎样使自己去获得各种技能、支持其自身取得学习成功的那些品质(Kagan，1992；Kagan，Moore，Bredekamp，1995；Scott-Little，Kagan，Frelow，2005)。他们强调，学习品质反映的是在具体学习任务或情境中，儿童是如何趋近或反应的；用以描述儿童是如何学的，而不是儿童学到了什么。

在此之后美国政府与学界广泛认同学习品质是儿童早期学习与发展的一个重要领域(Scott-Little，Kagan，& Frelow，2005；Hu et al.，2017；DHHS，2010,2015)，学习品质概念在研究与实践中应用开来。更多关于幼儿学习品质概念的历史发展与概念辨析问题可参照索长清(2019)的梳理。下面拟基于实证框架对国外有关儿童早期学习品质的代表性界定进行归纳(参见表1)，以明晰实证研究视角下关于儿童早期学习品质的理解。

表1显示了国外学界关于儿童早期"学习品质"的如下重叠性认识：(1)学习品质是与学习有关的行为；外显可见、可观察。(2)学习品质是指向学习过程——儿童进入、趋近、投入学习时的倾向；或完成学习任务过程中的表现，聚焦学习过程而非学习结果。(3)学习品质是一组或一套行为、认知或技能倾向，不是某单一因素。(4)学习品质指向促进儿童投入学习或有助于学习的积极倾向。所不同的是，在概念内涵的广度或深度描述上有所差别，如：(1)构成要素的清晰程度：有的较为详细具体地进行了列举；有的界定较为概括抽象。(2)性质的明确程度：多数学者明确指出了学习品质

表 1　国外实证研究中有关儿童早期学习品质的代表性界定

	代表性研究	概念本质内涵
1	麦克德莫特等（McDermott et al.，1999；2002）	学习品质是与学习有关的行为。
2	凡图佐等（Fantuzzo，McWayne，2004）；凡图佐等（Fantuzzo，Perry et al.，2004）；凡图佐等（2007）	学习品质是一系列与学习相关的行为与倾向；它是儿童投入学习时所展现出的那些明显特征与模式；那些表明儿童已逐渐投入到课堂互动和学习活动中的明显的、可观察到的行为。学习品质是有助于儿童入学准备与日后学业成功的认知倾向；以及那些可观察到的促进或抑制儿童投入课堂或其他学习情境下学习的行为。
3	McClelland 等（2000）；麦克韦恩等（McWayne et al.，2004）；麦克德莫特等（McDermott et al.，2014）	学习品质是可观察到的与学习相关的行为；是用以描述那些与儿童早期学业成就及入学准备相关的行为。
4	希森（Hyson，2008）；雷扎（Razza et al.，2015）	学习品质是一系列与学习相关的反映儿童学习热情与投入的表现。儿童在完成学习任务过程中的动机与行为表现。
5	李等（Li-Grining et al.，2010）；维蒂洛等（Vitiello et al.，2011）	学习品质是影响儿童怎样进入学习情境的风格与行为，它也指适应性学习行为。
6	陈等（Chen，McNamee，2011）	学习品质不是描述儿童学到了哪些内容领域知识，而是着眼于儿童在各类课程任务中如何去学习的。当中，学习投入、专注、有计划、有目标等是与学校学业成就密切相关的积极学习品质。
7	孟（Meng，2015；2015）；缪苏-吉列等（Musu-Gillette et al.，2015）	学习品质是有助于儿童学习的积极的、适应性的学习态度与行为；儿童在教室教学、组织和社会环境下的适应性。
8	胡等（Hu et al.，2017）	学习品质是儿童的内在学习机制，是儿童在不同学习情境中表现出主动、投入、坚持完成学习任务的行为模式。
9	布斯塔曼特等（Bustamante，White et al.，2018）；布斯塔曼特等（Bustamante，Whiteet al.，2017）	学习品质本质上是一系列领域一般性技能；如坚持性、专注力、思维灵活性等，它能让儿童有效地投入学习。
10	宋等（Sung et al.，2018）	学习品质是用以描述儿童投入学习活动中的那些可辨别的特征；是与学习有关的行为与倾向以及在行为、情绪、动机、注意等上的自我调节能力。

的积极促进作用;少数学者的表述较为中性,因而有学者用"积极学习品质"或"适应性学习品质"加以强调。综上,学界对儿童早期学习品质本质的认识高度一致,即学习品质着眼的是学习过程——儿童投入学习过程中的系列倾向性特征;是关注儿童如何学的行为,而不是学到了什么。索长清(2019)从学习品质概念提出之初的文献梳理也得出,学习品质指向的是儿童如何获得和运用这些知识技能,而不是指向具体的知识、能力/技能、情绪情感。可见,国外对幼儿学习品质的内涵界定虽细节上各有不同,但对幼儿学习品质的本质有一致的认同(陈芬,2015)。

第二节　儿童早期学习品质的因素结构

尽管国外学界对儿童早期学习品质的本质理解高度一致,但在学习品质所涵盖的那一组或那一套具体的过程倾向与行为表现上却有着各种各样的描述。下面以国内外经因素分析的实证研究及美国儿童早期学习与发展最新标准为基础,进一步透视儿童早期学习品质的具体因素构成。

一、来自实证研究的探索与发现

最早探索儿童学习品质因素结构的实证研究始于 20 世纪末;其代表性人物为麦克德莫特(McDermott)及其团队。1999 年他们开发了《学习行为量表》(Learning Behaviors Scale,简称 LBS,McDermott,Green,Francis,Stott,1999),经全国代表性样本的标准化检验,得出 5—17 岁(K—12)青少年儿童的学习品质包含有四个因素:能力动机、保持注意/坚持性、策略/灵活性、学习态度。2012 年,利克(Rikoon)等为着重探索 5—7 岁(大班至一年级)儿童学习品质的因素结构并基于当前儿童而非 10 年前的数据,他们运用项目分析、探索性与验证性因素分析进一步检验了 LBS 的内外部效度;同时得出 5—7 岁儿童学习品质由能力动机、自律/坚持性、合作、情绪控制四大因素构成(Rikoon,McDermott,Fantuzzo,2012)。LBS2012 年版与 LBS1999

年版相比,年龄范围上缩小了;因素结构上前两个因素基本相同,后两个因素内涵有缩小,如学习策略变为合作;学习态度变为情绪控制。在 LBS (1999)基础上,麦克德莫特(McDermott)团队(2000)又开发了《学前儿童学习行为量表》(Preschool Learning Behaviors Scale,简称 PLBS,McDermott, Green, Francis, Stott, 2000),用以评定 5 岁以下儿童的学习行为,随后他们对该量表的因素结构和项目构成进行了标准化检验(McDermott, Leigh, Perry, 2002);得出 3—5.5 岁学前儿童的学习品质由三大因素构成:能力动机、保持注意/坚持性、学习态度。十年后,麦克德莫特(McDermott)等以开端计划中 1666 名儿童为样本,再次运用探索性、验证性因素分析及外部关系探索对量表的因素结构与外部效度进行检验,也得出三大因素:能力动机、保持注意/坚持性、学习策略(McDermott, Rikoon, Waterman, Fantuzzo, 2012)。与 PLBS2002 年版相比,前 2 个因素未变,原"学习态度"变为"学习策略"。该因素结构在其他文化背景下表现出较大的稳定性与一致性。如吴等(Wu et al., 2019)在中国文化背景下对 5000 多 3—6 岁幼儿的数据分析发现,中国文化背景下 PLBS 的因素结构表现出与麦克德莫特(McDermott,2012)高度的一致性,即中国文化背景下 PLBS 的因素结构依然表现为:能力动机、学习策略、保持注意/坚持性。而哈恩(Hahn)等(2009)运用 PLBS 对 2—6 岁的秘鲁儿童研究发现,秘鲁儿童的学习品质包含能力动机、保持注意、努力策略/灵活性(Hahn, Schaefer, Merino, Worrell, 2009)。综上,能力动机、保持注意、自律、坚持性、学习/努力策略、灵活性、合作、情绪控制、学习态度等因素是前后不同研究中经因素分析与信效度检验所得出。麦克德莫特(McDermott)及其团队所开发的 LBS 和 PLBS 及其修订版也得到其他研究的采用与检验(Meng, 2015, 2015;Canivez, Willenhorg, Kearney, 2006;Worrell, Vandiver, Watkins, 2001)。

此外,麦克德莫特(McDermott),凡图佐(Fantuzzo)等(2011)开发的学会学习量表(Learning-to-learn scale,简称 LTLS)也常被用以测评 3—5 岁学前儿童的学习品质。该量表具有良好的外部效度、同时效度以及内部一致性信度。因素分析得出七个因素:计划性、内在动机、人际互动、学习投入、专注、冒险与创新、团队合作等;该因素结构也得到其他研究的应用与检验(Bustamante,White,Greenfield,2018;Bustamante,White,Greenfield,2017)。同时期,嵌入创造性课程的《0—6岁儿童连续性发展量表》作为儿童真实性表现与连续性评价工具,当中设计有学习品质分量表(Teaching Strategies,2010),总量表经验证性因素分析等统计检验,得出良好的结构效度、同时效度及多类型信度指标(Lambert,Kim,Burts,2017)。学习品质分量表包括有专注与投入、坚持、问题解决、好奇心与学习动机、思维灵活性与创造力五个维度。联合国儿童基金会和香港大学饶(Rao)研究团队(2014)根据七个国家儿童早期学习与发展标准编制的《亚太地区儿童早期发展量表》(the East Asia-Pacific Early Child Development Scales,简称EAP-ECDS),经过三轮的测试修订显示了良好的信效度。该量表中的学习品质分量表包含三大因素,即自我控制能力、坚持性、好奇心与兴趣(Rao,Sun,Becher,Lee,Bacon-Shone,2014)。美国儿童早期纵向研究项目(ECLS-K)中的学习品质分量表(Approaches to Learning Scale)包含六个要素,即专注力、坚持性、独立性、灵活性、组织性和创新性(Rock,Pollack,2002);该因素结构也得到国外一些研究的运用(Barnard-Brak,Stevens,Xiao,Chesnut,2016;Razza,Martin,Brooks-Gunn,2015;Sung,Wickrama,2018)。量表共 6 个项目,具有较高的内部一致性信度(a=.93),不过未报告结构效度等指标。

　　国内最早开发儿童早期学习品质测评工具的是《3—6 岁儿童学习与发展指南》课题组(李季湄,鄢超云,2008)所编制的《学习品质领域测查量表》,主要从好奇心与兴趣、主动性、坚持与注意、创造与发明、反思与解释等 5 个方面观察评价幼儿学习品质。该量表的信效度得到有关研究的检验(如蔡欣欣,2015)。随后王宝华等(2010)编制的《儿童学习品质观察评定量表》与钱志亮等(2010)编制的《儿童入学成熟水平测试量表》均报告了一定的信效度指标。前者得出 6—7 岁小学一年级儿童学习品质由主动性、目标意识、坚持性、抗挫折能力、想象与创造性、专注程度、好奇心、独立性等 8 个因素构成(参与者 143 人);后者得出 6—7 岁即将入读小学一年级的儿童学习品质包括:好奇心、坚持性、主动性、学习态度、学习兴趣五个因素(参与者 165 人)。

其他进行过因素分析与信效度检验的研究发现有:蔡欣欣编制的《幼儿学习品质家长评定量表》经对 240 名幼儿数据的探索性因素分析得出 5—6 岁大班幼儿学习品质结构与李季湄等(2008)研究结论一致;李放(2016)自编《幼儿学习品质发展(教师评定问卷)》经对 355 份问卷的探索性因素分析得出 3—6 岁幼儿学习品质包含反思性、主动性、专注性、好奇心、创造性五个因子;赵婧(2017)自编《3—6 岁儿童学习品质观察评价量表》对 515 名儿童数据的探索性与验证性因素分析得出 3—6 岁儿童学习品质包含四个因素:坚持与专注性、想象与创造力、好奇心与兴趣、独立性;温赫柏(2018)自编《3—6 岁幼儿学习品质发展(教师评定问卷)》对 278 名 3—6 岁幼儿数据的探索性验证性因素分析得出 3—6 岁幼儿学习品质包含七个因素:想象与创造、问题解决、好奇与探索、主动性与参与性、沟通与合作、反思与回顾、专注与坚持;徐娴(2018)自编《幼儿学习品质(教师评定问卷)》经对 132 名幼儿数据的探索性因素分析得出 5—6 岁大班幼儿学习品质包含:好奇心、专注性、主动性、创造性、反思性五个因素。

综上,自 20 世纪末国外学者对儿童早期学习品质的因素结构进行了大量探索与持续检验,所获得的儿童早期学习品质因素(按出现频次从高到低)如下:能力动机/内在动机(7)、专注/保持注意(7)、坚持性(7)、灵活性(4)、创新创造(3)、策略(3)、情绪控制/自我控制(含自律)(3)、(学习)投入(2)、学习态度(2)、好奇心(2)、合作(2)、计划性(1)、人际互动(1)、冒险(1)、问题解决(1)、兴趣(1)、独立性(1)、组织性(1),共计 18 个因素。国内近年研究得出我国幼儿学习品质的因素构成包括(按因素出现频次由高到低):好奇心(7)、专注(6)、主动性(6)、想象创造发明(6)、坚持(5)、反思(4)、独立性(2)、兴趣(2)、目标意识(1)、问题解决(1)、沟通与合作(1)、学习态度(1)、抗挫折能力(1),共计 13 个因素。综上,国内外研究共得出 23 个因素;国内外研究得出的学习品质因素存在一定差异,表现为国外得出的"学习品质"因素更广泛,如"冒险"、"策略"、"人际互动"、"组织性"等是国内研究未得出的。但国内外研究所得出的儿童早期学习品质因素也存在交集,如两者的因素结构一致性程度达 58.1%。当中共同的高频因素有:专注、坚持性、创新创造;国外其他高频因素有:能力动机、灵活性;国内其他高频因素有:好奇心、主动性。值得一提的是,国外研究的信效度检验样本量大、效度指标更多,不过一些研究所依据的数据是十年前的;国内研究的信效度检验较为简单且样本量小,但主要是基于当前一手数据。

二、来自新近修订政策文件的界定

迄今为止美国规模最大的儿童早期发展项目——开端计划政府办公室于 2000 年、2010 年、2015 年分别发布了儿童早期学习与发展标准。2000 年后,美国开端计划儿童早期学习与发展标准的发布督促了美国各州陆续研制与发布本州儿童早期学习与发展标准(National Center on Early Childhood Quality Assurance,2016)。之后,在美国高质量政策背景下逐步涌现了学习与发展标准的修订版。修订是为了更好地融入了新的研究发现、捕捉儿童早期学习与发展的重要表现;同时为了给每一个儿童都提供高质量的早期教育服务;更好地反映研究与实践的变化与时代发展需求。因此下面对进行过修订的最新政策文件进行梳理和归纳,以此作为儿童早期学习品质因素构成的政策参考(参见表 1)。

表 1　美国儿童早期学习与发展标准中的学习品质因素构成概览

全国/州名	发布年份/版次	从属关系	因素结构	适用年龄
开端计划	2015/第三	独立	1. 情绪与行为的自我调节;2. 认知的自我调节(控制冲动、集中注意、任务坚持、动手操作、思维与行为的灵活性);3. 主动性与好奇心;4. 创造力	0—5
威斯康星州	2017/第五	独立	1. 好奇心、学习投入与坚持性;2. 创造与想象;3. 多样化学习	0—6
亚利桑纳州	2018/第四	独立	1. 主动性与好奇心;2. 专注力与坚持性;3. 自信心与弹性思维模式;4. 创造力;5. 推理与问题解决	3—5
田纳西州	2018/第三	独立	1.创造力;2.自我调节;3.批判性思维;4.主动交流;5.合作	4
爱荷华州	2017/第三	独立	1. 好奇心与主动性;2. 学习投入与坚持性;3. 推理与问题解决;4. 玩与感知中学习	0—5

全国/州名	发布年份/版次	从属关系	因素结构	适用年龄
印第安纳州	2015/第三	独立	1. 主动性与探索；2. 灵活性思维；3. 专注力与坚持性；4. 社会互动	0—6
新泽西州	2014/第三	独立	1. 主动性、学习投入与坚持性；2. 创造与想象；3. 辨别和解决问题；4. 学习迁移	3—5
堪萨斯州	2013/第三	独立	1. 坚持性与学习投入；2. 主动性；3. 创造力	0—6
西弗吉尼亚州	2018/第二	独立	1. 好奇心；2. 坚持性；3. 创造与想象	0—3
佛罗里达州	2017/第二	独立	1. 热切与好奇心；2. 坚持性；3. 创造与创新；4. 计划与反思	0—6
俄克拉荷马州	2017/第二	独立	1. 好奇心；2. 主动性；3. 学习兴趣与坚持性；4. 感知探索与问题解决	0—3
明尼苏达州	2016/第二	独立	1. 主动性与好奇心；2. 专注力、学习投入与坚持性；3. 创造力；4. 加工与应用信息	0—5
缅因州	2015/第二	独立	1. 主动性与好奇心；2. 自我知识与自我概念；3. 学习投入与坚持性；4. 建立关系；5. 计划与问题解决；7. 决策	3—8
佛蒙特州	2015/第二	独立	1. 玩与探索；2. 主动性；3. 问题解决	0—8
马萨诸塞州	2015/第二	独立	1. 主动性、自我导向与独立性；2. 学习热情与好奇心；3. 专注力与坚持性；4. 创造力；5. 合作；6. 问题解决的灵活性；7. 组织技能；8. 储存与提取信息	3—6
宾夕法尼亚州	2014/第二 2016(5—6)	独立	1. 建构与收集知识（好奇心与主动性、冒险、玩的层次性）；2. 组织与理解信息（学习投入与专注、任务分析、坚持、识别与扩展模式、记忆）；3. 应用知识（学习投入与专注、创新、表征）；4. 在经历中学习（迁移、弹性、问题解决）	0—6
蒙塔纳州	2014/第二	归属认知	1. 好奇心；2. 主动性与自我导向；3. 坚持性与专注力；4. 反思与理解	0—5
夏威夷州	2014/第二	独立	1. 主动性与好奇心；2. 坚持性与专注力；3. 问题解决；4. 反思与理解；5. 有效且遵循伦理地运用技术	0—6

续表

全国/州名	发布年份/版次	从属关系	因素结构	适用年龄
康涅狄格州	2014/第二	归属认知	1. 好奇心与主动性；2. 学习投入；3. 学习热情；4. 合作	0—5
北卡罗来纳州	2013/第二	独立	1. 好奇心、信息寻求与学习热情；2. 玩与想象；3. 冒险、问题解决与灵活性；4. 专注、努力与坚持性	0—5
密歇根州	2013/第二	独立	1. 心智习惯（创造-想象-视觉化、主动性-学习投入-坚持性-专注力、好奇心-探究-提问-思维冒险、弹性-乐观-自信、推理-问题解决-反思）；2. 社会倾向（参与-合作-玩-建立关系网-贡献、尊重自己与他人-心理与行为健康、责任心-伦理品德）	0—8
俄亥俄州	2012/第二	独立	1. 主动性；2. 学习投入与坚持性；3. 创造力	0—5
内华达州	2010/第二	独立	创造性表达/经验	0—6
特拉华州	2010/第二	独立	1. 主动性与好奇心；2. 学习投入与坚持性；3. 推理与问题解决	3—5
北达科他州	2010/第二	独立	1. 主动性与好奇心；2. 学习投入与坚持性；3. 灵活性与冒险；4. 想象与创新创造；5. 听从；6. 反思与理解	3—5

表2显示，美国儿童早期学习与发展标准修订版文件中，学习品质已基本作为一个独立领域并明确了自出生后的连续性发展标准。文件也都明确列出了儿童早期学习品质的构成要素。鉴于仅个别文件从两个层面描述其因素构成，下面统一从第一层面来归纳儿童早期学习与发展标准修订版文件中关于学习品质因素构成的界定。表2中提及的儿童早期学习品质因素达38个，具体表现为（按提及频次从高到低顺序）：主动性（17）、坚持性（17）、好奇心（15）、创造与想象（14）、学习投入（9）、问题解决（8）、专注力（7）、灵活性（5）、反思（5）、合作（4）、感知探索（4）、学习热情/热切（4）、理解（3）、情绪与行为自我调节（2）、计划（2）、加工与应用信息（2）、冒险（2）、认知自我调节（1）、多样化学习（1）、自信心（1）、批判性思维（1）、学习迁移（1）、学习兴趣（1）、自我知识与自我概念（1）、建立关系（1）、决策（1）、独立性（1）、组织技能（1）、储存与提取信息（1）、建构与收集知识（1）、组织与理解信息（1）、有效且遵循伦理地运用技术（1）、信息寻求（1）、努力（1）、心智习惯（1）、社会倾

向(1)、听从(1)。相对高频的因素有:主动性、坚持性、好奇心、创造与想象、学习投入、问题解决、专注力、灵活性、反思等。上述众多因素的描述展示了学习品质广泛内涵下的多样性表现与具体清晰的理解,其高频因素可能是儿童早期学习品质核心要素的体现。

第三节　儿童早期学习品质的学习与发展效应

早在"学习品质"提出之初,卡根(Kagan)等便指出"学习品质在儿童入学准备中起整体的统领作用"。(Kagan et al., 1995)那么,儿童早期学习品质究竟对儿童在园及日后学习有怎样的影响? 这一问题持续了引起国内外学者的广泛研究兴趣。下面结合已有研究发现从四个方面进行归纳。

一、儿童早期学习品质对儿童在园学习与入学准备的当前影响

早在 20 世纪末,麦克德莫特(McDermott)等人(1999)对学习品质与智力因素对儿童早期学业成就的贡献进行了比较,由此开启了儿童早期学习品质学习效应实证探索之路。以麦克德莫特及其团队为代表,其研究发现,(1) 在控制了儿童人口学变量与家庭及近邻背景特征基础上,学习品质(基于 PLBS 测评)与一般能力(含涌现的认知、运动与社会能力)是众多课堂学习发展的能力因素中对儿童早期学业成功(基于标准化筛查)有显著独特贡献的两大因素(McWayne,Fantuzzo,McDermott,2004);其中,学习品质能独立解释儿童早期学业成功 10.89% 的变异。研究初步揭示在园学习诸多因素中显著影响儿童早期学业成功的因素。(2) 学前儿童(3—5 岁)学习品质(基于 PLBS 测评)所有维度均显示与其大班(5—6 岁时)学业成就(基于标准化测评及教师评定)不同程度的显著相关;其中,保持注意、能力动机更能预测一年后(即 5—6 岁时)的学业成就(McDermott,Rikoon,Waterman,Fantuzzo,2012)。(3) 学前儿童积极学习态度与坚持性与更高的词汇运用能力显著相关;表现出更多积极学习品质的儿童语言技能发展更好

（Fantuzzo，J. W.，Perry，M.，McDermott，2004；Fantuzzo，McWayne，Perry，Childs，2004）。其他研究也发现：（1）在控制了其他预测变量（如母亲年龄、母亲受教育程度和家庭收入等）基础上得出，学习品质（即兴趣、关注和坚持）可显著预测儿童的数学成绩（Dobbs-Oates，Robinson，2012）。（2）学前儿童的学习品质（基于 LTLS 测评）与科学领域学习显著相关（Bustamante，White，Greenfield，2017）。（3）儿童早期学习品质与儿童入学准备密切相关。如学习品质（基于 PLBS 测评）能显著预测儿童在数学和语言上的入学准备（Vitiello，Greenfield，Munis，George，2011；Vitiello，Greenfield，2017）；学习品质（基于 LTLS 测评）能显著预测儿童科学领域入学准备（Bustamante，White，Greenfield，2018；Bustamante，White，Greenfield，2017）；学习品质（基于 ECLS-K 测评）能显著预测儿童阅读领域入学准备（Sung，Wickrama，2018）等。无论来自贫困或接近贫困家庭的儿童，其集中注意力（Focused Attention）都与他们的词汇量显著相关（Razza，Martin，Brooks-Gunn，2010）。

国内相关研究得出一致的结论，如张莉等（2018）对 1767 名小中大班幼儿的研究发现，在控制了省份、区域、年龄和性别因素后，儿童学习品质（基于 EAP-ECDS 测评）总体上对早期语言和数学能力具有显著的预测作用；其中自我控制能力的预测作用最强。学习品质各维度对早期语言能力均具有显著的预测作用，三个维度对儿童早期语言能力的解释率为 6.7%；学习品质中的自我控制能力与坚持性对早期数学能力具有显著预测作用，好奇心与兴趣预测作用不显著，三个维度对儿童早期数学能力对解释率为8.3%。另有研究发现，大班幼儿学习品质（自编量表，含兴趣、主动性、专注、坚持、抗挫能力、目标意识、独立性、探索欲望、反思与解释、利用已有信息 10 个因素）与数学能力呈极其显著的正相关（r=.745，p<0.01）；同时学习品质各因素均与其数学能力呈极其显著的正相关；其中坚持性对 5—6 岁儿童的正式数学能力预测力最大（徐晶晶，2014；徐晶晶，李正清，周欣，2016）。

二、儿童早期学习品质对儿童入学后学业成就的长远预测效应

一些研究纵向追踪了儿童早期学习品质的长远学习效应，具体表现在：

(1) 追踪探索儿童早期学习品质与小学期间学业成就的关系。如麦克莱兰 (McClelland)等人(2000)研究发现,在控制了智力、种族和父母的受教育水平之后,儿童进入学前班时的学习品质可以预测其三年后即小学二年级末的阅读成绩 2%的变异。学习品质较低的学前儿童,上小学开始时表现在阅读方面的技能较低,以后很难再"跟上"同伴。邓肯等(2007)综述了美国、加拿大、英国三个国家的 6 个大型纵向研究数据发现,在入学准备众多技能中,注意技能(如专注力、任务坚持性、自我调节能力)是继数学、阅读技能之后对儿童日后学业成就具有长远预测效应的第三大技能。也即,在控制了儿童的家庭背景与个人特征因素后,儿童入学前的注意技能仍显著地预测了其三年级、五年级乃至八年级的学业成就。注意技能的纵向预测效应也得到后来研究的进一步验证(Romano et al., 2010;Pagani et al., 2010)。利克(Rikoon)等(2012)研究发现,5—6 岁儿童的学习品质(基于 LBS 测评)显著预测了他们大班结束时和一二年级的学业成就(含数学、科学、社会学习、阅读、语言、习惯等);各分维度对所有领域学业的预测达到显著;不过相比于其他三个因素,在所有时间点上情绪控制对儿童学业成就的解释率都最低(平均解释率 9%)。另有研究发现,3—6 岁幼儿的学习品质(基于 PLBS/LBS 测评)能预测小学二年级时的阅读、词汇、语言、数学和科学等学业成绩(McDermott,Rikoon,Fantuzzo,2014)。儿童 5 岁时的学习品质(基于 ECLS-K 学习品质分量表测评)发展水平与其 9 岁时的学业成就(阅读与数学)显著相关(Razza,Martin,Brooks-Gunn,2015);幼儿入大班时的学习品质水平(主要指注意技能)能预测从幼儿园至小学五年级时的阅读与数学学业成就(Claessens,Duncan,Engel,2009);来自西班牙第一代与第二代移民群体的研究发现,从幼儿园到三年级,大班儿童的学习品质(同邓肯 2007 测评量表)与其随后数学学业成就之间的关系越来越强(Bumgarner et al., 2013)。与学习相关的技能(包括自我调节和社会能力)还能预测从幼儿园至六年级的阅读与数学学业成就(McClelland,Acock,Morrison,2006)。

(2) 追踪探索儿童早期学习品质发展与小学期间学业成就增长的关系。如基于全国性样本的纵向研究揭示,大班幼儿学习品质(基于 ECLS-K 学习品质分量表测评)水平越高、随后两年发展速度越快,其阅读与数学学业成就增长速度也越快;初始学业成就水平低但学习品质水平高的儿童,其日后学业成就的增幅明显大于那些初始学业成就水平低学习品质水平也低的儿童(Sung,Wickrama,2018)。里-格瑞宁(Li-Grining)等(2010)的研究同样发现,无论哪一社会经济地位或种族的儿童群体,在控制了广泛的背景特征条件下,儿童刚入幼儿园大班时的学习品质(基于 ECLS-K 测评,当中的坚持性、情绪调节、专注力)水平能显著预测他们大班结束时、小学一年级、三年级、五年级的阅读与数学学业成就的增长轨迹。也即初始学习品质水平越高,学业成就提高越快。另有研究也发现,学前儿童学习品质水平每增加 1 分,一年级时的数学成绩增加 2.80 分(Dumais et al.,2012);刚入大班时幼儿的学习品质(目标导向行为、坚持性、组织纪律性)水平能预测幼儿园至小学三年级结束时的数学学业成就的增长轨迹(DiPerna,Lei,Reid,2007),也即大班时幼儿学习品质水平越高其日后数学学业成就的增长越大。上述研究揭示出儿童早期学习品质水平及其发展与儿童学业成就增长的密切关系;早年学习品质水平更高的儿童随着他们学习品质的发展又会加速其学业成就的增长。(3)追踪探索儿童早期学习品质与儿童毕生学业成就的关系。研究发现,养成了良好学习品质的儿童在他们整个学业生涯中都会取得更大的学业成功。如麦克莱兰(McClelland,2013)等研究发现,儿童 4 岁时所表现的注意力与坚持性(Attention Span-persistence)能显著预测他们 21 岁时的数学与阅读学业成就(7 岁时学业成就水平得到控制的条件下);还能显著预测他们 25 岁时能否顺利完成大学学业。具体而言,4 岁时注意力与坚持性高于 1 个标准差的儿童有 48.7% 以上完成大学学业的可能。这一研究有力地表明了儿童早期注意品质的发展与日后学业成就与教育成就的长远关系。不过此类长远的纵向研究极少。

三、儿童早期学习品质对儿童其他方面发展的影响

早在 2002 年麦克德莫特及其团队在检验"学前儿童学习品质量表"(PLBS)的效标效度时发现,学前儿童学习品质及其各维度均与其自我控制、人际技能显著正相关(McDermott et al.,2002);与导致日后学业失败的问题行为显著负相关。十年后对该量表的外部效度进一步检验仍得出,在控

制了儿童人口学变量基础上,学前儿童在学习品质及其各维度上得分越高,其2年后的多种问题行为(如注意缺失、攻击行为、故意挑衅、多动等)与3年后的学习不良风险越低(McDermott,Rikoon,Waterman,Fantuzzo,2012);其问题行为的平均风险降低率为61.6%;学业不良的平均风险降低率为44.5%;其中能力动机降低的风险域最广。利克(Rikoon)等(2012)研究也发现,5—6岁儿童学习品质(基于LBS测评)及其各维度对儿童随后几年(幼儿园结束时至一二年级)不同情境下的问题风险(如注意缺失、攻击行为、故意挑衅、学业不良等)具有显著的保护效应;LBS所有维度得分均与风险问题行为显著负相关,未来风险的平均降低率达75.6%;其中,坚持性/自律、合作表现出风险降低率高于能力动机和情绪控制。类似的结论在其他研究中也有体现。如研究发现,儿童5岁时的学习品质(基于ECLS-K学习品质分量表测评)发展水平与他们9岁时的社会技能水平显著相关(Razza,Martin,Brooks-Gunn,2015)。学前儿童的学习品质(基于PLBS测评,即能力动机、保持注意/坚持性、学习态度)与其社会技能正相关,与儿童的消极行为问题负相关(McWayne,Fantuzzo,McDermott,2004;Schaefer,Shur et al.,2004)。在专注力、坚持性等上表现较好的儿童容易获得良好的同伴关系、更好地控制自己情绪的能力;主动性较差的儿童其同伴关系也往往不好(Coolahan et al.,2000)。有积极学习品质的儿童表现出更大的阅读兴趣和积极的阅读态度;也表现出更高的阅读自我效能感(Tseng,Schmitt,2008)。

四、儿童早期学习品质在儿童早期学习与发展中的调节作用

有关学习品质调节效应的主要研究发现有以下三类:一是学习品质在幼儿园教育质量与儿童学业成就之间的调节效应。如孟(Meng)(2015)运用学前儿童行为量表(PLBS)对786名3—4岁儿童的追踪研究发现,在幼儿园教育质量与儿童学业成就之间,儿童的学习品质起着非常重要的调节与保护作用。研究发现,相比于高教育质量环境下低水平学习品质儿童,低教育质量环境下拥有更高水平学习品质儿童的拼读/听写成绩更好。研究反映出高水平的学习品质能弥补低质量教育对儿童发展造成的消极影响。另有

研究发现,当自信与动机得到激发时,教育过程质量对儿童学校学业成功的积极影响更大(Ning,Downing,2012)。二是学习品质在家庭环境与儿童学业成就之间的调节效应。如孟(Meng)(2015)运用 PLBS 对 1725 名 4 岁儿童的追踪研究发现,学习品质能显著调节家庭读写环境对儿童语言发展的影响。也即,积极的学习品质能弥补由于家庭读写环境不足而带来的负面影响。养成积极学习品质越多的儿童,即使其家庭读写环境水平更低,但其英语词汇量的增长轨迹更好。另有研究发现,集中注意力能降低家庭出身贫穷而带来的对儿童词汇量的不良影响(Razza,Martin,Brooks-Gunn,2010)。国内研究也发现,在控制了人口学变量基础上,学习品质(基于 ECLS-K 测评)在家庭教育经济投入与儿童早期学业能力的关系中发挥了完全中介作用,中介效应占全部效应的比例分别为 50%(语言能力)和 41%(数学能力);在家庭教育时间投入与儿童早期学业能力的关系中发挥了部分中介作用,中介效应占全部效应的比例分别为 18%(语言能力)和 19%(数学能力)(李燕芳,吕莹,2013)。三是学习品质在个体因素与入学准备之间的调节效应。如研究发现,学习品质(基于 PLBS 测评)调节着认知灵活性与入学准备之间的关系,这种调节效应主要源自能力动机、保持注意/坚持;学习态度的调节效应不显著(Vitiello,Greenfield,Munis,George,2011)。同一作者的研究又发现,在执行功能与入学准备之间,学习品质无明显调节效应(Vitiello & Greenfield,2017)。而上恩(Sung)和维克拉玛(Wickrama)(2018)的纵向研究发现,执行功能变化轨迹对儿童学业成就变化轨迹的影响直接和间接地受学习品质变化轨迹的调节。可见,关于学习品质在执行功能与入学准备之间的调节效应上结论不一致。此外,研究发现,学习品质能调节儿童早期行为问题与其日后学业成就的关系(Dominguez,Vitielio et al.,2010;Escalón,Greenfield,2009;McWayne & Cheung,2009)等。如麦克韦恩(McWayne)等对来自低收入家庭的非裔美国儿童研究发现,学习品质(基于 PLBS 测评,即能力动机、保持注意/坚持性、学习态度)与一般能力(General Competencies)在儿童入学前人际交往行为问题与小学一年级时学业能力与社会能力之间共同起完全中介作用。即,这两大调节变量降低了学前儿童问题行为对日后学业成就与社会适应的直接影响(分别为

86%和 76%）。埃斯卡隆（Escalón）等对来自低收入家庭儿童的研究也发现，学习品质（基于 PLBS 测评，即能力动机、保持注意/坚持性、学习态度）调节了行为问题对学前儿童读写与数学学业的不利影响。上述调节效应的研究有助于厘清错综复杂的变量之间的关系，为日后因果关系的探索提供了启示。

综上，国内外已有实证研究较为一致地揭示了学习品质（整体或具体因素）在儿童早期及日后的学习与发展（整体层面或具体领域层面）中的显著预测效应或重要保护作用。这种效应既表现在对儿童在园学习与入学准备的积极影响，又表现在对儿童入小学后乃至大学学业的长远影响。日益增长的证据还表明学习品质能调节家庭或学校中的外部不利因素或个体行为问题等内部不利因素对儿童学业的负面影响。由此，已有研究印证了学习品质是帮助儿童投入学习与取得学业成功的关键心理工具（Bustamante，White，Greenfield，2018）、儿童学习的内在机制（Hu，Teo，Nie，Wu，2017）、儿童学习的促进者（Demaray，Jenkins，2011）等观点；印证了卡根关于"学习品质在儿童入学准备中起整体的统领作用"的论断。不论家庭经济地位、性别或种族，所有儿童都能从其早期良好学习品质中受益深远（Hu，Teo，Nie，Wu，2017；Claessens，Duncan，Engel，2008）。它也是缩小处境不利儿童与其他儿童学业差距的决定因素之一（Dominguez，Vitiello，Fuccillo，Greenfield，Bulotsky-Shearer，2011）。

五、未来研究的展望

已有研究不断廓清和积累了我们对儿童早期学习品质因素结构与学习效应等认识；在前人基础上，未来有待推进的努力有：（1）探索更为低龄儿童学习品质的因素结构及其发展规律。目前国内外关于儿童早期学习品质的实证研究均以 3 岁以上儿童为主。有人甚至认为"学习品质是在幼儿期开始出现与发展、幼儿期是儿童学习品质的形成期和培养的关键期"。然而 3 岁前学习品质的发生发展值得引起研究与实践的关注。尤其是，有些学习品质要素在很早的时候就可以观测并到 6—8 岁时趋于稳定（Olson，Sameroff，Kerr，Lopez，& Wellman，2005）。未来研究有必要扩展到 3 岁以下儿童学习品质的探索,包括明确学习品质早期发展的敏感期关键期、婴幼儿学习品质的因素结构等。(2)加强我国教育背景下儿童早期学习品质学习与发展效应的实证检验与纵向追踪。纵向追踪学习与发展效应是当今儿童早期教育领域研究的一个重要趋势(如 Conger et al.,2019;Lipsey,Farran,Durkin,2018),而这类研究在国内较为匮乏。(3)进一步明确儿童早期学习品质发展效应的内在机制。目前研究主要探索的是学习品质与儿童学业成就的关系;不过有研究揭示,学习品质的学习效应有赖于具体教学活动的特征(Chen,McNamee,2011);教育质量越高学习品质与儿童学业成就之间的关系越强(Musu-Gillette,Barofsky,List,2015)。未来有待加强此方向下的证据积累,更好地透视教育生态背景下儿童早期学习品质学习效应发挥的机制。(4)探索儿童早期学习品质发展上的个体差异及其增长轨迹。研究表明,学习品质增长越大,儿童的学业成就增速也越大(Sung,Wickrama,2018)。而学习品质发展的个体差异在很早的时候就日益表现出来(Hyson,2008);因而关注儿童学习品质的早期差异及其增长轨迹是一个值得加强探索的问题。尤其是大量发展中国家儿童因贫困带来的风险出现在生命头五年里(Grantham-McGregor et al.,2007);处境不利儿童学习品质的早期个体差异与增长轨迹问题值得关注。从增长轨迹的角度来觉知发展或预防早期发展迟滞也是一个新兴的研究视角(e. g.,Choi et al.,2016;Fu et al.,2016;Tayler,Cloney,Niklas,2015)。此外,可针对学习品质展开准实验研究。目前研究已揭示了儿童早期学习品质发展与儿童学习之间的显著相关关系,但是否具有因果关系还有待严格的实验研究予以回答(McDermott,Rikoon,Waterman,Fantuzzo,2012);探索学习品质不同因素对整体学业成就或某具体领域学习的影响及其差别;或探究某特定领域哪一因素起更为基础的作用等。

六、教育与政策建议

教育实践中,保护与培养儿童毕生学习的热情、品质与能力至关重要。已有研究的诸多发现为支持与促进儿童的学习提供了可靠的证据支持;给家园教育实践与相关教育政策提供了丰富的启示。具体而言:(一)从家园教育实践创新层面而言,其一,根植学习过程与学习品质理念。大量研究已表明儿童早期学习过程中所表现出的学习品质具有近期与长远的学习与发展效应;充分揭示了学习品质在儿童完整成长与毕生发展中的重要奠基性。家园教育实践中要高度重视儿童的学习过程表现;切实从关注儿童的学习结果转向为关注儿童的学习过程,包括过程中的情绪情感表现、学习品质表现、能力增长表现等等。其二,重视自出生起学习品质的保护与养成。儿童早期学习品质的培养不仅仅是幼儿园教育和入学准备的重点,也是 0—3 岁家庭养育与早教机构活动中的重点。实践中需要密切关注各阶段儿童学习品质的连续性发展状况、变化轨迹与发展中的个体差异等,根据系统的观察记录及时为儿童提供个性化的支持或必要的干预。由此通过支持儿童学习品质的不断增长促进其学业的长足进步;或避免儿童早期学业差距的持续拉大;甚至及早发现儿童日后可能出现的学习困难(陈雅川,黄爽,2018)。其三,不断提高教育质量;创设良好的家园早期环境。学习品质是可以后天学习养成、可以通过教育或干预重塑的。而教育质量是儿童学习品质发展的重要预测变量(Dominguez el al.,2010);尤其是师幼互动中的情绪支持质量(Hu, Teo, Nie, Wu, 2017)。因此,家园教育需要不断提高儿童教养的质量;包括成人自身生命成长与进化;亲密信任的情感关系建立;相互尊重与自由的教育环境等。无论何种社会经济地位家庭或办学体制园所,都可以通过创设良好心理与文化环境,不断提高教育质量来促进儿童学习品质的发展以及实现学习品质的最大学习效应。(二)从教育评价政策创新层面上看,需建立着眼儿童完整成长与学习品质奠基的支持系统。当前,学习品质已成为发达国家儿童早期教育的普遍追求(鄢超云,2009;卡尔,2016);而我国教育实践中,幼儿学习品质的价值并未真正展现。因此,要促进我国儿童早期教育实践中高度重视和践行儿童学习品质的培养,离不开相应外部环境与政策的支持。如有学者提出将学习品质纳入幼儿园等级评估中来(郭亚平,2017);纳入家庭、学校和社会教育重要内容中(黄爽,霍力岩,2014);将儿童学习品质的发展作为学前教育质量评价的终极目标(胡梓滢,2016);以学习品质评价驱动学校教学变革等(方丹,陈朝辉,文军庆,2017)。一些发达国家已将学生的学习能力与学习习惯纳入学生学习评价体系中,更加重视学生在学习过程中表现出的主动性、独立性、责任心、自我管理、合作能力、组织能力等的水平;而不限于具体学科的分数与学业成就(周靖毅,2018)。对儿童学习品质发展进行监测、建设完善的早期儿童数据系统也是当今时代发达国家教育领域的一项重大举措(OECD,2015;徐小妮,郭力平,刘昆,2016)。因此将儿童学习品质的发展质量纳入学前教育质量评价体系;重视学习过程质量,把儿童学习过程中的学习品质表现作为评价学习效果与质量的重要依据;同时通过建立儿童早期学习品质发展数据系统加强监测,从宏观评价政策的角度为儿童早期学习品质的保护与培养提供有力的支持和保障。

七、结论

通过对 61 个国内外实证研究及 25 份新修订政策文本的综合分析,结果表明:(1) 学界对儿童早期学习品质最基本的理解是学习品质关注的是儿童如何学习的,而不是学到了什么;它用以描述儿童趋近学习的过程中和投入学习时的一系列行为、认知与态度倾向。(2)综合国内外实证研究结果得出,儿童早期学习品质因素达 23 个之多;其中高频因素有:专注力、坚持性、创新创造、能力动机、灵活性、好奇心、主动性等。国外 25 份最新修订版文件中共界定有 37 个学习品质因素;其中高频因素有:主动性、坚持性、好奇心、创造与想象、学习投入、问题解决、专注力、灵活性、反思等。综合反映出儿童早期学习品质因素结构的广泛性特征;同时,主动性、坚持性、专注力、好奇心、创新创造、灵活性是实证研究与政策文件所反映的共同高频因素。(3)基于国内外实证研究揭示,儿童早期学习品质与儿童的在园学习与入学准备显著相关;且能直接预测儿童未来不同阶段的学业成就。也即儿童早期学习品质对儿童的学业成就有着显著的同时效应与预测效应。(4)儿童早期学习品质对儿童的同伴关系、社会能力等其他方面发展有显著影响并能显著降低行为问题与学业困难的风险等。(5)儿童早期学习品质还在儿童的学习与发展中起着重要的调节作用,如调节低质量学校教育或家庭贫困对儿童学习与发展带来的负面影响;降低个体行为问题对其学业成就的不利影响等等。总体反映出学习品质在儿童早期学习与毕生发展中的重要奠基性。

第三章　儿童早期学习品质的测评方法与技术

《幼儿园教育指导纲要（试行）》指出："幼儿教育评价是幼儿园教育工作的重要组成部分，是提高教育质量的重要保证。"科学而适宜地评价儿童学习在高质量的儿童早期教育中扮演着关键的角色（NAEYC & NAECS/SDE，2003）。我国学者指出，学习品质的发展应作为学前教育质量评价的终极目标（胡梓滟，2016）。当前许多发达国家也将学生的学习能力与学习习惯纳入学生学习评价体系中，更加重视学生在学习过程中表现出的主动性、独立性、责任心、自我管理、合作能力、组织能力等的水平，而不限于具体学科的分数与学业成就（周靖毅，2018）。学习品质是儿童早期学习与发展最重要的奠基之一。科学测量与评价儿童学习品质对儿童入学准备与日后学习十分关键（Rikoon，McDermott，Fantuzzo，2012）。本章便概览了国外学前儿童学习品质的代表性测评方法与技术：基于标准化评定量表的学习品质测评、基于活动任务的观察评定法、基于日常叙事的学习品质测评、嵌入课程的真实性评价等。上述方法与技术可为科学测评儿童学习品质的发展状况、个体差异等提供支持；为推进我国儿童早期学习品质测评研究以及提升教师与家长的观察能力与评价质量提供借鉴；为推动我国儿童早期学习品质发展的数据系统建设等提供保障。

第一节　基于评定量表的学习品质测评

一、引言

评定量表是成人(如教师或家长)评定儿童行为表现程度的一种量表形式。一般是成人根据日常观察所形成的对儿童的总体印象在具体评价项目上给予符合儿童特征的等级评定。如在"儿童行为评定量表"中,教师根据日常观察对儿童在"在不需要提醒的情况下,遵守规则和指示"等项目上,根据特定儿童的实际情况,从"1"—"从不"到"5"—"总是"五种不同程度水平上选取评定,或在"1"—"从不","2"—"有时","3"—"总是"三种不同程度水平上选取评定。如果该儿童平时在不需要提醒的情况下,总是遵守规则和指示,那么给予"5"或"3"的评定。评定量表适用于大面积地展开测评。下面便对儿童早期学习品质研究中标准化的评定量表进行介绍。

二、学前儿童学习行为量表

(一)适用于 3—5 岁儿童的学习行为量表

最早用于测评 3—5 岁儿童学习品质的标准化量表是由麦克德莫特(McDermott)等于 2000 年开发的学前儿童学习行为量表(The Preschool Learning Behavior Scale,简称 PLBS)(McDermott, Green, et al., 2000)。两年后作者团队对该量表信效度进行了检验(McDermott, Leigh, & Perry, 2002)。受测群体来自开端计划(Head Start)的学前儿童。量表由包含多维度多层次的可观察学习行为构成,共 29 个项目。其中能力动机(Competence Motivation)反映的是儿童愿意接受任务且有成功完成任务的决心,包含 11 个项目(如"对新的活动表现出不情愿"、"在活动中容易放弃"、"遇到困难会流眼泪");专注/坚持(Attention/Persistence)反映的是儿童投入注意的程度以及在有难度的任务中的坚持性。包含 11 个项目(如"对成功或失败都不在乎"、"不能投入到某一项活动中"、"不先好好看清楚或想一想就动手")。学习态度(Attitude toward Learning)包含 7 个项目

("受挫时表现出敌意或攻击性"、"情绪不好时不能好好学习"、"有困难时不愿意接受帮助")。由教师根据儿童此前至少两个月里的日常表现,依据儿童相应学习行为出现的频率,在三个等级上进行评定,即:从没有此类表现(Doesn't apply)、有时候表现如此(Sometimes applies)到大部分时候表现如此(Most often applies)给予1—3分的评定。统计分析时,所有反向题转化为正向记分,由此,量表总分越高,表明儿童的积极学习品质水平越高。该量表的信效度得到广泛检验,如可接受的聚合与分散效度(McDermott, Leigh, & Perry, 2002);充分的同时效度与预测效度、重测信度(Schaefer, Shur, et al., 2004);整体量表的预测效度(Rikoon, McDermott, Fantuzzo, 2012)和整体量表的内部一致性信度(Cronbach's α = .90)。该量表在其他相关研究中也被采用(Meng, 2015;Vitiello, V. E., Greenfield et al., 2011;Hahn et al., 2009)。如哈恩(Hahn)等运用麦克德莫特团队开发的 PLBS 对 328 名 2—6 岁秘鲁儿童测评发现,秘鲁儿童的学习品质包含能力动机、专注/坚持、努力策略/灵活性(Effortful strategy/flexibility)(Hahn et al., 2009)。当中,前两个维度与麦克德莫特等 2000 版 PLBS 完全一致,最后一个维度更为具体,即学习态度维度上,变为具体的努力策略/灵活性表现。

十年后,麦克德莫特研究团队运用新方法进一步对其 2000 年开发的量表进行修订,并对量表维度及其外部效度进行了检验(McDermott et al., 2012)。受测群体是就读于城市开端计划中的 1666 名学前儿童。结果表明,学前儿童学习行为量表的维度数量及构成基本未变;但原第三个维度"学习态度"变为更为具体的"学习策略"维度(原维度的部分项目保留下来,同时新增了学习策略的具体行为,如"受挫时表现出敌意或攻击性"、"有困难时不愿意接受帮助"等项目保持未变,新增的项目如"想出某些有趣的方式来完成任务"、"吸引他人一起做"、"采用不灵活的学习程序"等)。最终形成 4 个正向题、17 个反向题共 21 个项目的学前学习行为量表。经检验表明,修订后的量表能显著预测儿童日后的学业成就及学习行为;能降低儿童日后不适应行为及学业失败的可能性。该修订量表在其他有关学前儿童学习品质的研究中也得到应用(Hu et al.,

2017；McDermott et al.，2014）。如胡（Hu）等 2017 年的研究中表明（Hu et al.，2017），能力动机（CM）、学习策略（LS）、注意坚持性（AP）三个维度都显示良好的内部一致性信度，其 Cronbach's α 值分别为：0.86，0.78，0.72。

（二）适用于 5—6 岁儿童的学习行为量表

最早用于测评 5 岁以上儿童学习品质的正式量表是麦克德莫特等 1999 所开发的学习行为量表（Learning Behaviors Scale，LBS）（McDermott et al.，1999），它包含有四个维度：能力动机（Competence Motivation）、保持注意/坚持性（Attention/Persistence）、策略（Strategy）/灵活性（Flexibility）和学习态度（Attitudes Toward Learning）。该四因素量表在其他不同群体背景下的研究中也表现出稳定和有效（Canivez，2006；Canivez et al.，2006；Worrell et al.，2001）。同时，量表属于教师报告的儿童学习品质评定量表；由 29 条项目构成的 3 点 Likert 量表（"大部分时候表现如此"、"有时候表现如此"、"没有此表现"），每一项目都聚焦于与学习过程相关的具体而独立的行为。量表包含了 6 个正向项目，23 个反向项目。后来有学者对麦克德莫特等（1999）所开发的学习行为量表进行了验证性因素分析（Rikoon，McDermott，Fantuzzo，2012），参与者为 900 名大班幼儿及一年级儿童。结果得出前两个维度保持未变——能力动机（Competence Motivation）、自律/坚持性（Discipline/ Persistence）未变；"策略"变为更为具体的"合作（Cooperation）"；"学习态度"变为更为具体的"情绪控制（Emotional Control）"。该四因素的验证性指标良好；各分量表内部一致性信度系数良好；也具有良好的外部效度——量表中的四个维度整体上表现为与儿童当前以及两年后的学业成绩显著相关。可见该量表满足了多标准的质量指标，可作为一种测评工具来评价儿童的学习品质状况。同时，不论哪一版本，能力动机与坚持性是量表中稳定的维度。

三、学前儿童学习品质分量表

在适用于学前儿童学习品质测评量表上，标准化的量表还有美国全国性的儿童早期纵向研究项目（ECLS-K）1998—1999 中的学习品质分量表

(Approaches to Learning Scale),它有教师与家长评定两个版本。教师评定版本共 6 个项目,涉及儿童学习品质的六个方面:专注力(Attentiveness)、坚持性(Persistence)、独立性(Learning Independence)、灵活性(Flexibility)、组织性(Organization)与学习的热切性(Eagerness to Learn);其量表的内部一致性系数 α＝.93(Li-Grining et al.,2010)。六个项目即"(课堂上/活动中)能集中注意力"、"坚持完成学习任务而不需要提醒"、"能独立学习"、"容易接受常规或规则的变化"、"能归属班级组织中和管理好自己的学习资料"、"对新知识或新事物学习热情高"等。该量表在其他研究中也得到运用（Razza, Martin, Brooks-Gunn, 2015;Barnard-Brak et al., 2016; Duncan et al., 2007）。在多样性群体中建立了其内部一致性信度(Cronbach α＝.89),以及与儿童的学业成就间建立了预测效度(Duncan et al.,2007)。家长版本也包含 6 个项目,并从注意的集中性、坚持性、责任心、创造力、学习的热切性、对各种事物的兴趣程度等方面进行评定。无论教师版本或家长版本,每一个项目中,教师或家长都从"从不/从来没有"、"有时候如此"、"经常这样"、"非常常见/完全如此"分别给予 1—4 分的评价。总量表的平均数为被试的学习品质表现。

四、学会学习量表

麦克德莫特和凡图佐(Fantuzzo)等 2011 年开发的"学会学习量表"(Learning-to-Learn Scale,简称 LTLS)(McDermott, Fantuzzo, 2011)也被一些学者用来评价学前儿童的学习品质(Bustamante et al., 2017; Bustamante et al., 2018)。该量表也属于教师评定量表,共由七大维度(即策略性计划、有效动机、学习中的人际责任感、学习投入、维持注意、接受新事物和挑战、小组合作学习)55 个项目构成(例如"小组活动时不需要提示能自觉排队或轮流参与"、"当某个方法不能有效解决问题时能改变策略"),教师在三个水平上(如"没有过"、"有时候如此"、"经常如此")对每一儿童的日常表现进行评价。总体反映的是儿童学习过程上的行为表现。该量表经检验具有良好的外部效度和同时效度,以及较高的信度(α＝.97)。

此外,与评定量表形式相似,但不那么正式与严格的常用评定方式有核查表(Checklist)。核查表是将一些具体的代表性行为表现或发展标准按一定逻辑排列的列表。评定者依据在观察时或回顾观察时的印象,标记某行为或指标是否出现过。它既可以是他人评定方式(如教师或同伴),又可以是自我报告方式。核查表项目简洁,评定者只客观描述,不作判断(如条目"和主要照料人分离时没有问题"、"能成功完成一项任务",评定者只记录"是"或"否")。可见,即便是非专业人士,核查表用起来也简便易行。

第二节　基于活动任务观察的学习品质测评

一、基于学习任务的亚太学前儿童发展量表

该量表由香港大学研究团队领衔包括中国在内的亚太地区多个国家编制完成(Rao et al.,2014;Rao et al.,2019)。共计85题,主要考察学前儿童在七大领域(认知发展;语言与涌现的读写能力;社会-情绪发展;文化知识与参与性;运动能力发展;健康、卫生与安全意识;学习品质)的发展状况。采用一对一测试,每个测试持续时间45—60分钟。该量表经过三轮的测试修订,显示在各国均具有良好的信效度(Rao et al.,2014)。学习品质分量表也是通过儿童操作和研究者观察来评定儿童的学习品质发展水平。考察的具体表现包括儿童的自我控制能力、坚持性、好奇心与兴趣等。共计7道大题,17个小题,具有较高的内部一致性(α=.88)。具体而言,对儿童自我控制能力的考察借助敲击任务(张莉,周兢,2018)。在测试过程中,研究者告知儿童规则,即当研究者敲击一下时,儿童需要敲击两下,反之亦然。随后研究者和儿童各拿一根小棒,儿童需要根据研究者指令作相反的回应,共计6次,每次采用0,1记分,总分为6分,6个题项的内部一致性信度较高(α=.90)。对于儿童坚持性的测查采用测试者观察评分的方式,由研究者根据儿童在《亚太学前儿童发展量表》中相应7个题目中的表现,评

估儿童坚持性的发展水平,即大部分情况下都不能坚持、大部分情况下能够坚持以及所有题项中均表现出坚持性。采用 0,1,2 记分,共计 4 分。对各题坚持性水平评估的内部一致性信度较高($\alpha=.82$)。对于儿童好奇心和兴趣的考察则由研究者通过对儿童的表现进行观察评分,共 4 个具体题项,包括儿童不希望拿走材料、很想知道接下来的测试任务、自发地与研究者有积极互动以及有兴趣并好奇地探索材料,采用 0,1,2 记分,共计 8 分,4 个题项具有较高的内部一致性($\alpha=.86$)。

二、基于学习活动的学前儿童积极学习品质评定

该评价技术在儿童的日常七大类学习活动(如自选与指定的绘本阅读、创作自画像、数学运算游戏、伴随音乐的即兴舞蹈、用彩色蜡笔做实验、解决模式难题、制作小汽车模型)中观察儿童的具体表现。这七大活动涵盖了儿童日常学习中的不同内容与不同技能领域,同时,七大活动包含了任务的不同水平以及完成任务的不同认知需求(Chen,McNamee,2011)。在相关研究(Chen et al.,2007)基础上,采用发展标准参照的评价量规,从十个水平记录儿童在每一类活动任务中的表现。例如,在绘本阅读活动中,水平 1 指的是儿童仅仅关注绘本中的图片,没有任何口头言语表现也没有口头讲述故事;水平 2 指的是儿童关注绘本中的故事,同时口头上随着绘本中的图片连续说故事,但只是在重复绘本中的故事。水平 9 为关注绘本中的文字并能独立寻求意义,阅读不太流畅;水平 10 指的是儿童能流利地阅读绘本及绘本中的文字,成为一个独立的阅读者。其他任务也同样从十个水平来评定儿童的学习表现,与此同时,也对儿童在每一项活动中的积极学习品质表现进行评定。评定内容包括初期的投入程度(Initial Engagement)、目标定向(Goal Orientation)、注意的集中性(Focus)、学习的计划性(Planfulness)四个方面(Chen,McNamee,2011;Chen et al.,2007)。具体参见表1。每一维度的表现根据观察表中 1、3、5 分的行为描述给予从 1 到 5 分的记录,2 与 4 分别介于 1 与 3、3 与 5 之间的水平。该学习品质观察记录量表的 Cronbach α 系数为 .89(Chen,McNamee,2011)。

表1　不同活动任务中儿童的积极学习品质观察评定量表

A 初期的投入:活动开始时该幼儿学习投入的状态是怎样的?				
犹豫的				热切的
很犹豫或不愿意		玩自己的		急切盼望活动开始
1	2	3	4	5
B 注意的集中性:整个活动中该幼儿的注意状态是怎样的?				
分心的				专注的
很容易被其他人或事情分心		有时候专注		很专注,注意力被活动吸引住
1	2	3	4	5
C 目标定向:该幼儿趋近活动目标的一致性程度如何?				
个人目标				活动目标
玩自己的而不是交代的活动任务		有时候玩自己的,有时候为活动目标努力		高效率地完成活动
1	2	3	4	5
D 计划性:在完成活动任务过程中该幼儿的组织计划性表现是怎样的?				
无计划的				有计划的
随机的、冲动的		有时候有组织有计划		很有计划性,有方法
1	2	3	4	5

第三节　基于日常叙事的学习品质测评

下面介绍一类评价理念与操作路径与前面介绍的评价技术有着本质区别的评价技术。叙事是一种评价(江守义,2002);而叙事探究不同于简单的

"讲故事",也不是单纯的研究方法,它更是一种思维方式,即叙事性思考模式(李晓博,2010)。在现有儿童早期学习品质评价方法使用中,具有叙事特征的质性评价以新西兰的"学习故事"为代表,下面着重介绍该方法及其主要特征。

一、"学习故事"的缘起

"学习故事"(Learning Stories)是一套来自新西兰的儿童学习评价体系(卡尔,2016;路奇,2016)。它是由新西兰儿童早期教育专家、新西兰怀卡托大学(University of Waikato)教授玛格丽特·卡尔(Margaret Carr)和她的研究团队经过数年的研究于2001年提出的。追溯到1989—1991年期间,卡尔教授与同行共同领导了新西兰早期教育课程研究工作并形成国家性的早期教育课程框架。该课程提出用非量化的五条线索(身心健康、归属感、沟通/交流、贡献和探究)来描述儿童的学习结果。新西兰政府认识到传统评价(如以知识和技能等可量化结果来描述儿童的学习,是补短的取向)不适应新课程改革,而对儿童的评价方式是新课程框架能否在早期教育机构中实施的关键。由此,卡尔教授及其团队开发了另一种评价模式:学习故事;这是一种不同于知识和技能的传统"清单式"评价(如会写自己的名字、会数数等)的新型评价。这是一种以突出长处、促进心智倾向发展的取长式评价模式。当前,在新西兰各类早期教育机构中,学习故事被广泛用来帮助教师观察、理解并支持儿童的持续学习。它的实施范围涵盖多个国家或地区的文学、数学、音乐、社会课程以及特殊教育中(余璐,刘云艳,2017)。

二、"学习故事"的评价技术

学习故事是运用故事/叙事的方式,通过描述(Describing)、讨论(Discussing)、记录(Documenting)、决定(Deciding)的"4D策略"来评价儿童的学习、描述儿童的学习成果。

描述即描述故事——描述儿童在学习活动中的行为表现,明确描述的领域——儿童学习的心智倾向(Disposition,即一整套和参与有关的机制),

如感兴趣、在参与、投入有挑战的活动或在困境中坚持、表达与沟通、承担责任等;明确描述的焦点是儿童能做的、感兴趣的事情,而不是儿童不能做的、不足的方面。讨论即让多主体(包括儿童自己、其他教师、家长等)对学习故事(记录的结果)进行解读、分享与讨论,形成一致性理解。记录即通过用图文的形式(含图片、文字、视频、作品等多元证据)记录下儿童学习过程的一系列"哇"时刻或"魔法"时刻,抓拍一系列学习片段,或关于某个儿童的系列学习故事。决定即确定下一步做什么,包括正式或非正式的行动计划。可见,学习故事是一套用叙事的方式来对儿童的心智倾向进行评价。无论从评价的内容——有助于学习的心智倾向(如好奇、感兴趣、参与投入、挑战与坚持、分享和承担责任等),还是评价关注的焦点——学习过程而非学习结果,都反映出是对儿童学习品质的观察与评价。我国学者将学习故事评价的内容直译为"学习品质"(余璐,刘云艳,2017)。因而,学习故事也是学前儿童学习品质发展评价的一种重要形式。

学习故事作为一种用于儿童早期学习状况评价的工具,它具有如下特点:(1)强调在真实情境中评价、强调学习的复杂性和情境性;(2)注重过程性评价——连续性过程(当前发展、未来计划),过程背景,过程的整体性评价,如儿童想什么(了解其兴趣、行为和思维)、怎么想(分析其方法、策略和关系)、为什么想(探索其学习的动机和态度),过程中的独特性、个体差异等;(3)善于发现儿童个体的优点、学习倾向,聚焦儿童自主学习行为、及时发现儿童个体的进步;(4)具有包容性,教师、家庭、儿童、社区都可参与评价;(5)以叙事方式展开,其4D策略使得儿童的学习行为评价具有较强的可操作性。总之,学习故事是一套由明确价值观引领的学习评价体系;是一套用叙事的方式进行的形成性学习评价体系;是一套能够帮助儿童建构作为学习者的自我认知的学习评价体系(卡尔,2016,总序:1—6)。

学习故事的一般记录格式如表1所示。

表1 学习故事的一般格式

孩子姓名_____观察日期_____观察者_____地点_____

课程中的发展线索	学习倾向	行为线索或指标	学习故事
归属感	感兴趣	在这里发现感兴趣的事物——一个话题、一项活动、一个角色等。应对变化。	
身心健康	在参与	注意力持续一段时间,感到安全,信任别人。与其他人一起玩或者和材料互动。	
探究	在困境中坚持	创建或者选择困难的任务。在"卡壳"时使用一系列策略来解决问题。	
沟通	表达观点或感受	用一系列方式,如口头语言、姿势、音乐、艺术、书写,使用数字和图案,讲述故事。	
贡献	承担责任	回应其他人、故事和想象的事件,确保事情是公平的,自我评价,帮助他人,为课程做出贡献。	
短期回顾			下一步呢?
问题:我觉得什么样的学习在这里发生了(如这个学习故事的要点)?			问题:我们可以如何鼓励这种兴趣、能力、策略、心智倾向,让故事:更复杂?在课程不同领域活动中出现?我们如何在学习故事框架里鼓励"下一步"(学习和发展)?

三、"学习故事"评价法的实践案例

下面用实例说明学习故事评价技术的主要特征。

例1:"塔尼亚正在户外和大孩子们一起骑车。她看见一辆无人使用的车,便跑了过去,眼看就要拿到车了,另一个孩子过来把车骑走了。塔尼亚看着我,希望我可以帮她拿到车。我告诉她,再等一等,很快就轮到她玩了,现在可以另外找一辆车。她骑上了另一辆自行车,紧紧地跟在那个孩子后

面,留心看着她的一举一动。那个孩子终于停了下来,下了车。塔尼亚跳下
她的自行车,骑上了这一辆。她看着我笑了,然后骑车走了。"(卡尔,2016)
该学习故事中,描述了塔尼亚"感兴趣"、"参与投入"、"挑战与坚持"、"表达
自己的想法(沟通)"等心智倾向或学习品质的具体表现,生动而具体。如我
国学者归纳的,学习故事是在日常环境中对儿童学习行为的一种结构性的
叙述观察,通过连续记录儿童在真实活动或情景中的行为来展示儿童的学
习,包括儿童所在的周围环境的背景信息,也包括儿童不断累积的照片或者
是一些小插图,并采用质的和解释性的方法对儿童的学习进行整体和全面
的评价,以呈现儿童学习的完整和连续的画面,保持学习的复杂性,促进儿
童的学习(谢芬莲,2014)。

　　表2进一步显示了学习故事记录的形式与案例。

表 2　三个朋友

孩子的姓名:Sarah　　　　日期:6月22日　　　教师:Lesley

	学习倾向	线索	学习故事
归属感	感兴趣	找到兴趣——某个主题、活动或角色认可熟悉的事物,喜欢陌生的事物。应对变化。	Sarah 与 Tane 一起讨论 Tane 的缝制经验。Sarah 急于表达缝制的观点,并说我们(包括教师)一起去贮藏室找一些材料。最初的观点是 Sarah 想做一个围裙(Tane 提出的),但是 Sarah 有其他的想法!
幸福感	参与	能维持较长时间的注意、感觉安全、信任他人。并且喜欢和他人或材料玩。	Sarah 挑选了她的材料,然后我们一起把一片一片的材料用缝纫机缝起来。Sarah 把材料放在木板上,我用钉枪把它钉定在木板上。
探索	坚持	设置和选择有困难的任务。使用一些策略解决困难。	Sarah 做了一个标记写道:"没有允许不许进我的房间。"Sarah 抄下我写下的单词并且又说明了她的通知。
交流	表达观点或感觉	不同的方法。例如:口语、手势、音乐、艺术、写作、使用数字、讲故事。	接着我们在布告栏上钉下通知,Sarah 给 Tane 读通知,过后向小组展示她的木板并读给他们。
贡献	负责	能回应他人,并且知道事情是公正的、能自我评价、帮助他人、为一个项目做贡献。	
短期回顾			下一步是什么?
Sarah 通过早会表达她的兴趣。(归属感,幸福感)她坚持她的任务并用不同方法表达观点。(探索)Sarah 和一个小组交流她的设计意图。(交流)Sarah 为这个课程做贡献,分享她的观点。(贡献)			继续促进和扩展 Sarah 的机会,追求其他的缝纫方案。也许我们做衣服还可以使用某些缝纫模式呢?

综上,学习故事作为日常情境中的观察,与叙事性观察很相似,但它强调运用故事的方式,即结构性更强——它旨在抓拍一系列学习片段,或关于某个儿童的小故事。同时,与瑞吉欧课程的综合记录以反映儿童的整体学习过程与结果不一样的是,学习故事侧重记录有助于儿童学习的心智倾向。

四、"学习故事"的启示

学习故事作为着眼儿童学习的过程、着眼有助于儿童学习的心智取向的一种重要评价方法,对我国儿童的学习与发展评价有哪些启示呢?《另一种评价:学习故事》一书的审校者周菁指出,学习故事有可能帮助我们建立教育理念和实践之间的联结;帮助我们建立知识、技能、心智倾向之间的联结;帮助我们建立儿童、教师、家长之间的联结;帮助我们建立儿童的学习和发展、教师的学习和发展、幼儿园的管理和发展之间的联结(卡尔,2016,总序:8—10)。另有学者认为通过新西兰学习故事的学习,我国的幼儿发展评价应以科学的儿童观和教育观为前提;应将评价与课程结合,评价幼儿的学习与发展;应在真实情境中评价幼儿的学习与发展;应有效运用评价结果,促进幼儿的学习与发展(谢芬莲,2014)。还有学者谈及学习故事对我国幼儿园贯彻《指南》的启示,如解放幼儿,充分重视幼儿的自主活动;运用叙事性评价方法确立幼儿学习与发展的合理期望;以幼儿的"学习故事"为线索,深化幼儿园与家庭、社区的合作(路奇,2016)。综上,学习故事的评价方法不仅是儿童早期学习品质评价的重要方法之一;而且它从更为广泛的视角对我国幼儿园教育教学实践提供多维度、多层次的启发。

目前学习故事在我国的研究与实践探索涉及具体领域中学习故事的应用探索,如学习故事在学前儿童数学学习观察与评价中的应用(周欣,2012);幼儿园科学教育中学习故事的应用(张一凡,2019);学习故事对幼儿教师专业能力提升与成长的促进(张亚妮,程秀兰,2016)等。不过有学者揭示当前幼儿园实践中应用中存在一些困难和问题,如幼儿园教师观察能力不足、运用的有效性较低、识别缺乏专业性、对心智倾向的关注较少、识别主体单一、回应策略简单等(付饶,2017);另有学者也发现,观察方式方法不恰当、评价参与者单一、教师回应缺乏多样性等问题(何秀菲,2019)。综上,学习故事一方面不断受到广大学者与实践者的推崇,另一方面学习故事的合理应用还有待持续努力。而如何结合我国幼儿园的实际情况进行本土化研究,以及学习故事在我国幼儿园推广应用的必要外部支持与保障条件等问题也值得引起关注。

第四节　嵌入课程的真实性评价

一、引言

真实性评价(Authentic Assessment)是 20 世纪 90 年代兴起于美国基础教育领域的一种另类评价方式。对于入学前的儿童,真实性评价是在当前情境下(包括在适宜的场所)对儿童能力发展的仔细观察,包括一段时间的、个别化的观察;也是对儿童熟悉且有学识的照看者在日常生活中对年幼儿童自然出现的能力的评价(Bagnato,2007)。可见,真实性评价强调日常教与学情境的自然性真实性;儿童表现的自然性真实性;评价人员的真实性——要求评价人员也是长期与儿童互动、熟悉儿童的人。该评价方法因其强调评价的"真实性"而被广泛推荐应用于学前期儿童的学习与发展评价上(Meisels et al.,2010;Moreno,Klute,2011;高敬,2017)。它被认为是能为学前儿童提供高质量教育经历的最重要方法。为全面了解儿童的发展状况,真实性评价一般涵盖了学习标准中所涉及的所有领域,包括学习品质领域。为最大限度地接近真实性,真实性评价通常会嵌入课程或基于课程而展开。为使观察者能够发现并辨认儿童的真实表现,特定课程会根据自身的课程目标开发使用不同的观察记录表,不仅使观察更全面、评价更真实,而且使观察得以持续记录。下面以创造性课程所开发的儿童学习与发展观察评价包中积极学习品质连续性发展观察表为例进行说明。

二、嵌入创造性课程的儿童发展真实性评价

创造性课程开发了儿童学习与发展观察评价包（Child Assessment Portfolio）（Teaching Strategies LLC，2010），目前有两个版本：Teaching Strategies GOLD™（适用于出生—6岁），Teaching Strategies GOLD®（适用于出生—3年级），它们均基于儿童整体发展取向，从儿童的四个发展领域（社会情绪、身体、语言、认知）与五个内容领域（语言、数学、科学与技术、社会学习、艺术）展开观察与评价。学习品质被列入认知发展中的第一部分：积极学习品质（Positive Approaches to Learning），包括对专注与投入（Attends and engages）、坚持性（Persists）、问题解决（Solves problems）、好奇心与学习动机（Shows curiosity and motivation）、思维灵活性与创造力（Shows flexibility and inventiveness in thinking)等维度的观察记录。每一维度又分别被分为10个水平，从没出现到水平9分别代表了由低向高的发展水平（数字下有对应的描述，如没有描述，则表明是代表介于其左右数字中间的发展水平。比如，3代表介于2与4之间的中间水平）。同时，量表借助不同颜色带标出了特定年龄发展的期望水平。教师则根据儿童的实际表现在相应的数字下做记录，每学年记录2—4次。以"专注与投入"为例，表2中第一列代表记录的次数，后面的各列代表发展的水平：从"没出现"（也即该行为表现完全没有出现过）到最高水平"水平9"。其中，水平2、4、6、8下面分别有具体的行为描述。水平1、3、5、7、9代表处于各自左右两边数字之间的水平（9为最高水平），比如相对于水平2"能注意到周围的现象和声音"，水平1则代表此行为"刚出现或偶尔出现"等。颜色带所代表的含义即：红色代表出生到1岁儿童的期望发展水平；橙色代表1岁到2岁儿童的期望发展水平；黄色代表2岁到3岁儿童的期望发展水平；绿色代表3岁小班儿童的期望发展水平；蓝色代表4岁中班儿童的期望发展水平；紫色代表5—6岁大班儿童的期望发展水平。水平9代表超出大班儿童的期望发展水平。该量表能有助于教师很好地跟踪记录0—6岁儿童的连续性发展。记录的次数一般一学期1—2次，一年2—4次。经检验，Teaching Strategies GOLD两大版本的儿童真实性评价工具（Child Assessment Portfolio/System)均具有良好的信效度（Lambert et al.，2015；Qiu et al.，2021）。下面

以"专注与投入"、"坚持性"为例(参见表1、表2,请参照书末的彩色完整版,即图11、图12)。

表1　嵌入创造性课程的0—6岁儿童积极学习品质——专注与投入观察表

	没出现	水平1	水平2	水平3	水平4	水平5	水平6	水平7	水平8	水平9
评价次数			能注意到周围的现象和声音		在完成任务时能保持兴趣,尤其有成人提问、建议和评价时		在与其年龄相符的有趣任务中能持续工作,能忽视大部分的干扰		能好几天或好几周持续关注某问题或某个任务,被打断后能重新投入	
1										
2										
3										
4										

表2　嵌入创造性课程的0—6岁儿童积极学习品质——坚持性观察表

	没出现	水平1	水平2	水平3	水平4	水平5	水平6	水平7	水平8	水平9
评价次数			重复某动作以获得类似的结果		练习某活动很多次直至成功		计划与追求各种适宜的挑战性任务		计划与追求自己的目标直到达到为止	
1										
3										
4										

三、小结与展望

除了现场教学,教育的核心命门实际上在于评估;换言之,评估是整个教育体系的核心(朱永新等,2018)。我国现在正处于教育改革的深入阶段,更加科学地评价儿童的学习是必然的发展趋势(周靖毅,2018)。另有学者指出,急需建立一套科学有效的儿童学习与发展评价体系,提高儿童学习与发展评价工作的科学有效性(苏婧,顾春晖,孙璐,2018)。本章所归纳的方法与工具大都经过实证研究的信效度检验或得到广泛的实践应用,可为学前儿童学习品质的相关研究提供一些参考。其中,基于量表的测评以教师日常观察的评定法为主,也即教师根据儿童的日常表现所形成的总体印象来直接判断,形成教师对儿童学习品质的评价。所介绍量表的维度典型、代表性强;项目精要、简洁明了;评定等级清晰、简单易行。总体而言,操作简便、经济有效。未来研究可在其他文化背景下进一步检验其信效度(Rikoon,McDermott,Fantuzzo,2012);进而比较不同文化背景下儿童早期学习品质发展的差异性表现等。基于活动任务的测评法其任务的代表性、科学性也经过检验,属于标准化测验,测评虽耗时较多,但能观察到儿童在特定任务活动中的具体过程表现,从而基于儿童当前任务的自身表现记录其学习品质不同指标上的得分,形成儿童学习品质发展的评价。不难看出,基于活动任务的测评能更为直接地描绘儿童学习品质的当前发展状况。基于叙事法的新西兰学习故事是采用叙事描述的方式(而不是数字解读的方式)着重记录儿童学习过程的一系列“哇”时刻或“魔法”时刻,关注的是儿童学习品质上的积极表现,突出长处以促进心智倾向的发展。它有助于鲜活地刻画儿童学习品质的过程表现,其生态性水平最高。这些也是学习故事不同于其他评价方法的独特之处。嵌入课程的真实性评价也是基于日常自然的学习或教学情境下的观察与评价,它常基于课程而展开,同时要求是熟悉的人做持续的观察记录,为保证儿童照看者能辨别和观察到儿童的真实性表现,也会开发相应的观察记录量表来协助记录。其特点在于强调情境、表现与评价的真实性,以及一段时间里的多次观察记录。显然,要能持续地及时捕捉所有儿童的学习品质表现并能完整记录,并非易事。综上,国外学前儿童学习品质测评方法与技术呈现出标准化与多元化特点;各种评价方法与技术各有其特点和优势。实践中,可根据研究的需要、问题的目标等,选择适宜的方法与工具,或采用多种方法与技术,如量化的标准化量表测评、质性的叙事评价方法等,定量与定性有机结合。

随着学前儿童学习品质研究的不断深化,开发本土化的学前儿童学习品质测评工具,或改编国外代表性工具以适用于本土文化也将成为研究与实践之所需。国内已有一些学者作出了尝试,包括开发学前儿童学习品质教师评定量表,不过大多未能经过大面积的严谨检验。有调查显示,目前我国师幼比过小等因素影响了教师评价工作的有效性(苏婧等,2018)。如何能在我国师幼比例低的情境下来科学观测儿童的学习品质,这是一个很大的挑战。因而本土化研究中如何在测评方法与工具的经济性与科学性上不断优化平衡,达到既简便易行、生态真实又科学严谨是未来研究须重点考虑的。此外,目前国内外较少关注更为低龄儿童的学习品质测评方法与工具开发,如0—3岁婴幼儿的学习品质有效观测。学习品质是0—3岁儿童学习与发展的关键领域(李慧,严仲连,2017)。关注此年龄段儿童学习品质的测评方法与技术开发是未来研究的努力方向。同时,目前较少有从教养者角度测评成人对学前儿童学习品质发展支持素养的测评工具,而这样的教养素质测评对于支持学前儿童学习品质的发展而言无疑具有重要现实意义。上述有待努力的方向都离不开相关评价政策的外部支持。如,将儿童学习品质的发展纳入学前教育质量评价与监测体系(OECD,2015);鼓励建设学前儿童学习品质发展数据系统等等,客观上将有助于推进儿童学习品质的测评与培养研究。

附录 1　Teaching Strategies GOLD™ Child Assessment Portfolio

该量表中的"社会情绪发展"(Social Emotion Development)和认知发展(Cognitive Development,含积极学习品质维度)完整分量表中文翻译版如下:

老师您好!下面是一张 0—6 岁儿童发展连续性记录表。这张表中,每一发展领域都有 9 个数字,1—9 分别代表了由低→高的发展水平,具体含义请看数字下的文字描述。如没有对应的文字描述,则表明它是介于其左右数字中间的发展水平。比如,3 是介于 2 与 4 之间的中间水平。请您根据该幼儿近两个月来的日常表现,在下面对应数字的方格里画"√"。每行(每个发展领域)只需画一个"√"。请根据您的观察对每一个幼儿的发展水平进行客观记录。此量表无需填写您的个人信息,记录仅供科研之用,请尽可能客观填写,谢谢您的支持!

分维度	发展水平								
	1	2	3	4	5	6	7	8	9
情绪管理		能在成人的帮助下自己平静下来		能寻求某特定物(如依恋物)或人安慰自己		能从不同角度看待问题情境或延迟满足		大多数情况下能用合适的方式控制强烈的情绪	
	1	2	3	4	5	6	7	8	9
遵守规则与期望		对成人语气和表情上的改变能作出回应		能接受成人的重新调整(或纠正)		除偶尔提醒外,大多数时候能遵守各种规则与常规		能在类似的情境下应用学会的规则	
	1	2	3	4	5	6	7	8	9
适宜地照顾自己的需求		能表达自己的需要与需求		试图自己的事情自己做		有信心达到自己想要的		对自己的健康负责	

分维度	发展水平								
	1	2	3	4	5	6	7	8	9
与成人建立关系		能与一个或多个成人保持安全型依恋		当信赖的成人在场时能主动探索周围环境		能处理分离焦虑并能与信赖的成人一起玩		能与信赖的成人互动并与之分享想法和各自的兴趣	
	1	2	3	4	5	6	7	8	9
回应情绪暗示		能对他人情绪表达给出回应		对他人的感受能表现出关心		能辨别他人基本的情绪反应及其成因		能认识到他人对某一情境的情绪反应可能与自己不同	
	1	2	3	4	5	6	7	8	9
与同伴互动		用相似的玩具或行动在其他小朋友附近玩		用成功的策略加入群体中		加入到2—3人的小群体中并保持积极互动		能在4—5人的小群体中合作互动	
	1	2	3	4	5	6	7	8	9
交友		能寻找自己喜欢的玩伴，见到朋友时表现出高兴		能与1—2个偏爱的玩伴一起玩		能与另一名幼儿建立特殊的朋友关系,这种关系可能只维持一小段时间		能与某人维持长达几个月或更久的朋友关系	
平衡自己与他人的需求与权利	1	2	3	4	5	6	7	8	9
		能对其他人的需求适当的回应		能遵守轮流玩的规则		在教室内外能主动分享玩具		以可接受的方式合作并分享想法或玩具	

续表

分维度	发展水平								
	1	2	3	4	5	6	7	8	9
解决社会交往问题		遇到矛盾时能表达感受		能寻找成人的帮助来解决社交问题		能对社交时遇到的问题提出解决建议		通过协商和退让解决社交时遇到的问题	
	1	2	3	4	5	6	7	8	9
专注与投入		能注意到周围的现象和声音		在完成任务时能保持兴趣,尤其有成人提问、建议和评价时		在与其年龄相符的有趣任务中能持续工作,能忽视大部分的干扰		能好几天或好几周持续关注某问题或某个任务,被打断后能重新投入	
	1	2	3	4	5	6	7	8	9
坚持性		重复某个动作以达到相似的结果		练习某项活动许多遍直至成功		有计划或有目的地追求适宜的挑战		有计划或有目的地追求自己的目标直到成功	
	1	2	3	4	5	6	7	8	9
解决问题		能回应问题;试图达到某个目标		观察和模仿他人是如何解决问题的;询问方法并使用它		不需要尝试每一种可能的方法就能解决问题		能考虑和分析到一个问题的多种可能性	
	1	2	3	4	5	6	7	8	9
表现出好奇心和学习动机		用感觉去探索眼前的环境		探索与考察使某现象或某事情发生的方法		对许多话题和观点都表现出热切的学习兴趣		能使用多种资源去寻找问题的答案	

分维度	发展水平								
	1	2	3	4	5	6	7	8	9
灵活性与创造力		能以一种新的、出人意料的方式模仿他人		在平时活动或游戏中能运用创造力和想象力		自己想到或他人提出一个新的想法时能改变计划		能思索可能的长期方案并尝试更难的挑战	
	1	2	3	4	5	6	7	8	9
辨认与回忆		能认出熟悉的人、物、地点;能寻找上一次见过的东西		能回忆起熟悉的人、物、地点以及过去的事(几个月前);能回忆起1—2个从视线里移走的物体		能有序地讲述自己的经历并说出细节和进行评价;能回忆起3—4个从视线里移走的物体		能有意识地使用一些简单策略来记东西	
	1	2	3	4	5	6	7	8	9
建立联系		听到熟人名字时会去寻找;能把某些物品与特定事件联系起来		在老师的帮助下能回忆自己一天的常规和经历		能将每天学到的知识和经验应用到类似的场景		从某次经历中提出一个规则、策略或想法,并把它应用到新的学习情境中	
	1	2	3	4	5	6	7	8	9
归类技能		匹配相似的物体		能根据某个特征(如颜色、大小、形状等)对物体进行分类		能根据某个特征对物体归类,然后根据另一个特征对物体重新归类并解释原因		能根据多个特征同时对物体归类;能改变分类规则并解释原因	

续表

分维度	发展水平								
	1	2	3	4	5	6	7	8	9
抽象思维		能识别图片中的人物、物体和动物		能画画、建构并能说出自己所做的		经计划后能用画画、建构、动作和表演来表达想法		能用越来越抽象的符号表示物体、地点和想法	
	1	2	3	4	5	6	7	8	9
投入戏剧性游戏		在游戏中模仿他人的动作;能用道具		能表演熟悉或想象的情节;能用道具代表其他东西		角色扮演游戏中能与两个或更多幼儿互动,能分配或假定角色,并讨论表演的动作;游戏能维持10分钟		能计划并协商复杂的角色扮演,能加入到有关角色和动作的细节讨论中;游戏能持续几天	

(资料来源:Teaching Strategies. The Teaching Strategies GOLD © Child Assessment Portfolio,Washington,DC,2010.)

附录2 观察与发现儿童的日常策略

没有伯乐,难有天才。教育中,常常匮乏真正能观察、解读与发现儿童的伯乐教师或伯乐家长。观察与发现儿童,是培养与支持儿童的重要前提。观察、解读、发现儿童是儿童早期教育中至关重要的构成部分。读懂儿童、发现儿童、走进儿童生命的能力至关重要。

那么,日常生活中,如何观察与发现儿童? 如何更好地发现儿童独特的潜能与优势偏向呢? 下面提出的一些日常策略可供参考。

1. 活动中观察

活动具有行为表现的完整展现功能。活动是多样性的,学习、比赛、测试活动,或游戏、探索活动;课堂活动或课外自由活动;同龄人活动或混龄儿童活动,合作活动或独立活动等等,都是观察儿童的良好契机,在各类活动过程中观察、记录儿童最自然的、典型的表现,而后分析、解读、比较,从中获取不同类型活动中与他自身相比的信息。

2. 比较中发现

有学者指出,"年纪小的孩子的一个共同的当务之急是去了解他们有多好——多快、多聪明、多强壮——与他们那个年龄的他人相比较而言。"(Smith等,1987)与同龄人比较,与年龄大一点的儿童比较,与年龄小一点的儿童比较,从而不仅发现他的表现业绩;发现他的悟性偏向;观察他与其他儿童的差异性表现,从而不埋没孩子天生带来的具有优势的偏向、优势潜能。

3. 练习-效果比中总结

通过同样的练习时间,比较效果的差异。既可以是同一儿童自身不同领域项目上的比较,也可以是不同儿童在同一领域项目上的比较。比如,某儿童在民族舞蹈上花了很多时间很大功夫练习,收效却远没有投入同样的时间与精力的现代舞练习效果,那么,可以初步得出,该儿童可能更适合学习现代舞,而不是民族舞。个体一生的时间与精力实际上是非常有限的,应当选择练习-效果比值最大的那些项目。常常,我们鼓励刻苦、勤奋,鼓励练习,然而,我们却忽视了一个方面,练习与效果是有比值的,而不同个体的比值不同。通过"练习-效果比"可以发现儿童潜力偏向。如比值最大的项,是儿童最可以考虑继续练习下去的项,比值最小的项可以考虑放弃。当然,一般而言,练习的时间(包括持续的与间断的)要给充分,因为无论知识学习还是技能学习,都可能存在一个潜伏期,存在潜伏学习现象与顿悟现象。

4. 欣赏中区别

喜欢足球的人对世界杯的来临充满了激动和喜悦,而对于不喜欢足球的人来说,世界杯尽管4年才来一次,也与平日生活没有什么不同。同理,当某人在某项活动上有兴趣,有潜在优势时,他可能在欣赏该项活动的比赛或表演中能获得极大的兴奋、快乐,充满了敬佩、紧张、惊叹;甚至慷慨地评论……相反,有的儿童在此类活动的欣赏中,可能无动于衷、没有快乐感、没有羡慕之情、没有敬佩赞叹之心、表现出漠不关心……这样比较鲜明的对照,我们大概能得出某儿童适合在此类活动或项目上的挖掘、培养,而某儿童不适合,也许,他的兴奋点、发展点在另外的地方。

发现儿童的策略有许多,包括直接测量、评价;现场观察、与儿童周围人交谈等等。如本章节中介绍的标准化量表,或基于发现儿童"哇"时刻的故事文本记录等等。如果我们在日常学习生活中能紧随儿童,密切关注他们,敏感于儿童的差异性表现,就能更客观、透彻地了解到他原初的和最早的倾向性特征,从而不至于盲目舍弃他原本的优势倾向而执意追求"热门";相反,能基于其天性特征(包括优劣势倾向)为他们提供适当的环境与刺激,引导他们朝着适合他自己特点和优势偏向的方向,让小草长成真正的小草,让乔木长成真正的乔木,让每一人都找到适合自己的位置,让每一个儿童都展示其独特的生命价值,获得其各自的自信与幸福。

第四章　我国幼儿学习品质发展的现状测评

　　我国当前学前儿童学习品质发展的基本状况怎样？有学者采用可视化知识图谱文献分析法对2009—2019幼儿学习品质相关研究文献梳理发现，我国幼儿学习品质的研究热点主要集中在幼儿学习品质内涵与结构、价值、评价、影响因素、现状问题、支持策略与建议等方面；该领域研究还存在研究内容不够深入、实证研究相对匮乏等问题（吴杨等，2020）。的确，纵观CNKI数据库，截至目前（2021年6月），以入学前的幼儿或儿童为研究对象、以"学习品质"为篇名搜索，发表于核心期刊以上的实证研究不到10个。不过以学习品质特定要素的实证研究尚未计入。综上，进一步加强对我国年幼儿童学习品质的实证探索，提供更丰富、更深入的有关发展现状与发展机制等的数据参考十分必要。本章在明确了儿童早期学习品质的本质内涵以及科学测评方法与技术基础上，拟对当地幼儿园儿童学习品质发展现状进行整体测评与纵向追踪。研究结果将有助于我们及时了解当前我国幼儿园儿童学习品质发展的基本状况，有助于教师与家长根据幼儿学习品质的发展现状与个体差异提供适宜的、个性化的教育教学支持。

第一节　小班幼儿学习品质的发展现状及影响因素

一、引言

小班是幼儿在园生活的起点;入园后的幼儿不仅扩大了活动的范围,增加了交往的同龄伙伴,也开始了新的学习生活。有学者综述了以往7年的实证研究得出,那些有内化障碍的入园第一年的幼儿神经差异很大,同时有证据表明,通过对刚入园儿童进行干预能有希望改善其内化障碍(Whalen,Sylvester,Luby,2017)。幼儿入园时也带有着学习品质发展上的各种差异,幼儿园教师要能对这些刚入园的3—4岁幼儿提供适宜而有效的教育教学支持,就离不开对所有儿童的整体了解,尤其对于他们学习品质当前现状的熟知。这也是高质量幼儿园教育、个别化干预、有效支持与培养儿童学习品质的必要前提。因此本节以小班幼儿为对象,对其学习品质的发展现状展开测评与分析。

家庭和幼儿园是幼儿生活的主要微系统。国外日益重视将家庭因素与学校/园所因素结合起来考察对儿童学习与发展的影响。如有研究通过考察4—10岁儿童学业成就与认知成绩的表现,发现家庭因素中父母学历、家庭社会经济地位,以及学校因素中学校类型与所在社区会对儿童的学业成就产生显著影响;不过,仅家庭因素对儿童的认知成绩有显著影响,反映出在儿童早期,家庭因素起着一个更为重要的作用(Alves,Gomes,et al.,2017)。另有研究发现,幼儿园一日活动中教师如何与幼儿互动将直接影响儿童的学习动机、坚持性、注意力以及其他学习行为等(Pianta,Hamre,2009)。国内有的研究考察了家庭因素(如家庭社会经济地位、父母学历、职业等)对儿童学习品质发展的影响(王宝华等,2010;冯丽娜,2018;杨兴盼,2018);也有的研究考察了幼儿园因素(如幼儿园办园体制、班级内教育质量等)与幼儿学习品质发展的关系(Hu et al.,2017;郭亚平,2017)。这些研究一定程度上揭示了家庭或幼儿园因素对儿童学习品质发展的影响。不过,总体来说,相比于学习品质对幼儿发展的深远影响,目前对其影响因素的探讨还较为薄弱(林朝湉等,2020)。国内也较为缺乏同时考察家庭因素与园所因素对幼儿学习品质发展影响的研究,尤其缺乏同时考察家庭与幼儿园因素对初入园小班幼儿学习品质发展的影响。小班处于入园的初始阶段,是学习天性展现与学习习惯养成的重要时期,从一开始综合家庭与园所因素关注其学习品质发展状况,这对于随后三年有效加强家园合作支持儿童学习品质的发展十分必要。因此,本研究拟综合家庭和幼儿园因素,考察两者对小班幼儿学习品质发展的影响。

二、研究方法

(一)研究对象

本研究以 S 市某优质公立幼儿园小班幼儿为被试,共发放了 180 份问卷,剔除空白和无效问卷后共回收了 166 份,回收率为 92.2%。研究对象的基本情况参见表 1。

表 1　研究对象的基本情况

	性别	N	比例
性别	男	84	50.6%
	女	82	49.4%
总人数		166	100%

(二)测评工具

采用 McDermott 等 2012 年修订的《学前儿童学习行为量表》(PLBS)对小班幼儿的学习品质进行评价。先对该量表进行翻译,用国内的术语进行适当的修改,形成中文版的学习量表。该量表是以老师为评价对象,对幼儿的日常学习行为进行客观的评定。第一部分为幼儿的基本信息,如年龄、班级、性别等,第二部分对幼儿的语言能力、数学能力、学习习惯以及创造能力进行评价,设有 5 个选项,A 为"优秀",B 为"良好",C 为"中等",D 为"较差",E 为"很差"。第三部分为问卷的主体部分,问卷一共有 32 道题目,主要以能力动机、坚持性、学习积极性三个维度进行划分,评价分为三种"大部分时候这样"、"有时候这样"、"不这样",其中设有 2 组测谎题以便于问卷的筛选。采用 SPSS 22.0 对所收集到的数据进行处理。主要对数据做了项目分析、探索性因子分析、信度分析、描述性分析、差异性检验、相关分析等。

三、结果与分析

(一)测评量表的信效度分析

通过项目分析、探索性因子分析、相关分析等检验中文版量表的信效度。首先要对数据进行整理,由于问卷中负向题多于正向题,所以用 SPSS 把正向题进行转换,确保全卷标准的一致性,即:得分越高,学习品质越好。接下来删除两组测谎题中的各一道题,通过 SPSS 用斯皮尔曼等级相关对离职倾向量表的数据进行项目分析(以教师 1 评价为例),结果见表 2。

根据表 2,删去项目 12(V96),18(V102),23(V107),27(V111)。而后对该量表进行探索性因素分析,结果显示,KMO=.902,Bartlett 的球形度检验近似卡方 1864.095,df=210,p=.000。因为 KMO=0.902>0.90;而 Bartlett 球形度检验的显著性水平为 0.000<0.001,说明该量表非常适合做因子分析和主成分分析。

表 2　项目分析

项目	r	p	项目	r	p	项目	r	p
1	0.758	0.000	13	0.659	0.000	23	0.284	0.000
2	0.562	0.000	14	0.619	0.000	24	0.653	0.000
3	0.589	0.000	15	0.649	0.000	25	0.566	0.000
4	0.463	0.000	16	0.608	0.000	26	0.589	0.000
6	0.670	0.000	17	0.699	0.000	27	0.174	0.025
8	0.347	0.000	18	0.261	0.001	28	0.785	0.000
9	0.613	0.000	19	0.628	0.000	29	0.711	0.000
10	0.524	0.000	20	0.651	0.000	30	0.763	0.000
11	0.361	0.000	21	0.388	0.000	31	0.761	0.000
12	0.295	0.000	22	0.507	0.000	32	0.638	0.000

最大方差旋转得出 3 个因子,特征根分别是:因子 1:5.277(解释率 25.129%);因子 2:4.321(解释率 20.578%);因子 3:2.548(解释率 12.135%),

累计解释率 57.843％＞50％,这表明该量表具有较好的构念效度。

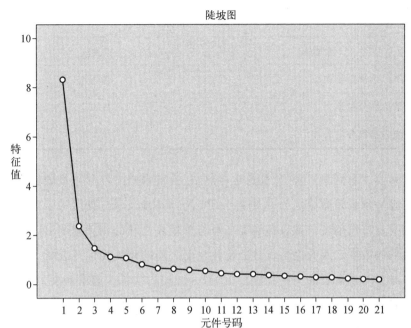

图1　探索性因素分析碎石图

根据图1碎石图可以大致分出有三个因子,再根据学习品质的维度,以及量表中题目的描述,将因子1命名为学习热情、因子2命名为坚持性、因子3为能力动机。然后对该量表进行信效度分析,信度的分析。结果参见表3、表4。

表3　因子载荷

因子1		因子2		因子3	
3	0.652	1	0.638	8	0.687
14	0.615	6	0.815	9	0.680
15	0.765	16	0.697	11	0.679
17	0.654	21	0.789	26	0.591
19	0.561	25	0.747		
20	0.806	29	0.752		
22	0.662	31	0.499		
24	0.545				
28	0.612				
32	0.706				

表 4　量表的信度分析

Cronbach α 系数	
总量表	0.914
学习热情分量表	0.895
坚持性分量表	0.885
能力动机分量表	0.654

从表 4 看到总量表、分量表学习热情、分量表坚持性和分量表能力动机的内在一致性系数分别为 0.914、0.895、0.885、0.654。我们可以发现该量表具有良好的信度。量表各维度之间与总量表之间的相关程度可以检验量表的结构效度。因此进一步对量表各维度之间的相关性进行分析。表 5 显示各维度与总量表的相关系数在 0.361—0.855 之间,是显著相关的,说明了这份量表具有良好的结构效度,即整个量表的结构良好。同时,对教师评定的学习品质得分与教师评定的幼儿学业表现之间的相关性进行分析。表 6 显示,幼儿学习品质各维度得分与其学业表现得分之间基本呈显著相关关系。具体而言,师评学习习惯与学习热情,师评语言能力与学习热情,师评数学能力与学习热情,师评学习习惯与坚持性,师评语言能力与坚持性,师评数学能力与坚持性,师评语言能力与能力动机,师评学习习惯与总量表,师评语言能力与总量表,师评数学能力与总量表都是显著相关,师评学习习惯与能力动机相关。上述结果表明了中文版的学前儿童学习品质量表(PLBS)具有良好的结构效度。

表 5　分维度与总量表的相关分析

分维度	学习热情	坚持性	能力动机	总量表
学习热情	1			
坚持性	.571***	1		.
能力动机	.513***	.361***	1	
总量表	.855***	.802***	.769***	1

表 6　总量表及分维度与师评学业表现的相关分析

量表	师评学习习惯	师评语言能力	师评数学能力
学习热情	.455***	.702***	.490***
坚持性	.652***	.380***	.301***
能力动机	.163*	.205**	0.099
总量表	.527***	.527***	.365***

（二）小班幼儿学习品质发展现状分析

1. 小班幼儿学习品质发展现状的描述性统计

从表 7 可以看出，教师评价小班幼儿学习品质的分数为 2.18，在一个中间的水平，就其分维度而言，坚持性均分最高，为 2.21，能力动机平均得分最低，为 2.14，学习的热情处在中间水平为 2.20。结合标准差来看，各维度中，坚持性的个体差异最大，标准差为 0.45，学习热情的个体差异最小，标准差为 0.38，能力动机处在中间水平，标准差为 0.42。

表 7　幼儿学习品质的特点

	N	最小值	最大值	平均数	标准差
学习热情	166	1.20	2.95	2.20	.38
坚持性	166	1.00	3.00	2.21	.45
能力动机	166	1.00	3.00	2.14	.42
总量表	166	1.18	2.92	2.18	.34

2. 小班幼儿学习品质发展的差异性检验

（1）不同性别幼儿学习品质发展的差异比较

用独立样本 t 检验，检验总量表及各维度得分上的性别差异（见表 8）。

表 8 显示，尽管在平均得分上，女生学习品质各维度及总的学习品质得分均略高于男生，但进一步的差异性检验得出这些维度性别差异不显著，P 值分别为 0.220、0.094、0.597、0.162，均大于 0.05，即性别上没有显著差异。

表 8 不同性别小班幼儿学习品质发展的差异性检验

	性别	N	平均值	标准差	t
学习热情	男	84	2.16	.36	1.23
	女	82	2.23	.40	
坚持性	男	84	2.16	.46	1.69
	女	82	2.27	.42	
能力动机	男	84	2.12	.42	0.53
	女	82	2.16	.43	
总量表	男	84	2.15	.33	1.41
	女	82	2.22	.35	

（2）不同年龄小班幼儿学习品质发展的差异比较

将小班幼儿根据年龄分为两组,3.0—3.9 岁为 3 岁组,4.0 及以上为 4 岁组,对这两个年龄组小班幼儿的学习品质及各维度进行差异性检验(参见表9)。

从表 9 可以看出,不同年龄组小班幼儿学习品质存在显著差异。从总量表得分来看,3 岁组平均得分 2.12,4 岁组平均得分 2.26,4 岁组得分高于 3 岁组。t 检验得出两组数据有显著差异($p=0.007,p<0.01$)。同时从标准差可以看到,4 岁组的个体差异大于 3 岁组。可见,小班幼儿学习品质在年龄分组上有显著差异,即年龄越大,学习品质得分越高,同时群体内的个体差异越大。

表 9 小班幼儿学习品质发展的年龄差异检验

	性别	N	平均值	标准差	t
学习热情	3	91	2.13	.34	2.68**
	4	75	2.28	.40	
坚持性	3	91	2.14	.43	2.41*
	4	75	2.31	.45	
能力动机	3	91	2.10	.39	1.54
	4	75	2.20	.46	
总量表	3	91	2.12	.30	2.71**
	4	75	2.26	.37	

在学习品质各维度上,3 岁幼儿在学习热情、坚持性、能力动机三个维度上的平均分分别为:2.13,2.14,2.10,4 岁组的平均分分别为:2.28,2.31,2.20,4 岁组三个维度的平均分均高于 3 岁组的平均分。进一步差异性检验

得出,在学习热情(p=0.008<0.01)、坚持性(p=0.015<0.05)两个维度上学习品质存在显著性差异。4 岁幼儿的平均得分显著高于 3 岁幼儿。在能力动机上无显著差异。

(三) 小班幼儿学习品质发展的影响因素分析

让 2 位带班教师和家长(父亲或母亲)同时对 S 市某公立幼儿园 6 个小班幼儿的学习品质进行评价。获得有效教师评价量表共计 332 份(幼儿 166名),有效家长评价量表 149 份(幼儿 149 名)。接受两位教师同时评定的幼儿 166 名,同时接受教师与家长评定幼儿 149 名。测评工具同上。

1. 家庭因素与小班幼儿学习品质发展的关系

(1) 调查中的小班幼儿家庭基本情况

对小班幼儿入园前的家庭因素进行统计,表 10 显示,父母亲职业以从事商业或公司企业工作为主(分别占 57.0%、48.3%);父母亲的学历以本科为主(分别占 55.0%,61.7%);家庭年收入以 8.1 万—30.0 万为主(66.4%);大多数小孩没有早教经历(占 68.5%);3 岁前的家庭照看方式以祖辈白天看护,父母晚上看护(60.4%)为主;多数幼儿属于家庭第一个小孩(占 72.5%)。

表 10　小班幼儿所归属的家庭基本情况

	职业		学历		家庭收入	早教经历	照看方式	出生顺序
	父	母	父	母				
1	32(21.5)	16(10.7)	1(0.7)	4(2.7)	2(1.3)	46(30.9)	90(60.4)	108(72.5)
2	7(4.7)	29(19.5)	8(5.4)	7(4.7)	12(8.1)	102(68.5)	19(12.8)	40(26.8)
3	85(57.0)	72(48.3)	31(20.8)	33(22.1)	99(66.4)		24(16.1)	1(0.7)
4	20(13.4)	8(5.4)	82(55.0)	92(61.7)	32(21.5)		4(2.7)	
5	0	19(12.8)	22(14.8)	11(7.4)	3(2.0)		12(8.1)	
6	2(1.3)	2(1.3)	2(1.3)	0	0			
缺	3(2.0)	3(2.0)	3(2.0)	2(1.3)	1(0.7)	1(0.7)		
共	149	149	149	149	149	149	149	

注:表内数字分别代表个数与百分比。同时第一列数字 1—6 分别代表不同含义。职业中,1—6 分别代表:1 公务员、2 教师、3 商业/公司人员、4 专业技术人员、5 全职在家或尚未工作、6 其他;学历中 1—6 分别代表:1 小初专、2 高中或中职、3 大专或高职、4本科、5 研究生、6 其他;家庭收入中 1—5 分别代表:1 为 3.0 万及以下、2 为 3.1 万—8.0 万、3 为 8.1 万—30.0 万、4 为 30.1 万—100.0 万、5 为 100 万以上;早教经历中,1代表 3 岁前参加过早教,2 代表没有。出生顺序中 1—3 分别代表:1 家庭中的第一个孩、2 第二个孩子、3 第三个孩子。照看方式中 1—5 分别代表:1 祖辈白天看护,父母晚上看护、2 父母白天晚上轮流看护、3 主要祖辈看护、4 主要放老家由祖辈看护、5 其他。

(2) 家庭因素与小班幼儿学习品质得分的相关分析

运用斯皮尔曼相关分析得出,父亲职业与教师1评定的幼儿总学习品质、教师2评定的幼儿总学习品质、家长评定的幼儿总学习品质都相关不显著(参见表11)。母亲职业也出现同样结果。综上得出,父母亲职业与幼儿学习品质发展状况相关不显著。父亲学历与教师1评定的幼儿总学习品质、教师2评定的幼儿总学习品质、家长评定的幼儿总学习品质均相关不显著。母亲学历也出现同样结果。综上得出,父母亲学历与幼儿学习品质发展状况相关不显著。运用皮尔逊相关分析得出,家庭年收入与教师1评定的幼儿总学习品质、教师2评定的幼儿总学习品质、家长评定的幼儿总学习品质均相关不显著。综上得出,家庭年收入与幼儿学习品质发展状况相关不显著。运用斯皮尔曼相关分析得出,早教经历(入小班前有无参加早教机构学习)与教师1评定的幼儿总学习品质、教师2评定的幼儿总学习品质、家长评定的幼儿总学习品质均相关不显著。综上得出,早教经历与幼儿学习品质发展状况相关不显著。

在家照看方式与教师1评定的幼儿总学习品质相关显著($r = -.170$, $p < 0.05$);与教师2评定的幼儿总学习品质相关显著($r = -.185$, $p < 0.05$)。在家照看方式与家长评定的幼儿总学习品质相关不显著($r = -.103$, $p > 0.05$)。综上得出,照看方式与幼儿在园学习品质发展表现显著相关;与家庭评定的幼儿学习品质发展状况相关不显著。运用斯皮尔曼相关分析得出,出生顺序与教师1评定的幼儿总学习品质、教师2评定的幼儿总学习品质、家长评定的幼儿总学习品质相关不显著。综上得出,出生顺序与幼儿学习品质发展状况相关不显著。

表 11　家庭因素与小班幼儿学习品质的关系分析

影响因素	学习品质(师1评)	学习品质(师2评)	学习品质(家长评)
父亲职业	.088	.075	.140
母亲职业	.026	.070	.046
父亲学历	.102	.018	.050
母亲学历	.083	.066	.020
家庭年收入	.026	.129	.062
早教经历	.018	.044	.003
在家照看方式	.170*	.185*	.103
出生顺序	.010	.089	.069

　　表 11 显示,经相关分析得出,除了幼儿入园前的在家照看方式与幼儿入园后学习品质表现显著相关外,父母亲职业与学历、家庭经济收入、早教经历、出生顺序等均与幼儿学习品质相关不显著。

　　对在家照看方式不同而引起学习品质显著差异这一结果,进一步比较分析发现(参见表 12),主要是有父母或祖父母照看与非父母或祖父母的其他照看方式上幼儿学习品质有显著差异,结合平均数得出,在家由父母或祖父母照看幼儿的学习品质水平显著高于非父母或祖父母照看幼儿。

表 12　不同照看方式幼儿学习品质得分状况

	照看方式 (幼儿/百分比)	师评 1 (M±SD)	师评 2 (M±SD)
1	90(60.4)	2.21±.35	2.24±.39
2	19(12.8)	2.19±.31	2.24±.31
3	24(16.1)	2.17±.42	2.11±.46
4	4(2.7)	2.32±.26	2.32±.26
5	12(8.1)	1.88±.35	1.89±.45
总	149	149	149

　　2. 不同班级小班幼儿学习品质发展状况的比较分析

　　从表 13 可以看出,不同班级是存在一定差异的,如学习品质平均分最高为 3 班,平均值为 2.35,最低为 1 班,为 2.06。班级内个体差异性最大的是 6 班,标准差为.42;班级内个体差异性最小的是 5 班,标准差为.13。但差异是否显著要进一步分析。经单因素方差分析得出,六个班之间幼儿学习品质存在显著差异,$F = 2.71(df = 5, p < 0.05)$。经事后多重比较(LSD)得出,3 班与 1 班($p < 0.01$)、2 班($p < 0.05$)、5 班($p < 0.01$)之间差异显著;1 班和 4 班($p < 0.05$)之间差异显著。结合平均值得出,3 班幼儿学习品质平均得分显著高于 1、2、5 班;同时,4 班幼儿学习品质又显著高于 1 班(参见图 2)。

表13　不同班级幼儿学习品质水平的差异比较

班级	人数	最小值	最大值	平均数	标准差
1	27	1.51	2.70	2.06	.30
2	28	1.18	2.78	2.13	.37
3	26	1.50	2.83	2.35	.36
4	29	1.39	2.92	2.24	.33
5	27	1.80	2.47	2.11	.13
6	29	1.53	2.89	2.22	.42
共	166	1.18	2.92	2.18	.34

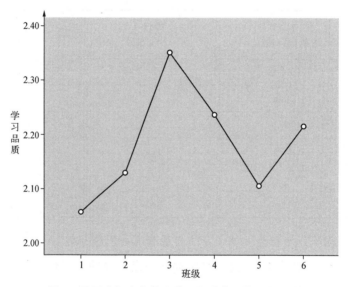

图2　不同班级小班幼儿学习品质水平的差异分析

四、讨论与建议

（一）接受测评的小班幼儿学习品质整体达到中等水平

对儿童来说，"学习"不仅仅是对知识经验和技能的掌握，更重要的是学习兴趣的形成、良好学习习惯的培养等，这是儿童学习能力发展与提高的实质，也即学习品质的核心所在（Love,2001）。本研究通过教师对幼儿入园后的日常观察发现，小班幼儿学习品质总均分为2.18，高于临界值2分。学习品质的得分越高代表学习品质越好，最低为1分，最高为3分。因此本研究结果表明接受测评的小班幼儿学习品质总体达到中等水平。就分值分布来看,55.4%的幼儿处于中间水平,25.3%的幼儿处于较低水平,19.3%的幼儿达到较高水平(2.5分以上)。近年,国内同样运用 McDermott 团队的《学前儿童学习行为量表》(2012)对宁波的 900 多名幼儿(含小班至大班)学习品质的测评发现,幼儿学习品质总均分为 2.60(冯丽娜等,2018);另有学者对广东省 1000 多名幼儿学习品质的研究得出一致的结论(Hu et al.,2017)。与已有研究揭示的幼儿学习品质发展水平比较起来,本研究中接受调查的幼儿学习品质发展水平略低于他们。仅 19.3%的幼儿达到宁波、广东等地幼儿学习品质的平均水平。这可能与本研究中接受测评的是仅小班幼儿(入园 2 个月),不含中大班幼儿有关。小班幼儿在接下来的幼儿园教育影响下,其学习品质水平理应提高,因而儿童学习品质的均分也会提高。不过,这当中的差异也可能与评定者的内在标准有关,因为幼儿的学习品质都是教师评定,不同地区乃至不同教师的主观评定可能会有差异,由此带来幼儿学习品质得分有高低。因此,单一的他评量表不宜直接展开横向比较。未来研究在评定幼儿学习品质发展上有待综合任务评定、日常观察等多种方法,汇聚数据,更为客观地反映幼儿学习品质的发展水平。与此同时,本研究发现,相对而言小班幼儿坚持性发展最好,其次是学习积极性,再次是能力动机。上述结果对启发幼儿园及家庭如何培养小班幼儿的学习品质提供了针对性的参考。

(二)小班幼儿学习品质发展表现出一定的差异性特征

对学习品质在年龄上的进行描述性统计和差异性分析,发现小班幼儿学习品质在年龄上是存在显著差异的,且其三个维度在年龄上也存在显著差异。具体而言,4 岁组的各维度得分以及总量表得分各项都要高于 3 岁组的各维度得分和总量表得分,这说明小班幼儿学习品质与其年龄成正相关关系,即年龄越大,学习品质以及其各维度的得分越高。对学习品质在性别上进行描述性统计和差异性分析,发现女孩的学习品质以及三个维度得分都略高于男孩子,但是并不存在显著性差异,所以幼儿学习品质的发展与性别不存在显著性差异。

(三)"在家照看方式"显著影响小班幼儿学习品质水平

国外研究发现,父母受教育经历会影响父母与儿童的互动质量水平继而影响儿童的发展(Eslava et al.,2016;Oxford et al.,2011);家庭社会经济地位显著影响儿童的学习动机与智力发展(Bradley et al.,2002;Strenze,2007)。国内有研究发现,家庭社会经济地位与幼儿学习品质呈显著正相关(王宝华等,2010;冯丽娜等,2018);有研究却发现,父母学历、职业、家庭年收入等均与幼儿学习品质相关不显著(杨兴盼,2018;林朝湃等,2020)。如杨兴盼研究发现,家庭类型、父母学历和职业、母亲年收入等与大班幼儿学习品质相关不显著;林朝湃等发现家庭社会经济地位(包括父母职业、受教育程度和家庭收入)对幼儿的自我效能感与学习品质并不起到显著的预测作用。本研究与杨兴盼(2018)、林朝湃等(2020)的研究发现基本一致。本研究还得出,小班幼儿入园前的早教经历、出生顺序等也与其学习品质相关不显著。在众多家庭因素中,唯一发现的是"在家照看方式"与小班幼儿学习品质显著相关。即,小班幼儿在入园前五类可能照看方式(1. 祖辈白天看护,父母晚上看护、2. 父母白天晚上轮流看护、3. 主要祖辈看护、4. 主要放老家由祖辈看护、5. 其他)中,主要是有父母或祖父母照看与非父母或祖父母的其他照看方式上幼儿学习品质有显著差异,即在家由父母或祖父母照看幼儿的学习品质水平显著高于非父母或祖父母照看幼儿。本研究所得出的家庭照看方式(以谁为照看主体)与幼儿学习品质显著相关,这与国内外研究发现具有一致性。因而,家庭照看方式,包括父母教养方式,可能是影响幼儿学习品质发展的一个重要家庭变量。因而,家庭照看方式可能是影响幼儿学习品质发展的一个重要家庭变量。如林朝湃等(2020)研究发现家长教养方式显著预测幼儿学习品质,其中权威教养方式(如温暖接纳、理解引导、温和回应和鼓励民主等)起到正向预测作用,专制教养方式起到反向预测作用。这些研究启发我们,起关键作用的是家庭和家长的教养方式。家长应保持生命成长,不断学习,不断转变自己养育孩子过程中的不良行为方式,高质量地陪伴儿童(如参照第一章"创造儿童早期学习的最佳环境")。

(四) 不同班级幼儿学习品质发展存在一定的显著差异

近年国内有研究考察了幼儿园因素与幼儿学习品质发展的关系,如郭亚平(2017)研究发现,不同办园体制幼儿园儿童学习品质发展的总体差异不大;不过公办园幼儿上学前后学习品质无明显差异;而民办园幼儿上学后学习品质会明显下降。另有学者考察了我国幼儿园不同教室内的师幼互动质量与幼儿学习品质发展的关系（Hu et al.，2017）。研究在控制了儿童性别、出生顺序、家庭社会经济地位/家庭收入等因素后发现，教师对幼儿的情绪支持与儿童的学习品质（如专注力、坚持性、学习策略等）发展显著正相关；教师的课堂管理与控制与幼儿的学习品质发展显著负相关。该研究显示出幼儿园不同班级或教室里的实际教育教学质量与儿童学习品质的发展有着密切关系。本研究初步比较分析了不同班级里幼儿学习品质的发展水平发现，不同班级幼儿学习品质发展水平有显著差异。这一方面表现为不同班级幼儿学习品质发展的内部差异有大小不同，另一方面表现为不同班级幼儿学习品质的总体平均水平有差异。这在一定程度上印证了 Hu 等2017 年的研究发现。上述研究反映出，幼儿园层面的因素，如园所类型、园所教育质量等仍是未来值得深入探索的变量。

综上，家庭与幼儿园因素都在一定程度上影响着小班幼儿学习品质的发展。本研究调查的是入园 2 个多月后的小班幼儿，其在园的当前表现可能更多的是来自家庭的影响。未来研究需继续将家庭与园所教育因素结合起来，尤其是前人已分别揭示的那些有显著影响的因素，综合考察以深入揭示家园两大因素各自的影响效力；以及追踪考察这些变量在幼儿入园及随后几年学习品质纵向发展中的影响效应等。结合已有研究得出，家庭教养中父母尽量多陪伴儿童、亲自教养，且高质量地参与；幼儿园教养中教师应提高班级里的日常师幼互动质量等，从而为促进幼儿学习品质发展提供必要保障。家庭与园所教育实践中都要及早重视儿童学习品质培养，切实为儿童毕生学习与发展奠定坚实基础。

第二节　大班幼儿学习品质的发展现状测评

一、问题提出

本研究借助国外成熟的、信效度良好的学习品质量表，通过信效度的检验,来完善量表,形成适合本土化的学前儿童学习品质量表。然后测评了解大班幼儿学习品质的发展现状,如更全面、深入地、有针对性地掌握中学前儿童学习品质的发展特点,发现幼儿在学习品质发展中的优势和劣势,有助于根据幼儿的学习品质特点进行有针对性的引导和教育,最终实现因材施教,促进所有儿童健康的成长、快乐的学习。因此测评幼儿学习品质现状特点是幼儿学习品质的干预和培养的基本前提。

二、研究过程

(一)研究对象

本研究选取了当地三家幼儿园,随机抽取了 6 个大班进行测评,由每个大班的两名幼儿教师对该班幼儿的学习品质进行测评,幼儿教师主要根据开学后到目前为止幼儿的日常表现进行客观的评定。A 幼儿园随机抽取了两个大班,共 74 名幼儿;B 幼儿园随机抽取了两个大班,共 69 名幼儿;C 幼儿园随机抽取了两个大班,共 74 名幼儿。三所幼儿园的 6 个大班一共 217 名幼儿进行了学习品质方面的测评。具体构成情况看表 1,共发放 217 份问卷,收回 217 份问卷,获得有效问卷 208 份,其中男生有 109 人,女生有 99 人。有效率为 95.9%。

表 1 研究对象的基本情况

		N	%
性别	男	109	52.4
	女	99	47.6
幼儿园	幼儿园 A	73	35.1
	幼儿园 B	69	33.2
	幼儿园 C	66	31.7

(二)研究工具

本研究的测量的工具是 McDermot,Green,Francis 和 Stott(1999)编制的学习行为量表(The Learning Behaviors Scale,简称 LBS),将其翻译为中文版。该量表作者团队在美国对其进行了全国性的标准化。LBS 的研究对象是 5—17 岁儿童,在一个正式的上课情境中,教师对他们的学习行为进行评定,该量表共有 29 个项目,包含四个维度,分别是:能力动机、注意力或坚持性、策略灵活性、学习态度。老师要根据儿童在过去 2 个月中的典型行为,评定每个行为是"经常发生"、"有时发生"还是"没有发生"。量表包含 6 道正向题和 23 道反向题。2012 年 Rikoon,McDermott 和 Fantuzzo 对学习行为量表(LBS)的效度进行了验证,得出探索性和验证性因素分析的结果一致;分析显示了四个因素:能力动机,纪律/坚持性,合作和情绪控制。

翻译为中文版后,补充了一些人口学基本信息和该幼儿的语言能力、数学能力、社会能力以及学习习惯的教师评价(分别从"优秀"、"良好"、"中等"到"较差"、"很差",依次计 1 分、2 分、3 分、4 分、5 分)以及测谎题、创造力等其他几个项目。由此,量表包含 35 个项目,其中 10 道正向题,15 道反向题,分为能力动机、坚持性、合作性、情绪控制和创造力五个维度。采用三点评分法,要求被试按照幼儿的真实情况来选择符合的项。三点评分法分别表示"大部分时候这样"、"有时候这样"和"不这样",依次计为 1 分、2 分、3 分。得分越高,其学习品质发展水平越高。教师根据儿童在过去 2 个月中的典型行为表现对每个幼儿的日常行为进行客观评定。

(三)数据收集与处理

采取教师集中评价方式,每个班级主班教师对全班幼儿的学习品质进行客观评定。数据录入 SPSS20.0 系统,并对数据进行随机抽查校对,同时通过测谎题的检验,剔除了 9 份问卷。四道测谎题分别是:第 5 题和第 22 题"对学习活动没兴趣";第 6 题和第 27 题"注意力容易不集中";第 12 题和第 24 道题"课堂或小组活动中表现出不合作的态度或行为"。

量表项目中有正向题和反向题,为了方便数据的处理分析,将正向题变为反向题。大班量表中的项目里有 10 道反向题,分别是"做事能坚持"、"有取悦老师的愿望"、"在他人有需要或困难时愿意帮助他人"、"模仿他人时会用新的或出人意料的方式"、"不害怕或不抗拒接受新的任务"、"喜欢自己完成任务,而不是接受做好的"、"发明一些有趣的方式来完成任务"、"如果有人提出其他更好的主意能改变计划"、"能思考可能的办法和接受更难的挑战"和"鼓励他人做事情"。将这 10 道题进行数据的转向,比如原来赋分"1",转向后赋分为"3",原来赋分为"2",转向后赋分为"2",原来赋分为"3",转向后赋分"1"。经过原始数据录入校对、测谎题筛查、反向题转向后,形成正式数据,运用 SPSS20.0 对数据进行统计与分析。

三、结果与分析

(一)中文版量表的信效度分析

1. 项目分析

将数据进行项目分析,即求出每一个题目的"临界比率"(Critical Ratio,简称 CR 值),先计算被试者(教师评定的幼儿)量表的得分总和,将总分按从高到低的顺序排列,分出高分组和低分组。以此来求出高低二组被试在每题得分平均数差异的显著性检验。先算出教师对每一个幼儿的分数总和,然后根据得分前 27% 的是高分组,而得分后 27% 的为低分组。此量表中 43 分—63 分之间是属于低分组,75—84 分属于高分组。

先前通过测谎题的检验,剔除了项目 22、项目 24 和项目 30。然后对每个项目进行独立样本 t 检验,结果见表 2。根据表 2 的结果,剔除项目 2、项目 3 和项目 12 三项。

表 2 学前儿童学习品质量表的项目分析结果 1($n=208$)

项目	t	p	项目	t	p	项目	t	p
1	9.682	0.000	13	5.872	0.000	25	8.706	0.003
2	1.095	0.276	14	5.623	0.000	26	12.291	0.000
3	0.250	0.803	15	10.576	0.000	27	13.006	0.000
4	4.499	0.000	16	7.256	0.000	28	5.538	0.000
5	8.841	0.000	17	9.998	0.000	31	15.559	0.000
6	12.773	0.000	18	7.689	0.000	32	12.162	0.000
7	6.460	0.000	19	8.468	0.000	34	7.175	0.000
8	5.055	0.000	20	7.782	0.000	35	5.727	0.000
10	9.728	0.000	21	8.378	0.000			
12	3.345	0.001	23	5.997	0.000			

将每个被试的量表总分计算出来,通过求和的方式计算出总分。然后计算每个题项与总分的积差相关,以此来看出项目与总分相关是否达到显

著水平,如果哪个题项达不到的就需要删除或者修改项目。根据伊贝尔(L. Ebel)的标准:只有区分度指数大于或者等于0.3以上的项目才可以认为是良好的,如果项目与总分的相关在0.3以下,就删除该项目。

分析结果表明(参见表3),项目2、项目3、项目12与总分之间的相关系数分别是0.090、0.003和0.292,与伊贝尔的标准相差太大,与此同时,项目2和项目3的p值分别为0.195和0.961,显著性差。这三个项目需要删除,其他项目与总分之间的相关系数在0.321—0.736之间,而且其他项目与总分相关也非常显著,不需要对此修改或删除题项(P<0.01)。所以根据表3结果,应当删除项目2、项目3和项目12,进行下一步的分析。结合测谎题剔除了无效项目22、24、30,根据表1和表2中项目区分度以及项目与总分系数的结果,剔除了项目2、3以及12这三项。创造力维度的四个项目9、11、29、33也删除后,最终保留了25个项目进行接下去的信度和效度分析。

表3　学前儿童学习品质量表的项目分析结果2(n=208)

项目	r	p	项目	r	p	项目	r	p
1	0.657	0.000	13	0.455	0.000	25	0.561	0.000
2	0.090	0.195	14	0.500	0.000	26	0.723	0.000
3	0.003	0.961	15	0.685	0.000	27	0.736	0.000
4	0.321	0.000	16	0.452	0.000	28	0.370	0.000
5	0.638	0.000	17	0.611	0.000	31	0.780	0.000
6	0.730	0.000	18	0.489	0.000	32	0.668	0.000
7	0.442	0.000	19	0.593	0.000	34	0.501	0.000
8	0.394	0.000	20	0.528	0.000	35	0.461	0.000
10	0.661	0.000	21	0.552	0.000			
12	0.292	0.000	23	0.427	0.000			

2. 探索性因素分析

根据Kaiser的判断标准,普遍认为当KMO值越接近于1越好,当KMO值大于或等于0.9的时候说明非常适合进行探索性因素分析;当KMO值在0.8—0.9之间时属于比较适合的情况;当KMO值在0.7—0.8

之间表示是适合进行探索性因素分析,而 KMO 值在 0.6—0.7 之间表示基本适合做探索性因素分析,然而,当其值小于 0.6 的时候则说明这份量表不可以进行探索性因素分析。量表最终保留反复了 25 个项目,对这份新量表进行因子分析。通过多次的因子分析,最终找到了一种较为满意的结果,即从已形成的量表中剔除了项目 1、5、8 和 28,自然地将因子分成了五个维度。所以对 21 个项目的量表进行探索性因素分析。从表 4 中可以看出这份量表的 KMO 值和 Bartlett 球形检验的结果:KMO 系数是 0.888,属于 0.8—0.9 之间,表示这份量表比较适合做探索性因子分析;而它的 Bartlett 球形检验中的近似卡方等于 2009.468,($df=210$),$P<0.001$,说明变量间的相关显著。说明这份量表比较适合做探索性因素分析。

表 4   KMO 系数和 Bartlett 球形检验的结果(n=208)

KMO 和 Bartlett 的检验		
取样足够度的 Kaiser-Meyer-Olkin 度量		.888
Bartlett 的球形度检验	近似卡方	2009.468
	df	210
	Sig.	.000

结合碎石图,自然提取五个因子时,碎石图的曲线逐渐趋于平缓,此时这五个成分可以解释总变异量的 64.42%,解释率较为理想(参见表 5)。

根据因子分析的公因子方差可以看出,最终保留的 21 个项目的项目共同度都符合标准,因子分析中各指标的共同度来确定项目,一般认为当共同度大于 0.4 时,说明该项目可以接受(参见表 6)。通过主成分分析得到表,表从中可以看出各项目在 0.485—0.803 之间,均符合标准,说明该量表具有较好的效度。

表 5   各因子的特征值及解释率

因子	特征值	总变异百分比	累计百分比
1	3.574	17.02	17.02
2	3.206	15.27	32.29
3	3.070	14.62	46.91
4	1.850	8.81	55.71
5	1.829	8.71	64.42

表 6 项目共同度

项目		项目		项目	
4	0.533	19	0.596	35	0.473
6	0.763	20	0.537		
7	0.602	21	0.698		
10	0.630	23	0.707		
13	0.641	25	0.585		
14	0.613	26	0.689		
15	0.673	27	0.803		
16	0.485	31	0.661		
17	0.779	32	0.728		
18	0.684	34	0.649		

采用正交旋转法对因素负荷矩阵进行旋转,使每个条目找到自己归属于哪一因子,通过正交旋转法生成的成分矩阵包括五个成分。

第一个成分是项目 6、20、23、27、32 五个题,题目表述如:注意力容易不集中;冲动,不先充分分析问题;坐立不安,爱扭动,离开座位;从其课堂反应可看出注意力不集中;容易分心或寻找分心的事。根据这些条目的具体内容,将它们命名为坚持性。第二个成分包含项目 10、16、19、26、31、35 六个题目,题目表述如下:没有努力试试就说"太难了";不害怕或不抗拒接受新的任务;喜欢自己完成任务,而不是接受做好的;容易中途放弃;对需要努力的事情不积极;不乐意接受新的任务。根据以上条目,把它们命名为能力动机。第三个成分是项目 17、18、21、25 四道题,题目表述如下:迟迟不回答,想等他人提示;习惯采用一些特定的或不灵活的方式;回答问题很犹豫;发明一些有趣的方式来完成任务。这一成分命名为创造性。第四个成分包含了项目 4、13、14 三道题,题目表述如下:有取悦老师的愿望;遇到困难时易哭;因为不想上学而出现头痛或生病。我们将这些成分命名为情绪控制。第五个成分包含项目 7、15、34 这三道题目,题目表述如下:在他人有需要或困难时愿意帮助他人;对成功或失败无所谓的态度;鼓励他人做事情。将它们命名为合作性。由此形成了五个维度,分别是坚持性、能力动机、创造性、情绪控制和合作性。坚持性包含 5 个项目;能力动机包含 6 个项目;创造性包含 4 个项目;情绪控制包含 3 个项目;合作性包含 3 个项目。五个维度的旋转成分矩阵如表 7。

表 7 旋转后的因子负荷与成分矩阵

项目号	因子 1	因子 2	因子 3	因子 4	因子 5
27	0.808				
23	0.801				
32	0.800				
6	0.713				
20	0.574				
10		0.715			
19		0.689			
16		0.653			
35		0.644			
26		0.629			
31		0.474			
17			0.806		
18			0.786		
21			0.758		
25			0.684		
13				0.710	
14				0.685	
4				0.585	
34					0.731
7					0.680
15					0.522

3. 信度分析

采用内部一致性信度系数对量表进行信度分析。结果表明(参见表 8),量表的五个维度的内部一致性信度(也即科伦巴哈 α 系数)在 0.636—0.849 之间。其中坚持性的 α 系数是 0.849,能力动机的 α 系数是 0.821,创造性的 α 系数是 0.821,情绪控制的 α 系数是 0.663,合作性的 α 系数是 0.636,各维度的 α 系数在 0.65 以上是可接受的范围,其中情绪控制和合作性的 α 系数不是很理想,但总量表的 α 系数是 0.895,比较满意,说明量表的内部一致性是可接受的。

表 8 分量表的信度系数

维度	条目数	α 系数
坚持性	5	0.849
能力动机	6	0.821
创造性	4	0.821
情绪控制	3	0.663
合作性	3	0.636
总量表	21	0.895

4. 各分量表之间的相关分析

量表各维度之间与总量表之间的相关程度可用来检验量表的效度情况,从下面的表中可以看出学前儿童学习品质量表中各维度与总量表的相关系数在 0.181—0.769 之间,相关显著。说明这份量表具有良好的结构效度,整个量表的结构良好。各分维度之间中等程度相关,如能力动机与坚持性相关系数为 0.476,坚持性与创造性相关系数为 0.468,坚持性与合作性相关系数为 0.464,能力动机与创造性相关系数为 0.478,能力动机与情绪控制相关系数为 0.476,能力动机与合作性相关系数为 0.575,创造性与合作性相关系数为 0.407,情绪控制与合作性的相关系数为 0.368,穿造型与情绪控制相关系数为 0.267,不过坚持性与情绪控制的相关系数不高,为 0.181。

表 9 各维度与总量表之间的相关系数

维度	坚持性	能力动机	创造性	情绪控制	合作性	总量表
坚持性	1					
能力动机	0.476	1				
创造性	0.468	0.478	1			
情绪控制	0.181	0.476	0.267	1		
合作性	0.464	0.575	0.407	0.368	1	
总量表	0.720	0.813	0.730	0.616	0.769	1

(二)大班幼儿学习品质发展的总体现状

分别对班级两位老师的评价结果进行描述性统计,由此展现两位老师独立评价本班幼儿学习品质状况的结果及其差异。

表 10 显示了老师 1 的评价结果,从表 11 中可以看到,调查中的大班幼

儿总体学习品质均分为 2.26(总分 3 分),处于 2—3 分之间;同时最小值为 1.64,最大值为 2.65,标准差为 0.18,群体内部差异小。反映了调查中的大班幼儿学习品质达到中上水平,总体现状良好。在学习品质各分维度发展表现上,按平均得分从大到小依次为:情绪控制、合作性、能力动机、坚持性、创造力。也即,情绪控制平均得分最高,创造力平均得分最低。按标准差得分从大到小依次是:能力动机、情绪控制、创造力、合作性、坚持性。也即,相对而言,能力动机的个体内部差异最大,坚持性的群体内部个体差异最小。

表 10 大班幼儿学习品质发展现状的描述性统计分析(师 1 评)

学习品质	人数	最小值	最大值	平均数	标准差
能力动机	208	1.40	2.90	2.31	.35
坚持性	208	1.44	2.67	2.02	.24
合作性	208	1.57	3.00	2.56	.28
情绪控制	208	1.50	3.00	2.62	.34
创造力	208	1.00	2.75	1.81	.32
总的学习品质	208	1.64	2.65	2.26	.18

表 11 显示了老师 2 的评价结果,从表 11 中可以看到,调查中的大班幼儿总体学习品质均分为 2.44(总分 3 分),接近 3 分;同时最小值为 1.61,最大值为 2.90,标准差为 0.29,群体内部差异小。反映了调查中的大班幼儿学习品质达到中上以上水平,总体现状良好。在学习品质各分维度发展表现上,按平均得分从大到小依次为:情绪控制、合作性、能力动机、坚持性、创造力。也即,情绪控制平均得分最高,创造力平均得分最低。按标准差得分从大到小依次是:能力动机、坚持性、创造力、情绪控制、合作性。也即,相对而言,能力动机的个体内部差异最大,合作性的群体内部个体差异最小。

表 11 大班幼儿学习品质发展现状的描述性统计分析(师 2 评)

学习品质	人数	最小值	最大值	平均数	标准差
能力动机	208	1.20	3.00	2.51	.43
坚持性	208	1.11	3.00	2.37	.42
合作性	208	1.29	3.00	2.57	.33
情绪控制	208	1.50	3.00	2.65	.35
创造力	208	1.00	3.00	2.11	.40
总的学习品质	208	1.61	2.90	2.44	.29

　　进一步配对样本检验两位老师的评价是否存在显著差异。表 13 显示
了两位老师评价结果的差异性。表 12 显示,老师 1、2 对所在班级幼儿学
习品质的评价存在显著差异。具体表现在,在总的学习品质上,师 1、2 评
价存在极其显著的差异,从均值上看,师 2 的评价显著高于师 1 的评价。
进一步采用配对样本 t 检验,寻找这种显著差异的主要来源。结果得出,
在学习品质各分维度上,除了合作性、情绪控制两维度师 1、2 的评价不存
在显著差异外,其他三个分维度均存在极其显著的差异。从均值上看,都
表现出师 2 的评价显著高于师 1 的评价。不过,师 1、2 在总的学习品质、
能力动机、坚持性上,其均值都超过 2 分,也即都在中等偏上水平的方向
上,只是中上水平的程度上存在观点的差异。但在创造力上,师 1 的评价
均分低于 2 分,而师 2 的评价高于 2 分,其差异很明显。也即,师 1 认为调
查中的幼儿创造力总体处于低下水平,而师 2 认为调查中的幼儿创造力处
于中等水平。上述结果反映出不同教师在对幼儿学习品质评价的主观评
价上是存在显著差异的。

表 12　师 1、师 2 两位老师评价的差异性检验

学习品质		人数	均值	标准差	t	df	p
能力动机	师 1	208	2.31	.35	7.53***	207	.000
	师 2		2.51	.43			
坚持性	师 1	208	2.02	.24	11.46***	207	.000
	师 2		2.37	.42			
合作性	师 1	208	2.56	.28	.509	207	.611
	师 2		2.57	.33			
情绪控制	师 1	208	2.62	.34	1.11	207	.267
	师 2		2.65	.35			
创造力	师 1	208	1.81	.32	8.51***	207	.000
	师 2		2.11	.40			
总的学习品质	师 1	208	2.26	.18	9.84***	207	.000
	师 2		2.44	.29			

四、讨论

（一）"学前儿童学习行为量表"中文版量表具有良好信效度

一份量表是否能够适用取决于这份量表的信效度情况，本研究选取了国外成熟的信效度良好的量表进行研究，但是国内外的文化背景和教育制度有一定的差异，所以需要进行严谨的科学验证，对学前儿童学习品质量表进行修缮，形成适用于中国学前儿童的学习品质量表。为了确保数据和分析结果的严谨性，对数据进行了两次的校对，然后根据测谎题来剔除一些无效项目，对暂定的 28 个项目进行了项目与总分的相关分析和量表的检验，通过多次的尝试，尽量使量表的信度和效度得到良好状态，所以最终保留了 21 个项目。首先是对项目进行区分度分析，通过独立样本 t 检验，对区分度不高且显著性不强的项目进行了剔除，然后对保留的 29 个项目进行探索性因素分析和反复检验，比较每次分析出来的指标，包括各个项目的公因子方差、解释率、特征值，还有旋转成分矩阵后划了几个维度，同一个维度下的项目是否有出入，一个项目是否在几个维度中出现，不断调适项目，以达到满意的结果。最终确定的量表包含了 21 个项目。此时的 KMO 系数是 0.888，Bartlett 球形检验是用来检验变量间的相关特征，此量表达到了显著，对 21 个项目进行探索性因素分析得出解释总变异量是 64.42%，解释率较为理想。自然划分的五个维度进行旋转成分矩阵，根据题项的具体内容，借鉴了国外量表的维度命名，我们把这五个维度依次命名为坚持性、能力动机、创造力、情绪控制和合作性。对此量表信效度的分析是考察量表的实用性、可靠性以及稳定性的依据。其中，坚持性、能力动机、创造性三个维度的克隆巴哈系数都在 0.8 以上，但是情绪控制和合作性不是很理想。从总量表的信度系数来看，总量表的克隆巴哈系数是 0.895，高于各个维度的信度系数。效度是指量表在多大程度上反映它所测量的理论性概念，是否能够真实反映所要测定的内容。各个维度与总量表之间的相关系数在 0.616—0.813，维度之间的相关系数在 0.181—0.575，表明量表具有良好的效度。

不过，本次测评仅收集了三所幼儿园的数据，即 208 个幼儿的测评结果，样本容量再大一些的话,对信效度的验证会更加科学,得出的结果也会更可靠。同时教师对儿童学习品质的评价难以完全客观。由于学习品质是一种倾向、态度或者习惯、风格、特质等,对于老师来说,很难找到非常好的标准来对幼儿的学品质进行评价,无法保证不会加入一些主观成分在里面,有时候老师们也很难意识到。由此可能会影响量表的信效度。

（二）调查中的大班幼儿学习品质发展总体良好

5—6 岁大班幼儿学习品质的发展状况将直接制约入学准备和日后学习的状况。因而研究与实践都需要高度重视此年龄段儿童学习品质的发展。本研究发现,调查中的大班幼儿学习品质总体发展良好,无论教师 1 或教师 2 的评价,大班幼儿学习品质总均分都在中间值 2 分以上,如 $M_1 = 2.26$,$M_2 = 2.44$。相关研究也得到类似结论,如徐晶晶（2014）对 129 名幼儿的测评研究以及蔡欣欣（2015）对 144 名大班幼儿的测评研究均发现,5—6 岁儿童在各项学习品质上的得分都超过了中间值 3 分,整体处于中等水平以上。李芳雪（2015）对 106 名大班幼儿学习品质的测评研究、胡悦（2017）对 132 名大班幼儿的测评研究以及杨兴盼（2018）对 93 名大班幼儿学习品质的测评研究也均发现,大班幼儿学习品质总体呈现较高水平;大班幼儿学习品质总体发展水平良好。综上,无论本研究还是其他研究,得到了一致的结论,即大班幼儿的学习品质整体达到中等或偏上水平,整体发展较好。在具体分维度发展表现上,本研究得出,无论教师 1 或教师 2 的评价,两者均得出,幼儿情绪控制得分最高,创造力得分最低。反映了大班幼儿学习品质各维度发展不平衡现象。这一结论也在其他研究中有反映。如另有研究得出,幼儿在好奇与兴趣维度得分最高,在反思与解释维度得分最低（杨兴盼,2018;胡悦,2017）;而李芳雪（2015）的研究得出,幼儿在坚持与专注维度得分最高,在反思与解释维度得分最低,其次是创造与发明维度。徐晶晶（2014）研究发现,得分最高的是主动性,最低的是探索欲望。综上,已有研究均发现幼儿学习品质各维度发展不平衡。与此同时,由于各研究所采用的测评工具和测评方法不同,研究之间不利于展开横向比较。未来研究有必要进一步研发经典的高信效度工具和经典的测评方法,从而便于所有研究采用可信可靠的工具展开研究,继而使得各研究之间展开广泛的比较。

（三）单一教师评定法存在一定的局限

本研究中发现班级两位老师对同一批大班幼儿学习品质发展的评价存在显著差异（详见表12）。这种差异又主要来源于学习品质的分维度：创造力、坚持性、能力动机的评价上。反映出不同主体评价的一致性程度低。有学者对母亲与教师对幼儿亲社会行为的评价的一致性进行考察发现，母亲与教师不同主体对同样一批儿童的亲社会行为评价也表现出不一致性（张真，2012）；作者认为评价者间的差异反映了不同评价者在儿童亲社会行为关注点上的不同。在另外学前儿童个体差异的评估上，有研究也发现了教师的评估偏差，即教师对儿童的评估结果与特定工具"多彩光谱"评估结果在很多地方有不一致（方钧君，2001），作者认为这可能源于评价是源于教师的日常观察所积累的"印象"，而这些观察又是非系统的、非正式的；以及教师对评价内容理解与理念上的差异，由此带来偏差。本研究的类似不一致现象可能也与不同主体在评价同一批儿童学习品质发展上的关注点差异；同时也与日常积累的印象是非系统的、非正式有关，以及可能不同的教师对学习品质的准确理解有差异。不论哪种或哪几种原因，这种本研究中的不一致表现还是反映了单一教师日常观察的事后评定存在局限。本书第三章中介绍了儿童早期学习品质测评的多种方法，包括活动中评价、基于任务的测评、学习故事、轶事记录、嵌入课程的连续性发展评价等。未来对儿童学习品质发展进行评价时，宜结合多种方法展开，由此从多个方面汇聚数据，尽量达到客观、科学地测评儿童的学习品质发展水平与个体差异。

第三节　幼儿学习品质发展的纵向追踪

一、引言

纵向研究表明，儿童早期学习品质增长越大，其学业成就增速也越大（Sung，Wickrama，2018）。同时，学习品质发展的个体差异在很早的时候就日益表现出来（Hyson，2008）。而学习品质与学业发展之间存在循环效应，学习品质促进儿童学习能力的获得,学习能力的提高又影响儿童的学习品质,这种相互影响使得儿童学习能力的个体差异越来越大(Aunola et al.,2006;史瑾等,2020)。因此,关注与监测儿童早期学习品质的发展,尤其是其早期学习品质的动态变化轨迹十分重要。如幼儿入园后学习品质随着时间的变化与年级的增长呈现怎样的动态变化特征?尽管纵向研究如同神经科学、实验研究一样,能为儿童早期教育以及儿童发展提供强大的数据参考(Thorpe et al.,2020);但目前国内有关幼儿学习品质发展方面的纵向追踪研究极其匮乏。有学者对我国自1979—2011三十年间0—8岁儿童发展与教育纵向研究文献分析发现:纵向研究共计47项,研究内容涉及儿童健康、语言、认知、情绪情感发展、个性和社会性等主题(贺琳霞等,2011)。本节进一步对国内近十年(2010—2020)的纵向追踪研究进行梳理发现,近十年间在幼儿心理发展与教育领域的纵向追踪研究共计15项。其中,有关幼儿社会—情绪发展(含社会技能、情绪、心理理论等)的追踪研究8项,认知发展的6项(含语言、叙事、抽象认知等)、个性人格方面1项。国内已有文献中尚未搜索到针对幼儿学习品质发展的纵向追踪研究。因此,本研究集中考察幼儿学习品质随时间变化、年级升高的变化轨迹。包括变化的显著性情况、变化的大小与具体体现等。希望这一探索对于了解幼儿入园后学习品质的动态变化特征以及对于教育的及时跟进与有效支持提供针对性参考。

二、研究方法

(一)研究对象

苏州市某幼儿园6个小(中)班幼儿166人,其中男生85人(51.2%),女生81人(48.8%)。小班施测时的年龄范围3.4—4.3岁,平均年龄3.87岁,标准差0.30。为小中班儿童完全匹配,中途插班或退出的幼儿未纳入计算。

(二)研究工具

采用McDermott等2012年修订的《学前儿童学习行为量表》量表(PLBS)对小班幼儿的学习品质进行评价。先进行翻译,形成中文版量表。经项目分析、探索性因子分析、相关分析等信效度检验,最终形成3个因子共21条项目的量表,即学习热情、坚持性、能力动机。同时,对量表内部一致性信度分析,得出,学习品质总量表以及学习热情、坚持性、能力动机分量表的内在一致性系数分别为 0.91、0.90、0.89、0.65。表明中文版 PLBS 量表具有良好的信度。进一步对量表各维度之间的相关性进行分析得出,各维度与总量表的相关系数在 0.361—0.855 之间,进一步表明量表具有良好的结构效度。采取教师评定法,即教师根据幼儿的日常行为表现,在"大部分时候这样"、"有时候这样"、"不这样"三个等级中进行客观评定,分别记为 3、2、1 分;得分越高,表明学习品质发展越好。

（三）研究过程

采用教师评定法,即幼儿园教师根据自身对幼儿学习品质的日常情境观察而展开评定。第一次评定是对新入园小班幼儿在入园 2 个月后展开,时隔一年后,对该批进入中班的幼儿在入学两个月后进行再次施测。施测地点是幼儿园安静会议室。即,利用中午午休时间,在幼儿园安静的大型会议室内给予教师充足与独立的时空以认真评定每个幼儿的行为表现。对回收数据运用 SPSS 进行统计分析。

三、结果与分析

（一）小中班幼儿学习品质发展的总体分析

先对小中班所有幼儿的学习品质发展总体状况进行描述性分析,结果如表 1 所示。调查中的幼儿学习品质在各分维度及总学习品质的平均值分别是:2.30,2.30,2.21,2.27,即略过临界值 2 分（"有时候如此"）。可见,其各分维度的均分差异不大。就总学习品质的分值分布情况来看,高于（含等于）2.5 分以上的幼儿共计 42 人,占总人数的 25.3%;低于（含等于）1.99 分以下的幼儿 31 人,占总人数的 18.7%。上述反映了接受测评的幼儿学习品质总体处于中等水平。幼儿学习品质在各分维度及总学习品质的标准差在 0.40 左右。但性别差异的比较发现,在总的学习品质上,男孩与女孩学习品质差异显著（$t=2.10$, $df=164$, $\rho<0.05$）;男孩总的学习品质平均得分显著低于女孩（$M_男=2.21$; $M_女=2.32$）。这种差异又主要来自坚持性,即男孩与女孩在学习热情、能力动机上差异不显著;在坚持性上差异显著,男孩坚持性显著低于女孩（$t=2.25$, $df=164$, $\rho<0.05$; $M_男=2.23$; $M_女=2.37$）。

表1　调查中的幼儿学习品质发展状况的总体描述

	人数	最小值	最大值	平均值	标准差
学习热情	166	1.25	2.98	2.30	0.37
坚持性	166	1.00	3.00	2.30	0.40
能力动机	166	1.19	3.00	2.21	0.40
总学习品质	166	1.23	2.92	2.27	0.33

（二）小、中班幼儿学习品质发展轨迹分析

对从小班到中班幼儿学习品质的纵向变化轨迹进行描述分析发现（参见表2），学习品质各分维度及总学习品质均呈现出三条轨迹：上升、下降、未变三类变化曲线。同时，学习品质各分维度及总学习品质在上升趋势的人数比例上，均明显大于下降、未变的人数比例。就前后未变的轨迹来看，学习品质各分维度及总学习品质未变的比例均低于10％。由此，呈现出3条鲜明的发展轨迹：高人数比例上升、中等人数比例下降、低人数比例稳定。就上升分值在0.5分或以上的来看（实质性上升），总的学习品质得分从小班到中班上升了0.5分及以上的27人，占上升人数的24.1％；占总人数的16.3％。其中，学习热情上升了0.5分及以上的共32人，占上升人数的27.6％，占总人数的19.3％。坚持性上升了0.5分及以上的共34人，占上升人数的33.0％，占总人数的20.5％。能力动机上升了0.5分及以上的共40人，占上升人数的43.0％，占总人数的24.1％。学习品质及各分维度的实质性上升的比例在20％左右。就各分维度的实质性上升人数比例来看，能力动机＞坚持性＞学习热情。

表2　从小班到中班幼儿学习品质的发展轨迹分析

	上升	下降	未变	上升0.5分以上
学习热情	116(69.9％)	45(27.1％)	5(3.0％)	32(19.3％)
坚持性	103(62.0％)	52(31.3％)	11(6.6)	34(20.5％)
能力动机	93(56.0％)	58(34.9％)	15(9.0％)	40(24.1％)
总学习品质	112(67.5％)	53(31.9％)	1(0.6％)	27(16.3％)

（三）小、中班幼儿学习品质发展状况的描述性比较

表3　调查中的小、中班幼儿学习品质发展状况描述分析

		学习热情	坚持性	能力动机	总学习品质
平均值	小班	2.20	2.21	2.14	2.18
	中班	2.39	2.38	2.28	2.35
标准差	小班	0.38	0.45	0.42	0.34
	中班	0.43	0.45	0.53	0.40
最小值	小班	1.20	1.00	1.00	1.18
	中班	1.30	1.00	1.00	1.28
最大值	小班	2.95	3.00	3.00	2.92
	中班	3.00	3.00	3.00	3.00

注：人数均为166人。

表3显示，(1)从均值上看，中班在学习品质各维度及总的学习品质上均高于小班。(2)从标准差比较来看，中班在学习品质的2个维度及总学习品质上，标准差均高于小班，即中班年级内的个体差异更大。

表4　调查中的小、中班幼儿学习品质高低分段分布比较

		学习热情	坚持性	能力动机	总学习品质
低于1.99分	小班	45(27.1)	35(21.1)	51(30.7)	42(25.3)
	中班	21(12.7)	22(13.3)	31(18.7)	26(15.7)
高于2.5分	小班	40(24.1)	43(25.9)	38(22.9)	30(18.1)
	中班	85(51.2)	66(39.8)	71(42.8)	69(41.6)
高低分段人数差距	小班	5(3.0%)	8(4.8%)	13(7.8%)	12(7.2%)
	中班	64(38.5%)	44(26.5%)	40(24.1%)	43(25.9%)

注：人数均为166人。

表4显示，(1)从低分与高分的人数比例比较来看，中班在各维度及总学习品质上，低分段的人数比例明显低于小班，在学习品质各维度及总的学习品质上几近小班的二分之一；而高分段的比例明显高于小班，如在学习热情、能力动机及总学习品质上，中班高分段的比例均是小班的2倍或以上。

(2)从各自高低分段的人数比例比较来看,小班幼儿除坚持性外,学习热情、能力动机及总学习品质的低分段比例均高于高分段比例;而中班在学习品质所有分维度及总学习品质上,高分段比例均高于低分段比例。也即,小班得低分的人数更多,得高分人数的更少;相反,中班得高分的人数更多,得低分的人数更少。(3)从高低分段的差距比较来看,中班高低分段的人数比例差距在学习品质各分维度及总的学习品质上均高于小班。

（四）小、中班幼儿学习品质发展的差异性比较分析

表 5　调查中的小、中班幼儿学习品质及各分维度发展的差异性检验

	人数	学习热情	坚持性	能力动机	总学习品质
小班	166	2.20	2.21	2.14	2.18
中班	166	2.39	2.38	2.78	2.35
增值		0.19	0.17	0.64	0.17
t(df=165)		8.00***	5.50***	3.38***	6.56***
ρ		0.000	0.000	0.001	0.000

表 5 的配对样本 t 检验结果显示,小、中班幼儿的学习品质水平差异显著(t=6.56,ρ<0.001);均值显示中班幼儿学习品质水平显著高于小班幼儿。同时,分维度比较结果显示,小、中班幼儿的学习热情差异显著(t=8.00,ρ<0.001);均值显示中班幼儿学习热情显著高于小班幼儿。小、中班幼儿坚持性差异显著(t=5.50,ρ<0.001);均值显示中班幼儿坚持性显著高于小班幼儿。小、中班幼儿能力动机差异显著(t=3.38,ρ<0.001);均值显示中班幼儿能力动机显著高于小班幼儿。综上,小、中班总的学习品质及学习品质各分维度均差异显著,中班幼儿在学习热情、坚持性、能力动机及总学习品质上的均分都高于小班幼儿。从均值的增幅上看,能力动机的增幅相对最大(0.64)。可见,从小班到中班,幼儿学习品质水平的有了显著的提高。

四、讨论

（一）从小班到中班幼儿学习品质整体水平有显著提高

对儿童来说,"学习"不仅仅是对知识经验和技能的掌握,更重要的是学习兴趣的形成、良好学习习惯的培养等,这是儿童学习能力发展与提高的实

质,也即学习品质的核心所在(Love,2001)。那么,幼儿入园后,随着时间的推移,他们的学习品质会表现出怎样的变化特征?通过本研究对入园后的小班到中班为期一年的追踪,结果得出,小班幼儿的学习品质随年级的升高表现出整体的显著提高。即小、中班在总的学习品质以及学习品质的各分维度的比较上均表现出显著差异,根据其平均值得出,中班幼儿在总学习品质以及各分维度上都显著高于小班幼儿。同时,就学习品质各分维度而言,从小班到中班,从均值比较来看,能力动机的增值是最大的。进一步结合描述性分析结果(参见表4)可以看到,无论总的学习品质得分还是学习品质各分维度的得分,在低分段上(临界值以下,即低于1.99分),中班幼儿的人数比例明显低于小班幼儿;而在高分段上(高于2.5分),中班幼儿的人数比例明显高于小班幼儿。有关对同年龄群体幼儿的横向研究发现,儿童的学习品质随年龄增长而提高(李珊珊等,2019)。结合本研究与已有研究发现,反映出儿童早期学习品质的可塑性,即随着年级升高,儿童的学习品质水平呈现普遍提升的发展态势。因此,教育须把握时机,珍视学习品质在幼儿期较大增长空间的发展规律,通过积极家园环境塑造与教育支持来培养、提升儿童的学习品质。

(二)从小班到中班幼儿的学习品质表现出多样化的变化轨迹特征

从小班到中班幼儿学习品质发展呈现出多样化的变化轨迹:上升(占总人数的67.5%)、下降(占总人数的31.9%)、稳定不变(占总人数的0.6%)。表现出高人数比例的上升、中等人数比例的下降、低人数比例的稳定。无论总的学习品质,还是学习品质各分维度,均呈现出如上多样化的变化轨迹特征。如,学习品质的分维度——坚持性的纵向变化轨迹表现为:上升(占总人数的62.0%)、下降(占总人数的31.3%)、稳定不变(占总人数的6.6%)。有关小班幼儿坚持性的半年追踪研究也得出类似发现,如小班幼儿坚持性发展呈现三类趋势,即上升趋势(占总人数的36.7%)、下降趋势(占总人数的43.3%)和稳定趋势(占总人数的20.0%)(彭杜宏,2017)。不同的是,本研究中小班幼儿的坚持性随时间推移上升的人数比例更高,稳定不变的人数比例更低。这不同的结果可能与纵向追踪的时长不同,也可能是由于采用的测评技术不同,如后者是基于幼儿在具有挑战性活动任务中的坚持时长来评价的。

值得注意的是,本研究中学习品质及各分维度下降的人数比例在 30%
左右。同时,从小班到中班一定比例的幼儿学习品质水平表现出下降或未
变,这一结果值得引起注意。进一步从上升的幅度进行考察,即将上升了
0.5 分以上的实质性上升(或大幅度上升)人数进行统计,发现从小班到中班
实质性上升的比例在 30% 以下。如总学习品质上升占总人数的 16.3%、学
习热情占 19.3%、坚持性占 20.5%、能力动机占 24.1%。各分维度的实质
性上升人数比例从大到小即,能力动机>坚持性>学习热情。

此外,在学习品质各维度发展变化上,数据显示,下降和未变人数比例
最大的都是能力动机。能力动机是个体学习内驱力生成的重要机制。这一
结果值得关注。

(三)从小班到中班幼儿学习品质发展的个体差异呈拉大趋势

从标准差可以看到,中班幼儿总学习品质,以及学习热情与能力动机的
标准差都高于小班幼儿,一定程度上反映中班幼儿群体内的个体差异大于
小班幼儿。同时,本研究对学习品质的得分进行了高低分段(根据总分为 3,
2 分为临界值的评价依据,将低于 1.99 命为低分段;高于 2.5 命为高分段)
的比较分析。如表 4 所示,在学习品质各维度及总的学习品质上,小班高低
分段人数比例之间的差值都明显低于中班幼儿高低分段人数比例之间的差
值。即,中班高低分段的人数差距在学习品质各分维度及总学习品质上均大
于小班的这一差距。反映出小班时群里内的个体差异到中班时明显变大。
也即随着年级的升高,幼儿学习品质的个体差异与早期差距呈拉大趋势。

(四)接受测评的幼儿学习品质整体处于中等水平

将接受测评的小中班幼儿作为一个整体,对其学习品质进行描述性统
计分析发现,小中班幼儿的学习品质总均分为 2.27,各分维度的平均得分也
都略高于临界值 2 分。同时,总学习品质均分高于 2.5 分(中上以上)占比
25.3%;得分在临界值以下(低于 1.99 分)的占比近 20%。上述结果一定程
度的反映出接受测评的 3—5 岁小中班幼儿学习品质总体处于中等水平。国
内有学者采用东亚—太平洋地区早期儿童发展量表中的学习品质分量表
(E-ATL)对 3—5 岁的小中班幼儿学习品质测评发现,大多数 3—5 岁幼儿

学习品质得分处于评分中间值以上（M＝14.7，总分 23，李珊珊等，2019）。而同样运用 McDermott 团队的《学前儿童学习行为量表》（PLBS）对宁波的 900 多名幼儿（含小班至大班）学习品质的测评发现，幼儿学习品质总均分为 2.60（冯丽娜等，2018）；另有学者对广东省 1000 多名幼儿学习品质的研究得出一致的结论（Hu et al.，2017）。综上，与已有研究结果相比，本研究中接受调查的幼儿学习品质总均分略低于他们。这当中可能与使用的测评工具不同或不同地区评价者内在标准不同有关，也可能与研究中接受测评的幼儿年龄群体不同有关。

此外，本研究对不同性别的比较得出，小中班女孩学习品质发展优于男孩，这又主要体现在坚持性上，即女孩的坚持性水平显著高于男孩；而在学习热情与能力动机上男女孩性别差异不显著。相关研究也发现，不同性别小中班幼儿学习品质发展差异显著（李珊珊等，2019），差异主要来源于坚持性和抑制控制，即女孩在坚持性、抑制控制的表现上显著优于男孩；在好奇心、独立性上男女孩差异不显著。

（五）研究的不足与展望

本研究中，同一批教师评价同一批幼儿，一定程度上保障了评价的一致性与客观性。同时，采用教师评定所存在的方法缺陷在两个时间段里都存在，一定程度上平衡了当中的不足。但不可避免的是，评价者有可能存在好事物倾向继而影响对幼儿学习品质表现的客观评价。因而后续研究可以结合多样的测评方法，如基于活动和任务的情境测评等（如彭杜宏，2019）可提供相互印证或参照的信息。有学者指出，在我国建设国家性的公众儿童发展与教育研究（而不只是统计）的数据库极为必要（何璇等，2014）。在儿童学习品质发展结果与发展质量研究上，未来研究也有必要大力加强纵向追踪。包括对增长曲线的个体差异分析，以及置于不同教育质量背景下的比较与追踪等。纵向追踪与监测研究可参考美国儿童早期纵向研究项目的一些经验（如杨晓岚等，2015；闵兰斌等，2016）。

五、教育建议

儿童自出生后便不断发展与表现出各种学习的积极倾向，如对周围一切好奇、感兴趣、投入其中、满怀热情、坚持要尝试、主动探索、自由想象、天马行空等等。本研究中尽管从小班到中班随着年级的升高幼儿学习品质呈现向上发展的趋势；但同时也发现，小、中班幼儿学习品质的总体水平介于中等状态；一定比例的幼儿学习品质随年级升高而下降；个体差异随年级升高呈拉大的趋势。这些结果值得相关教育政策与幼儿教育实践加以关注，具体而言：从教育政策层面而言，需要加强园所、家庭教育对儿童学习品质早期发展重视的支持。如通过优化幼儿园教育质量评价、幼儿园教师评价与幼儿发展评价等政策，全方位地加强老师与家长对儿童学习品质的重视；通过学前教育评价政策的优化实现对儿童学习品质发展的支持。从园所教育实践层面而言，幼儿园需要高度重视对入园后儿童学习品质的观察与培养，强化学习品质的独特价值；一线教师要有跟踪记录幼儿学习品质发展变化的意识。从而对随后如何提供有效支持积累事实性的、客观的依据；尤其是对学习品质发展不足幼儿的及时辅导或干预对于确保其做好入学准备至关重要。此外，这些系统的观察与记录也可为政策制定者提供鲜活的、有价值的证据参考。

六、结论

（一）研究所采用的 PLBS 中文版量表显示了良好的信效度。量表共包含 21 条项目 3 个因子：学习热情、坚持性、能力动机。

（二）从小班到中班，幼儿学习品质发展呈现三条变化轨迹特征：高上升、中等下降、低稳定。如，学习品质及分各维度上升人数比例均达 60％左右；就分维度实质性上升（增值 0.5 分以上）比例而言，能力动机＞坚持性＞学习热情；前后未变的人数比例均低于 10％。

（三）经配对样本 t 检验得出，从小班到中班，幼儿学习品质差异显著，即中班幼儿在学习热情、坚持性、能力动机及总学习品质上的均分都显著高于小班幼儿。

综上，研究从纵向的视角初步揭示从小班到中班这一时段幼儿学习品质水平获得了显著提高，同时其发展呈现出兼具稳定与变化的多样化轨迹特征。

附录1　小班幼儿学习品质量表

老师您好！这是一次关于幼儿日常学习行为的调查。无需填写您的个人信息，调查仅作科研之用（如考察幼儿间的个体差异、与家庭教育的关系等），衷心感谢您的耐心！

您所在的班级_____幼儿姓名_____性别_____

该幼儿的语言能力（　　　）

A 优秀　　　B 良好　　　　C 中等　　　　D 较差　　　　E 很差

该幼儿的数学能力（　　　）

A 优秀　　　B 良好　　　　C 中等　　　　D 较差　　　　E 很差

该幼儿的学习习惯（　　　）

A 很好　　　B 较好　　　　C 中等　　　　D 较差　　　　E 很差

该幼儿的创造能力（　　　）

A 很好　　　B 较好　　　　C 中等　　　　D 较差　　　　E 很差

请您据开学后到现在该幼儿的日常表现，对下面罗列的表现进行客观评定并在相应位置下打☑

调查项目	大部分时候这样	有时候这样	不这样
1 在学习活动中能表现出与之年龄相称的坚持性			
2 不易融入新的环境或活动中			
3 愿意帮助他人			
4 没有取悦老师的愿望			
5 带动他人一起玩			
6 注意力容易不集中			
7 在活动中或完成任务过程中很少表现出有决心的时候，容易中途放弃			
8 情绪不好时不能好好学习			
9 没有努力试试就说"太难了"			

续表

调查项目	大部分时候这样	有时候这样	不这样
10 课堂或小组活动中表现出合作的态度或行为			
11 遇到困难时易哭			
12 因不想上学而出现头痛或生病			
13 对成功或失败无所谓的态度			
14 不害怕或不抗拒接受新的任务			
15 迟迟不回答,想等他人提示			
16 注意听老师上课或听老师讲规则等			
17 坚持自己完成任务而不是让他人帮忙完成			
18 冲动,不先充分分析问题就作出反应			
19 做什么事情依赖大人			
20 对各种活动都兴趣大、有活力			
21 坐立不安、爱扭动,离开座位			
22 带动他人一起玩			
23 发明一些有趣的方式来完成任务			
24 不乐意接受新的任务			
25 从其课堂反应可看出注意力不集中			
26 对自己不会做的会逃避或隐藏			
27 受挫时表现出攻击性或敌意			
28 对需要努力的事情不积极			
29 容易分心或寻找分心的人和事			
30 对学习活动没兴趣			
31 在活动中或完成任务过程中很少表现出有决心的时候,容易中途放弃			
32 在说出答案或讨论新任务时表现犹豫			

附录2 小班幼儿学习品质影响因素调查表

家长您好!

这是一次关于幼儿日常学习行为的调查。调查仅作科研之用,您的客观、认真填写有助于提升幼儿园教育教学质量,更好地为幼儿服务。衷心感谢您的支持和耐心!

1. 您的孩子姓名_____您是孩子的(   )

A 父亲   B 母亲

2. 父亲的职业(   )母亲的职业(   )

A 公务员——国家机关、党群组织、事业单位等负责人或办事人员

B 教师

C 商业(含私人老板等)、服务业人员、公司职员

D 专业技术人员

E 全职在家或尚未工作

F 其他_____

3. 父亲的学历(   )母亲的学历(   )

A 小学、初中及初等职业专科学院   B 高中及中等职业专科学校

C 大专及高等职业专科学校   D 本科

E 研究生   F 其他_____

4. 家庭年经济收入共计(   )

A 3.0万及以下   B 3.1万—8.0万   C 8.1万—30.0万

D 30.1万—100.0万   E 100万以上

5. 孩子是家里的(   )

A 独生宝宝   B 第二个宝宝   C 第三个宝宝

6. 孩子入园前上过的早教机构,可单选或多选(   )

A 金宝贝   B 蒙台梭利早教机构

C 哈威尔   D 其他_____

E 没报过早教机构的课

7. 孩子入园以前(0—3 岁)的照看方式(　　　　　　　　　)

A 祖辈白天看护,父母晚上看护　　　B 父母白天晚上轮流看护

C 主要祖辈看护　　　　　　　　　　D 主要放老家由祖辈看护

E 其他_____(请填写在此)

8. 根据近 2 个月以来您对孩子的观察,请您对您孩子的学习表现做一个粗略的估计:

孩子的语言能力(　　　　　　)

A 优秀　　　B 良好　　　C 中等　　　　　D 较滞后　　　　　E 很滞后

孩子的数学能力(　　　　　　)

A 优秀　　　B 良好　　　C 中等　　　　　D　较滞后　　　　E 很滞后

孩子的学习习惯(　　　　　　)

A 很好　　　B 较好　　　C 中等　　　　　D　较滞后　　　　E 很滞后

孩子的创造能力(　　　　　　)

A 很好　　　B 较好　　　C 中等　　　　　D　较滞后　　　　E 很滞后

请您据开学后到现在孩子的日常表现,对下面罗列的表现进行客观评定并在相应位置下打☑

注:具体项目同附录 1,因此下面不再罗列。

附录3   大班幼儿学习品质量表

请您据开学后到现在该幼儿的日常表现,对下面罗列的表现进行客观评定并在相应位置下打☑

调查项目	大部分时候这样	有时候这样	不这样
1 做事能坚持			
2 被他人纠正时表现出攻击性或敌意			
3 不愿意接受自己所需要的帮助			
4 有取悦老师的愿望			
5 对学习活动没有兴趣			
6 注意力容易不集中			
7 在他人有需要或困难时愿意帮助他人			
8 情绪不好时不能好好学习			
9 游戏或活动中不会创造性地玩			
10 没有努力试试就说"太难了"			
11 模仿他人时会用新的或出人意料的方式			
12 课堂或小组活动中表现出不合作的态度或行为			
13 遇到困难时容易哭			
14 因为不想上学而出现头痛或生病			
15 对成功或失败无所谓的态度			
16 不害怕或不抗拒接受新的任务			
17 迟迟不回答,想等他人提示			
18 习惯采用一些特定的或不灵活的方式			
19 喜欢自己完成任务,而不是接受做好的			
20 冲动,不先充分分析问题			
21 回答问题时很犹豫			
22 对学习活动没兴趣			
23 坐立不安、爱扭动,离开座位			

调查项目	大部分时候这样	有时候这样	不这样
24 课堂或小组活动中表现出不合作的			
25 发明一些有趣的方式来完成任务			
26 容易中途放弃			
27 从其课堂反应可看出注意力不集中			
28 逃避或隐藏自己不擅长的			
29 如果有人提出其他更好的主意能改变计划			
30 被他人纠正时表现出攻击性或敌意			
31 对需要努力的事情不积极			
32 容易分心或寻找分心的人和事			
33 能思考可能的办法和接受更难的挑战			
34 鼓励他人做事情			
35 不乐意接受新的任务			

第五章　我国幼儿坚持性与主动性发展的现状测评

　　"在幼儿园和学校,不同的儿童坚持性差异很大,有的儿童遇到困难能够积极探索问题解决方法,有的儿童却轻易放弃、逃避退缩"(刘玉霞,2013)。研究发现,小班时坚持性水平的发展差距到小学一年级时翻了一倍(McDermott,Rikoon,Fantuzzo,2014)。那么我国当前幼儿园儿童坚持性品质发展有怎样的个体差异和早期差距?尽管国外关于幼儿坚持性发展的研究由来已久,但在国内幼儿坚持性发展的研究甚少见(赖灿成,1988)。3—4岁的小班幼儿自我调节能力进入发展的敏感期,适时地引导他们学习调节自己的注意与努力,帮助他们培养在困难中坚持的品质十分必要。而对于正式入学前5—6岁的大班幼儿,养成不依赖外力推动而主动学习的品质是日后入学适应、快乐学习、学业成功的重要保障。而目前国内针对大班幼儿主动性发展现状与个体差异的实证研究极其有限。本章的探索旨在对已有研究进行补充或弥补,为我国小班幼儿的坚持性、大班幼儿的主动性发展现状与个体差异特征提供最新的数据参考与实践启示。

第一节　小班幼儿坚持性发展的个体差异

一、引言

　　坚持性(Persistence)是儿童早期学习品质的核心要素之一(Chen,

McNamee，2011；McDermott，Rikoon，Fantuzzo，2014；Office of Head Start，2015；North Carolina State，2013；New York State，2012）。它是指个体在挑战情景下任务导向行为的持续性（刘玉霞等，2011）；是在某种困难情境中为达到目的而持续地克服困难的倾向与能力（赖灿成，1988；杨丽珠等，2005）。生活中，成功很少发生于第一次尝试。要想在充满挑战的人生中实现目标取得成功，必须有集中注意、不畏困难与持续努力的坚持性（Poropat，2009；Ivcevic，Brackett，2014）。研究还揭示，坚持性与创造性成绩密切相关；坚持性能预测幼儿的入学准备水平并调节认知灵活性与学业准备之间的关系（Vitiello et al.，2011；王宝华等，2010）；坚持性发展与智力发展也密切相关，坚持性水平高的幼儿，其智力发展水平也较高（赖灿成，1988）；坚持性与学校适应能力密切相关（刘玉霞等，2011）；坚毅的品质与个体的学业、工作及身心健康等积极结果密切相关（Datu，2017）。综上，坚持性以及在此基础上发展出的坚毅品质被认为是当今时代超过智力、学业成就等更能预测个体成功的指标。本研究便对我国入园后的小班儿童坚持性发展的个体状况展开实证探索。

二、研究过程

（一）研究对象

从苏州市某幼儿园随机抽取 2 个小班进行施测，除未参与测试儿童，有效数据共 44 人。男生 22 人，女生 22 人，年龄范围为 38—49 个月（3.2 岁—4.1 岁），平均年龄 3.7 岁。

（二）坚持性测评

1. 基于完成任务的探索时长测评

研究采用工具创新任务（彭杜宏，苏蕙，廖渝，2016）。该任务能充分透视儿童是否乐于接受挑战、能否持续坚持探索、能否专注当前任务等方面的个体差异（彭杜宏，刘电芝，廖渝，2016）。本测试中，13.6%的儿童成功完成任务；90%的儿童选用了目标工具，22.7%的儿童对目标工具进行了加工。进一步证实工具创新任务既有一定的挑战性，又能透视儿童在问题解决过程中的坚持探索状态。借鉴以往研究，以探索时长作为坚持性的评价标准。幼儿持续探索时间越长(以秒为计时单位),坚持性水平越高;反之则越低。

2. 基于量表的坚持性发展教师评定

借助学前儿童学习行为量表(Preschool Leaning Behaviors Scale)中的"注意坚持性分量表"(Attentional Persistence)测评幼儿日常学习活动中的坚持性发展水平。该量表由教师评定幼儿在过去 2 个月里的学习行为表现(Rikoon,S. H.,McDermott,P. A.,& Fantuzzo,2012)。本研究将其注意坚持性分量表翻译为中文,通过与国外学者、国内幼儿园教师等合作修改,以及经施测后的项目分析、信效度检验,得出该分量表具有良好的内部一致性信度(Cronbach's α 系数 为 0.894)、评分者信度(两位教师评分的相关系数 r=0.706,p<0.001);内容效度与结构效度(各项目与分量表均显著相关,同时分量表与总量表的相关系数 r=0.855,p<0.001)。注意坚持性分量表中文版共 7 个项目,如,"在学习活动中能表现出与之年龄相称的坚持性";"注意力容易不集中";"坐立不安、爱扭动";"容易分心或找分心的人和事";"容易中途放弃"等,采用三级评分,即"大部分时候这样"、"有时候这样"、"不这样",最低分 1,最高分 3(反向题统一转向),得分越高,表明坚持性水平越高。通过上述两种方法来考察幼儿坚持性发展的个体差异性特征。

(三) 数据统计与分析

采用 SPSS19.0 进行统计分析。

三、结果与分析

(一) 小班幼儿坚持性发展特点的总体描述

表 1　小班幼儿坚持性发展特点的描述性统计

坚持性	人数	平均值(秒)	标准差	最小值	最大值
任务探索时长	44	459.75	337.86	22.3	1899.7
师评坚持性	44	2.34	0.56	1	3

表 1 显示,在坚持探索的时间长度上,小班幼儿平均探索时长为459.75 秒(约 7 分钟)。标准差 337.86 秒(约 5 分钟)。最短时长为 22.3秒,最长 1899.7 秒,最大值与最小值之间相差 1877.4 秒,反映出幼儿在持续探索的时长上个体间差异很大。其中,超过平均时长的有 22 人(占总人数的50.0%)。在师评坚持性上,平均值为 2.34(分值范围 1—3),标准差0.56。最低得分 1,最高得分 3。得分在 2 以上(不含 2 分)共 29 人(65.9%),综合两者的结果,得出测试中的小班幼儿坚持性总体处于中上水平。

(二) 小班幼儿坚持性发展个体差异的比较分析

1. 基于任务测评结果的个体差异比较

从频率分析可看到,幼儿探索时长的类型与幼儿的人数相当,从最短22.3 秒到最长 1899.7 秒,共 43 种不同时长,几乎每个幼儿探索时长都不同。最长与最短时长相差 1877.4 秒。经单样本 t 检验得出,不同幼儿探索时长存在极其显著的个体差异($t = 9.03$,$p < 0.001$)。进一步聚类分析得出,所有幼儿的探索时长可分为 3 类,第一类共 1 人,占总人数的 2.3%,平均探索时长 1899.7 秒;第二类 20 人,占总人数的 45.5%,平均探索时长184.4 秒,标准差 103.6 秒;第三类 23 人,占总人数的 52.3%,平均探索时长636.6 秒,标准差 134.2 秒。经单因素方差分析得出,$F = 147.23$,$p < 0.001$。表明组间差异极其显著。由于聚类分析中的第一类人数仅 1 人,反映了一个特例的类别,不能进行两两比较。因而进一步结合国内外研究中使用的时间长度分类以及数据本身的频率分析得出(见表 2),探索时长小于 120 秒(表现为"滞后")的共 7 人,占总人数的 15.9%(其中小于 60 秒的 4 人,占9.1%);探索时长在 120—299 秒之间(表现为"一般")的 11 人,占总人数的25.0%。探索时长在 300—600 秒(表现为"良好")12 人,占总人数的27.3%。探索时长 600 秒以上(表现为"优秀")共计 14 人,占 31.8%。上述比例显示出不同幼儿坚持探索时间长度上的差异。经单因素方差分析得出,$F = 29.31$,$p < 0.001$,不同类别间差异极其显著。具体而言,类别 4 与类别 1、2、3 之间差异极其显著($p < 0.001$),类别 3 与类别 1 之间差异极其显著($p < 0.001$),与类别 2 之间差异极其显著($p < 0.01$);类别 2 与类别 1 之间边

缘显著(p<0.1)。

表 2　小班幼儿坚持性发展个体差异的比较分析

类别	时长范围(秒)	人数(百分比)	平均值(秒)	标准差	最小值	最大值
滞后型	小于 120	7(15.9)	62.8	40.7	22.3	115.9
一般型	120—299	11(25.0)	236.3	46.1	173.3	299.0
良好型	300—600	12(27.3)	488.3	94.5	318.0	600.0
优秀型	大于 600	14(31.8)	809.4	328.8	614.0	1899.7
F=29.31***						

2. 基于教师评定的个体差异比较分析

表 3 显示,在师评坚持性上,平均值为 2.34,标准差 0.56。其中平均值在 1—2 之间(不含 2)11 人(表现为"滞后"),占总人数的 25.0%;平均值恰好为 2 者 0 人(表现为"一般");平均值在 2—3 之间 25 人(表现为"良好"),占总人数的 56.8%;平均值为 3 者 8 人(表现为"优秀"),占总人数的18.2%。经单因素方差分析得出 3 个类别之间差异极其显著,$F=61.57$,$p<0.001$,事后多重比较(LSD)得出 3 个类别之间两两差异均极其显著($p<0.001$)。

表 3　小班幼儿坚持性发展个体差异分析

类别	分值范围	人数(百分比)	平均值	标准差	最小值	最大值
滞后型	小于 2	11(25.0)	1.58	0.10	1.00	1.86
良好型	2—3	25(56.8)	2.46	0.06	2.00	2.86
优秀型	3	8(18.2)	3.00	0.00	3.00	3.00
F=61.57***						

(三) 小班幼儿坚持性发展的性别差异与年龄差异

表 4 显示,男生与女生在平均探索时长上均处于 450 秒左右;女生的标准差小于男生。经独立样本 t 检验得出,在任务探索时长上,男女生无显著性别差异,$t_{时长}=0.19$($p>0.05$)。在教师评定的坚持性发展上,男女生得分

均在 2—3 分之间,标准差相当,经独立样本 t 经验得出,教师评价的幼儿坚持性水平也无显著性别差异,$t_{师评坚持性}＝0.34(p＞0.05)$。

表 4　幼儿坚持性发展的性别差异检验

坚持性	性别	人数	平均值	标准差	t
任务探索时长	男	22	469.70	410.30	0.19
	女	22	449.80	255.30	
师评坚持性	男	22	2.31	0.56	0.34
	女	22	2.37	0.57	

将小班幼儿分为 3 岁组和 4 岁组。经描述性统计得出,3 岁与 4 岁幼儿的平均探索时长上均约 450 秒;3 岁的标准差为 266.45,4 岁的标准差429.18;4 岁的标准差大于 3 岁,个体间差异随年龄增长呈拉大趋势。经独立样本 t 检验得出,在任务探索时长上,3、4 岁儿童之间无显著差异,$t_{时长}＝0.13(p＞0.05)$。在教师评定的坚持性发展上,3、4 岁儿童的平均得分均在 2—3 之间,3 岁的标准差 0.51,4 岁标准差 0.56;4 岁的标准差略高于 3 岁,反映出个体间差异随年龄增长呈拉大趋势。经独立样本 t 经验得出,教师评价的幼儿坚持性水平存在显著差异,$t_{师评坚持性}＝2.39(p＜0.05)$,4 岁幼儿坚持性水平高于 3 岁幼儿。两种评价方法得出的年龄差异结果不一致;同时两者一致反映幼儿坚持性发展的个体间差异随年龄增长而扩大。

四、讨论

(一)调查中的小班幼儿坚持性发展总体达到中上水平

有学者认为,3 岁时幼儿坚持性发展水平很低(陈伟民,桑标,2002)。本研究通过幼儿坚持性发展量表的教师评定得出,幼儿平均得分略超过中间值($M＝2.34$),即平均得分在 2—3 分之间(分值范围 1—3)。经统计 29 人(占总人数的 65.9%)得分在 2 分以上,反映出幼儿坚持性发展总体处于中上水平。基于任务测评的结果与教师评定基本一致,即小班幼儿平均探索时长为 459.75 秒(约 7.7 分钟),50％的幼儿探索时长高于平均水平。相关研究发现,小班幼儿在困难任务中平均坚持时长 5.74 分钟,中班幼儿 8.61分钟,大班 12.17 分钟(徐欢,2013)。本研究中的小班幼儿平均坚持探索时长高于其小班幼儿,接近其中班的水平。综上,本研究所采用的两种评价方法均反映出调查中的小班幼儿坚持性发展总体达到中上水平。不过与较早的研究比起来,本研究中的 4 岁儿童平均探索时长低于先前研究中的同龄儿童。如赖灿成(1988)研究得出 4 岁儿童平均坚持时间 12.5 分钟。而本研究中 4 岁儿童平均探索时长 451.53 秒(约 7.5 分钟)。这可能因为 20 世纪儿童日常生活中少一些纷繁芜杂的刺激与干扰,儿童的坚持性水平也更高;也可能与两个研究中所采用的任务不同有关。已有研究中采用的是活动任务,而本研究采用的是工具创新任务。其独特之处在于该任务不是一次普通的活动或游戏,而是一项需要智力与创造力、具有一定挑战性的问题解决任务,它更利于检验幼儿能否不畏困难、能否敢于挑战、能否投入坚持等。正因为此,儿童坚持探索的时长能较好地反映他们的坚持性水平。当然,如果结合多任务测评与日常活动中的观察记录,更有利于为我们提供全面而深入的信息参考。

(二) 小班幼儿的坚持性品质表现出显著的个体差异与发展差距

面对挑战或困难,有些人能坚持,有些人易放弃;有些人能经受学业的各种挑战,有些人不能持续努力到最后。这些个体差异不是一蹴而就的,相反,往往有其早期根源。本研究聚焦小班幼儿,考察了入园之初的儿童坚持性发展是否存在个体差异。结合聚类分析、频率分析以及两种测评方式的结果分析(参见表 2、表 3),本研究得出小班幼儿的坚持性发展表现出四种类型,即优秀型(8—14 人,占总人数的 18.2—31.8％)、良好型(12—25 人,占总人数的 27.3—56.8％)、一般型(11 人,占总人数的 25.0％)和滞后型(7—11 人,占总人数的 15.9—25.0％)。研究还发现,在滞后型与优秀型上,两者差距极大。如基于任务测评中,滞后型平均探索时长不到2 分钟(占总人数的 16％),而优秀型平均探索时长为 10 分钟以上(占总人数的 32％)。国内另有学者将幼儿的坚持性行为分为兴趣型、服从型和成就型三类。[4]兴趣型幼儿,其坚持性行为主要受活动兴趣的支配;服从型的幼儿,其坚持性行为主要为了顺从成人的要求;成就型的幼儿其坚持性行为主要靠成就动机来维持。上述类型的划分主要基于研究者大致的观察分类(而非任务测评或标准化量表的评定结果),此分类是观测幼儿坚持性品质发展个体差异的一个视角,不过难以描述与概括幼儿在坚持性水平发展上的个体差异。来自国外的纵向研究发现,3—10岁幼儿坚持性行为的发展变化呈现出三种类型,稳定的高坚持性组(占总人数的58%)、稳定的低坚持性组(占总人数的28%)、坚持性水平下降组(占总人数的14%)(赖灿成,1988)。研究通过纵向追踪揭示了儿童早期坚持性动态变化的差异性特征,这一方面是探索儿童坚持性发展个体差异的重要视角,另一方面也反映出坚持性发展的高稳定性特征,进一步表明儿童早期坚持性发展个体差异探索的重要意义。本研究与赖灿成(1988)研究一致发现,儿童坚持性发展的个体差异随年龄增长而增大。也即,不同儿童之间的差异与差距会随年龄增长而持续拉大。不过这一结论有待更多的实证研究去检验。

(三)小班幼儿坚持性发展的性别差异与年龄差异不显著

目前已有关于儿童的坚持性研究中(以坚持的时间为评价标准),均未发现显著的性别差异。本研究的结果与已有研究结果一致,即小班男女幼儿坚持性发展无显著的性别差异。当然,3—4岁的小班儿童身上并未显示出显著的性别差异并不意味着到学龄儿童时也不会出现差异。此外,本研究中,基于任务的测评未发现显著的年龄差异,但教师评价的年龄差异显著,即4岁儿童坚持性水平显著高于3岁儿童,呈现出随年龄增长而增长的趋势。不同测评方法上出现了一定的不一致性。未来研究可增加任务和测评方法,借助多任务、多方法来汇聚数据。

五、建议

(一)支持小班幼儿坚持性品质发展的教育建议

坚持性品质是每一个儿童后天都可以培养和锻炼出来的。实践中,需要先了解幼儿坚持性的早期学习与发展标准。如美国开端计划指出,3岁时儿童在成人帮助下能保持小段时间的注意;5岁时则能保持到15分钟或更长时间的注意,对于有挑战性的任务能自行坚持,中途被打断也能重新回到当前活动中集中注意(Department of Health and Human Services,2015);美国北卡州儿童早期学习与发展标准也指出,到 4 岁时儿童通常能保持 8—10 分钟的注意;5 岁时面对一定挑战性任务儿童能持续努力直到完成,不论是否中途有干扰(Department of Child Development of North Carolina,2013)。这些学习标准有助于我们了解特定年龄里儿童所能和所需发展的内容,有助于给幼儿提供适宜而及时的支持和帮助。其次,参考相关研究发现形成具体的教育教学策略。如研究发现,无论对于 4 岁或 6 岁儿童,采取跳出自我的视角(self-distancing)来看待自己所处的情境,如运用儿童崇拜的榜样来引导儿童,能有效提高他们的坚持性水平(White,Prager,2016)。另研究表明,教师的支持性态度是培养幼儿学习品质的关键因素;不同的教师态度对幼儿坚持性影响显著;同时,不同的言语指导方式对幼儿坚持性影响显著;如教师积极态度下,多次言语指导对幼儿的坚持性会产生最积极的影响(但菲,冯璐,2009)。此外,来自菲律宾高中学生的研究表明,学生感知到的与老师的心理连接能预测学生的坚持性与意志力(Datu,2017)。这些研究为培养幼儿的坚持性品质提供了具体的参考。

(二)支持幼儿坚持性品质发展的教育政策建议

布郎芬布伦纳的生态学理论启示我们,教室内外的社会过程都会对儿童学习与发展产生重要影响。要提升实践界对儿童坚持性等学习品质的重视与培养质量,尤其是,要大范围地实践高质量,就必然离不开教育政策层面的大力支持。以往研究重视教育政策对幼儿园结构质量的支持,新近研究越来越关注教育政策对幼儿园过程质量的实际影响(Connors,2015)。美国近年兴起的幼儿园教育质量评价与改善政策(QRIS)是为了支持实践层面大范围地实现高质量(Sabol, Hong et al., 2013)。目前,我国不少幼儿园一线工作中的教师能意识到儿童早期品质与能力发展的长远奠基性。然而,他们的心思与精力常被许多琐碎的、形式主义的事情所占据,难有高质量陪伴儿童、观察儿童、记录儿童发展的余力。教育评价政策是整个政策杠杆体系的轴心(OECD,2012),如何从教育质量评价政策角度支持教师、解放教师,给予教师充裕的时间与自由,是儿童坚持性等诸多非立竿见影的品质与能力培养的必要保障。简言之,宏观层面的评价政策可为儿童坚持性品质发展与培养提供重要支持。

六、结论

接受测试的小班幼儿坚持性发展总体达到中上水平。幼儿坚持性发展表现出 4 种不同类型:优秀型、良好型、一般型和滞后型,各类型之间差异显著;滞后型与优秀型之间差距极大,且差距随年龄增长呈扩大趋势。小班幼儿坚持性发展的性别与年龄差异不显著。研究启示在幼儿入园伊始就须高度重视其坚持性等学习品质发展的个体差异与差距,并据这些早期差异性特征提供及时的教育支持。

第二节　小班幼儿坚持性发展的纵向追踪

一、引言

国外关于儿童早期学习品质的纵向追踪研究发现,相比于能力动机,从幼儿园小班到小学一年级,坚持性表现出更为稳定的发展轨迹;同时,小班时坚持性高低水平相差 12％的差距到小学一年级结束时其差距翻了一倍(McDermott,Rikoon,Fantuzzo,2014)。儿童早期坚持性发展的相对稳定性以及差距持续拉大的现象有待引起高度重视。有学者指出,虽然已经有很多文献资料是关于学习的,但是关于随着时间推移与学习有关的心智倾向是如何变化的内容却非常少(卡尔,李:2016:7)。就坚持性而言,目前国内也相对匮乏幼儿坚持性发展的纵向追踪考察。在儿童发展与教育领域,纵向研究是指在跨越一定时间间隔的情况下,对同一个样本至少测验两次的研究方法,是一种对同一个样本中的参与者在不同年龄阶段进行重复测试的方法(贺琳霞等,2011)。纵向追踪日益成为当今国际上儿童发展研究的趋势。同时当前实践中,家长与幼儿园教育高度重视领域知识的学习与各类特长的培养,对幼儿品质层面的发展的重视远没有达到它们应有的地位。因此,本研究的探索将不仅弥补当前国内对幼儿坚持性纵向发展考察的不足,而且有助于提升实践界对幼儿坚持性品质发展的重视以及给予儿童个性化支持以参考。

二、研究过程

(一)研究对象

从苏州市某幼儿园随机抽取 2 个小班进行施测,除去期间未来园儿童以及未参与测试儿童,共 42 名幼儿同时参与了前后测试。其中,第一次成功完成任务 6 名儿童;第二次成功完成任务 6 名儿童,为更为精确地比价幼儿坚持性发展的前后变化特征,本研究将前后两次测试中成功的幼儿排除在统计之外,最终参与统计的幼儿 30 名。年龄范围为 38—49 个月(3.2 岁—4.1 岁),平均年龄 3.7 岁。男生 14 人,女生 16 人。

(二)坚持性的测评

1. 基于工具创新任务的探索时长测评

研究采用工具创新任务(参见图 1),即在特定的问题情境下考察儿童能否选择并加工目标工具从而解决问题(如将铁丝的一端创造性地制作成弯钩从而从狭窄的垂直管内取出小桶)(Cutting, Apperly, Chappell, Beck, 2014)。在完成该任务过程中,能充分透视不同儿童是否乐于接受挑战、能否持续坚持探索、独立性与专注力等发展状况(彭杜宏,刘电芝,廖渝,2016)。研究表明,工具创新任务对幼儿有一定的挑战性(彭杜宏,苏蕙,廖渝,2016)。本研究也发现,参与研究的 42 名幼儿中,前后两次均为 6 人成功完成任务,成功率为 14.3%。同时本研究借鉴以往研究中的考察指标(赖灿成,1988;但菲,冯璐,2009),采用探索时长作为坚持性的考察标准。以秒为单位,总探索时间为 600 秒(10

图 1 测评儿童坚持性发展的实验任务

分钟）。幼儿不愿继续探索可随时结束测试。持续探索时间越长，坚持性水平越高；反之则越低。测试全程在安静的活动室里一对一进行。

2. 基于过程状态的教师观察评价

自编观察量表，根据幼儿在完成该任务中的过程表现，以五级记分方式，在五个不同水平表现的数字上画勾，由此评定儿童活动中的坚持性水平。共3个观测项目，项目1："在活动开始时幼儿参与的状态是怎样的？"，由"很犹豫"——"玩自己的"——"急切盼望活动开始"三个从左至右的标记构成5个水平的评定。项目2："在整个活动中该幼儿的注意状态是怎样的？"，由"很容易分心的"——"有时专注的"——"很专注的"三个从左至右的标记构成5个水平的评定，其中，水平1代表很容易分心的，水平2介于水平1和3之间，水平3代表有时候专注的，水平4介于水平3和5之间，水平5代表很专注的。项目3："在完成任务过程中该幼儿持续的状态是怎样的？"由"玩自己的而不是给予的活动任务"——"有时候玩自己的有时候为活动目标努力"——"高效率地完成任务"三个从左至右的标记构成5个水平的评定。其他同理。三个观察项目作为活动中坚持性评定的指标，最低分1分，最高分5分，得分越高，坚持性水平越高。经检验，该量表第一次观测的Cronbach的Alpha系数为0.657，第二次观测的Cronbach的Alpha系数为0.631，由此表明观察量表具有可接受的内部一致性。

（三）数据的统计分析

采用SPSS19.0进行统计分析。

三、结果与分析

（一）小班幼儿坚持性纵向发展的描述性分析

表1 小班幼儿坚持性纵向发展特点的描述性统计

坚持性	N	M	SD	最小值	最大值	上升	下降	不变
坚持探索时长	30	371.89	154.54	72.25	600.00	11(36.7)	13(43.3)	6(20.0)
师评坚持性	30	3.42	0.46	2.13	4.13	17(56.6%)	8(26.7)	5(16.7)

注：探索时长以秒为单位；括号内外分别为人数与百分比。

表 1 显示,小班幼儿在第一和第二学期两次工具创新任务测试上,平均坚持探索的时间为 372 秒(6.2 分钟),标准差 154.5 秒(2.58 分钟),最短 72 秒(1.2 分钟),最长 600 秒(10 分钟);从标准差和极值反映出个体间差异较大。当中,11 名幼儿第二学期测试时比第一学期时探索时间更长,即坚持性呈升高趋势;13 名幼儿探索时间更短,即呈下降趋势;6 名幼儿前后两次测试时探索的时间未变。基于过程状态的坚持性教师评定上,幼儿前后两次的平均得分为 3.42,标准差 0.46,标准差较小;最低得分 2.13,最高得分 4.13。当中,17 名幼儿第二次得分高于第一次,8 名幼儿第二次得分低于第一次,5 名幼儿未变。综合两者的结果,46.7％的幼儿坚持性呈上升趋势;35.0％的幼儿坚持性呈下降趋势;18.3％的幼儿坚持性前后未变。图 2 也显示了不同幼儿在第一和第二学期在任务测试中坚持探索时长的变化特征,反映出有的幼儿坚持性较大上升,有的较大下降,有的未变的个体差异特征。

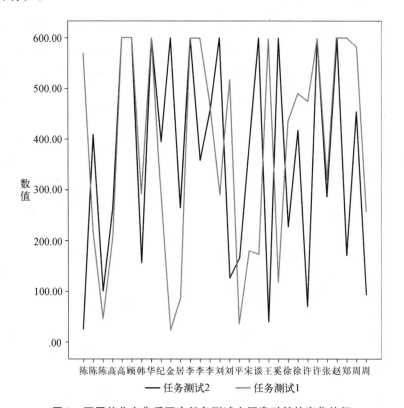

图 2 不同幼儿在先后两次任务测试中探索时长的变化特征

（二）小班幼儿坚持性发展的纵向比较分析

表 2　小班幼儿坚持性发展的纵向比较

坚持性	学期	N	最小值	最大值	M	SD	t	p
坚持探索时长	1	30	22.30	600.00	382.16	208.83	0.402	0.691
	2	30	22.10	600.00	361.62	208.20		
师评坚持性	1	30	1.50	4.50	3.30	0.65	2.032[+]	0.051
	2	30	2.50	4.50	3.54	0.46		

表 2 显示,第一学期幼儿平均探索时长为 382 秒,第二学期 362 秒,经配对样本 t 检验发现,在坚持探索的时间长度上,第一与第二学期无显著差异,即 $t(df=29)=0.402(p>0.05)$。两次测评中,标准差都为 208,反映出前后两次测评中个体差异都较大。在基于过程坚持性的教师评定上,第一二次平均得分都略过 3 分。经检验,第一学期与第二学期教师评定的坚持性无显著差异,即 $t(df=29)=2.032(p=0.051;p>0.05)$,从均值看,第二学期的坚持性状态平均值略高于第一学期。第一二学期幼儿在任务测试中的坚持性总体变化特征参见图 3。

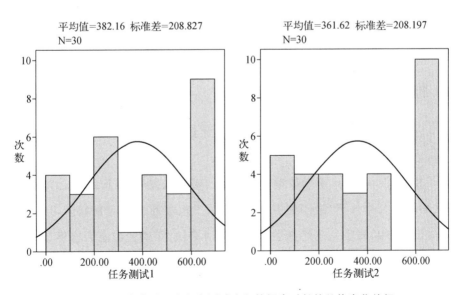

图 3　幼儿在先后两次任务测试中坚持探索时长的总体变化特征

（三）小班幼儿坚持性发展的性别差异

表 3 显示，在基于任务的前后两次平均探索时长上，男生为 379.50 秒，女生为 365.23 秒；标准差相当。经独立样本 t 检验得出，男女生无显著性别差异，$t_{时长}(df=28)=0.25(p>0.05)$。在基于教师评定的坚持性前后两次平均得分上，男女生得分均略过 3 分，标准差相当，经独立样本 t 经验得出，教师评价的幼儿坚持性水平也无显著性别差异，$t_{师评坚持性}(df=28)=0.30(p>0.05)$。进一步分别进行检验基于任务的先后测试与基于教师的先后评定中的性别差异，均一致得出男女幼儿坚持性发展的性别差异不显著，即 $t_{时长1}(df=28)=0.03(p>0.05)$；$t_{时长2}(df=28)=0.34(p>0.05)$；$t_{师评坚持性1}(df=28)=0.39(p>0.05)$；$t_{师评坚持性2}(df=28)=0.07(p>0.05)$。

表 3　不同测评方法幼儿坚持性发展的性别差异检验

坚持性	性别	N	M	SD	t	p
任务探索时长	男	14	379.50	192.32	0.25	0.81
	女	16	365.23	118.37		
师评坚持性	男	14	3.39	0.29	0.30	0.76
	女	16	3.45	0.58		

四、讨论与建议

（一）小班是幼儿坚持性发展的一个重要起点，此期间已表现出很大的个体差异

我国《3—6 岁儿童学习与发展指南》强调要培养幼儿好奇心与主动性、坚持性与专注力、敢于探究和尝试、乐于想象和创造等良好学习品质；并指出这些品质是幼儿终身学习与发展所必须、是幼儿健全人格形成和终身学习的坚实基础。那么面对挑战时年幼儿童表现怎么样？是很快放弃，还是能坚持探索？本研究通过采用多维评价来客观考察小班幼儿的坚持性发展状况。研究得出，基于前后两次师评的平均得分 3.42（分值范围

1—5),略高于中间值 3 分。基于前后两次任务测评的平均探索时间为 372 秒(6.20 分钟)。相关研究发现,小班幼儿在困难任务中平均坚持时长 5.74 分钟(徐欢,2013)。参与本研究的小班幼儿坚持探索时长略高于其同龄幼儿。美国儿童早期学习与发展标准中指出,3 岁时幼儿面对有挑战性的任务应能持续探索 5 分钟左右(New York State,2012);4 岁及往后应能持续探索 8 分钟或以上(North Carolina State,2013)。本研究中的幼儿处于 3—4 岁阶段,平均年龄 3.7 岁。综上可见,调查中的幼儿坚持性发展总体达到与其年龄相称的水平。同时,本研究所采用的工具创新任务不仅是一个需要智力与创造力的挑战性任务,而且是一个需要不畏困难与挑战勇气的任务;正因为此,幼儿坚持探索的时长能充分反映其坚持性发展水平。根据本研究中幼儿的发展表现得出,小班是幼儿坚持性发展的一个重要起点。

最好与最差的学生之间的差异,并不仅仅是智商,有些非常聪明的学生,学业也并不是很好;反之,那些不畏困难、有着长远的动力且坚持不懈的学生往往能笑到最后。那么谁能坚持谁又会放弃挑战? 对于刚入园后不久的小班幼儿,他们的坚持性品质发展是处于相近的水平还是已表现出较大的个体差异? 本研究发现,即使是幼小的儿童,且主要有赖于后天所养成的坚持性品质,不同幼儿之间坚持性发展已表现出较大的个体差异。如基于前后两次任务的测评得出,即小班幼儿平均探索时长为 372 秒,而标准差达到 155 秒,其中最短 72 秒,最长 600 秒。表 2 还显示,在前后两次测试的探索时长上,最短与最长之间的差距上很大;两次测试的标准差也很大(超过 3 分钟),这些反映出不同幼儿之间的坚持性水平差异很大。基于前后两次教师的评定最低得分 2.13,最高得分 4.13,也反映出坚持性最好幼儿与坚持性最弱幼儿之间的差距较大,这在前后两次测试的分别统计中更为突出(参见表 2)。可见,不同时段里幼儿坚持性发展的个体差异与差距都很突出。正如有学者指出的,"在幼儿园和学校,不同的儿童坚持性差异很大,有的儿童遇到困难能够积极探索问题解决方法,有的儿童却轻易放弃、逃避退缩"(刘玉霞,2013)。年幼儿童坚持性发展的差异特征在刚入园后的小班儿童身上已见端倪,这值得家庭与幼儿园在随后的教育培养中高度重视,根据其差异特征提供及时的个性化支持。

（二）小班幼儿坚持性发展呈现出三种趋势，但总体未表现出显著的纵向变化特征

本研究追踪考察了小班幼儿半年的坚持性发展变化特征，即研究在幼儿初入园 2 个月后对其坚持性水平进行测评，经历 6 个月后进行了第二次测评，由此考察幼儿半年后的坚持性发展变化状况。研究发现了幼儿的三类变化趋势：即升高趋势、下降趋势与不变趋势。综合两种测评方法测评结果的平均比例得出，36.7％的幼儿坚持性呈上升趋势；43.3％的幼儿坚持性呈下降趋势；20.0％的幼儿坚持性前后未变（参见表 1 与图 2、图 3）。尽管有的幼儿有较大上升，有的较大下降，有的未变；但总体而言，两种测评方法均得出，前后两次未有显著的差异。这与国外纵向研究所得出的儿童早期坚持性品质发展较为稳定的结论一致（McDermott，Rikoon，Fantuzzo，2014）。目前国内尚未见相关的纵向研究。不过有关儿童的坚持性横向研究发现，幼儿坚持性的发展随年龄增长而显著增长（赖灿成，1988；但菲，冯璐，2009；徐欢，2013）。本研究与国内已有研究的发现不一致，首先因为研究的方法不一样，因而难以直接比较。未来研究有必要对不同年龄段儿童的坚持性发展做更长时间的追踪考察，由此得出的结论更具代表性和更有说服力。

当今，幼儿家长及教师忽视儿童品质层面的培养，重视知识技能的情况还十分普遍（杨丽珠等，2015）。这显然对幼儿的毕生发展十分不利。因此教育实践中须意识到幼儿坚持性品质的奠基性，并据其早期发展中的差异特征，特别是那些发展呈下降趋势的幼儿予以及时支持。毕竟坚持性品质不同于记忆性知识学习，可以一两天训练立竿见影，相反，它有赖于长期的培养慢慢养成。同时，坚持性不同于智力等部分由天赋决定，相反，每一个儿童后天都可以通过培养与锻炼养成良好的坚持性与坚毅品质。因而在接下来两三年时间的学习里，家长与幼儿教师有必要高度重视小班幼儿坚持性发展的差异与趋势特征，通过支持性态度包括多次言语指导、表扬与认可等培养幼儿的坚持性（但菲，冯璐，2009）；通过促进幼儿执行功能的发展以及情绪调节的水平培养幼儿的坚持性（刘玉霞等，2011）；通过加强师幼间、

亲子间的情感联结来促进幼儿的坚持性品质的发展(Datu,2017)。总之,幼儿的主动、投入、坚持、专注等这些学习品质层面的发展将为其各领域的学习与发展奠定坚实的基础。

(三)不同测评结果具有一定的一致性,但不同测评方法的相关性较低

本研究发现,在前后两次测评结果上,不同测评方法均反映小班幼儿坚持性发展不存在显著差异性。同时,不同测评方法均反映小班幼儿坚持性发展具有一致的趋势特征,如存在上升、下降与不变三类发展趋势,不过在各类型的比例上有一定差异。如教师评定得出小班幼儿坚持性呈上升趋势的比例大于任务测评所得出的比例,而呈下降趋势比例小于基于任务测评的比例。综上反映出,两种测评方法所获得的结果具有一定的一致性。不过经检验,基于任务测评与基于教师评定之间的相关性较低($r=0.06,p>0.05$)。这与国外某些学者在研究儿童攻击性的发现一致(McNeilly-Choque et al.,1996),如研究者在操场上观察儿童攻击行为获得的数据与教师评定的儿童攻击行为数据之间相关性较低(关系攻击:$r=0.01$;身体攻击:$r=0.30$)。在攻击行为的其他研究中也存在测评结果之间一致性较低、研究结论相互矛盾的问题(王姝琼等,2011)。另有研究得出,相比于同伴提名和同伴评定,教师评定的误差最高(王姝琼等,2011)。本研究中教师评定可能也受评价者主观性的影响,存在一定的误差,由此两种测评方法的相关性较低。不过,因为不同测评方法可以让研究者从不同角度了解儿童,同时也利于增强测评的准确性与有效性;因而在加强测评人员训练前提下,采用多种测评方法或测评者对不同时间与环境中儿童的行为表现进行测评,从多个角度获取儿童的发展信息是未来有待继续努力的方向。

五、结论

调查中的小班幼儿前后两次任务测试中平均探索时长 372 秒(6.2 分钟),标准差 154.5 秒,最短 72 秒,最长 600 秒。基于教师评定的平均得分 3.42(分值范围 1—5)。总体反映出调查中的小班幼儿坚持性发展达到与其年龄相称的水平,但个体间差异很大。小班幼儿坚持性发展呈现三类趋

势特征,即上升趋势(占总人数的 36.7%)、下降趋势(占总人数的 43.3%)和稳定趋势(占总人数的 20.0%)。经检验,小班幼儿坚持性发展的纵向比较差异不显著,即表现出较大的稳定性。两种评价方法所得结果既有一致性,又存在不一致性。小班幼儿坚持性纵向发展的性别差异不显著。

第三节 大班幼儿主动性的发展现状与个体差异

心理学家埃里克森指出,主动性萌芽于 1.5—3 岁,4—6 岁正处于主动对内疚的冲突阶段(埃里克森,1998)。这个阶段的主要任务是发展主动性,是儿童主动性发展的一个关键时期。国外有关课程以幼儿的主动学习为核心,强调让幼儿通过主动学习来主动建构认知经验,使其认知、情感等方面可以协调发展(霍力岩等,2017:188)。我国《深化新时代教育评价改革总体方案》(2020)提出幼儿园教师评价应把促进儿童主动学习和全面发展的能力作为关键指标。综上,国内外都倡导重视幼儿主动性的发展与培养。那么,大班幼儿的主动性发展状况怎样?发展中有哪些差异性表现?主体与外界中的哪些因素对幼儿主动性发展有显著影响?目前综合回应上述问题的实证性研究或结论极为有限。本节拟从江苏地区抽取大班幼儿展开测评探索,研究结果将提供最新信息参考的同时为家园实践提供丰富启示。

一、引言

主动性(Initiative)是儿童参与活动或与他人互动时表现出的内在动机、独立性与责任感(Arizona Department of Education,2018);也指个体不依赖外力推动,按照自己规定或设置的目标行动的行为品质,具体包括肯接受任务、愿意参与学习活动、学新东西时会进行合理的冒险等(鄢超云,2009)。主动性是儿童心理发展的重要前提。在日常生活中,主观能动性强、积极性高、独立性高、责任感强的幼儿往往获得更高水平的发展。来自成人的研究发现,主动性高的个体善于发现机会、抓住机会,并且不断地坚持目标(张颖等,2017);个体主动性人格水平越高,职业成熟度水平越高(叶宝娟等,2020)、主动性人格与个体的职业成功显著正相关(于海波等,2016)。综上,关注个体的主动性水平,尤其是早期主动性的发生发展意义深远。

美国一些州儿童早期学习与发展标准中明确提出了"主动性"的发展内容与标准。如亚利桑那州儿童早期发展标准(第四版)中指出幼儿主动性的发展表现为:寻求与他人的互动;在活动、日常生活和游戏中表现出独立性;在尝试任务和活动时表现出灵活性、想象力和创造性(Arizona Department of Education,2018)。堪萨斯州儿童早期发展标准(第三版)中指出儿童早期主动性主要表现为:好奇心与主动性(如在游戏中寻找新的多样的经历与挑战;与其他小朋友一起为游戏活动做计划并坚持计划等);能力感(如意识到自己对家庭和朋友都很重要;意识到自己与他人之间的相似与差异并尊重差异等)(Kansas State Department of Education,2013)。而我国专家学者从主动参与、主动发现、主动探索、主动交往、主动合作等维度建构了学前儿童主动性学习的关键指标(霍力岩,孙蔷蔷,陈雅川,2017)。上述对儿童早期主动性内涵与表现的界定为我们观察与测评幼儿的主动性发展提供了理论依据。

目前国内以学龄前儿童为研究对象、以主动性为研究主题、以实证研究为方法的期刊论文 2 篇(基于 CNKI 数据库),大多研究聚焦于探讨幼儿或学前儿童主动性的培养策略。因此在问题域上亟待充实相关的实证研究。本研究拟综合教师评定、视频观察等方法对大班幼儿主动性发展的状况展开考察,由此获取当前幼儿园大班幼儿主动性发展的数据、结论与相应的教育启示。

二、研究方法

(一)研究对象

选取苏州某市级示范园 3 个大班幼儿为研究样本,各班级人数分别

为 29、32、30,其中男生共 41 人,女生共 50 人,共计 91 名幼儿。即 91
名幼儿接受教师评定。当中接受视频观察幼儿 27 人。所有幼儿的平均
年龄为 74.97 个月(SD＝3.40)。为更细致地探究不同月龄大班幼儿
主动性发展的差异性特征,研究根据接受测评幼儿的月龄(69—80 个
月),以半岁为单位进行了分组,即第 1 组 69—74 个月,第 2 组 75—80
个月。

表 1　参与研究幼儿的基本信息

	类别	人数	月龄均值	最小值	最大值
性别	男	41	74.89	69	80
	女	50	75.19	69	80
月龄组	1	40	71.70	69	74
	2	51	77.53	75	80
总计		91	74.97	69	80

(二)研究工具

1.《幼儿主动性发展教师评定量表》

(1)量表的主要依据与构成

对幼儿主动性的评估主要依据霍力岩等(2017)开发的《学前儿童主动
学习关键发展指标体系》(具体见表 2)。同时依据上述框架,参照我国《3—6
岁儿童学习与发展指南》和美国亚利桑那州早期学习与发展标准中有关主
动性的发展指标,融入到框架中,最终形成五个维度 22 条项目的教师评定量
表。班级教师根据日常观察,在上述 22 条项目上对每一个幼儿给予"大部分
时候这样"、"有时候这样"、"不这样"的评价。分别计 3、2.1 分,得分越高,主
动性水平越高。

表 2　大班幼儿主动性发展评定指标

基本维度	关键发展指标	具体行为表现
主动参与	适应融入	乐于参与各类活动,在活动中独立自主,积极热情。
	计划选择	能用细节具体说明自己的计划和选择。
主动发现	善于观察	聚精会神地专注观察,发现不同种类物体的特征或某种事物的前后变化。
	喜欢提问	会提出越来越复杂的问题,刨根问底,想了解更多。主动提问。
主动探索	敢于尝试	主动接受和参与有挑战性的任务。
	问题解决	遇到困难和问题时,会开动脑筋,当一个方法行不通时,会再寻找各种新的办法。不乐意动手动脑寻找问题的答案。(一)
	目标坚持	不轻易放弃或改变自己的目标,能自觉完成需要坚持一段时间的任务。遇到困难能够坚持而不轻易求助。
主动交往	乐于接触	喜欢与不同的人交朋友,主动寻找并建立人际关系。想办法吸引同伴和自己游戏。
	互动表达	会与成人或同伴来回交换意见。别人讲话时不积极主动回应。(一)
主动合作	冲突解决	遇到冲突后,主动提出解决方法,并经过自主沟通协商,最终达成协议。与同伴发生冲突时不能自己协商解决。(一)
	分工协作	会制定游戏规则,组织、带领同伴一起游戏。

（2）量表的信效度分析

随机抽取一个班级进行两位教师同时评定,对教师 1 与教师 2 的评定进行相关分析得出,教师 1 与教师 2 的评分相关极其显著,$r=0.96(p<0.001)$,表明教师评定量表具有很好的评分者一致性信度。同时对教师 1 与教师 2 的评定量表进行分别进行信度分析得出其克隆巴赫 α 数系数分别为 0.921 和 0.941,说明两位教师所评定的量表的内部一致性信度均较高,具有较好的内部一致性信度。就量表的效度而言,《幼儿主动性发展教师评定量表》参照权威文献与文件而形成,因此,具有较高的内容效度。进一步采用皮尔逊（Pearson）相关性分析对量表各维度进行相关分析,结果显示（见表 3）,各维度之间呈现中等程度的显著相关,说明该教师评定量表整体结构效度良好。

表3　教师评定量表各维度的相关性分析

	主动参与	主动发现	主动探索	主动交往	主动合作
主动参与	1				
主动发现	0.608**	1			
主动探索	0.662**	0.610**	1		
主动交往	0.561**	0.574**	0.531**	1	
主动合作	0.489**	0.488**	0.750**	0.521**	1

2. 情境观察指标

集体教学活动视频评价指标参照教师评定量表中的指标,同时参照我国《3—6岁儿童学习与发展指南》和美国亚利桑那州早期学习与发展标准中有关主动性的发展指标,最终确立与主动性相关的两个指标:"主动发现"、"主动参与"。另基于视频分析自下而上归纳出主动性的主要评价指标——主动举手。最终形成6条评定指标(见表4)。其中"主动举手"这一指标,通过单独统计每个幼儿在每次活动中的举手次数形成总和。"主动发现"、"主动参与"、"回答问题时等待他人提示"、"给出答案时很犹豫"这4个极少出现的指标,采用先文字表述后次数统计的方式呈现。

表4　集体教学活动情境观察评定指标

指标	指标说明	是否与量表 有对应指标
主动举手	对于同一个问题持续举手记为1次,待老师询问第二次时再次计数、无故举手不计入总数	无
主动发现	主动提问,与活动主题相关,无关提问不计入次数	有
主动参与	一个活动为一个单位,活动中幼儿能够跟随老师,积极参与则记1次	有
注意力 不集中	游离于课堂之外,做与活动无关的事情,用"从不、很少、有时、总是"记录	有
回答问题时 等待他人 提示	不知道问题答案,在其他幼儿说出答案后,重复答案	有
给出答案 时很犹豫	知道答案,但是回答的不够清晰或不会、不敢表达	有

区域活动视频评价指标的确立同上,提炼出与主动性相关的三个指标:"主动发现"、"主动参与"、"乐于接触"。另基于视频分析得出一个主动性的主要评价指标——主动收拾玩具。最终形成 4 条评定指标(见表 5)。采用统计频数的记录方式,单独统计每个幼儿在每次活动中指标出现的次数。

表 5　区域活动情境观察评定指标

指标	指标说明	是否与量表有对应指标
主动发现	主动提问	有
问题解决	幼儿在不利或困难情况下能够自己想办法解决	有
乐于接触	想办法吸引同伴和自己游戏,主动建立人际关系	有
主动收拾玩具	能/否	无

(三)研究过程

随机选取三个大班的幼儿作为研究对象开展教师评价(均由各班的主班教师进行评价)。提示教师主要依据幼儿从开学至今两个月的日常活动表现,力求客观真实。同时,征得班级教师同意后,对当中的一个班级进行日常集体教学活动、区域活动的视频观察。在正式拍摄前,先进行了预观察,包括不断调整拍摄角度确保每位幼儿都在拍摄区域。在区域活动预观察时发现每次进入建构区的幼儿近乎相同,为了观察所有幼儿在区域活动中的表现,将区域活动视频观察设计为多类型区域的观察。拍摄过程中及时调整角度,确保所观察幼儿一直处于拍摄区域内,共拍摄到 27 名幼儿。集体教学活动与区域观察录制涉及的主题活动是:(1)集体教学活动主题:我的烦恼、解决烦恼的方法、我们的自然角、班级常规、远足前的准备、设计远足地图、爸爸助教"科学小知识"、值日生+花卉种植、语言区新的玩教具、爸爸助教"和爸爸一起读书"。(2)区域活动主题:建构区"雪花片"、建构区"雪花片"、益智区、手工区、建构区"积木"、语言区、建构区"吸管"、益智区、建构区"积木"、科学区。

三、结果与分析

（一）基于教师评定的幼儿主动性发展总体状况分析

表 6　幼儿主动性发展的描述性统计分析

维度	个数 N	平均值 M	标准差 SD	最小 Min	最大值 Max	范围 Ran
主动性总	91	2.34	0.34	1.45	2.97	1.52
主动参与	91	2.33	0.48	1.00	3.00	2.00
主动发现	91	2.39	0.41	1.33	3.00	1.67
主动探索	91	2.28	0.40	1.33	3.00	1.67
主动交往	91	2.50	0.41	1.25	3.00	1.75
主动合作	91	2.21	0.37	1.33	3.00	1.67

表 6 显示，接受测评的大班幼儿总体主动性平均得分为 2.34，主动性各分维度的平均得分均大于 2，均超过临界点或中间值 2，表现出接受测评大班幼儿的主动性总体发展水平为中等偏上。从得分的范围（Range）来看，主动性及其各分维度上，最低得分与最高得分均超过 1.5 分（总分 3 分），反映出两个端点之间较大的差距。其中，差距最大的是主动参与，其范围值为 2，标准差为 0.48，反映出幼儿在主动参与上存在较大的个体差异。

（二）基于教师评定的幼儿主动性发展差异性检验

1. 不同月龄大班幼儿主动性发展的差异性检验

以半岁为单位，对大班幼儿进行月龄分组，共分为 2 组（详见表 1），经独立样本 t 检验得出，不同月龄组幼儿的主动性发展差异显著（详见表 7）。结合平均值得出，月龄大半岁组（第二组）的主动性水平显著高于月龄小一点组（第一组）。从主动性的分维度比较结果来看，主动参与、主动探索、主动合作三个维度的月龄差异显著，其中，主动合作差异极其显著，三个分维度都表现为，月龄大半岁组的发展水平显著高于月龄小半岁组。在主动发现与主动交往两分维度上，月龄差异不显著。综上，幼儿主动性发展的显著月龄差异主要源自主动参与、主动探索、主动合作。

表7　不同月龄组幼儿主动性发展的差异性分析

维度	月龄组	个数 N	平均值 M	标准差 SD	t	p
主动参与	1	40	2.18	0.54	2.80**	.006
	2	51	2.45	0.40		
主动发现	1	40	2.37	0.46	0.52	.607
	2	51	2.41	0.37		
主动探索	1	40	2.13	0.43	3.29**	.001
	2	51	2.40	0.34		
主动交往	1	40	2.44	0.45	1.22	.227
	2	51	2.55	0.38		
主动合作	1	40	2.05	0.36	3.96***	.000
	2	51	2.34	0.34		
主动性总	1	40	2.23	0.37	2.84**	.006
	2	51	2.43	0.29		

2. 不同性别大班幼儿主动性发展的差异性检验

表8显示,不同性别幼儿的总体主动性、主动性各分维度发展差异均不显著。在主动交往与主动合作上,不同性别之间差异达边缘显著(p<0.1),在主动交往上男孩略高于女孩,在主动合作上女孩略高于男孩。

表8　不同性别幼儿主动性发展的差异性分析

维度	性别	个数 N	平均值 M	标准差 SD	t	p
主动参与·	男	41	2.26	0.42	1.32	.191
	女	50	2.39	0.53		
主动发现	男	41	2.37	0.44	0.38	.708
	女	50	2.41	0.40		
主动探索	男	41	2.26	0.33	0.30	.764
	女	50	2.30	0.46		
主动交往	男	41	2.42	0.46	1.74	.085
	女	50	2.57	0.36		
主动合作	男	41	2.14	0.31	1.74	.086
	女	50	2.27	0.41		
主动性总	男	41	2.29	0.32	1.34	.184
	女	50	2.39	0.35		

（三）基于情境观察的幼儿主动性发展状况描述分析

1. 集体教学活动中幼儿主动举手的描述性统计分析

表 9 显示,10 次集体教学活动中,27 名幼儿主动举手的总次数从 4 次到 74 次不等,共 22 种不同类型的次数,最少 4 次,最多 74 次,平均值 32.0,标准差 20.0。上述反映出幼儿主动举手次数类型分布极广,个体差异很大。

表 9　集体教学活动中幼儿主动举手频次统计

主动举手次数	人次	百分比
4	1	3.7
5	1	3.7
8	1	3.7
11	1	3.7
12	1	3.7
15	1	3.7
18	2	7.4
19	2	7.4
22	1	3.7
24	2	7.4
28	1	3.7
34	1	3.7
35	2	7.4
39	1	3.7
40	2	7.4
46	1	3.7
50	1	3.7
52	1	3.7
59	1	3.7
62	1	3.7
70	1	3.7
74	1	3.7
总计	27	100.0

注:主动举手次数是 10 次集体教学活动中的举手行为表现,缺勤处用其平均值补充。

2. 集体教学活动中其它指标的的描述性统计分析

表10显示,10次集体教学活动中,幼儿主动发现(主动提问)的总次数从0次到6次不等,共6种不同次数。总次数0次最多,6次仅有一人,两端差距大。幼儿主动参与的总次数从5次到10次不等,共5种不同类型。主动参与10次的人数最多(59.3%)。幼儿注意力不集中的统计中"有时"14人、"很少"10人,说明幼儿注意力不集中的个体差异不明显。

表10 集体教学活动中幼儿主动发现等指标的频次统计

指标	次数	人次	百分比
主动发现	0	11	40.7
	1	8	29.7
	2	3	11.1
	3	1	3.7
	4	1	3.7
	5	2	7.4
	6	1	3.7
	总计	27	100.0
主动参与	5	2	7.4
	7	2	7.4
	8	2	7.4
	9	5	18.5
	10	16	59.3
	总计	27	100.0
注意力不集中	总是	2	7.4
	有时	14	59.3
	很少	10	37.0
	从不	1	3.7
	总计	27	100.0

3. 区域活动中幼儿主动性表现的描述性分析

表11显示,10次区域活动中,幼儿主动发现的总次数从0次到6次不等,共6种不同次数。总次数0次最多,6次仅有1人,两端差异极大。幼儿问题解决的总次数从0次到3次不等,共4种不同次数。幼儿乐于接触的总次数从2次到16次不等,共9种不同类型。幼儿乐于接触次数类型分布很广。幼儿主动收拾玩具的人数统计中"提前离开"2人、"否"6人、"能"19人。

4. 两种观测方法的结果一致性分析

采用斯皮尔曼相关分析,得出集体教学活动指标"注意力不集中"与教师评定量表主动性维度之间相关显著,r＝0.508(p＝0.007＜0.001)。区域活动指标"主动发现"(r＝0.549,p＝0.003＜0.01)、"主动收拾"(r＝0.395,p＝0.041＜0.05)与主动性教师评定量表相关显著。

表11　区域活动中主动性表现的各指标频次统计

指标	次数	人次	百分比
主动发现区	0	11	40.7
	1	4	14.8
	2	4	14.8
	3	5	18.5
	5	2	7.4
	6	1	3.7
	总计	27	100.0
问题解决	0	12	44.4
	1	10	37.0
	2	3	11.1
	3	2	7.4
	总计	27	100.0
乐于接触	2	1	3.7
	3	4	14.8
	4	6	22.2
	5	2	7.4
	6	6	22.2
	7	4	14.8
	8	1	3.7
	9	2	7.4
	16	1	3.7
	总计	27	100.0
主动收拾玩具	提前离开	2	7.4
	否	6	22.2
	能	19	70.4
	总计	27	100.0

5. 幼儿个体因素对主动性发展影响的回归分析

结合已有研究,从语言能力、数学能力、学习习惯、社交能力和生活自理能力五个方面考察了这些因素对幼儿主动性发展的影响。以主动性为因变量,以语言能力、数学能力、学习习惯、社交能力和生活自理能力为自变量,进行回归分析(见表12),发现回归模型具有显著的统计学意义(F=14.756,p<0.001),5 个自变量对幼儿主动性因变量的 R 为 0.682,R2 为 0.433,即幼儿语言能力等 5 因素可以解释"幼儿主动性"变化的 43.3%。结合回归模型可以看出,语言能力对幼儿主动性具有显著的正向预测作用(p=0.02<0.05)。

表 12 幼儿个体因素对主动性发展影响的回归分析

	测量变量	B	标准误	Beta(β)	t	p
模型	常量	1.116	0.156	—	7.154	.000
	语言能力	0.129	0.054	0.314	2.375	.020
	数学能力	−0.064	0.047	−0.163	−1.370	.174
	学习习惯	0.077	0.044	0.208	1.727	.088
	社交能力	0.084	0.051	0.212	1.650	.103
	生活自理能力	0.084	0.049	0.219	1.710	.091

6. 家庭与园所因素对幼儿主动性发展的影响分析

采用单因素方差分析,对不同家庭教育理念下大班幼儿的主动性发展的个体差异进行检验得出,不同家庭教育理念下的幼儿主动性(F=19.83,p=.000<0.001)发展差异极其显著。事后检验(LSD)得出,家庭教育观念较差的幼儿与家庭观念很好的幼儿差异极其显著,进一步结合均值得出,家庭教育观念良好的幼儿主动性发展水平显著高于家庭教育观念较差的幼儿。采用单因素方差分析,对不同班级大班幼儿的主动性发展的个体差异进行检验得出,不同班级幼儿的主动性发展差异不显著(F=0.50,p=.608>0.05)。

四、讨论

(一)接受测评大班幼儿主动性发展中等偏上

大班幼儿在主动性品质上的充分准备对于其后的入学适应与学业成就

至关重要。那么，当前幼儿园大班幼儿主动性发展得怎样？本研究基于教师评定发现，幼儿的主动性发展处于中等偏上水平，如总均分为2.34(中间值为2,总分为3)，各分维度的均值也都处于2—3之间，得分从高到低依次是：主动交往、主动发现、主动参与、主动探索、主动合作，即主动交往水平最高，主动合作水平最低。相关研究发现，大班幼儿的主动性发展整体水平较好，主动参与、主动交往水平较好，主动发现及主动探索等水平较低(王舒云,2019)。另有研究得出幼儿"主动参与"的均值最高，"主动合作"得分最低(池浩田,2019)。本研究与以上研究结果有较大的一致性，如主动合作、主动探索水平偏低等。有学者对幼儿园培养幼儿主动性的现状进行调查，得出一日生活对幼儿学习主动性要素中内部动机和行动反思的培养不足、集体教学对幼儿学习主动性要素中内部动机和直接操作物体的培养不足、区域活动中对幼儿学习主动性要素中问题解决和行动反思的培养不足、整齐划一的生活节奏规定不利于幼儿学习主动性培养、过多提醒使幼儿忽视一日生活学习主动性的发展……完全由教师制定规则不利于培养幼儿在区域活动中的学习主动性等结论(王静,2018)。由此，要进一步整体提升幼儿学习的主动性，尤其主动探索、主动合作水平的提升，那么，上述问题值得注意或避免。不过本研究中的园所是一所市级示范园，该园充分意识到培养幼儿主动性的重要性，在日常生活各个环节中尽可能的发挥幼儿的主动性。如晨间户外体锻环节，中、大班幼儿可以根据自己的喜爱选择活动场地进行体锻，体锻的器械也由幼儿自主进行摆放并决定体锻规则。这既提高了幼儿的积极性，又可以让幼儿接触到不同班级、年级的幼儿，促进了幼儿的同伴交往，以至于接受测评的幼儿主动性整体中等偏上。

(二)接受测评大班幼儿主动性发展存在较大的个体差异

本研究中，基于教师评定量表所得出的大班幼儿主动性平均得分2.34，标准差0.34，总体而言标准差不大。就分维度的标准差比较来看，主动参与的标准差0.48，是当中最大的，也即在主动参与上存在一定的个体差异。但结合视频观察的描述性分析发现，集体教学活动中，以主动举手为例，标准差很大($M=32.0,SD=20.0$);27名同学10次集体教学活动中举手的总次数类型达22种，最多达74次，最少仅4次，集体教学活动中的其它指标以及区域活动中的相关指标也表现出多样性,反映出不同幼儿在幼儿园的主动性表现有很大的差异性。这值得引起家园教育实践的关注与重视。尤其是,对于主动性发展不足的大班幼儿,教师要及时给予关注并予以个性化支持。

有关幼儿园教师总结出了幼儿主动性培养的策略,如寻找快乐学习之源、确立孩子的主体地位(吕彩萍,2006);利用自然资源培养幼儿的学习主动性(叶文香,2007)。有学者提出,激发幼儿学习动机、营造有利于幼儿学习主动性培养的人际氛围、提供有利于幼儿学习主动性发展的支持等策略(王舒云,2019)。而本书中第八章所建构的 FI 模型提供了日常生活情境下系统支持的参考视角,如强调先顺应、跟随儿童的内在兴趣、好奇心、主动倾向等。正如有学者分析埃里克森人格发展阶段论时所指出的,此阶段儿童正处于主动对内疚的冲突阶段,儿童常以攻击性行为来表示自己的创造能力,随之也会带来内心的矛盾,如果成人对他们的行为做出过多的限制,或让他们感到无用、羞怯,那么儿童就会时常出现内疚感;相反,如果成人对儿童表现出的主动探究行为给予鼓励,儿童就会形成主动性,为其将来成为一个有责任感、有创造力的人奠定坚实的基础(王家军,2011)。因此,成人应尊重儿童——顺应儿童、跟随儿童、观察与记录儿童,为儿童提供机会、鼓励他们探索,并建立亲密的依恋关系等。

在年龄比较上,由于本研究仅针对大班幼儿,因此,以半岁为单位进行了月龄组的划分。研究发现不同月龄组幼儿主动性发展存在显著差异。月龄大半岁组幼儿主动性水平明显高于月龄稍小组。差异主要源自主动参与、主动探索、主动合作,其中,主动合作差异极其显著。有学者对 44 名 2—6 岁儿童的主动性发展进行观察,发现主动性行为总数不存在显著年龄差异,不过儿童的主动性行为策略存在显著年龄差异:"坚持不懈"的次数随着年龄增长逐渐减少,"超常发挥"、"事先准备"的次数随着年龄增长逐渐增加(李思娴等,2014)。两个研究的结论存在一定的不一致。这可能与两者对年龄差异的比较所基于的方法不同有关,本研究是基于教师评定的结果,而李思娴等(2014)的研究是给予观察的结果;同时李思娴等研究中各年龄组人数偏少(每年龄组仅 11 人),而本研究中是针对大班幼儿的半岁为单位划分的月龄组。因此要获取更为可靠的结论,未来研究有待扩大年龄跨度的同时,确保各年龄组适量的人数,并综合视频观察与教师评定等多种方法再进行考察检验。

不过在性别差异上,本研究的发现与李思娴等(2014)、池浩田(2019)的研究发现一致,即不同性别幼儿的主动性发展差异不显著。

(三)个体自身与家庭因素均对幼儿主动性发展有显著影响

本研究发现,幼儿的语言能力是影响幼儿主动性发展个体差异的显著因素,表现为幼儿语言能力越强,主动性水平越高。结合视频观察体会,有着良好语言能力的幼儿在日常生活中对各项活动充满热情,活动中也积极地表现自我。而主动性发展指标中,"计划选择"、"喜欢提问"、"乐于接触"、"互动表达"等都与语言能力有着密不可分的关系,这就不难理解幼儿语言能力对其主动性发展有显著影响了。同时,本研究对家园因素进行了分析,研究发现,家庭教育理念越好幼儿的主动性水平越高,反之则反。这与国内相关研究发现一致,如王舒云(2019)研究发现,父母的收入与学历、父母陪伴时间、家庭教养方式显著影响幼儿的学习主动性,而父母的职业类型对幼儿学习主动性无显著影响。蔡欣欣(2015)研究发现父母文化水平越高,幼儿主动性水平越高。如果父母能支持幼儿的喜好与探索行为,同时给予适当的引导与鼓励,可以使幼儿主动性获得最大程度的发展,相反如果父母对幼儿的行为过多的干预与控制,或冷漠忽视、不关心态度时,幼儿的主动性也就得不到发展。因而家庭教养理念直接影响着幼儿的主动性发展。在家庭教育中,作为家长的父母应不断学习、不断充实与更新家庭教育理念,从而为幼儿主动性品质的发展提供最大支持。同时,本研究得出,不同班级幼儿主动性发展差异不显著,这也可以侧面反映幼儿主动性品质发展的个体差异更可能是受家庭教育的影响。不过也有研究得出园所的示范等级对幼儿学习主动性存在显著影响,园所的环境创设、师资水平在一定程度上影响幼儿学习主动性(王舒云,2019)。结论上的不一致反映了此方面的研究有待进一步检验。

(四)教师评定与视频观测结果有一定的相关

吴荔红等人(2021)研究中对采用的幼儿科学问题解决能力测验与家长

教育卷人问卷两个进行了相关性分析,发现测验得分与问卷总分间具有显著相关。本研究也对教师评定量表结果与视频观测结果进行了相关分析。由此发现,集体教学活动指标"注意力不集中"与教师评价量表主动性维度之间相关性显著,区域活动中"主动发现"、"主动收拾"指标与教师评价量表主动性维度相关性显著。

（五）反思与展望

本研究样本只选取了当地幼儿园的三个大班幼儿,取样范围偏窄、样本总量偏小。在影响因素考察上,有些个体因素如幼儿的语言、数学、社会等能力未采取直接的任务测评或观察评定方法,而影响因素中未设置人口学变量如教师或父母学历等。基于上述两点,后续值得进一步努力的地方有:扩大取样范围与样本量;增加影响因素的严密考量。尤其是,对于本研究与现有研究不一致的地方,比如,教师与园所、班级因素究竟对大班幼儿主动性发展有无显著影响还有待进一步检验;包括家庭因素与园所因素对幼儿主动性发展影响大小比较也值得探索。

五、结论

以苏州市某市级示范幼儿园大班幼儿为研究对象,综合采用教师评定与真实情境观察,对大班幼儿的主动性发展总体状况、发展中的个体差异进行观察与评价研究。研究得出:

（1）接受教师评定的 91 名大班幼儿主动性发展总体中等偏上,如总均分为主动性与各分维度得分差距较大(全距均超过 1.5,总分为 3)。当中接受视频观察的 27 名幼儿在集体教学活动中,主动举手总次数从 4 次到 74 次不等,共达 22 种类型,最小值与最大值相差 70 次,平均值 32,标准差 20。集体教学活动中其它指标上也表现出不同程度的多样性。区域活动中,幼儿乐于接触的总次数从 2 次到 16 次不等,共 9 种不同类型。结合量表与视频数据得出,大班幼儿的主动性发展存在较大的个体差异。

（2）不同月龄组大班幼儿主动性发展差异显著,表现为月龄大半岁或以上组幼儿的主动性发展水平显著高于月龄小半岁组。差异主要源自主动参与、主动探索与主动合作;其中,主动合作年龄差异极其显著。

（3）不同性别大班幼儿在主动交往、主动合作上差异达边缘显著（p＜0.1），在主动性其他维度上差异均不显著。

（4）从幼儿个体因素来看，语言能力对幼儿主动性发展有显著预测作用（p＜0.05），而数学能力、社交能力、生活自理能力等对幼儿主动性发展无显著影响。

（5）就家园因素而言，不同教育理念家庭的幼儿主动性发展差异极其显著，教育理念优良家庭的幼儿主动性发展水平显著高于教育理念较差家庭的幼儿；不同班级幼儿主动性发展差异不显著。

（6）教师评定与视频观测两种评价方法的结果存在一定的显著相关。

上述研究结果为我们认识大班幼儿主动性的总体发展状况、个体差异具体表现、导致差异的影响因素等提供了有力的数据参考，继而为针对性地及时帮助与支持大班幼儿主动性的发展提供了科学依据。

第六章　我国幼儿创造力发展的现状测评

　　在第二章关于儿童早期学习品质的因素构成探讨中得知,创造力是儿童早期学习品质的主要构成要素。同时,创新与创造也是当前时代教育的核心使命。2015 年世界经合与发展组织发布《强势开端 IV》(Start Strong IV,OECD,2015)中,关于儿童早期学习与发展结果监测中便包含了创造力、社会情绪能力、身心健康等领域。2020 年我国教育部针对高校有关拔尖创新人才培养的需要制定"强基计划",为培养造就创新型科技人才蓄力(程黎等,2021)。通常,创造力被认为是一种提出或产出具有新颖性和适切性的工作成果的能力(Sternberg,Lubart,1991);是反映一定范围内个体或群体创新性行为和结果的重要标志(施杨等,2020)。创造力最主要的测评内容是创造性思维,但认知灵活性也处于创造力的认知核心,工具创新也是儿童早期创造力发展的突出表现。如德国慕尼黑大学编制的学龄儿童技术创造力测验,就包括了图形创造性思维测验、解决技术问题能力测验等部分(Mark et al.,2005)。因此本章将从创造性思维、认知灵活性、工具创新等方面考察我国幼儿园儿童的创造力发展现状与发展中的个体差异。

第一节　幼儿创造性思维的发展现状与个体差异

　　目前有关我国学前儿童创造力发展个体差异特征的信息非常有限。一是较为匮乏聚焦学前儿童创造力个体差异取向的研究;二是匮乏对发展中的早期差距予以高度重视。相比之下,国际学术研究非常关注儿童早期发展中个体差异与早期差距,如数学学业成就差距(Galindo, Sonnenschein, 2015)、词汇、读写等学业成就差距(Hindman et al., 2016, Matthews et al., 2010)、科学学业成就差距(Morgan et al., 2016)等。研究表明,早期发展中的差距若未得到及时关注,随着年级的升高,差距会持续拉大甚至发展为难以弥补的鸿沟(Magnuson, Duncan, 2006)。减少年幼儿童学业成就差距也成为发达国家教育的重要目标之一(周靖毅, 2018)。因此关注儿童早期创造力的个体差异与发展差距,将为儿童创造潜能的保护与创造力早期培养提供必要的数据支持。

一、研究对象

从江苏省某地区随机抽取 4 所公立幼儿园(含城乡幼儿园),并从中抽取 2 个中班、4 个大班共 200 人进行测评(除未完成测试和未到园儿童)。其中,中班 56 人,年龄范围 4.2—5.2 岁,平均 4.7 岁。大班 144 人;年龄范围 5.2—6.1岁,平均 5.7 岁。男生 99 人,女生 101 人(参见表1)。

表 1　调查中幼儿的基本构成

来源	年级	年龄范围	男	女	总	
城市公办园	中班	4.2—5.2	15	13	28	101
	大班	5.2—6.1	34	39	73	
农村公办园	中班	4.2—5.2	12	16	28	99
	大班	5.2—6.1	38	33	71	
	总	4.2—6.1	99	101	200	

二、研究方法

(一)测评工具

本研究采用托兰斯创造性思维测验(Torrance Tests of Creative Thinking, TTCT);其图画测验(TTCT-Figural Form)是目前国际上最为

通用的测量幼儿创造力的工具之一（Yoon，2017；Humble et al.，2018）。它的重测信度系数超过 0.8，与个体创造性行为高相关。Torrance 把创造力分解为三个主要维度：流畅性，即思维敏捷，反应迅速；变通性，即灵活改变的能力；新颖性，即产生新奇、罕见、首创的观念和作品的能力。此外，TTCT 也评价思维的精致水平。测验包含三部分：建构图画、完成图画及平行线条。测试一：建构图画。主要测量创造力维度中的新颖性与精致水平。测验内容为呈现一曲形图（如椭圆），要求被试十分钟内用这曲形的图画出一幅故事画，要求让曲形图成为所画的故事画里的一部分，并取一个名字。测试二：完成图画。主要测量创造力维度中的流畅性、变通性、新颖性。测验内容为呈现十幅未完成的图画，要求在十分钟内给这些未完成的图添加上一些线条，使其成为完整和有趣的图画，并给每一幅图取一个名字。测试三：平行线条。主要测创造力维度中的流畅性、变通性、新颖性等。测验内容为呈现三十对平行线，要求十分钟内在每一对平行线之间、之上或两线之外任何地方添加些线条，使其构成一幅完整的图画，并分别取名。要求尽量画出不同的图画或东西（本研究在预测基础上选取 16 对平行线）。

（二）评分方法

流畅性：即清点被试有效图画的个数，每个有效图画计 1 分。变通性：计算被试图画所包含的不同种类，即在流畅性计算基础上，计算类别的个数，每一类得 1 分。新颖性：对于有效反应（即在变通性计算基础上），结合幼儿给图画命名与图画本身，班级范围内唯一出现的反应，记 1 分，否则记 0 分。对于测试中的图画取名，主要用于协助分析幼儿所作的图画及其种类，未对标题分统计。由于精致分评定较为主观，本研究仅对任务一的精致分进行了统计分析。即以班级为单位，画面清晰详细得 2 分，画面清晰简单得 1 分，无画面得 0 分。

（三）数据收集与统计

在自然班级里采用集体施测的方式。测试结束，研究人员随即一对一地记录幼儿的反馈。对回收的文本数据采用质性编码，然后转入 SPSS19.0，进行统计分析。

三、结果与分析

(一) 学前儿童创造力发展的总体现状与个体差异分析

表 2 显示,幼儿园儿童创造力的总平均分为 2.30(总分 26),标准差近 2 分。在分维度上,流畅性的平均得分最高(4.17),标准差近 4 分;精致性平均得分最低(0.63),标准差也低(0.84);变通性和新颖性的平均得分与标准差都处于两者之间。从平均分看,幼儿园儿童的创造力及各维度得分都偏低(参见表 2)。标准差与全距的得分情况反映的是个体差异。表 2 显示,在精致性上,最低分 0 分,最高分 2 分(满分 2 分),得最低分人数比得最高分人数多出 37.5 个百分点。平均分 0.63,标准差 0.84,标准差高于平均值。在流畅性上,最低分 0 分,最高分 13 分(满分 26,其他维度同),最高分高出最低分 13 分(最大值与最小值的差距为"全距",也即全距 13);得最低分的人数高出得最高分人数的 21%(见表 2"全距"一列,括号外为全距大小,即最小值与最大值的差距;括号内为得最低分儿童比得最高分儿童多出的人数及占总人数的百分比,下同)。平均得分 4.17,标准差 3.52,标准差接近平均值。在变通性上,最低分 0 分,最高分 11.5 分,最高分高出最低分 11.5 分;得最低分的人数比例高出得最高分人数比例的 20.5%。平均得分 3.38,标准差 3.01,标准差与平均值相当。在新颖性上,最低分 0 分,最高分 6.5 分,最高分高出最低分 6.5 分;得最低分的人数比例高出得最高分人数比例的 39%。平均得分 1.05,标准差 1.29,标准差接近平均值。在总的创造力上,最低分 0 分,最高分 8 分,最高分高出最低分 8 分;得最低分的人数比例高出得最高分人数比例的 14%。平均得分 2.30,标准差 1.93,标准差接近平均值。除精致性外(精致性仅统计了第一个任务),各维度及总创造力得分均散落到各个分值上,如流畅性得分从 0—13 之间,有 27 种分值,除得零分的人数比例达 21.5%外,其他分值上的人数比例均小于 10%。反映出分值的分布很散,其他维度也呈现出相同或相近特征,同时新颖性得分上相对集中于低分值一端。上述结果显示,调查中的学前儿童在总创造力及各维度上的个体差异与早期差距均很大。

表 2　幼儿创造力发展总体现状与个体差异描述性统计分析

维度	人数	最小值	最大值	全距	平均值	标准差
精致性	200	0(121,60.5)	2.0(46,23.0)	2.0(75,37.5)	0.63	0.84
流畅性	200	0(43,21.5)	13.0(1,0.5)	13.0(42,21.0)	4.17	3.52
变通性	200	0(43,21.5)	11.5(2,1.0)	11.5(41,20.5)	3.38	3.01
新颖性	200	0(79,39.5)	6.5(1,0.5)	6.5(78,39.0)	1.05	1.29
总创造力	200	0(29,14.5)	8.0(1,0.5)	8(28,14.0)	2.30	1.93

注:括号内表示人数与百分比,下同。

(二) 不同年级学前儿童创造力发展个体差异的比较分析

为分析不同年级的个体差异的情况,对不同年级幼儿创造力发展的个体差异进行比较,从而进一步明确个体差异的发展趋势特征,同时也能进一步明确总体上如此大的个体差异与差距是否缘于年级的不同。

表 3　中、大班幼儿创造力发展个体差异的比较分析

维度	年级	最小值	最大值	全距	平均值	标准差
精致性	中班	0(44,78.6)	2.0(6,10.7)	2(38,67.9)	0.32	0.66
	大班	0(77,53.5)	2.0(40,27.8)	2(37,25.7)	0.74	0.87
流畅性	中班	0(21,37.5)	9.5(1,1.8)	9.5(20,35.7)	2.13	2.73
	大班	0(22,15.3)	13.0(1,0.7)	13(21,14.6)	4.96	3.48
变通性	中班	0(21,37.5)	7.5(2,3.6)	7.5(19,33.9)	1.58	2.07
	大班	0(22,15.3)	11.5(2,1.4)	11.5(20,13.9)	4.08	3.03
新颖性	中班	0(27,48.2)	6.5(1,1.8)	6.5(26,46.4)	0.82	1.28
	大班	0(52,36.1)	6.0(1,0.7)	6.0(51,35.4)	1.13	1.28
总创造力	中班	0(18,32.1)	6.3(1,1.8)	6.3(17,30.3)	1.21	1.53
	大班	0(11,7.6)	8(1,0.7)	8(10,6.9)	2.73	1.91

表 3 显示,从标准差上看,除了新颖性的得分未变外,其他所有维度及总创造力标准差从中班到大班都呈增大趋势,经检验,中大班的标准差差异显著($t=3.37$,$df=3$,$p<0.05$),大班的标准差显著高于中班的标准差,也即,

大班的个体差异比中班更大。从全距(最小值与最大值的差距)上看,在精致性与新颖性上,中大班全距相当;在流畅性、变通性及总的创造力上,大班的全距都比中班的全距大。经检验,大班全距显著大于中班($t=4.39, df=2, p<0.05$)。进一步反映出大班的个体差异比中班更大。同时表3显示,在创造力各维度及总创造力上,大班得零分的人数和比例均小于中班;经检验得出,大班得零分的人数比例显著低于中班得零分比例($t=9.01, df=4, p<0.01$)。在最大值上,中大班在精致性、新颖性两维度上得分相当;在流畅性、变通性及总的创造力表现上,大班儿童所得的最高分均高于中班;在得最高分的人数比例上,除精致性维度大班得最高分的人数比例比中班高以外,其他维度及总创造力上,大班得最高分的人数比例均比中班小,经检验,大班与中班儿童在总创造力及流畅性、变通性、新颖性等维度上得最高分的人数比例上差异显著($t=5.00, df=3, p<0.05$);也即,大班得最高分的人数比例显著低于中班。

(三)城乡幼儿园儿童创造力发展的个体差异比较分析

表4显示,在创造力各维度及总创造力上,城市园与乡村园儿童的全距(如最大值与最小值的差距及其比例差距)基本相当,经配对样本t检验,城市园与乡村园无显著差异($t=0.05, df=4, p>0.05$);在创造力各维度及总创造力的标准差上也相当,经检验,城市园与农村园无显著差异($t=2.45, df=4, p>0.05$)。表明城市园儿童创造力发展的个体差异与乡村园儿童创造力发展的个体差异不显著。表4还显示,城市园儿童在精致性、流畅性、变通性、总创造力上得零分的人数比例均高于乡村幼儿园儿童;在新颖性上得零分比例低于乡村园儿童;经独立样本t检验,在得零分的人数比例上城市园与乡村园无显著差异($t=0.032, df=8, p>0.05$)。在得最高分的人数比例上,城市园儿童在精致性、变通性上高于乡村园儿童,其他两类幼儿园均相同;经检验,城市园与乡村园无显著差异($t=0.084, df=8, p>0.05$)。结合全距结果,一致表明城市园与乡村园儿童创造力及各维度上发展的差距差异不显著。综上,不同来源地幼儿园儿童创造力发展的个体差异及早期差距不显著。

表4　城乡幼儿园儿童创造力发展个体差异的比较分析

维度	幼儿园	人数	最小值	最大值	全距	平均值	标准差
精致性	城市园	101	0(63,62.4)	2(24,23.8)	2(39,38.6)	0.61	0.85
	乡村园	99	0(58,58.6)	2(22,22.2)	2(36,36.4)	0.64	0.83
流畅性	城市园	101	0(23,22.8)	13(1,1.0)	13(22,21.8)	4.59	3.88
	乡村园	99	0(20,20.2)	10.5(1,1.0)	10.5(19,19.2)	3.74	3.08
变通性	城市园	101	0(23,22.8)	11.5(2,2.0)	11.5(21,20.8)	3.52	3.17
	乡村园	99	0(20,20.2)	10(1,1.0)	10(19,19.2)	3.23	2.84
新颖性	城市园	101	0(34,33.7)	6.5(1,1.0)	6.5(33,32.7)	1.15	1.37
	乡村园	99	0(45,45.5)	5(1,1.0)	5(44,44.5)	0.94	1.19
总创造力	城市园	101	0(17,16.8)	8(1,1.0)	8(16,15.8)	2.47	2.06
	乡村园	99	0(12,12.1)	5.9(1,1.0)	5.9(11,11.1)	2.14	1.79

四、讨论

(一)调查中的幼儿园中、大班儿童创造力发展水平普遍偏低

有学者针对幼儿园集体教学活动的观察发现,儿童的思维发展未受到重视,大多数幼儿在思维上未能有提高(刘焱等,2018)。本研究通过对儿童发展的实证测评得出与此观点一致的结论。即所调查的幼儿园儿童创造力发展普遍偏低——调查中的儿童创造力平均得分不到5(总分26),远低于总分。新颖性得分尤其低,平均得分在2分以下。这与已有研究所发现的幼儿新颖性平均得分最低结论一致(叶平枝,2012)。为何幼儿园儿童创造力发展普遍偏低?有学者指出,幼儿时期具有较强的创造欲望,这种欲望一旦得到满足,就能激发出很强的创造精神;幼儿的创造精神并非在少数人中具有,正常的孩子都具有某种程度的创造力(孟祥珍,方珠,1998)。而新近研究揭示,在接受调查的幼儿园中,不论哪种办园体制的幼儿园,其整体的师幼互动质量水平偏低,均未达到良好水平(秦金亮等,2017)。幼儿园师幼互动以"控制-服从型"为主,教师习惯于强控与集权,习惯于根据自己的预设框架展开教育教学活动(黄娟娟,2009);幼儿园中忽视或破坏儿童创造力的现象无处不在(王灿明,吕璐,2015)。可见幼儿创造力发展的严重不足与忽

视或破坏的教育实践不无关系。这可能也是我国青少年创造力发展普遍不足的早期根源。如来自国际比较的大样本研究发现(叶仁敏等,1988;Hu et al.,2004;李西营,2014),英美青少年创造力显著高于中国青少年。中国青少年在科学想像力、产品设计的新颖性上明显低于外国青少年(林崇德,2009)。未来研究有待进一步扩大考察区域和样本容量等,以积累系统数据,从更广阔的层面揭示全局状况。同时有待追踪考察我国幼儿至青少年创造力发展的趋势特征,从而更充分地反映幼儿园教育对儿童创造力发展的长远效应。

(二) 学前儿童创造力发展的个体差异显著

创造是儿童的先天禀赋,儿童是创造的代名词。儿童创造力研究先锋托兰斯研究发现,3—5岁是创造性倾向发展最高的时期(Torrance,1987);从幼儿到青少年的年龄段中,4至6岁是创造力发展的关键期(董奇,1985);其中创造性想象在4—4.6岁达到最高(Deighton,1971)。可见,幼儿期处于创造力发展的黄金时期。那么,在这个时期儿童创造力发展呈现怎样的个体差异特征? 通过本研究的探索发现,幼儿在创造力各维度及总的创造力得分上,全距均很大(均近10分或10分以上);也即最大值与最小值之间相差很大,反映出不同幼儿在创造力得分上变化的范围很大。同时,幼儿创造力各维度及总创造力得分均散落到各种分值上——各维度不同分值上均约10%的儿童(除得零分比例很高外),可见其得分的分值分布散,而标准差与平均分相当进一步表明调查中的幼儿创造力及其各维度上的个体差异很大。研究还得出,得零分的比例远高于得最高分的比例。如在任务2的新颖性上,49.5%的人得零分,0.5%的人得6分;在总体创造力上,12.9%的人得零分,0.5%的人得10分。创造力各维度上得最低分的比例均远超出得最高分比例(如分别高出37.5%、21.0%、20.0%、39.0%),可见调查中的幼儿创造力发展的早期差距巨大。

(三) 从中班到大班学前儿童创造力发展的个体差异呈拉大趋势

创造力发展中的个体差异与差距随年级增长呈现怎样的变化趋势特征? 其发展中的早期差距是随年级增长而扩大还是缩小? 目前这一视角下的深入分析与探索较为少见。本研究发现,从中班到大班,儿童创造力的全距在扩大,也即最大值与最小值之间的差距在扩大。与此同时,从中班到大班,得零分的比例显著减少;得最高分的人数比例也显著减少(除精致性维度外)。反映出从中班到大班两端极值上的人数在减少。基于标准差的比较发现,大班儿童创造力发展的个体差异显著高于中班儿童,呈现出个体差异随年级升高的拉大趋势。国内相关研究也发现,小班幼儿创造性想象个体差异很小,中班差异明显,大班差异悬殊(陈红香,1999)。而国外纵向研究揭示,创造力发展的个体差异变化呈现多样性特征。本研究得出与国内研究一致的结论。即中大班儿童创造力发展的个体差异与差距随年级升高而呈增大趋势。

(四)城乡幼儿园儿童创造力发展的个体差异不显著

一直以来,城市与乡村幼儿园的政府财政投入、有形资源等都存在较大差距。研究也发现,城乡幼儿园在教师待遇、教育质量等方面都有明显差异:如城市园教师享有的待遇与权益显著高于农村园教师(杨莉君,邱诗琦,2016);城市幼儿园教育质量显著高于农村幼儿园(Hu et al.,2014;刘焱等,2008)。那么城乡幼儿园儿童创造力发展的个体差异与早期差距是否有差异? 本研究通过比较发现,城乡幼儿园儿童在创造力发展的个体差异与早期差距上均无显著差异。研究表明,教育质量(如材料投放、教师行为等)与儿童创造力发展存在显著的关系(黄玉娇,2014;邓小平,2013)。本研究并未支持幼儿园教育质量与儿童创造力发展之间的显著关系。这是缘于无论城市或农村幼儿园,儿童创造力发展的个体差异与早期差距具有普遍性规律;还是"幼儿园教师创造教育的内隐观整体差异不大"(王灿明,吕璐,2015),导致无论城市或农村,都存在较大程度的破坏儿童创造天性行为? 这当中的原因值得进一步的深入研究。目前的研究结果启示我们,无论哪一地域幼儿园,都亟待加强对儿童早期创造天性与创造潜力的大力保护;亟待给予儿童早期创造力发展上的个性化支持;以及重视儿童早期创造力发展上的巨大差距,并提供相应的早期干预。

五、对策与建议

(一)亟待加强幼儿园教育实践中对儿童创造力的切实保护

我国著名教育家陶行知先生曾指出:儿童的创造力量是千千万万祖先,

至少经过五十万年与环境适应斗争所获得而传下来之才能精华,发挥或阻碍,加强或削弱,培养或摧残这创造力的是环境。"大数据之父"维克托教授指出:随着人工智能等科技的迅速发展,不断重复现有的知识和技能可能在未来就没有任何存在的意义。教育的作用在于挖掘人的创新创造和想象的能力。由此,创造力由此成为当今时代各国教育的新核心。遗憾的是,本研究中的各类幼儿园儿童创造力发展普遍偏低。人本主义心理学创始人马斯洛曾发问:究竟为什么不是每个人都有创造力?人类的潜力在哪儿丢失了?如何受挫了?在高科技迅猛发展与人工智能时代,幼儿园教育首要任务之一亟待重视儿童创造天性与创造潜力的切实保护。从实践操作层面,以下对策可供参考:(1)明确儿童早期创造力发展的连续性与多维性表现(彭杜宏,廖渝,2016),从而加强一日活动中对儿童创造性表现的觉知与适宜保护。(2)变革幼儿园课程与教学,真正做到以儿童为中心。国外森林课程、项目课程、瑞吉欧课程、创造性课程等,都实践着"以儿童为中心"的教育。尊重儿童、倾听儿童、跟随儿童、支持儿童,由此提炼课程主题与学习内容。(3)重视教室环境质量的提升,避免教育教学的过度。国际上盛行的幼儿园教育质量评价工具:教室环境质量评价(Early Childhood Environment Rating Scale,简称 ECERS)和课堂互动质量评价(Classroom Assessment Scoring System,简称 CLASS)都十分重视教室物质环境与情感氛围的创设(Harms et al.,2015;Pianta et al.,2008)。教室里丰富的区域环境与心理安全环境是幼儿创造天性得以施展的必要保障。

(二)高度重视幼儿创造力发展的早期差异与差距

研究已表明在儿童很小的时候,其创造力发展已出现显著的个体差异与早期差距。教育实践中需高度重视儿童发展中的个体差异与早期差距。对于较早展现出创造性天赋的儿童,应当给予适宜的、充分的支持与挑战(Zenasni et al.,2016),从而满足其发展的需要。反之,对于由于各种原因,创造天性几乎被磨灭(标准化测试中得零分)的儿童,则亟待提供针对性的早期干预。尽管当今时代数据驱动决策主要用于宏观政策或学校改革层面,但这一取向也可用于微观教室层面教师的教学决策,如根据数据所显示的学生的个体差异给予不同的教育指导(Differentiated Instruction,DI)。

让每一个儿童都能获得成功,不仅是发达国家的追求,也是全球儿童教育的追求。本调查中,城市与农村幼儿园儿童在创造力发展的个体差异与早期差距上无显著差异——城乡儿童创造力发展普遍偏低。可见,提升幼儿园儿童创造力的学习与发展质量十分迫切。有学者指出,"如果我们仅从个体的角度去思考创造力,就好比我们思考苹果树如何长出苹果,仅看树本身而完全忽视阳光与沃土对树的生命滋养一样。"(Karwowski,2011)。要想大面积地提升儿童学习与发展的质量,离不开教育政策的支持与完善(Detrich et al.,2016)。教育质量评价政策处于整个政策杠杆体系的轴心(OECD,2015);我们需要借助儿童早期教育评价政策来打开其创造力培育的生态系统,从而推动教育实践广泛重视儿童早期创造力的保护与培育。

（三）不断优化学前教育评价政策以加强对儿童创造力培育支持

研究发现,幼儿园质量评定与改善系统（Quality Rating and Improvement Systems,简称 QRIS)与儿童发展结果密切相关(Hestenes et al.,2015)。同时,那些鼓励创设教师专业成长支持性环境的政策可能是提升教育质量与促进儿童认知、社会情绪、学习等发展的关键因素(Connors,2016)。可见,宏观层面的政策虽不一定直接,但会对儿童发展起着重要的调控作用。我国当前幼儿园教师感慨:"整天都在忙,但不知道在忙些什么。形式主义的事情太多了。老师很累,但对孩子没有多大帮助。""幼儿园为了应付各种检查、参观,很多东西就会流于表面的形式。"等等,一定程度上反映了幼儿教师的某些工作困境与无奈。而来自内地与香港地区的调查均揭示,即使教师有近似书本或文献里关于创造力的丰富认识,但是他们的实际教学行为与其认识明显脱节(岳慧兰,2003;Cheung,2012)。可见,尽管我国在教育促进创造力发展上付出了很多的努力,但创造力早期培育上仍然存在障碍与困境(陆小兵等,2015)。因此,要能广泛地实现教师对儿童创造力的呵护与培育,就离不开幼儿园教育评价政策的不断优化,从而让教师能卸下繁琐的形式主义迎评工作,能有时间、有精力来进行想象、设计与创造,由此实现对儿童创造力培育的根本支持。也即,通过优化学前教育评价政策以支持教师对儿童创造力的保护与培育,为我国创新人才的源源不断涌现以及民族创造力整体提升奠定基石。

此外,学前教育评价政策的优化还须大力加强幼儿园类型评定中过程质量的参评比重。国际上广泛使用的幼儿园质量评价工具——CLASS和ECERS都着眼于教室里的日常情境与互动质量,如包括教师与幼儿发展出成熟的彼此尊重、积极的氛围、反馈质量、关注儿童看法、积极情感关系等。运用观察工具来评定幼儿园教育质量也已成为国际上幼儿园质量监管的主要途径(Vitiello et al.,2018)。我国未来幼儿园等级评定中也有必要大力加强幼儿园日常情境中过程质量的参评比重;加强评价的专业性(李雁冰,2013);纳入第三方专业性评价(周欣,2012)等。重视"非立竿见影"的能力与品质评价等。通过学前教育质量评价政策取向转向儿童发展,以支持儿童创造天性与潜能的保护与培育;为我国创新人才的源源不断涌现以及民族创造力整体提升奠定基石。

(四)提升高校准幼儿教师的培养质量以从源头上输入富有创新活力的幼儿教师

有研究对学前儿童及小学儿童的考察揭示,教师的创造力水平与儿童的创造力发展存在显著相关。教师的创造力水平能分别解释学生创造力中流畅性12%的差异、独创性14%的变异、标题抽象性10%的变异(Sali,Akyol,2015)。这一定程度上反映出教师的创造力水平会影响儿童创造力的发展,或改变幼儿创造力的发展趋势与变化轨迹。幼儿自入园后每天在园所的时间长达7—8小时,从这一基本事实推理也不难理解教师对儿童的影响。本研究中,幼儿创造力水平普遍偏低——创造力没能得到适宜培养,可能与幼儿教师的创造力水平以及幼儿创造力培养水平不高有关。高校准幼儿教师是未来进入幼儿园的教师主力军。在我国高校双一流建设时代,也亟待给这些准幼儿教师提供最好的教育,包括开发与培养他们自身的创造力;同时,提升他们对幼儿创造力的认识与理解;以及更好地支持儿童创造力发展的理念与方法等。比如认识到给幼儿提供广泛的选择机会与区域活动资源对于发展儿童创造力的重要性;认识到创造力的培养不等于就是让儿童画画、跳舞等艺术活动。有学者十年前就纠正过成人世界的狭隘观念,指出创造力不是艺术、舞蹈或绘画等课程所特有;相反,它是无处不在的跨学科实践与所有领域学习中的涌现(Dalke et al., 2007)。高校学前教育专业可以通过设置创造力主题的专门课程或开展相应的项目来丰富准幼儿教师的创造力理念以及提升他们的创造力教育实践水平。研究发现,通过特定的想象与游戏项目活动可以提升学前教育专业学生的创造力水平与创造力教育水平(Yate & Twigg, 2017)。如,提升他们对儿童创造力的理解、提升他们对自己创造力的自信、提升他们对促进儿童创造力发展的自信以及对培养儿童创造力实践元素的认识等。这些可为我们高校准幼儿教师培养所借鉴。只有培养出富有创新创造活力的年轻教师,才能更好地实现对儿童创造力的保护与培养。

六、结论

创造力发展是国际上儿童早期教育质量监测的重要构成部分。同时深入了解儿童早期创造力的发展现状与个体差异是有效教育支持的必要前提。本节研究随机从 4 所幼儿园中抽取 200 名中、大班幼儿,运用托兰斯创造性思维图画测验对儿童创造力发展状况进行测评发现:1. 调查中的幼儿园儿童创造力发展普遍偏低;新颖性得分尤其低。2. 幼儿创造力发展的个体差异与早期差距很大。表现在:(1)创造力及各维度均全距大、标准差大、分值散;且得零分比例远高出得最高分比例。(2)从中班到大班,幼儿创造力发展的个体差异呈增大趋势。即在精致性、流畅性、变通性上,大班幼儿之间的个体差异显著大于中班。在新颖性上中大班幼儿个体差异不显著。(3)城乡幼儿园儿童创造力发展的个体差异不显著。上述研究结果揭示:幼儿园儿童创造力发展总体状况不容乐观。教育实践及相关政策等亟待变革以支持儿童创造力的早期保护与培育。

第二节　幼儿工具创新能力的发展现状与个体差异

一、引言

随着进化心理学与比较心理学对动物工具使用与制作研究的推进

(Weir,2002，Lefebvre,2013),年幼儿童的工具创新能力发展引起儿童心理学等相关领域研究者的浓厚兴趣。我们知道,工具使用(tool use)是人类认知的标志(Whalley et al.，2017);工具创新(tool innovation)是人类进化的本质(Weir,2002，Nielsen et al.，2014),是人类智力的关键特征(Lefebvre,2013)。工具创新即制作新的工具或旧工具新用来解决一个新问题(Nielsen et al.，2014，Cutting et al.，2011)。在此过程中表现出来的创新工具及问题解决的能力即工具创新能力。研究已揭示,即使很小的婴幼儿,也表现出惊人的工具使用能力(Paulus et al.，2011，Hopper et al.，2010)。那么他们很早发展出的熟练工具使用能力是否为其工具创新能力的发展做好了充分准备? 换言之,在工具使用与制作能力基础上,年幼儿童是否也逐步发展着他们的工具创新能力? 来自西方的研究揭示,3—5岁儿童很少能进行工具创新;5—6岁儿童的表现显著好于年幼一些的儿童,但成功比例偏低,由此作出结论:年幼儿童在创新工具解决问题上存在困难,他们尚不能进行工具创新(Nielsen et al.，2014，Cutting et al.，2011，Beck,2011，Cutting et al.，2014)。不过5—6岁儿童在有先前练习和目标工具演示条件下,其成功比例显著提高(Cutting et al.，2014)。目前这些结论主要基于西方文化背景下,中国文化背景下关于年幼儿童工具创新表现的探索还很少。那么,中国的年幼儿童是否与国外同龄儿童的表现一致? 中国幼儿能否进行工具创新? 在前期研究中,我们运用简单制钩任务(the hook-making task)测试发现,我国幼儿的表现略好于国外同龄儿童(彭杜宏,苏蕙等,2016)。但总体而言,目前国内研究的绝对数量很少,参与研究的被试数量也偏少。同时,前期研究采用的是简单制钩任务(与国外同类研究中任务一致),即仅1种干扰材料和1分钟以内的探索,这一方面致使儿童工具选用上存在机会主义可能,另一方面不利于充分揭示儿童工具创新的过程表现与能力水平。因此,未来研究有待积累更多数据深度探索儿童早期工具创新能力发生发展规律(彭杜宏,苏蕙等,2016)。本章便拟在前期探索基础上,通过改用复杂制钩任务、扩大年龄范围、增加被试量等,从以下两方面展开探索。一方面考察中国学前儿童工具创新的最终结果表现,进一步与国外相关研究展开比较;另一方面弥补国外研究中对儿童工具创新过程表现深入分析的不足,从而更好地揭示儿童早期工具创新能力的发展特征。

二、研究过程与方法

(一)研究对象

随机抽取苏州市某幼儿园小、中、大班各 2 个,共 163 名儿童参与研究。有效数据 160 人(男生 78 人,女生 82 人),其中小班 52 人,中班 52 人,大班 56 人,年龄范围为 3.7—6.6 岁(44—79 个月,M=5.12,SD=0.91)。其中 3 岁组 22 人(44—47 个月;M=3.81,SD=0.07),4 岁组 50 人(48—59 个月,M=4.35,SD=0.31),5 岁组 49 人(60—71 个月,M=5.46,SD=0.28),6 岁组 37 人(72—79 个月,M=6.31,SD=0.19),具体参见表 1。

表 1　参与儿童的基本构成情况

年龄	M	SD	男	女	总
3	3.81	0.07	12	10	22(13.8%)
4	4.45	0.31	24	26	50(31.3%)
5	5.46	0.28	21	28	49(30.6%)
6	6.31	0.19	21	18	39(24.4%)
总	5.12	0.91	78	82	160(100.0%)

(二)实验材料与结果记分

采用 Nielsen 等人(2014)改进的复杂制钩任务,即 1 种目标工具,3 种干扰工具,探索时长 2 分钟。简单制钩任务则是 1 种目标工具和 1 种干扰工具,探索时长 1 分钟。通过随机分配 32 名 3—6 岁儿童的预测研究发现,复杂制钩任务比简单制钩任务更利于看到儿童工具创新的过程表现与个体差异。因此,本研究采用复杂制钩任务。实验材料包括透明塑料管(高度 22 厘米,宽度 4 厘米),垂直粘在一平面硬塑底板上(长度 35 厘米,宽度 21 厘米)。管底放有含环形把手的小桶,桶内放有糖果。工具选项有:一根 29 厘米铁丝、一根 29 厘米的绳子、一根 29 厘米的吸管和一根 29

图 1　制钩任务实验材料

厘米的木棍(其中绳子、吸管、木棍均为干扰工具,参见图 1)。一块秒表,用来记录时间。摄像机 1 台。同时,在预测研究基础上,制作观察记录表一份,用以详细记录儿童完成任务的过程与结果表现(包括第一选用的工具类型、选用某工具持续探索的时长、所采用的具体探索策略、工具更换情况、停止探索时间及其探索结果等)。

研究中,工具创新能力由儿童完成工具创新任务的过程表现与结果表现共同评定。其中,儿童工具创新结果表现即考察儿童是否对目标工具进来了创造性加工,从而钩出垂直管内的小桶,拿到桶内糖果。如果成功解决问题,用 1 分标记;如果失败,用 0 分标记。儿童工具创新过程表现则从三个方面考察:是否选用了目标工具;是否对目标工具进行了创造性加工;是否进行了有效操作来解决问题(即是否伸入垂直管内钩出小桶)。为深入考察儿童在工具创新过程上的渐进表现,结合预测研究及相关文献(彭杜宏,刘电芝,廖渝,2016),将过程表现赋分如下:选用目标工具得 1 分;对目标工具进行了创造性加工——制钩行为得 2 分;仅中间弯曲得 1 分(不重复记分);有效使用加工后的目标工具解决问题(制钩后伸入管内钩出小桶),得 1 分。共 4 分。由此清晰地考察学前儿童在完成工具创新任务中的渐变过程表现及其个体差异。

(三)研究程序

给儿童呈现内置小桶的透明塑料管以及上述目标工具和干扰材料。告诉他们,如果他们可以用所给的材料拿出管内的小桶,桶内的糖果就送给他们。测试时长 2 分钟。中途无反馈(如果前 20 秒幼儿没有出现探索行为,给予中性提示"你可以想办法用这些东西来帮助你")。如果在 120 秒内解决了问题,记录被试实际解决问题的时间。如果在 15 秒内成功完成,结束时追问"是不是同学和你说了?""以前是不是玩过类似的游戏?"如果回答"是",则排除该数据。测试结束给每个幼儿小礼物并提出"不要和其他同学说玩了什么游戏"。测试全部在幼儿园安静阅览室或会议室内进行,由两名研究者完成测试。测试过程全程录像,同时在观察记录表上做好相应记录。

三、研究结果与分析

(一)学前儿童工具创新表现的总体特征

对 3—6 岁儿童工具创新的整体表现进行描述性统计分析。首先,从工具创新结果上看,29 人(占总人数的 18.1%)成功完成工具创新任务。131 人(占总人数的 81.9%)未能成功完成工具创新任务。其中,3 岁组无人成功,4 岁组仅 1 人成功(2%),5 岁组 11 人成功(22.4%),6 岁组 17 人成功(43.6%)。综合 3—5 岁,有 12 人成功,成功比例为 9.9%。

然后,从工具创新的过程表现上看,(1) 在过程得分上,37 人(占总人数的 23.1%)得 0 分;67 人(占总人数的 41.9%)得 1 分;22 人(占总人数的 13.8%)得 2 分;5 人(占总人数的 3.1%)得 3 分;29 人(占总人数的 18.1%)得 4 分。综合起来,76.9% 的儿童不同程度地得分,23.1% 的儿童完全未得分。最小值 0 分,最大值 4 分,平均得分 1.51,标准差 1.37。标准差与平均值相当。(2) 在工具选择上,49 人(30.6%)第一选择工具是目标工具铁丝,72 人(45.0%)第一选择工具是木棍,8 人(5.0%)第一选择吸管;14 人(8.8%)第一选择绳子,其他 17 人(10.6%)没选择工具,表现为用手直接伸入或同时抓起所有工具等。综上,30% 的儿童第一选择了目标工具铁丝,45% 的儿童选择了干扰最大的工具木棍。(3) 在第一选择工具持续探索时间上,最短 4 秒,最长 120 秒,从 4 秒到 120 秒呈现 59 种不同时间长度差异。平均持续时间 M=39.2 秒,标准差 SD=37.9。过程得分及第一选用工具持续探索时间均显示个体间差异很大。

(二)学前儿童工具创新表现的年龄差异

对 3—6 岁儿童工具创新表现的年龄特点进行差异性检验。首先比较不同年龄儿童在工具创新最终结果上的差异。运用交叉列联卡方检验得出,3—6 岁儿童工具创新表现的年龄差异极其显著,$\chi^2(df=3)=31.29(p<0.001)$。5、6 岁儿童的成功率均显著高于 3、4 岁儿童。经检验 5、6 岁儿童之间差异显著,$\chi^2(df=1)=4.47(p<0.05)$。6 岁组成功率显著高于 5 岁组

(参见表 2)。

然后,比较不同年龄儿童工具创新过程表现上的差异。经 F 检验得出,3—6 岁儿童工具创新过程得分的年龄差异极其显著,$F(df=3)=19.65(p<0.001)$。两两比较得出,3、4 岁儿童之间差异不显著($p>0.05$);3、4 岁均与 5、6 岁儿童之间差异极其显著($p<0.001$)。从均值可以看到,5、6 岁儿童的过程得分均值显著高于 3、4 岁儿童。5、6 岁儿童之间差异显著,$t(df=86)=2.55(p<0.05)$,6 岁儿童的过程得分显著高于 5 岁儿童(参见表 2)。

表 2 学前儿童工具创新表现的年龄差异

年龄	N	结果表现		过程表现			
		成功	未成功	M	SD	第一选铁丝	持续时间
3	22	0(0.0)	22(100.0)	0.68	0.48	1(4.5)	45.2
4	50	1(2.0)	49(98.0)	0.84	0.84	12(24.0)	49.1
5	49	11(22.4)	38(77.6)	1.76	1.42	22(44.9)	37.7
6	39	17(43.6)	22(56.4)	2.54	1.45	14(35.9)	25.2
	160	$\chi^2=31.29$***		F=19.65***		$\chi^2=13.28$**	F=3.25*

注:括号外为人数,括号内为人数的百分比;持续时间为第一选择工具的持续时间,单位为秒。

此外,对儿童在第一选择工具及其持续时间上进行统计分析。经交叉列联卡方检验得出,儿童第一选择是否为目标工具的年龄差异极其显著,$\chi^2(df=3)=13.28(p<0.01)$。具体体现在 3、4 岁与 5 岁儿童之间的差异显著。其他年龄之间相互没有显著差异。在第一选用工具的持续探索时长上,经 F 检验得出年龄差异显著(参见表 2)。即 $F(df=3)=3.25(p=0.023,p<0.05)$。两两比较得出,3 岁、4 岁均与 6 岁儿童的持续时间差异显著,5 岁与 6 岁儿童之间差异不显著;3 岁与 4 岁之间差异不显著。综合反映在第一选用工具及持续探索时长上,主要表现为 3、4 岁与 5、6 岁儿童之间的差异。

（三）学前儿童工具创新表现的性别差异

对学前儿童工具创新表现的性别差异进行检验（参见表3）。首先考察不同性别学前儿童工具创新结果的性别差异，经交叉列联卡方检验得出，男女孩无显著性别差异 $\chi^2(df=1)=0.59(p>0.05)$。然后比较不同性别儿童在工具创新过程表现上的差异，经独立样本 t 检验得出，男女孩在工具创新过程表现上也未显示显著的性别差异，$t(df=158)=1.51$ $(p>0.05)$。

表3　学前儿童工具创新表现的性别差异

性别	N	结果表现		过程表现	
		成功	未成功	M	SD
男	78	16	62	1.68	1.40
女	82	13	69	1.35	1.33
$\chi^2=0.59$				$t=1.51$	

四、讨论

（一）学前儿童工具创新能力随年龄增长而增长，5—6岁可能是发展的敏感期

有学者指出，在创造力研究领域，现有多数研究以西方文化背景下的个体为对象（李阳，白新文，2015）。同时，西方关于儿童早期工具创新的系列研究得出：年幼儿童在自发创新工具解决问题上存在困难（Whalley et al.，2017，Nielsen et al.，2014，Cutting et al.，2011，Beck，2011，Cutting et al.，2014）。国内有研究运用同样的简单制钩任务发现，中国同龄儿童略好于西方儿童（彭杜宏，苏蕙等，2016）。为进一步比较中西方儿童在工具创新能力发展上的差异；同时，为更充分地揭示中国幼儿工具创新能力的年龄发展特征，本研究进一步采用复杂制钩任务对3—6岁儿童的测评发现，无论从儿童工具创新结果上看还是从儿童工具创新的过程推进上看，3—6岁儿童工具创新能力都表现出随年龄增长而增长的发展趋势（详见表2）。具体而言，5岁儿童的最终成功率与过程推进表现显著好于4岁儿童，6岁

儿童又显著好于 5 岁儿童。同时,5、6 岁儿童的工具创新表现显著好于 3、4 岁儿童,儿童从 5 岁到 6 岁工具创新的成功比例几乎翻了一倍。由此推测,5—6 岁可能是儿童工具创新能力发展的一个重要时期。国外新近研究发现 6—7 岁儿童自发创新工具解决问题的成功比例达 60%(Whalley et al.,2017)。进一步反映出 5—6 岁可能是儿童工具创新能力发展的一个重要时期。值得一提的是,本研究是在省示范幼儿园里取样,其发展呈现随年龄增长而增长的趋势特征,那么,其他幼儿园质量背景下的发展趋势是否一样?国外纵向研究揭示,不同类型的学校教育与学习环境下儿童的创造力发展存在显著差异(Beck,2011)。未来研究有必要把教育质量因素纳入考察范畴,从而做更为精细的比较以客观深入地描述儿童早期创新能力的发展轨迹特征。来自学前儿童工具使用的国际比较研究发现,无论中国文化背景还是德国文化背景,学前儿童在不同情境及不同复杂度任务中的工具使用模仿成绩相当(Wang et al.,2012)。不过目前尚未有研究对学前儿童工具创新的发展进行直接的国际比较,这可能也是未来研究的一个重要方向。

(二)学前儿童工具创新能力发展的性别差异不显著,但个体差异与差距大

在儿童早期工具创新表现上,目前国外所有研究均未发现显著的性别差异(Whalley et al.,2017,Nielsen et al.,2014,Cutting et al.,2011,Beck,2011,Cutting et al.,2014)。本研究与国外研究及我们的前期一致,即男女儿童在工具创新表现上未呈现显著性别差异。其他领域,如数学认知与学习中,相关研究也未发现显著的性别差异(Powell et al.,2016,Sherman,Bisanz,2009)。可见在工具创新、数学等科学领域,儿童早期并未有显著的性别差异。性别图示理论(gender schema theory,Bem,1983)与发展内群体理论(developmental intergroup theory,Arthur et al.,2008)指出,儿童主要通过接受来自父母、老师及媒体的信息形成自己的性别观或性别刻板印象。生活中,成人在给儿童购买玩具或技能发展等选择上时常带有自己的性别刻板印象,由此难免局限儿童早期的发展。新近研究表明,幼儿园里中性的性别教育理念(gender-neutral pedagogy)有助于学前儿童辨别

自己与他人的性别,同时又不受性别刻板印象的局限(Shutts et al.,2017)。另一个不容忽视的发现即是,学前儿童工具创新能力发展上的个体差异与早期差距很大。如儿童工具创新过程表现中,第一选用工具持续探索时间从 4 秒到 120 秒不等,平均持续 39.2 秒,标准差达 37.9 秒。反映出个体差异很大。如有的儿童能及时放弃干扰工具,尝试其他工具直到选用有效工具;另一些儿童可能整个 120 秒或大部分时间都持续使用第一次拿到的无效工具,表现出突出的"工具固着"。这也是儿童工具创新失败的一个重要原因(Nielsen et al.,2014,)。同龄儿童中,如 5 岁、6 岁儿童过程得分的标准差也接近平均值,同样反映出个体差异较大。

五、教育建议

自 20 世纪末以后,创新能力培育逐渐成为社会变迁和经济变革的世界性热点。已有研究主要聚焦于青少年群体。国内针对学前儿童创新能力培育的实证研究比较少。有学者指出,创新能力培育必须将学前教育作为起点(王瑞明等,2007)。创新也是一个国家兴旺发达的不竭源泉,是民族竞争最核心的要素。培养儿童的工具创新能力对遏制人类创造力退化也有着不可忽视的深远意义。因此,结合本研究的发现笔者提出如下教育建议与对策。首先,把握儿童工具创新能力发展的敏感期。本研究揭示 5—6 岁儿童可能进入工具创新的敏感期。相关研究也发现,4 至 6 岁是创造力发展的关键期和黄金时期(Gardner et al.,1994,Glǎveanu,2011)。此时期里的发展对于后续创新创造力的发展起着至关重要的作用。操作工具是幼儿学习的特性;创新工具是幼儿学习的深化,是幼儿创新能力发展的突出表现。因此教育实践中需要把握儿童创新创造能力发展的敏感期,可将工具创新可作为幼儿园大班儿童创新能力培养的一个新领域,由此提供大量自由探索与工具创新问题解决机会,最大限度地促进儿童创新创造能力的发展。其二,抓取儿童工具创新能力培养的切入点。已有研究发现,心理或认知的不灵活可能是制约儿童工具创新的一个重要因素(彭杜宏,刘电芝,廖渝,2016)。另有研究发现大班幼儿认知灵活性发展的个体间差距很大(彭杜宏,廖渝,苏蕙,2017);同时,学前阶段是儿童认知灵活性的迅速发展期(Carroll et al.,

2016)。因而,认知灵活性可作为大班幼儿工具创新能力培养的一个切入点。此过程中需结合儿童工具创新能力发展的个体差异与早期差距,提供相应支持或早期干预。其三,加大学前儿童创新能力培养的外部支持。创新能力不会出现在真空中,它需要外部资源的支持,无论近或远、有意或无意。研究发现,学生所感知到的来自学校的创造力支持对他们创造力的发展有显著影响(Chang et al.,2016)。同时,来自幼儿园一线的教师时常感到为应付各种检查与评比而身心疲惫,无力无心静下来陪伴和观察儿童。可见,儿童创造天性与创造潜能的保护与培育亟待得到来自园内外的大力支持,由此为我国创新人才的源源不断涌现以及民族创造力整体提升奠定基石。

六、结论

在工具创新结果表现上,18.1%的儿童成功完成任务。其中3岁儿童完全不能完成任务;4岁开始萌芽;5岁逐渐发展(22.4%的人成功);6岁较大发展(43.6%的人成功)。在工具创新过程表现上,76.9%的儿童不同程度地得分,平均得分1.51,标准差1.37。第一选用工具平均探索时长39.2秒,标准差37.9。个体差异很大。学前儿童工具创新的结果表现与过程表现均显示极其显著的年龄差异。具体表现为:6岁显著好于5岁,5岁显著好于4岁,3、4岁儿童之间差异不显著。学前儿童工具创新表现的性别差异不显著。研究揭示学前儿童工具创新能力随年龄增长而增长,5—6岁可能是儿童工具创新能力发展的敏感期。工具创新可以作为幼儿园大班儿童创新能力培养的一个新领域。

第三节　幼儿认知灵活性的发展现状与个体差异

一、引言

在信息瞬息万变的不确定性时代,心理或认知的灵活性不可或缺

（Yeniad et al.，2014）。个体能根据任务变化的需要灵活地调整工作记忆、注意和反应选择的能力即认知灵活性（cognitive flexibility，Deák，Wiseheart，2015）。它是一种灵活地转换心理表征，并将反应定势转换到能够适应变化的或者不可预测的情景中去的能力（Deak，Narasimham，2003）。认知灵活性不仅是执行功能的主要成分，是一种重要的认知能力；而且是创造性的认知核心，是人类智力的一个重要特征。现实生活中，人们常常需要根据环境的变化主动地调整自己的行为；需要根据新的规则要求在冲突性表征与反应中进行转换，这便有赖于个体的认知灵活性。认知灵活性能促使人们从一个新的、完全不同的视角来看这个世界；促使人们在面临出人意料的情境变化时动态地激活和调节行为反应，因而它对于人的适应性和创造力非常关键（Davidson et al.，2006）。

　　与此同时，认知灵活性不仅能预测儿童的数学和阅读成绩（Yeniad et al.，2013，Kieffer et al.，2013）；而且与小学、中学学生的学业成绩关系密切（李美华等，2007）。认知灵活性不仅对幼儿言语的发展有重要的促进作用（李红，王永芝，2006）；而且它对青少年的双语转换加工有显著影响（刘欢欢等，2013，雷童，2015）。反之，儿童认知灵活性发展滞后可能导致入小学后的阅读理解困难（Cartwright et al.，2016）、数学学不好等（Rebecca，Gaia，2001）；青少年认知灵活性发展不足还会引起特征焦虑（Mǎrcus，et al.，2016），其认知灵活性越差，抑郁与焦虑症状越明显（Han et al.，2016）；焦虑障碍与强迫症成年人也表现出低认知灵活性（Bradbury et al.，2011，Fujii et al.，2013）；研究甚至揭示认知灵活性缺乏是妥瑞氏综合征、自闭症谱系障碍（ASD）等的潜在起因（Guler et al.，2015，Yeung et al.，2016）。其内在机制可能是认知的不灵活致使儿童固守过去原有框架不能将新信息同化-顺应，情境稍有变动便不能有效解决问题或反复犯同样的错误；而认知转换与抑制控制上累积的不灵活性行为不断塑造着儿童大脑前额叶的发展，直至前额叶的发展持续到青少年期或成年早期。综上，儿童早期认知灵活性的发展不仅关系到日后学业成就、认知能力、创造力等，而且关系到青少年与成人期的适应力与心理健康。

　　许多研究者认为，认知灵活性在3—6岁期间会有显著发展。认知与执行功能也在儿童早期迅速发展成熟（Anderson，2002）。对此，国内研究发现，2岁儿童不具备认知灵活性（白俊杰，2005）；3岁幼儿在规则的灵活转换上存在困难，超过3岁到4岁间的幼儿比低于3岁或刚3岁的幼儿分类成绩要好（李美华，沈德立，2006）。但3、4岁幼儿认知灵活性发展无显著年龄差异，5岁幼儿的认知灵活性成绩显著优于3岁、4岁组儿童；相比于5岁幼儿，3、4岁幼儿在认知灵活性方面存在困难（白俊杰，2005）。这与李红等综述的国外研究结果相似，即4岁儿童的认知灵活性表现差于5岁儿童，他们在灵活转换上存在一定困难（李红，王永芝，2006）。上述研究让我们初步了解了3—5岁幼儿认知灵活性发展的状况。从中可归纳，4岁及往下幼儿的认知灵活性发展缓慢，5岁时发展迅速。那么5岁往后如5—6岁儿童认知灵活性的发展有怎样的特征与趋势？尤其是，5—6岁进入入学准备阶段。认知灵活性能直接预测儿童早期的入学准备（Yeniad et al.，2014，Vitiello et al.，2011）。灵活性也被认为是学习品质的重要构成（Kansas Early Learning Standards Committee，2013，Teaching Strategies，2010）；同时又与儿童早期的情绪发展紧密交织（Li et al.，2016）；因而认知灵活性发展关系到幼儿在学习品质与社会情绪两大重要领域上的入学准备。大量研究表明，如果幼儿在进入大班后处于入学准备的劣势，那么这种早期差距将会长期存在，并会逐渐扩大，对贫困儿童来说更是如此（夏竹筠等，2014）。然而，目前国内尚未有研究对此年龄段儿童的认知灵活性进行考察；且已有关于幼儿认知灵活性的研究均未着重考察与分析发展中的个体差异。对于"幼儿认知灵活性发展有怎样的个体差异"这一问题，基本处于认知空白状态。同时目前国内研究主要对幼儿完成任务与否的结果进行分析。假如幼儿不能完成任务，其过程表现有哪些、会出现哪些错误？最后，国内以考察幼儿认知灵活性发展特征为目的的实证研究是十年前完成的。随着社会经济的飞速发展以及儿童教养环境的变化，当前幼儿的发展特点可能完全不同。因此本研究拟着重考察5—6岁儿童认知灵活性的发展特点以及发展中的个体差异。旨在弥补国内5—6岁年龄段儿童认知灵活性发展研究的缺失，充实儿童早期认知灵活性发展连续性上的数据；同时提供个体差异视角下儿童早期认知灵活性发展的新信息。这些探索对支持幼儿认知灵活性的发展、指导幼儿入学准备、进行个性化教学以及早期评价与干预等均具有深远现实意义。

二、研究方法

（一）研究对象

苏州市某幼儿园 5 岁、6 岁儿童共 103 人参与测试；其中男生 50 人，女生 53 人，年龄范围为 60 个月—79 个月（平均 68 个月，标准差 6 个月；最小 5 岁，最大 6.6 岁）。具体见表 1。其中，进入 FIST 任务正式测试的 88 人。

表 1　参与本研究幼儿的基本构成

		人数（百分比）	月龄（M±SD）	最小值	最大值
性别	男	50(48.5)	5.78±0.57	5.0	6.6
	女	53(51.5)	5.72±0.53	5.0	6.6
年龄	5 岁	47(45.6)	5.20±0.20	5.0	5.6
	6 岁	56(54.4)	6.21±0.21	6.0	6.6
	总计	103	5.75±0.55	5.0	6.6

（二）研究工具

已有测评认知灵活性的任务有多种。尽管各认知灵活性任务的内容与复杂度不同，但它们有一个共同的特征：儿童必须先用某一方法以正确反应；规则改变后，他们又需采用另外的方法以适应变化（Jacques，Zelazo，2005）。简言之，它要求儿童能在两种不同的视角或方法当中灵活地转换。近年来，对于年幼儿童，任务转换范式（the task-switching paradigm）是用得最多的。本研究采用认知灵活性经典任务——灵活选择任务（FIST）对5—6岁幼儿认知灵活性展开考察。同时辅以任务转换范式的另一变式——心花任务对部分 6 岁儿童进行考察，旨在检验 FIST 任务的效度。

1. 灵活选择任务（Flexible Item Selection Task，简称 FIST）

FIST 任务是测评学前阶段儿童认知灵活性的经典实验任务（Jacques，S.，& Zelazo，2001，Dick，2014）。在该任务的每次试验中，给儿童呈现三张卡片（如：一条紫色鱼，一条粉红色鱼，一只粉红色电话），要求儿童选出在一个维度上相互匹配的一对卡片(如按形状:紫色鱼与粉红色鱼),然后再在另一个维度上选出相互匹配的一对卡片(如按颜色:粉红色鱼和粉红色电话)。成功完成任务即能在两个阶段中根据不同维度灵活分类。FIST 实验由 1 个演示、2 个标准测试及 12 个正式测试组成,每个测试中需要被试连续作两次选择且每次选择是在不同维度上对卡片进行分类(如正式测试 1 中,给幼儿呈现 3 张都画有橘色袜子的小卡片,其中两张卡片上袜子的数量相同;两张卡片上袜子的大小相同。选择 1 若在大小维度上进行,选择 2 则在数量维度上进行,当中颜色维度和形状维度为无关维度,参见表 2)。表 2 显示,每张卡片上有一组同时体现 4 个维度(形状、颜色、数量、大小)的图形,每个维度有 3 个水平的表征。形状维度由电话、鱼和袜子来表征;颜色维度由粉红色、紫色和橙色来表征;数量维度由一个、两个和三个来表征;大小维度由大、中、小表征。所有幼儿参与了 FIST 任务的测试。

表 2　FIST 任务正式测试内容与顺序

测试(对)	相关维度	无关维度
1	大小/数量	颜色/形状
2	形状/数量	颜色/大小
3	颜色/形状	大小/数量
4	颜色/数量	形状/大小
5	形状/大小	颜色/数量
6	颜色/大小	形状/数量
7	形状/数量	颜色/大小
8	形状/大小	颜色/数量
9	颜色/数量	形状/大小
10	颜色/大小	形状/数量
11	大小/数量	颜色/形状
12	颜色/形状	大小/数量

2. 心花任务(the Hearts and Flowers Task)

心花任务最先由戴蒙德(Diamond)等人(2007)开发以考察学前儿童

认知控制的发展状况(Diamond et al.,2007)。耶尼德(Yeniad)等人(2014)用该任务考察了 5—6 岁儿童的认知灵活性发展。它借助 E-prime 编程在计算机上呈现刺激和记录反应。该任务一共有两类刺激,一个是红心;另一个是红花,这两类刺激随机出现在电脑屏幕的左边或右边。任务呈现包含三大模块;一致呈现、不一致呈现、混合呈现。一致呈现即红心出现的位置与要求按的键方向一致(即红心出现在屏幕左边则按左边的 Z 键;红心出现在屏幕右边则按右边的 M 键)。不一致呈现即红花出现的位置与要求按的键方向不一致(即要求按与红花出现的位置相反方向的键)。混合呈现即一致与不一致两类呈现形式的半随机混合。也即,在混合呈现中红心与红花随机出现,需要幼儿根据当前刺激在两种规则中灵活转换和反应按键,由此来测评幼儿的认知灵活性。部分 6 岁幼儿参与了心花任务测试。

3. FIST 任务的信效度

对 FIST 任务进行内部一致性信度检验,发现 Conbach a 系数为.761,表明任务具有良好的内部一致性。将幼儿在 FIST 任务中的表现与教师的评价进行相关分析,发现两者之间相关系数 $r=.232$,相关显著($p<.05$)。时,运用心花任务对 50 名 6 岁幼儿施测,得出 6 岁幼儿在 FIST 任务和心花任务上的相关性为 $r=.373$,相关显著($p<0.01$)。上述结果表明 FIST 任务具有良好的信度和效标效度。

(三) 研究程序

测试在安静的阅览室进行。研究者对所有幼儿先进行 FIST 任务的一对一测试,时长约 10 分钟/幼儿,全程由 2 名主试完成。测试前 2 名主试进行了 3 名幼儿的初测和 10 名幼儿的预测。一方面熟练和严格操作程序;另一方面在预测记录表基础上形成正式测试记录表(见图 1)。正式测试中主试先演示并向幼儿解释卡片的四个维度。然后进行两个标准测试。每次测试中,让幼儿选出两张在某一方面相同的卡片并说明理由(指出哪里相同)(选择 1)。然后让他们再选出两张在另外方面相同的卡片并说明理由(指出哪里相同)(选择 2)。如果儿童没有通过两个标准试测,则退出测试。通过标准测试的儿童进入正式测试,程序同标准测试,记录他们的反应。结合已有研究与预测，归纳幼儿的反应有以下几类：分类正确（即分类和理由均正确）、不反应（即在要求第二次选择时回答“没有了”）、相同反应（即选择 1 和选择 2 是在同一维度上对卡片进行的分类）、不相关反应（即在无关维度上对卡片进行分类）、分类对理由错（即分类正确但在说明为什么时理由错误）等。儿童在测试中的每次选择、理由都详细记录。在 12 个测试对中，每一对中的两次分类都正确得 1 分，总分 12 分。对每个幼儿所获得的总分以及所出现的错误类型进行统计分析。之后，部分 6 岁幼儿参与了心花任务的测试。测试在安静的阅览室完成。主试对幼儿进行一对一测试，时长 2 分钟/幼儿，全程由 1 名主试负责完成。测试的每一模块前屏幕上显示有规则和 2 个练习，主试先向幼儿讲解规则，然后幼儿进入测试的练习模块和测试模块。计算机自动记录结果。

（四）数据的处理与分析

将幼儿的人口学信息、记录表数据以及计算机自动记录数据全部录入 SPSS16.0，运用 SPSS 进行统计分析。

灵活选择任务
FIST 卡片选择任务

	理解	正确分类	理由	不反应	相同反应	不相关反应
示范		/	/	/	/	/
标准测试一	/					
标准测试二	/					
试验 1	大小、数量					
试验 2	形状、数量					
试验 3	形状、颜色					
试验 4	颜色、数量					
试验 5	大小、形状					
试验 6	大小、颜色					
试验 7	形状、数量					
试验 8	形状、大小					
试验 9	颜色、数量					
试验 10	颜色、大小					
试验 11	大小、数量					
试验 12	形状、颜色					

FIST 卡片分类任务

	理解	1 分类结果	理由	2 不反应	3 相同反应	4 不相关反应	5 分类对理由错
示范		/	/	/	/	/	/
标准测试一	/						
标准测试二	/						
试验 1	大小、数量						
试验 2	形状、数量						
试验 3	形状、颜色						
试验 4	颜色、数量						
试验 5	大小、形状						
试验 6	大小、颜色						
试验 7	形状、数量						
试验 8	形状、大小						
试验 9	颜色、数量						
试验 10	颜色、大小						
试验 11	大小、数量						
试验 12	形状颜色						

图 1 FIST 测试记录表（左为预测记录表，右为正式测试记录表）

三、结果与分析

（一）5—6 岁幼儿认知灵活性发展的总体状况

表 3 显示，5—6 岁儿童中仅 15 名幼儿未通过标准测试（其中 5 岁组 13 人，6 岁组 2 人），88 人通过标准测试，总体通过率为 85.4%。其中，5 岁儿童的通过率为 72.3%，6 岁儿童的通过率为 96.4%。通过对 5、6 岁通过情况的卡方检验得出，$\chi^2 = 11.92 (df = 1, p < 0.001)$，即，6 岁儿童在标准测试通过情况上显著好于 5 岁儿童。通过标准测试的儿童进入认知灵活性正式测试，未通过标准测试的幼儿退出测试。

表3　5—6 岁儿童标准测试成绩的描述性统计

年龄	成绩	
	失败	通过
5 岁	13	34(72.3)
6 岁	2	54(96.4)
总计	15	88(85.4)

通过标准测试的 88 名幼儿在认知灵活性任务的 12 对正式测试中，(1) 平均得分与标准差为 4.10±2.57，即 5—6 岁儿童在 12 对测试中平均做对 4 对测试项目。当中，63.6% 的幼儿得分在 4 分及以下，82.9% 的幼儿得分在 6 分及以下（参见表 3）。(2) 最低分与最高分之间近全距的差距。最高 11 分，最低 0 分；12.5% 的幼儿得 1 分或 0 分，5.7% 的幼儿得 10 分或 11 分。(3) 5—6 岁幼儿认知灵活性得分分散：各分值上都有一定比例幼儿，且最集中的比例也小（如 22.7%、17.0%，参见图 2 和表 3）。进一步对错误类型的统计得出，在"不反应"（即回复"没有了"）、"相同反应"（即第一次正确分类后第二次仍做相同选择）、"不相关反应"（即在无关维度上分类）、"分类对理由错"（即分类正确但理由错误）四类错误中，出现频次从高到低依次是：不相关反应（354 次）、分类对理由错（279 次）、不反应（182 次）、相同反应（15 次）。其中不相关反应占总错误频次的 42.7%，分类对理由错占总错误频次的 33.6%。

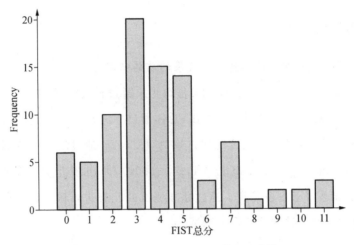

图 2　5—6 岁儿童认知灵活性得分总体情况

（二）5—6 岁幼儿认知灵活性发展的年龄差异与性别差异

表 4　5—6 岁儿童认知灵活性发展的年龄差异与性别差异检验

	人数	均差（M±SD）	最小值	最大值	t	p
5 岁	34	3.82±2.71	0	11	0.81 （df=86）	0.422
6 岁	54	4.28±2.48	0	11		
男	42	3.40±2.03	0	9	2.51* （df=86）	0.014
女	46	4.74±2.86	0	11		

表 4 显示,在年龄比较上,5 岁组平均得分 3.82,6 岁组平均得分 4.28,最低分均为 0 分,最高分均为 11 分。经检验,5 岁儿童与 6 岁儿童的认知灵活性得分差异不显著(t=0.81,df=86,p>0.05)。进一步对错误类型中的"分类对理由错"进行统计分析发现,5 岁组犯此错误类型的频次共 70 次,6 岁组共 209 次。对两年龄组幼儿该错误类型在 24 个测试项目上的分布检验得出,5 岁组与 6 岁组幼儿在"分类对理由错"这一错误类型上差异极其显著(χ^2=31.771,df=14,p<0.01),6 岁组幼儿犯此错误类型频次显著高于 5 岁组幼儿。男孩平均得分 3.40,女孩平均得分 4.74,经检验,男女生差异显著(t=2.51,df=86,p<0.05)。女生得分显著高于男生。女孩的最高分高于男孩。

（三）5—6 岁幼儿认知灵活性的个体间差异

表 5 显示了 5—6 岁组、5 岁组和 6 岁组儿童在 FIST 任务得分上的分布情

况。5—6 岁儿童在认知灵活性得分上,得 0 分和 1 分的幼儿为 12.5%;得 10 分和 11 分的幼儿为 5.7%。各分值上都有一定比例幼儿,最集中的幼儿比例为 22.7%。获其他分值的幼儿比例均在 20% 以下。对其得分分布情况进行卡方检验发现,5—6 岁儿童认知灵活性成绩分布差异极其显著($\chi^2 = 56.27$, $df = 11$, $p < 0.001$)。进一步对同龄幼儿进行分析。5 岁组儿童除了在 3 分(17.6%)和 4 分(26.5%)上相对集中外,各分值上都有一定比例儿童(参见表 3 和图 3 左)。得 0 分和 1 分的幼儿为 17.7%;得 10 分和 11 分的幼儿为 5.8%。进一步检验显示,5 岁儿童得分分布差异显著($\chi^2 = 17.18$, $df = 9$, $p < 0.05$)。6 岁组儿童除了在 3 分(25.9%)、5 分(20.4%)上幼儿相对集中外,各分值上也都有一定比例儿童(参见表 3 和图 3 右)。同时,得 0 分和 1 分的幼儿

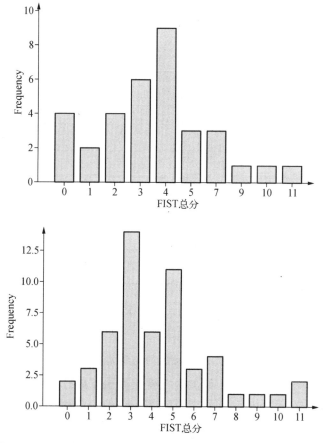

图 3　5 岁组认知灵活性得分分布情况(上)与 6 岁组认知灵活性得分分布情况(下)

达 9.3%,得 10 分和 11 分的幼儿达 5.6%。进一步检验显示,6 岁儿童得分分布差异极其显著($\chi^2=42.44$, $df=11$, $p<0.001$)。各年龄组幼儿的得分与成绩分布的比较分析得出,幼儿认知灵活性发展的个体差异极其显著;幼儿在最高与最低得分之间差距极大,包括不小比例幼儿几乎不能得分。

表5　5—6 岁儿童认知灵活性成绩的分布特征

	得分	5—6 岁 人次/百分比	5 岁组 人次/百分比	6 岁组 人次/百分比
FIST	0	6(6.8)	4(11.8)	2(3.7)
	1	5(5.7)	2(5.9)	3(5.6)
	2	10(11.4)	4(11.8)	6(11.1)
	3	20(22.7)	6(17.6)	14(25.9)
	4	15(17.0)	9(26.5)	6(11.1)
	5	14(15.9)	3(8.8)	11(20.4)
	6	3(3.4)		3(5.6)
	7	7(8.0)	3(8.8)	4(7.4)
	8	1(1.1)	1(1.9)	
	9	2(2.3)	1(2.9)	1(1.9)
	10	2(2.3)	1(2.9)	1(1.9)
	11	3(3.4)	1(2.9)	2(3.7)
χ^2		$\chi^2=56.27^{***}$	$\chi^2=17.18^{*}$	$\chi^2=42.44^{***}$
总计		88(100.0)	34(100.0)	54(100.0)

四、讨论

(一)5—6 岁幼儿认知灵活性发展的总体水平低

学前期是个体执行功能(认知灵活性是其主要成分)及其相应神经系统的加速发展期(Li et al., 2016)。一些研究者提出认知灵活性在整个幼儿期间发展迅速(Deák, Wiseheart, 2015),并在儿童早期迅速发展成熟(Anderson, 2002)。本研究通过对 103 名 5—6 岁幼儿的测评发现,绝大部分 5—6 岁儿童能通过标准测试，即能理解认知灵活性任务。但通过标准测试的幼儿在认知灵活性正式测试中的平均得分低，如平均得分 4 分，12 对认知灵活性转换任务中平均能成功完成 4 对。表现出测试中的 5—6 岁幼儿认知灵活性发展总体水平低。与相关研究的比较中也得出此特点。本研究中 5 岁儿童在 FIST 任务标准测试的通过率为 72.3％，而白俊杰（2005）的研究中 5 岁儿童在 FIST 任务标准测试上的通过率达 97％，在其改编的认知灵活性任务 ACFT 上通过率为 91％。同时，本研究中大多数幼儿得分在总分的一半及之下（82.9％的幼儿得分在 6 分及之下），而白俊杰的研究中，5 岁组幼儿在其改编的认知灵活性任务 ACFT 上已接近天花板水平。上述两个研究中除了所采用任务有所不同外，所考察的被试在时间上也相隔了 10 年。究竟是因为所采用的任务不同所得出的结论可能也不同（Yeniad et al.,2014），或不同任务测试下幼儿认知灵活性具有不同的发展模式；还是十年后的幼儿认知灵活性发展水平降低了？研究揭示儿童早期情绪发展与认知灵活性发展的神经基础紧密交织（Li et al., 2016）。当前的独生子女被物质与宠爱包围，如果他们的情绪调节技能未能充分发展，则可能导致当前幼儿的认知灵活性表现不如十年前的儿童。

对 5—6 岁幼儿在认知灵活性任务中出现的错误类型分析发现，"不相关反应"和"分类对理由错"是他们身上所出现的最主要错误类型。与迪克（Dick,2014）对 6—10 岁儿童认知灵活性研究所归纳的三种错误类型（"不相关反应"、"不反应"、"相同反应"）相比，"分类对理由错"是本研究所发现的一种新的错误类型（占各类错误总频次的 33.6％）。尽管幼儿"分类对理由错"也是其错误类型中的一种，但它与"不相关反应"、"不反应"、"相同反应"不是同一水平上的错误。因为回答"没有了"或第二次仍做相同选择或在无关维度上分类都属于完全错误表现，而分类对理由错误至少在一个方面有正确表现。

（二）5—6 岁幼儿认知灵活性发展的年龄差异不显著

有学者运用心花任务纵向考察了 87 名 5—6 岁儿童认知灵活性发展的年龄差异（Yeniad et al., 2014）。研究发现幼儿从 5 岁到 6 岁在反应正确率上有增长，但尚未报告这一增长是否达显著性水平；但在反应速度上研究尚未观察到幼儿的发展变化。本研究运用 FIST 任务主要记录幼儿的反应正确率,研究发现,5 岁组与 6 岁组儿童在标准测试的通过率上差异显著。即在完全不能正确理解任务上 6 岁幼儿显著少于 5 岁儿童。但通过标准测试的幼儿在正式测试中认知灵活性的正确率年龄差异不显著。也即 5—6 岁儿童的认知灵活性发展未呈现出显著的年龄差异。这可能因为 6 岁组中有更多的"分类对理由错"而未能有效得分,导致在有效得分上未显示出显著的年龄差异。如进一步的检验发现,6 岁组幼儿在此错误类型上的频次显著高于 5 岁组幼儿。那么,6 岁组儿童的认知灵活性表现有好于 5 岁组儿童的潜在可能性。不过未来还有待积累更多研究,尤其是纵向追踪数据与基于儿童自身发展比较的不同增长轨迹(Vitiello et al.,2011),从而更有力地揭示儿童早期认知灵活性发展的年龄特征。同时有必要采用相同任务与程序,继而展开国内外相关研究的比较。正如迪克(Dick,2014)在考察学前后儿童(6—10 岁儿童)的认知灵活性发展时,也采用 FIST 任务及改进的 FIST 任务,从而便于与其他有关学前期的研究比较以反映年龄连续性上的发展特征。

(三)5—6 岁幼儿认知灵活性发展的个体差异极其显著

本研究发现 5—6 岁儿童的认知灵活性个体差异极其显著、发展的差距非常大。具体体现在以下方面:首先,最高分与最低分之间的差距极大。无论 5—6 岁幼儿总体、5 岁组或 6 岁组幼儿,其最低分与最高分均相差达 11 分(最低分为 0,最高分为 11),几近分数全距的差距。以 5 岁组为例,近 18%的幼儿得 0 分或 1 分——几乎完全不能完成任务,处于发展严重滞后状态;近 6%的幼儿接近满分(得 10 或 11 分),达到发展资优水平。这一发展中的巨大差距与滞后状况自何时悄然产生?尽管本研究不能回答,但亟待引起相关研究与教育部门的关注。其二,认知灵活性成绩分布很分散。无论是 5—6 岁幼儿总体、5 岁组或 6 岁组,认知灵活性各分值上都有一定比例的幼儿;且均只有 1—2 个分值近 30%的集中比例。仍以 5 岁组为例,仅在 4 分上幼儿比例超过 20%,即 26.5%。各年龄组幼儿成绩的分布均达显著水平,也即个体间差异显著,发展水平极具多样性。其三,标准差大。5—6 岁儿童在认知灵活性任务中平均得 4 分,但标准差接近 3 分,反映出幼儿的认知灵活性发展个体间差异大。耶尼德(Yeniad)等人的纵向研究也发现,根据 5—6 岁儿童在心花任务上的正确性,归纳出 4 类差异:高正确率组(此组

中81%的儿童得分在总分的一半以上)、高于平均分组、低于平均分组、低正
确率组。当中高正确率组儿童随年龄增长反应速度也加快了,而低正确率
组儿童反应速度没有变化;这两组在正确率上的差距也始终显著(Yeniad et
al.,2014)。认知灵活性发展上的个体差异与差距可能与儿童早期情绪发展
上的个体差异有关(Li et al.,2016)。如研究发现到了青少年期,内隐自卑、
羞怯等仍能直接预测个体的认知灵活性表现(卢荣梅,2010)。未来研究可
进一步探索认知灵活性发展的差异与差距早期根源,并严肃对待入学准备
阶段的幼儿在认知灵活性发展上的巨大差距与显著差异,探索改善儿童认
知灵活性发展轨迹的有效途径。

在性别差异上,有研究得出3—5岁幼儿在认知灵活性发展上性别差异
不显著(白俊杰,2005),这可能与其研究中3、4岁幼儿在认知灵活性上存在
困难有关。实践中通常所见的是,女孩小时候许多能力表现都优于男孩。
有研究也发现,儿童早期女孩在认知发展的许多方面(如注意力、抑制控制、
工作记忆等)都显著好于男孩(Mileva-Seitz et al.,2015)。本研究与此结论
一致,女孩认知灵活性得分显著高于男孩。这可能也是女孩行为问题相对
更少的原因之一。如从已有研究归纳,被诊断出患注意缺陷和自闭症的男
孩比女孩更多(Hasson,Fine,2012)。因此,关注男幼儿认知灵活性的发展,
尤其发展迟滞或缺陷的男幼儿十分必要。

五、教育建议

(一)亟待重视5—6岁幼儿认知灵活性的培养并提供个性化支持

认知灵活性反映了突破常规、调节控制、灵活转换等的能力。因而一些
研究者把认知灵活性视为创造性的认知核心,且是"真实生活"中创造性表
现的必要构成(白俊杰,2005)。有学者提出,认知灵活性作为一种核心的高
级思维能力,是公民教育的重要目标(Zohar,Cohen,2016)。在全球著名的
创造性课程所开发的儿童早期发展测评中也被作为积极学习品质考察的重
要内容(Teaching Strategies,2010)。认知灵活性不论在个体毕生诸多发展
领域还是儿童的入学准备中都具有重要地位。不过,前文分析得出当前5—
6岁幼儿认知灵活性发展总体水平低。5—6岁幼儿认知灵活性的培养亟待

引起幼儿园教育的关注。在教育上,斯皮罗(Spiro)等人(1988)针对结构不良和复杂问题的特征也提出认知灵活性理论(Cognitive Flexibility Theory)。该理论旨在发展学生的认知弹性与灵活迁移能力,提出教师应帮助学习者通过多种方式同时建构自己的知识,以便在情景发生根本变化的时候能够做出适宜的反应。因而,幼儿园一日活动或集体教学中宜注意引导幼儿对事物的多维表征,促进他们对知识的全面理解,这样才能有助于他们在各种不同的情景中灵活地运用知识。研究还发现,经常提示儿童思考其他可能的办法能提升幼儿的认知灵活性(Qu,Ong,2016)。此外加强幼儿积极情绪或社会-情绪能力的培养也将对认知灵活性发展有一定促进作用。与此同时,亟待给予认知灵活性发展处于迟滞水平的幼儿支持,并据发展中显著的个体差异与差距提供个性化教学。个性化的教学支持对幼儿入学准备的促进效应最大(Chien et al.,2010)。目前美国优质幼儿园里对幼儿进行跟进式测评并提供个性化学习支持的经验可供借鉴(彭杜宏,2016)。如教师运用专业版测评工具——"0—6岁儿童发展连续性评价量表"或大班幼儿-三年级儿童阅读测评包等,观察记录每一幼儿的不同发展特点、发展水平、变化轨迹等,据此采取小组式教学指导或一对一强化支持。正如有学者强调的,"对认知灵活性发展不正常的儿童应尽可能早一些检测出来,让他们得到应有度治疗。"(李美华,沈德立,2006)因而,集体教学只是大班日常教育教学活动的一种形式;幼儿的自主活动、小组式教学、个别化指导也是其教育教学的重要构成。研究表明,即使到了小学一年级,以儿童为中心的教育模式也比以教师中心的集体教学更好(Lerkkanen et al.,2016)。因而,改变当前幼儿园占绝对优势地位的集体教学模式;加强基于幼儿个体发展水平多样性特点而提供"个性化"支持是幼儿教育努力深化的方向。

(二)有待加强儿童早期学习与发展结果如认知灵活性等的监测

幼儿在园三年究竟发展了什么?目前国内在幼儿阶段并无硬性的发展考评。各幼儿园以幼儿表演、作品或技能来展示其发展结果。尽管有经过模仿学习与反复练习后的毕业会演,但目前缺乏有关幼儿高级思维能力乃至学习品质发展的系统性考察。据本研究结果,幼儿在认知灵活性得分上最低水平与最高水平差距很大(几近全距的差别),尤其是18%的5岁幼儿、

10％的 6 岁幼儿得分在 1 分以下,处于零发展或严重滞后状态。这种发展的滞后或缺陷状况可能在更早的时候已悄然产生,但因缺乏跟进式测评和发展监测而无法知道究竟何时出现了发展滞后。研究揭示,年幼时某些发展的小差距能酝酿成年长时的巨大差距(Reardon,2011)。认知灵活性发展的早期差距也可能会随着年龄增长而越拉越大,如不引起及时关注,可能导致日后难以填补的鸿沟或发展障碍。因而,认知灵活性有待在儿童早期学习与发展结果监测中受到重视。世界经济合作与发展组织(OECD)2015 年发布《强势开端 IV:监测早期教育与保育质量》,介绍到儿童发展结果监测的方面有语言与读写能力、计算能力、科学、ICT 技能、实践技能、创造力、社会情绪能力、运动能力、自主性、身体健康发展、心理健康、其他发展如执行功能等(OECD,2015)。认知灵活性是执行功能的主要成分。不过,评估的最大难点在于如何科学地收集/处理和评价大量学龄前儿童学习和发展水平的信息(辛涛,乐美玲,2013)。这些信息的收集仅仅依赖于幼教机构的自我评价也是不够客观的,最好要有收集客观数据的方法及第三方的加入(周欣,2012)。因而,融合幼儿园老师的真实性评价(authentic assessment,Bagnato et al., 2010)与第三方专业测评以考察幼儿的发展是未来努力的方向。值得注意的是,这些测评结果主要用于支持教师的教学活动,即加强教师对每个幼儿发展水平与变化特点的觉知,据此给幼儿提供更适宜更个性化的学习支持,由此提升教育质量。研究揭示,师幼互动质量能直接预测幼儿执行功能的发展(Leyva et al., 2015)。无疑,了解幼儿在不同领域上的发展水平与特点、变化轨迹与滞后状况等是高质量师幼互动的必要前提。因此监测与跟进式测评不是用以给幼儿贴标签,而在于给教学或干预提供必要的支持,最终达到提升幼儿园教育质量的目的。

六、结论

5—6 岁幼儿认知灵活性发展总体水平偏低。表现在:在认知灵活性任务的 12 对正式测试中幼儿平均完成 4 对,82.9％的幼儿得分在总分的一半及之下。未能完成任务的主要原因(错误类型)有"不相关反应"(即在无关维度上分类)、"分类对理由错"、"不反应"(即回复"没有了")等。"分类对理

由错"是 5—6 岁幼儿身上出现的一种新的错误类型。在年龄特征上,5—6
岁幼儿在认知灵活性正式测试中未呈现出显著的年龄差异。这可能与 6 岁
组幼儿"分类对理由错"这一错误类型频次显著高于 5 岁组幼儿有关;在标准
测试通过率上 6 岁组显著高于 5 岁组。表现出 6 岁组幼儿有比 5 岁组幼儿
表现更好的可能性。5—6 岁幼儿认知灵活性发展的个体差异显著。这一方
面表现在各年龄组幼儿(5—6 岁幼儿总体、5 岁组、6 岁组)认知灵活性得分
的个体间差距极大,如最高分与最低分均相差 11 分(总分 12)。以 5 岁组为
例,近 18% 的幼儿完全不能完成任务,处于严重滞后状态;近 6% 的幼儿接近
满分。其他两年龄组呈现类似的差距特征。另一方面,各年龄组幼儿认知
灵活性成绩分布均差异显著。不仅各分值上均分布有一定比例幼儿,且分
值最集中的比例均在 30% 以下。经检验,不论哪一年龄组,其成绩分布差异
显著。此外,女孩的认知灵活性平均得分显著高于男孩。经检验,FIST 任
务具有良好的内部一致性信度和效标关联效度。研究得出如下启示:亟待
加强 5—6 岁幼儿认知灵活性的培养并依据其发展的个体差异与早期差距提
供个性化支持。

附录　幼儿园对儿童创造力发展的教育支持质量初探

一、引言

当今时代,要想抢占全球科技制高点、跻身创新型国家前列就迫切需要创新型人才的持续涌现。由此,世界各国都把创新人才的培养提升到国家战略层面,把创造力纳入教育的目标体系(Pringle,2016)。发展每一个儿童的创造力成为当今时代教育的核心使命(Robinson,2011,Chan,Yuen,2014,陆小兵等,2015,Alkhudhair,2015,Richardson,Mishra,2018)。近几十年对教育情境中创造力的促进研究有很大的增长。然而国内学界以青少年创造力培养研究为主,即使有为数不多的实证研究探索了学前儿童创造力的发展特征与培养实验(彭杜宏,顾筠,2017),但我们并不了解儿童在园一日生活中所获得的创造力发展支持状况。正如有学者指出的,极少有研究彻底探索幼儿园教室环境中教师的创造力支持实践(Teachers' Creativity- Supporting Practices,Dababneh et al.,2010)。研究表明,学校生活中,教室环境创设、教学活动与互动、学习氛围及学习投入等都是支持个体创造力发展的主要因素(Richardson,Mishra,2018)。环境创设对支持儿童创造力发展十分重要(Beghetto,Kaufman,2014,Warner,Myers,2009)。区域环境中,相对于高结构材料,低结构材料更有利于幼儿创造性想象力的发展(黄玉娇,2014)。华东师范大学学前教育专家华爱华教授指出,低结构材料更有助于儿童发散思维的发展,儿童在使用高结构游戏材料时更多的是模仿,而在使用低结构材料时较多的是创造。同时,阅读对幼儿的创造力的发展发挥着举足轻重的作用(刘淑英,2012,成蕾,2010)。集体教学活动中,有效的提问不仅会提高幼儿的参与积极性(刘秋凤,2018);而且能激发和培养学生的创造思维(肖韶光,2000,蒋红梅,2009,杨慧芬,2013)。课程结构(Program Structure)是幼儿园一日活动与学习环境质量的基本体现(Harms,Clifford,Cryer,2015,Early et al.,2018)。幼儿创造力发展也受课程结构质量的影响。综上,本研究旨在扎根幼儿园一日生活,同时选取区域环境、集体教学活动和课程设置三大方面考察幼儿园对儿童创造力发展的支持状况。研究一方面将拓宽当前儿童创造力研究的视角与领域;同时补充学界对幼儿在园获得的创造力发展教育支持的初步认识;另一方面,通过研究提出针对性的建议与对策,由此推动实践界更好地满足所有儿童创造力的发展需求;让每一个儿童的创造潜能都能在幼儿园日常生活中得到伸张和发展。

二、研究对象与方法

研究对象为苏州市两所公立幼儿园中的两个大班(参见表1)。以此两大班为个案,深入班级幼儿一日学习生活的连续两周扎根观察,对其日常环境创设、课程设置与集体教学活动等进行记录(研究者随教育实习介入);对搜集到的原始资料分类整理,并进行描述性统计分析。

表 1　观察的幼儿园及班级基本信息

幼儿园名称	园所性质	班级	班级规模	班级教师人数
幼儿园 A	公立幼儿园	大班 A	30	2
幼儿园 B	公立幼儿园	大班 B	35	2

三、结果与分析

(一)幼儿园环境创设的基本情况分析

1. 区域环境的材料投放状况

结构性是游戏材料的一个非常重要的特征,结构性是指游戏材料用途的特定性程度,例如,一辆警车的复制模型只能被用来当做警车使用,而由积木和轮子粘在一起的木制汽车,虽没有警车模型那样真实,但由于其低结构性,因而可以用作任何类型的汽车使用。因此,按照游戏材料的结构性来区分的话,游戏材料中的泥、沙、水、积木、积塑等既没有明确目标也没有固定玩法的材料属于低结构材料,而教育性、模拟性材料则属于高结构材料。为探究幼儿园大班区域中高结构材料和低结构材料的投放情况,研究者将幼儿园区域的材料分为了六大类:科学区、数学区、生活区、艺术区、建构区和益智区,根据不同区域作出了相应的调查和记录,观察高结构材料和低结构材料的种类和投放比例(参见表2)。

表2　幼儿园区域材料投放的基本情况

区域环境	幼儿园 A		幼儿园 B	
	低结构材料	高结构材料	低结构材料	高结构材料
科学区	7(58.3)	5(41.7)	2(25.0)	6(75.0)
数学区	3(30.0)	7(70.0)	5(50.0)	5(50.0)
艺术区	23(59.0)	16(41.0)	5(31.2)	11(68.8)
建构区	5(35.7)	9(64.3)	4(57.1)	3(42.9)
益智区	4(40.0)	6(60.0)	7(58.3)	5(41.7)
共计	42(49.4)	43(50.6)	23(43.4)	30(56.6)
	低结构材料	65(47.1)	高结构材料	73(52.9)

2. 阅读区图书资料的投放状况

为了解幼儿园阅读区图书投放对幼儿创造力发展的教育支持状况,研究考察了两个大班连续2周(每周观察记录1次)的阅读区图书数量及其变化情况(具体见表3)。

总体而言,幼儿园平均每天班级图书将近80本。其中,社会领域图书最多,其次是语言领域。最少的图书是健康领域,其次是数学。不同班级图书资料差异比较大。如A幼儿园大班平时的图书总量远比B幼儿园的多。从时间变化上看,两所幼儿园图书前后两周图书的总量变化很小。如第一所幼儿园大班前后两次图书总数无变化,第二所幼儿园大班图书总量减少了12本。其他不同领域的图书种类与数量有一定变化,但不均匀——有的变多了,有的变少了,除个别领域如科学领域变化幅度偏大外,其他变化的百分点总体不大。

表 3　幼儿园阅读区图书投放的基本情况

图书类别	幼儿园 A		幼儿园 B		平均
	观察 1	观察 2	观察 1	观察 2	
语言	23(20.7)	27(24.3)	23(42.6)	12(28.6)	21.3
数学	5(4.5)	5(4.5)	5(9.3)	1(2.4)	4.0
科学	15(13.5)	18(16.2)	5(9.3)	15(35.7)	13.3
社会	44(39.6)	41(36.9)	10(18.5)	11(26.2)	26.5
健康	4(3.6)	3(2.7)	6(11.1)	1(2.4)	3.5
艺术	8(7.2)	6(5.4)	2(3.7)	1(2.4)	4.3
其他	12(10.8)	11(9.9)	3(5.6)	1(2.4)	6.8
共计	111	111	54	42	79.7

（二）幼儿园集体教学活动中教师的提问与回应特征

集体教学是幼儿园的主要教育活动之一,集体活动中教师的提问也是教学的主要手段之一,不同类型的提问会影响幼儿的思维发展,为此,研究者在两周中随堂听取了 10 个集体教学活动(平均每个集体教学活动 23 分钟,时间总长为 232 分钟),对集体教学活动中的教师提问行为作观察和记录。根据教师的提问特点,得出教师的提问类型主要有三类(参见表 4):开放性问题、封闭式问题(如"对不对"、"是不是"、"好不好"等二选一的问题)、无效问题。观察的 10 个集体教学活动中教师的提问总次数为 227 次,其中开放性问题数量为 35(占总提问次数的 15.4%),封闭式问题数量为 140(占总提问次数的 61.7%),无效提问 52 次(占总提问次数的 22.9%)。可见,幼儿园集体教学活动中,教师的封闭式问题占 60%以上;开放性问题只有封闭式问题数量的四分之一,无效问题的数量也不少。

表 4　集体教学活动中教师提问的基本类型及其特征

提问类型	开放式问题	封闭式问题	无效问题	共计
次数	35	140	52	227
百分比	15.4	61.7	22.9	100

通过对幼儿教师在集体教学中不同回应行为的观察,可将教师的回应分为九类(参见表5):简单重复、解释、总结、追问、回避、否定、打断、不理会和肯定等。10个集体教学活动中,教师总回应258次,其中重复性回应最多(占总回应次数的38.8%);其次追问性回应(占总回应次数的21.3%);此外为肯定回应(占总回应次数的13.6%)、解释回应(占总回应次数的6.2%)和不回应(占总回应次数的5.4%)等。进一步合并整理,将重复、回避、否定、打断、不回应等归纳起来共计139次(占总回应次数的53.9%);将解释、总结、追问、肯定等归纳起来共计119次(占总回应次数的46.1%)。

表5 集体教学活动中教师的回应特征

回应类型	重复	解释	总结	追问	回避	否定	打断	不理会	肯定	共计
次数	100	16	13	55	5	10	10	14	35	258
百分比	38.8	6.2	5.0	21.3	1.9	3.9	3.9	5.4	13.6	100

(三)幼儿园日常课程结构的特征分析

借用《儿童早期学习环境评量表(ECERS-3)》中的课程结构(Program Structure)分量表对幼儿园的课程结构进行评价。该分量表包括"过渡与等待时间"(Transitions and waiting times)、"自由游戏"(Free play)和"集体活动"(Whole-group activities for and play learning)三个分维度。由7个评分等级构成,从1到7代表分别代表从低到高的水平。得分越高,水平越高。其中1分代表问题水平(不足水平);3分代表应达到的最低标准;5分代表一般水平;7分代表优秀水平。2、4、6分别处于1、3、5、7之间的水平。通过对两所幼儿园两个大班的两周日常观察,得出其课程结构的基本状况(参见表6)。

表6 幼儿园课程结构的基本特征

幼儿园名称	过渡与等待时间	自由游戏	集体活动	平均分
幼儿园A	4	6	2	4.0
幼儿园B	4	4	2	3.3
平均分	4	5	2	3.7

表 6 显示了两所幼儿园大班的课程结构质量,A 幼儿园平均分 4 分,处于最低标准和一般水平之间,即中等偏下水平;B 幼儿园课程结构平均为 3.3 分,刚刚达到最低标准。其中,两所幼儿园大班集体活动平均为 2 分,处于最低标准之下;自由游戏平均得分为 5 分,达到一般水平,A 幼儿园自由游戏水平得分略高于 B 幼儿园;过渡与等待时间平均得分为 4 分,处于最低标准与一般水平之间,即中等偏下水平。

四、讨论

(一)调查中的幼儿园区域环境创设对幼儿创造力发展的支持质量整体偏低

材料的结构性会影响幼儿创造性想象能力的发挥。Pulaski(1973)、Einsiedler(1986)等的研究表明低结构材料比高结构材料更有利于促进幼儿的思维发散和创新能力的发展。本研究中显示幼儿园的高结构材料投放多于低结构材料的投放数量。过多的高结构材料将会限制幼儿的想象与创造。尤其是对于大班幼儿,其生理和心理发展得较为成熟,认知水平随之不断提高,思维表象也不断丰富,他们不再满足于材料的单一玩法,因而高结构材料无法满足幼儿的发展需要。而低结构的活动材料更具有探索性和引导性,有利于激发幼儿的好奇心;且具有较大探索空间,允许多样性发挥,这是幼儿创造力发展的有效保障。有学者提出,阅读过程会调动原有表象,并循着故事中所提供的线索对已有表象进行重新建构,建立新的形象,因此幼儿的创造力在阅读过程中得到了同步发展(刘淑英,2012)。然而本研究所调查的幼儿园里,阅读区域投放的图书不均衡,偏科严重。不同类型的书籍数量相差很大,多的高达几十本,少的就只有一两本甚至没有。这容易造成幼儿吸收知识不均衡,没法给幼儿足够的知识储备量去探索、创造。同时,儿童的阅读兴趣是在多样性图书阅读中动态形成;这种动态的阅读兴趣与他们日后的阅读技能的涌现有着密切的关系(Walgermo et al., 2018)。幼儿园如何丰富和拓展高质量的图书,确保图书类别之间的均衡,这是区域环境创设值得注意的问题。

（二）集体教学活动中教师以封闭式提问与无意义回应为主,阻碍了幼儿创造力的发展

幼儿教师的提问是有层次的,好的提问能启发思维,差的提问仅流于一种形式(王瑞华,1995)。本研究中,幼儿园教师在集体教学活动中以封闭式问题为主且无效问题多,开放性问题少(参见表3)。这与相关研究的结论一致,如任娟(2008)研究发现,教师的提问认知水平低,有时是为了达到自己的教学预设,出自教师教学的需要,对幼儿的学习并未促进。另有研究也得出,幼儿教师提问的类型单一简单;提问的目的偏向传授知识技能(崔姗,2011)。长期低水平的提问将对幼儿的创造性思维活动产生不可估量的阻碍。造成教师封闭式提问、无效提问多的原因可能是教师活动准备不充分、缺乏课前提问设计、课后提问反思少等。

教师给予幼儿的反馈可以增加或减少思考,可以允许或不允许思考,也可以增强或抑制思考。《幼儿园教育指导纲要(试行)》中也要求教师"关注幼儿在活动中的表现和反应,及时以适当的方式应答,形成合作探究式的师生互动"。研究发现教师在集体教学活动中的回应方式是多种多样的(参见表4),但进一步分析发现,无意义的重复幼儿答案的行为已成为一种教学习惯。另当幼儿回答不完整或不正确时,教师很少追问,而是采用重述、简单否定、自己代答等反馈方式。可见,教师并不能很好地利用追问和回应来深入了解幼儿的学习过程。有研究也发现,幼儿教师的正向回应的比例为33.9%,中向和负向回应的比例总和为66.1%(李承,2014)。高密度的中向回应和负向回应非但不能使幼儿疑惑得以解答、情感需求得以满足,还会抑制幼儿的提问行为。

此外,本研究还发现,在集体教学活动中,幼儿提问频率很低。在10个集体教学活动中,幼儿总提问行为都不超过10次。这个结果令人吃惊。为什么会出现这样的现象呢?研究者发现课堂的把控主要掌握在教师的手中,教学活动中大部分的师幼互动都是由教师发起;幼儿在心理层面对于课堂是敬畏的,没有提问意识抑或被老师遏制了。一日活动中几乎看不到教师对幼儿提问的表扬和鼓励;也几乎没有教师在全班面前倡导幼儿提问。

（三）调查中的幼儿园课程结构处于最低标准与一般水平之间的中等偏下水平

本研究中,两所幼儿园大班的课程结构平均分为 3.7 分,在 3—5 分之间,即在最低标准与一般水平之间,属于中低水平。从表 6 中各项目得分上看,这与集体活动得分尤其低不无关系。根据"课程结构"分量表,集体活动的优秀水平须有以下三个明显表现:(1) 所有儿童在集体活动中都很投入。(2) 集体活动通常是以小组方式展开,而不是让所有人都在大集体里活动。(3) 如果是大集体活动,允许儿童离开集体到另外他们想去的区域活动。显然,国内幼儿园由于班级规模大,要能做到以上三点实属不易。调查中的幼儿园集体活动中,一方面表现为不是所有幼儿都很投入集体活动;另一方面幼儿很少有机会离开集体,都是教师主导或分配。即使每天开展的各种游戏活动,都是由教师发起。幼儿活动与选择的自由是其创造力伸张的基本前提。如果留给儿童的自由空间极小,那么,就难有创造力呼吸的空间。另外,在"过渡与等待时间"的优秀水平上,须有以下两个明显表现:(1) 过渡通常是渐进的或个性化的(例如,有一些儿童可以到外面去玩了,虽然另外一些儿童还在室内准备着;儿童一旦在桌子边坐下便可以开始吃饭;老师已经开始召集环坐聚集了——国外称 Circle time,大家环坐下来听老师读绘本或做实验等;另一些儿童还在收拾桌椅)。(2) 没有超过 3 分钟或更长的过渡等待时间。上述指标一中的例子在国外幼儿园教室里很容易看到,也很正常。他们不强调整齐划一,而是跟随不同儿童的不同"步速",充分尊重儿童的"步速"和个体差异。然而调查中的幼儿园过渡都是整齐划一的,极少时候能允许个性化。自由游戏得分在 4—7 分之间,是三个维度中平均分最高的了,达到了一般水平,符合自由游戏的基本设置。不过在自由游戏的安排上仍然有很大的提升空间。

五、对策与建议

有幼儿园教师指出,幼儿园儿童创造力培养缺失(张庆芳,2017)。那么,幼儿园日常教育教学活动中究竟如何支持儿童创造力的发展? 本研究据考察结果提出以下建议与对策:(一)区域环境以低结构材料投放为主;并定期进行一定更新并创设问题空间;使区域环境能满足幼儿个性化发展的需求,满足幼儿随意想象与创意搭建的需要。(二)阅读区图书绘本确保多样均衡;并定期有一定更新。丰富、均衡的阅读环境,使幼儿爱上阅读、成为阅读的主体,想象力、创造力在阅读中得到提升。(三)集体教学活动中高度重视提问与回应的质量;允许与鼓励幼儿主动提问。教师要不断反思自己的提问水平和回应策略。教师的提问要尽量开放,引导幼儿从多角度思考问题,锻炼他们的发散性思维。(四)切实以幼儿为中心开展课程结构设置。幼儿园一日课程结构要以幼儿为主体,真正的给幼儿自主选择的机会。比如安排一些幼儿自己可以组织的各种游戏活动,让幼儿在尝试的过程中发现问题、解决问题。同时以儿童为中心来设置课程,意味着课程结构不那么结构化、整齐化或标准化;反之,允许差异与个性化的发展。(五)夯实幼儿教师支持儿童创造力发展的外部支持系统。比如幼儿教师的准入严格把关;对入职后幼儿教师还以教学自由,发挥教师的创造力。只有富有创意的教师,才能培养出富有创意的儿童。

研究揭示,幼儿园教育质量(包括环境质量)与儿童整体的学习与发展结果显著相关;这种关系对于农村幼儿园儿童而言更强(Su et al.,2021)。而创造力是无处不在的跨学科实践与所有领域学习中的涌现(Beghetto,2010,Dalke et al.,2007)。因此我们需要关注幼儿的一日生活与学习环境,努力提升幼儿园教育质量,减少教育的多余,弥补教育的缺失,让幼儿的创造潜能在日常生活中不被剥夺;能自然生长;能让广大幼儿的创造天性得到保护和适宜的培养。

六、结论

目前很少有实证研究报告幼儿园日常教育活动及其环境对幼儿创造力发展的支持状况。对此,本研究深入当地两所幼儿园两个大班的一日生活,着重对其环境创设、集体教学活动及课程设置等方面进行为期两周的观察。结果发现:(1)在环境创设上,幼儿园各区域投放的高低结构材料比例几近持平;总体而言高结构材料更多,低结构材料不到一半。阅读区不同领域的图书投放比例不均衡;班级图书随时间变化的更换率不高。(2)两周的集体教学活动中,教师提问以封闭式问题为主(占总提问次数的 61.7%);开放性问题仅占 15.4%。教师简单重复、回避、否定、打断或不理会等无效回应较多(占总回应次数的 53.9%)。(3)幼儿园的课程结构平均得分 3.7 分,处于最低标准与中等水平之间。综上,幼儿园一日生活中对幼儿创造力发展的支持质量总体偏低。

第七章 国外儿童早期学习品质发展标准解读与借鉴

      国际上,许多发达国家(如美国、新西兰、澳大利亚、新加坡等)都重视儿童早期儿童学习品质的学习与发展。如早在学习品质概念正式提出之后,美国相应的儿童早期学习与发展标准政策文件中,学习品质便被列为一个独立的关键领域。在前期研究基本明确了我国幼儿园儿童学习品质发展的现状后,下一步努力的方向和目标可以有哪些? 我国幼儿的学习品质发展现状与期望的水平之间是否存在差距? 这些都需要一系列严谨而科学的参照系统。对国外儿童早期学习品质发展标准的综述与解读,有助于我们更好地开展儿童学习品质研究;也有助于我们明确实践中需要努力的具体方向。本章便以美国新近出台的政策文件为例,聚焦儿童早期学习品质发展目标,进行归纳与总结。

第一节 美国儿童早期专注力与坚持性发展标准解读

一、引言

      学习品质是儿童逐渐投入到社会互动和学习活动中的行为表现;其中,专注力(Attentiveness)指的是儿童能集中注意和全神贯注;坚持性(Persistence)是儿童坚持完成活动/任务的能力,即儿童投入他们正在进行的活动,在面对与他们的水平相适应的挑战时仍能投入其中(Arizona,2018)。

二、美国儿童早期专注力与坚持性的发展标准

以美国开端计划、威斯康星州等全国性和地方性最新发布的儿童早期学习与发展标准为例,从中抽取学习品质的独立子维度"专注力与坚持性",继而解读其目标内涵及发展的连续性指标描述(见表1—表3)。

表1显示了全国性文件开端计划中关于儿童自出生到5岁专注力与坚持性发展的连续性表现。一方面,该文件明确了专注力和坚持性两大独立子指标;另一方面,该文件明确了从出生到5岁不同年龄段发展的具体表现,从其指标描述可以看到当中随年龄变化,发展标准的渐进变化。以及到某个年龄点时,明确指出了需要达到的发展标准,如3岁时儿童的专注力、坚持性发展需要达到的标准;5岁时专注力、坚持性发展需要达到的标准。这给成人教养者(父母或教师)非常清晰的印象,由此也更能觉知年幼儿童的发展表现,更能清晰地记录发展中的个体差异和所需要的支持等。

表2—3显示了美国代表性州最新标准(如威斯康星州2017年发布的第五版,亚利桑那州2018年发布的第四版等)中关于儿童早期专注力、坚持性发展标准的描述。其中,有的州从内容的角度阐述了发展的连续性,如威斯康星州和亚利桑那州,是将专注力和坚持性分别分解成不断发展的子目标,在儿童早期这个年龄范围内,或早或晚地表现出不断发展与提高的行为表现。究竟在哪个具体的年龄范围(如3岁时或5岁时)并不做具体规定——未将不同的内容级别具体到相应年龄段里。这意味着在这个年龄范围内具体不同层次等级的发展内容可以灵活地跨越或延迟,从个体差异的角度来看,有很大的灵活性和弹性空间,对教师的科学合理解读有较高的要求。相反,另外一些州则既从年龄连续性递增的角度明确不同年龄段儿童的发展标准;同时也从发展内容角度,分解出对应各年龄段的发展标准或期望的发展标准。由此,成人教养者能获得更具体的参照,能更细致地把握各年龄段里的期望标准。

表 1　美国儿童早期专注力与坚持性的学习与发展标准

	分目标	婴儿 （约 0—1 岁）	学步儿 （约 1—2 岁）	学步儿 （约 2—3 岁）	学前儿童 （约 3—4 岁）	学前儿童 （约 4—5 岁）
开端计划（2015，第三版）	ATL3. 在他人帮助下能集中和维持注意	在有他人帮助或支持的情境下，能过滤掉干扰的感知刺激而集中注意某些/个重要人物或物体上。	1. 为完成某活动或与他人一起关注某活动，日益能专注于当中的人、物或活动。	在那些需要专注或共同注意的活动中，能与他人一起参与活动、操作物体等。		
		3 岁时：1. 能与熟悉的成人或儿童投入地互动/游戏。2. 对自选的活动或任务，能积极投入或注意其过程。3. 对于简单的任务或活动能集中注意一小段时间。				
	ATL4. 在行动、行为中表现出坚持性	表现出日益增长的与熟悉成人或玩具持续互动的能力而不仅仅是片刻的时间。	即使遇到困难，表现出乐意重新努力加入交流或重复操作来解决某问题。	当为了某个目标或解决某个问题时表现出日益增长的投入其中的能力。常尝试不同的策略直到成功。		
		3 岁时：1. 坚持学习新技能或坚持解决问题。2. 在成人协助下为完成某个有挑战的活动或任务持续努力。				
	ATL6. 在成人很小的一点帮助下能集中与维持注意				尽管有干扰或打断，在成人帮助下能对当前任务或活动集中一小段时间的注意。	尽管有干扰或打断，能越来越自行保持对当前任务或活动更长的集中注意。
					中班结束时（5 岁时）：1. 能在活动中保持与集中更长时间的注意，如 15 分钟或更长。2. 能较长时间地投入游戏活动中。3. 在大组和小组活动中仅需极小的帮助都能注意听成人的讲解。	

续表

	分目标	婴儿 (约 0—1 岁)	学步儿 (约 1—2 岁)	学步儿 (约 2—3 岁)	学前儿童 (约 3—4 岁)	学前儿童 (约 4—5 岁)
	ATL7. 完成任务中表现出的坚持性				无论有成人或无成人帮助,在自己所喜好的任务遇到挑战时能坚持完成任务,如在搭建一座高塔过程中,即使一些积木倒塌也还继续努力搭建。	经常在自己喜好的任务中表现出坚持性。无论有无成人帮助,在自己不那么喜欢的活动中有时也能坚持,如打扫某区域的卫生。
					中班结束时(5 岁时):1. 即时遇到挫折,能坚持完成有挑战性的或自己不那么喜欢的任务;自行坚持,或通过寻求帮助来坚持(如寻求成人或其他小孩的帮助)。2. 在因事离开后能回到当前活动或项目中并继续集中注意力。	

表 2　美国儿童早期专注力与坚持性的学习与发展标准(续)

	分目标	婴儿 (约 0—1 岁)	年幼一点的学步儿 (约 1—2 岁)	大一点的学步儿 (约 2—3 岁)	年幼一点的学前儿童 (约 3—4 岁)	大一点的学前儿童 (约 4—5 岁)
北卡罗来纳州(2013,第二版)	ATL8. 维持与集中注意力	1. 能注意到周围的人和事。2. 对感兴趣的动作不断地重复。3. 当超出预期时能注意到。	1. 对自选的活动能集中一小会注意(如两三分钟)。2. 对有趣的活动或与成人一起游戏时能集中小段时间的注意。	1. 能集中注意某人或动手操作的某活动一小段时间。2. 在周围有其他人或其他活动进行的环境下能持续在自己感兴趣的活动中玩或工作。	1. 即使有干扰(如旁边有其他小孩说笑),在玩与其年龄相适应的活动时能集中注意/能继续工作。2. 对自己所选的复杂活动能持续投入。3. 在被打断后能保持集中注意并继续工作。	1. 当聚精会神于某任务中时有时能忽略不相关的信息。2. 对于自选的活动能持续投入。

	分目标	婴儿 (约0—1岁)	年幼一点的 学步儿 (约1—2岁)	大一点的 学步儿 (约2—3岁)	年幼一点的 学前儿童 (约3—4岁)	大一点的 学前儿童 (约4—5岁)
	ATL9.在有挑战的活动中表现出坚持性	1.一次又一次地试着使某事发生(如一次一次努力去够某玩具)。	1.对于他们目前还不会的某技能(如穿衣)不断努力去学会。	1.从他人那里寻求帮助以完成某个有挑战的活动。2.即使在遇到挫折后(如拼图拼不出来)能持续尝试。	1.从他人那里寻求帮助以完成某个有挑战的活动。2.当某事物/某操作或方法不管用时,尝试不同的方法来完成任务。3.持续工作以完成任务,包括那些有点困难的任务。	1.从他人那里寻求帮助以完成某个有挑战的活动。2.当某事物/某操作或方法不管用时,尝试不同的方法来完成任务。3.对某长期任务(如种下种子后继续照看幼苗及生长),有计划并持续工作。4.持续努力直到完成某挑战性活动,尽管有干扰或打断。
印第安纳州(2015,第三版)	APL3.专注力与坚持性	1.短时间的琢磨物体。2.当需要没得到满足会不高兴。3.重复某些动作以使某现象再次发生	1.联合注意好几分钟。2.在某活动或玩玩具中能投入与坚持但容易被打扰。3.当努力为做好某事能投入更长的一段时间。	1.能较长时间专注地阅读绘本(与他人一起或独立阅读)。2.即使有打扰也能在某活动中集中一会注意力。3.为学会某技能反复练习许多次,即使遇到挫折或失败	能自己专注地读完一本书	
					1.能短时间地延迟满足。2.从头到尾地看完一次活动。	1.有目的地集中注意力,尽管周围有打扰或诱惑。2.即使遇到挫折/失败或挑战且有一点点压力感,也能执行某个任务、活动或项目。3.在此前努力失败了的情况下仍坚持努力完成某个任务。

表3　美国儿童早期专注力与坚持性的学习与发展标准（续）

	分目标	3—4岁	4—5岁	中班结束时（5岁时）	大班结束时（6岁时）
马萨诸塞州（2015，新版）	APL3：能集中注意，并努力坚持完成任务			1.在他人帮助下,(1)能在某任务或活动中短时间地集中注意力,直到完成。(2)能排除/拒绝干扰并在某任务或活动(如故事阅读活动)中保持注意。(3)被打扰或打断后,能继续或回到当前活动中。(4)能应对一些挫折或失望。2.在交流或讨论中能对某个话题集中注意。3.对自行选择的任务,能有目的、有决心并愉悦地投入。	1.能独立地对某个项目保持一定时间的集中注意,直到完成。2.只需最小的帮助便能拒绝干扰并对某个任务或活动(如老师教学活动)保持注意。3.被打扰或打断后能继续或回到当前活动中。4.能推进讨论,头脑中清楚双方的观点并能推进他人讨论。5.即使遇到挫折或失望,自己能独立坚持。6.能据自己心中的质量目标或完成与否的标准来完成某些项目。
亚利桑那州（2018，第四版）		3—5岁			
	专注力	1.当投入活动中时能表现出有意注意。如按老师的指示,每次听到老师说出诗歌(poem)中到"m"时能拍一下手。			
		2.在投入与年龄相适应的活动中时能维持注意。如当其他儿童在附近玩音乐玩具时能继续走完迷宫。			
		3.被打扰或打断时能重新回到活动中。如(1)连续几天持续建构一个项目,不断添入新的元素。(2)在老师提出一个需解决的问题时能停下手中的艺术活动加入讨论,之后能继续回到艺术活动中;在户外活动结束后能继续之前的艺术活动。			
	坚持性	1.寻求挑战。如不断练习走平衡木。			
		2.独立或在成人帮助下应对挫折或失望。如在试着把果汁倒入杯子时,摇晃杯子,重新放杯子,试了又试。			
		3.建立目标,制定计划,按计划执行直到实现目标。如基于自己的设计创造一个3—D艺术项目。			

	分目标	3—4 岁	4—5 岁	中班结束时 （5 岁时）	大班结束时 （6 岁时）
威斯康星州（2017，第五版）	表现出坚持性与灵活性	出生后—6 岁			
		在与成人互动与帮助下，对光与声音加以关注并能持续注意。例如，当成人把球滚来滚去逗他时，儿童能持续地投入玩球。			
		能集中注意但容易被打扰。如儿童不断地与某成人一起滚球玩直到这个球滚到了架子底下。此时儿童放弃了这个球，然后玩别的玩具去了。			
		独立坚持某活动直到达到目标。如儿童搭建的某积木模型被另一个儿童不小心撞倒了，他又重新搭建。			
		设置与提出目标，持续执行并灵活调整计划，即使有干扰或波折。如儿童能离开未完成的任务一会后再回来继续完成它。又如，儿童有自己的主意，可能会喊成人帮助想得更透彻，然后展开项目/活动（如花园种植活动，积木搭建活动，艺术项目、简单的烹饪项目等），并根据材料、空间或时间进行调整。			

三、对家园儿童早期教育的启示

本节锚定美国儿童早期最新发展标准中"学习品质"的"专注力与坚持性"子目标，对其目标内涵及其连续性发展指标进行系统解读。综合表1—3发现，专注力与坚持性是相互交融的一对子目标，它们都有着丰富的内涵。如专注力反映了儿童集中注意、维持注意的时间长度、学习的投入度。它不仅表现为在活动/任务中的持续注意，还表现为能抗干扰地集中注意；被打断后能再回到当前活动的注意。如开端计划、北卡罗来纳州、印第安纳州、马萨诸塞州、亚利桑那州、威斯康星州等早期学习与发展标准中都有此类表述。坚持性既表现在儿童在活动中或完成任务中遇到挑战或困难时的行为；又表现在设定目标、制定计划、按计划持续完成任务/活动时的行为；还表现在抗干扰的坚持、根据实际情况灵活调整的坚持等。这些发展标准中的描述与界定让人们更全面、更深入地认识儿童的专注力、坚持性品质。尤其是"标准"清晰地勾勒出不同年龄连续性发展的内容差别与渐进表现。这些信息可为适宜地支持和挑战儿童早期专注力与坚持性的发展提供宝贵的参考；也可为研发我国0—6岁儿童专注力、坚持性等学习品质的发展标准提供借鉴。

第二节　美国儿童早期想象力与创造力发展标准解读

一、引言

创新是一个民族的灵魂,是当今时代全球激烈竞争的实质与趋势。创新能力已成为社会呼吁的热点与学界研究的重点。然而,这一能力根源于人类幼时的充分发展,相比于成人或青少年,我们对儿童早期的发展却并不是十分清楚(黄玉娇,2014;邓小平,2013;连桂菊,2013)。著名心理学家皮亚杰(1951)和维果茨基(1967)很早就指出想象与假想游戏是儿童认知发展的基本方面。创造性在儿童早期就全面地展现(Vygotsky,2004);它是儿童思维活动的核心(Egan,2003)。绝大多数研究者也认为,儿童创造力发展自成一体,遵循一条与其心理其他方面不同的发展路线(转引自董奇,1985)。学前期是儿童想象力与创造性迅速发展的活跃期与关键期,如果无视或忽略儿童早期想象力与创造性的发展与培养,必然会给儿童未来的创新能力带来难以弥补的损失。遗憾的是,教育实践中忽略、止于笼统甚至破坏儿童想象力与创造性的现象无处不在(郭姣,2015;张红岩,2014;连桂菊,2013;上馆子木,2008,李晓莉,2015),乃至有学者发表《中国儿童想象力危机报告》(孙云晓等,2009),另有研究发现全球中国学生想象力倒数第一(教育进展国际评估组织,2009)。重新认识儿童早期想象力与创造性并给予适宜的支持与挑战十分迫切。

自 2013 年美国总统奥巴马呼吁全社会实现高质量的学前教育(ECE),2014 年再次重申和强调(Hill et al.,2015),2014 年国会批准 500 万美元来支持"综合行动"(Omnibus Act,Schilder & Leavell,2015),"高质量"成为美国当下幼教界的核心目标(NAEYC,2015)。由此美国开端计划和其他一些州的早期学习与发展标准也全面更新。如新泽西州的儿童早期学习与发展标准自 2004 年公布,先后多次修订,2014 年为其第四版。本文以多次修订或最新完善的标准(具体见表 1、表 2)为例,抽取出"学习品质"领域中的"想象力/创造性"这一重要子目标——在美国不同州的早期学习与发展标准(Early Learning and Development Standards)中,该子目标均有其明确的阐述和独立的标准,对相应的内容进行解读与整合,以勾勒儿童早期想象力与创造性发展的全貌参考。从而让我们更清晰地觉察当代儿童想象力与创造性的发展及其"最近发展区";更轻松地预期并为儿童提供适宜性的环境与支持;更好地支持和挑战儿童的学习与发展;为有效保护与培养儿童丰富的想象力与创造性参考;也为儿童家长、幼儿教师、政府及相关专业人士学习参考。

二、美国学前儿童想象力与创造性的学习与发展标准

美国早期学习与发展标准是在综合了各领域研究成果基础上归纳出不同年龄段儿童能学习什么或发展什么的框架。它们代表了对儿童学习和发展什么的期望或希望儿童取得哪些进步。高质量的教育源自对儿童的真正了解,同时儿童的成长与发展是幼儿园日常活动的核心。因而,深入学习与了解学习与发展标准,将有助于勾勒我们对儿童成长与发展的适宜期望以及提供适切的教育支持提供具体参考。下面从美国新近学习与标准中抽取出儿童早期"想象力"与"创造性"的发展标准,并从其独立的目标界定、具体的指标描述、纵向发展的连续性等方面进行归纳与解读。

表1显示了上述各州"想象力"/"创造性"子目标〔从学习品质(Approaches to Learning)中抽取〕的发展标准。尽管是子目标,但它们都有其独立的目标命名及其相应的目标内涵或指标界定。包括未列举的其他州,如俄亥俄州(2012)的"创造性(Creativity)"子目标,田纳西州(2013)"灵活性与创造力(Flexibility and Inventiveness)"子目标,密歇根州(2013)的"思维习惯(Habits of Mind)"子目标中"创造性—想象力—形象化(Creativity-Imagination-Visualization)"被列为五大习惯之首。此外,一些州将想象力/创造性子目标放入艺术领域,如康乃狄克州(2014)、印第安纳州(2015)的"创造性艺术(Creative Arts)"、宾夕法尼亚州(2014)的"创造性地思考与表达——借助艺术来交流"(Creative Thinking and Expression — Communicating through the Arts),勾勒了儿童音乐、动作、戏剧、视觉、历史文化等艺术创作的发展指标。总体反映了美国儿童早期学习与发展新近标准中对"想象力与创造性"的高度重视。

（一）美国学前儿童想象力与创造性发展的目标及指标

表1 美国学前儿童想象力与创造性学习与发展目标与指标（例举）

来源	目标（Goal）	目标内涵/具体指标（Developmental Indicator）
开端计划（2015第三版）	创造性（Creativity）	A1. 儿童能运用创造性来增加理解与学习→A2. 儿童在思考与交流中表现出创造性 B1. 儿童在游戏及与他人的互动中表现出想象力→B2. 儿童在游戏及与他人的互动中运用想象力
新泽西州（2014第四版）	创造性与想象力（Creativity and Imagination）	A.灵活性,做事时对新观点的开放态度（如不固守一种方法,愿意实验或冒险新的方法） B.运用想象来解决问题,包括运用材料、角色扮演、写故事、身体动作或艺术创作等 C.运用多种交流方式创造性地表达思想、观点或情绪情感（如唱首歌,表演蝴蝶的生命循环等） （对于3—5岁的学前儿童）
威斯康星州（2017第五版）	创造性与想象力（Creativity and Imagination）	A. 与他人、不同材料或环境的互动时,投入到想象型游戏和创造性思维活动中 B. 通过音乐、动作和艺术创造性地表达自己
堪萨斯州（2013第三版）	创造性（Creativity）	A. 问题解决（Problem Solving） B. 创造性与灵活性（Creativity and Flexibility）
亚利桑那州（2013第三版）	创造性（Creativity）	A. 运用想象提出新观点/想法。例如儿童据他们自己画的画编造一个故事 B. 欣赏幽默。例如儿童听到故事中有趣的部分会笑,会说"这故事真有趣" C. 投入社会创造性游戏。例如与同伴一起玩时说"我们用这些盒子建一枚火箭,然后发射到月球上去"
北卡罗来纳州（2003第一版,2013第二版）	玩与想象力（Play and Imagination）	A. 儿童日益投入到复杂的游戏中 B. 儿童表现出创造性、想象力和创造力
纽约州（2012年版）	创造性与创造力（Creativity and Inventiveness）	儿童能超越现有知识的能力,以及超越当下的现象运用抽象概念和图片进行探索和游戏

实践中,美国幼儿园广泛使用的0—6岁儿童连续性发展测评量表 (Teaching Strategies GOLD© Child Assessment Portfolio,2010)也把"灵活性与创造力"作为考评的一个维量(Lambert,et al.,2015)。表1中列举的描述有助于丰富我们对儿童早期想象力与创造性发展内涵的认识。我国《幼儿发展评估手册》(1993)关于幼儿想象力与创造性的评估指标为"在智力活动中想象的丰富程度与独创性"(转引自王坚红,2010),包括愿不愿意想象、能否根据实物想象(含想象的个数)、能否根据符号想象(含想象的个数)、能否创造性地抽象想象,着重于"愿不愿"、"能不能"角度;上述标准更贴近儿童的日常生活,更着重于在广泛而真实的活动中观察儿童的相关表现(如在互动中、交流中、问题解决中、思考中、游戏中、想法/观点中、探索中等等表现出的想象的运用与创造性)。

(二)美国学前儿童想象力与创造性发展的连续性

表2 儿童早期想象力与创造性发展连续性指标(例举)

来源	婴儿期 (0—1.5岁)	学步期 (1.5—3岁)	学前期 (3—4岁)	学前期 (4—5岁)
开端计划	A1.(1)用各种方式与他人互动;(2)依据他人的反应调节表情、动作和行为;(3)用熟悉物品当相关的新事物(如用炒锅当帽子或勺子当鼓棒)。. B1. 初步涌现→用声音、手势、符号或语言开玩笑(如唱歌、手指游戏或其他游戏)。	A1.(1)用新的和惊奇的方式综合事物或材料,到3岁时,关注到新的、不寻常的事物;(2)愿意参加新的活动;(3)创造性地运用语言,有时创作词语或节奏。 B1.(1)运用想象来探索物体和材料可能的用途;(2)乐于和同伴玩假扮游戏→3岁时能用想象物体或人物与他人互动;能用纸、颜料或积木来做新奇的东西。	A2. 在思考与交流中表现出创造性:在成人鼓励下用创造性的语言或动作回应。 B2. 在游戏和其他创作中能一致性地运用想象,开始与同伴和成人交流自己的创造性的观点。	A2. 有无成人鼓励都能创造性地表达自己的想法→5岁时:(1)与任务或问题相关的提问有新意;(2)创造性地完成某项任务、活动或游戏等;(3)通过多种交流方式创造性地表达想法、情感或观点。 B2. 与同伴及成人互动中能发展更多精致的想象游戏,故事和创性作→5岁时:(1)投入社会和假扮游戏中;(2)运用想象编造故事或其他艺术作品;(3)游戏中运用物体或材料代表其他东西,如用纸盘当作轮胎等。

来源	婴儿期 （0—1.5 岁）	学步期 （1.5—3 岁）	学前期 （3—4 岁）	学前期 （4—5 岁）
堪萨斯州	A.（1）开始表现出反应抑制（如当不让其碰某物时能等待）；（2）在新的或不确定的情境下期待照料者的反应；（3）寻找信任的成人的安慰或支持；（4）尝试自己做事情。 B.（1）有看、感觉和探索新事物的兴趣；（2）在玩中发现自我、他人和环境；（3）把熟知物体用到新事物上；（4）在新的或不确定的情境下测试照料者的反应（如把手伸到禁止物体上看成人的反应）。	A.（1）当失败时寻找另外的办法或成人的帮助；（2）观察和模仿他人解决问题的办法；（3）在成人指导下有时能记住并遵守规则，成人要求停下时能停止做某事。 B.（1）模仿他人用新奇的方式玩某东西（如学他人的样把篮子放到头上当帽子）；（2）基于前面的学习可以改变行为。	A.（1）能辨认问题并尝试用多种方法去解决它，如在一定的帮助下，能加入同伴团队一起来解决问题；（2）意识到犯了个错误，有时能纠正；（3）能自然地记住并应用两个规则（如把书放这边，车放那边）。 B.（1）游戏中能提出自己的新观点，能通过想象和想出新玩法来玩日常的玩具/材料；（2）能辨认奇怪或有趣的问题和情境并能提出一些可能的解决办法；（3）能想出改变行为的办法以回应他人的愿望和需求。	A.（1）能辨认问题并灵活性地解决；遇到更好的提议能改变计划；（2）为得到更好的回报能延迟满足；期待自己行为的结果；（3）能区分真实和假扮的。 B.（1）游戏中能想出新玩法；（2）开始喜欢玩据规则变化而调整的游戏；能对不同的活动/情境调节行为；（3）头脑里开始有某个优势规则并按此规则来作出反应（如据动物的颜色分类而非动物模样）。

来源	婴儿期 （0—1.5岁）	学步期 （1.5—3岁）	学前期 （3—4岁）	学前期 （4—5岁）
北卡罗莱纳州	A.（1）表现出与其他儿童玩的兴趣；（2）模仿声音、表情或手势；（3）拿简单的物体玩，如用它们制造声音或其他有趣的效果；（4）开始参与声音与手势给予-拿来的交换。 B.（1）用日常玩具玩；（2）尝试将熟悉的动作用于新的对象或他人（如对一个新玩具挥手拜拜，或弄出声音引起某生人的注意）（3）对预期外的事件感兴趣或大笑。	A.（1）与其他儿童一起玩有时模仿他们；（2）模仿成人的动作和假扮熟悉的生活场景（如对着真的手机说话、拿一块石头当手机说话）；（3）在游戏中排队、给他人玩具；（4）交流假扮游戏中发生的事情（如当假装给宝宝喂饭时说"他正在吃饭"）。 B.（1）用熟悉的物体做新的东西或用不寻常方式把它们综合起来；（2）假扮成某人或某物而非自己；（3）假装把某物真的当作另外其他东西	A.（1）乐于与同伴一起玩戏剧性游戏但常常不协调；（2）玩的时候与同伴交流和分享玩具等；（3）喜欢用想象的物体玩假扮游戏；（4）用语言来启动和执行游戏；（5）表达他们日常生活中的知识与经验。 B.（1）提出关于如何做某事或制作某东西的新观点；（2）假扮游戏中增添新的动作、道具或打扮；（3）以越来越新奇对方式来运用材料（如艺术材料、乐器、建构、书写工具等）或用动作、舞蹈表达他们自己的经历、情感与观点；（4）用语言、音乐和动做实验。	A.（1）与同伴玩时发展出更复杂的假扮游戏；（2）玩时用更丰富复杂的语言分享观点和影响他人；（3）玩的时候选用新的知识与技能（如在戏剧性游戏中增添舞台打扮、写下演员表）；（4）玩时表现出他们文化价值观和规则观念（如告诉另一个小孩，"那不是妈妈做的事情。"） B.（1）计划情景游戏并运用或做各种道具或工具来玩；（2）在戏剧游戏中扮演各种角色并不断增添新的动作、语言或道具到角色扮演中；（3）用越来越多的各种丰富材料或动作来表达自己的经历和观点；（4）编故事、歌曲和舞蹈来玩。
纽约州	1. 琢磨自己手和脚（如用嘴巴）。 2. 咬、摇、碰、丢、扔物体。 3. 模仿在另一情境下看到的动作。 4. 玩具的不同玩法和创造性地玩。	1. 发现日常材料的新用途。 2. 像做实验一样来探究，如通过试误看其反应。 3. 能理解不同物体一起工作关系。 4. 喜欢玩假扮游戏。 5. 游戏中运用了想象。	1. 设计新的活动或游戏。 2. 提议能被接受的小组活动规则。 3. 编造词汇、歌曲或故事。 4. 通过艺术、建构、动作或音乐表达想法。 5. 投入到大量的假扮游戏中。	

来源	婴儿期 (0—1.5 岁)	学步期 (1.5—3 岁)	学前期 (3—4 岁)	学前期 (4—5 岁)
亚利桑那州	A. 运用模仿与假扮游戏来表达想象力与创造性。 B. 发展出喜欢和不喜欢,越来越喜欢有趣的游戏,开始对有趣的事物感兴趣并喜欢做让别人吃惊的事。 C. 运用想象玩假扮游戏。		A. 运用想象提出新的观点。 B. 欣赏幽默。 C. 喜欢玩社会创造性游戏。	
威斯康星州	出生到 6 岁			
	A. (1)观察和模仿他人的行为;(2)把玩具/材料当作真实生活中的东西来做假扮游戏,并逐渐能用同一材料当作不同的假扮物;(3)在假扮游戏中重新创作和想象真实生活里经验;(4)投入到精细的想象性游戏中并能持续玩;能区分真实世界与想象。 B. (1)能注意到动作、音乐和视觉刺激或回应它们;(2)表现出对某特定类型的动作、音乐和视觉刺激的偏好;(3)运用各种艺术材料、音乐和动作进行探索;(4)通过各种艺术媒介、音乐和动作表达自己的观点、情绪情感、思考等。			

表 2 中,以 3—5 岁学前儿童为例,对上述连续性发展的具体指标进行内容分析,可归纳以下关键词及其出现的频次:(1)创造性的观点、玩法等:16次(如创造性的观点/提问/活动或问题解决;增添新的道具、角色、动作、规则等的新玩法/新游戏;以及多方法解决问题等)。(2)运用想象与假扮游戏:13 次(如想象游戏、假扮游戏、用某物替代或假扮某人/物等)。(3)创造性的艺术表达:6 次(如运用绘画、动作或舞蹈等表达自己的情绪与观点)。(4)灵活性/调节与改变:6 次(如纠正错误、改变行为、改变计划、调节规则、作计划等)。(5)编造故事等:4 次。其他如分享(观点/想法等)2 次;欣赏幽默 1 次;延迟满足 1 次;做试验 1 次等。进一步总结,(1)3—5 岁儿童想象力与创造性发展的核心表现有:新的/创意的观点、问题解决、玩法;假扮游戏/假扮物;灵活性;运用艺术表达自我或情绪以及编造/创造故事等。(2)3—5岁儿童想象力与创造性的发展体现在各个领域中且具有多样性表现,不局限于某种表现或单一艺术活动领域。比如儿童在面临新情境、问题和事物前,能从不同角度思考、能有不同看法;在表达观点和欣赏幽默中展现出他们的创造性等(Arizona Early Learning Standards,2013)。

三、对幼儿园教育实践的启示与建议

当今时代竞争的不是资本或速度,而是创意与想象力。2006 年芝加哥大学商学院的巴贝丝院长在"全球商学院院长论坛"上提出"想象力指数",强调教育要让学生保持好奇和大胆想象的状态。另有学者指出最好的学校是那些支持儿童想象力发展和创造性地解决问题的学校(Liu & Noppe-Brandon,2011)。如何在教育情境中提升学生的想象力日益受到重视(Jung-son Kwon et al.,2015)。因此,如何在儿童早期保护、开发与培养儿童的想象力与创造性十分重要。

(一) 明确学前儿童想象力与创造性发展的独特规律与具体目标

我国《3—6 岁儿童学习与发展指南》(2012)提出"重视幼儿乐于想象和创造"、"丰富其想象力和创造力"等目标。如何培养儿童的想象力与创造性需要对其发展规律准确而深入的认识。反之则会出现"幼儿想象力的培养缺乏目标性(郭姣,2015)"。上述详细标准的归纳、解读与例举,有助于我们更加明确 0—6 岁儿童想象力与创造性发展的连续性;对其典型表现、发展规律有了更多的意识与认识。如标准中所反映出 3—5 岁幼儿想象与创造的自觉性、目的性,包括故事的创编以及新玩法、新规则、新用途、新角色的想象与探索等,不同于我们先前所认为的幼儿想象活动以无意识为主(如王荣,2010)、创造性想象水平较低(陈红香,1999)等;不过新近研究揭示:在独创性、流畅性和想象力三者中,幼儿的想象力得分最低(李原,2011)。因此,我们参考国际视野的新近研究和指导资料的同时,也需不断推进基于我国学前儿童的实证与测评研究,不断更新儿童早期想象力与创造性发展的真实全貌。这样才能观察到儿童的"最近发展区"并有效预期儿童随后的发展,让"教学走在发展的前面",有效为儿童提供创造性的经验和促进儿童想象力潜力的最大发展。继而培养具有全球视野和创新能力的未来人才。

(二) 丰富支持儿童想象力与创造性发展的实践策略

儿童会表现出怎样的想象力与创造性几乎取决于他们所生活的环境。瑞吉欧创始人马拉古齐曾说过,给儿童创造性的体验,继而滋养他们的创造性心灵。Torarnee 等人对儿童创造力进行了大规模的培养研究,指出:创造

性的教学方法(如发现法、自学法、研究法、类比法、模拟创造过程法等等)对提高儿童的创造力大有益处(转引自董奇，1985)。尽管这些方法不一定适合年幼儿童但其理念可以借鉴。当然，玩是发展儿童想象力与创造性的必要途径(Pink，2006；Kapadia，2014)。同时，鼓励并支持儿童探索与表达、提开放性问题、提供儿童发问的安全环境、鼓励儿童不一样的解决方案、欣赏不一样/独特性是让儿童想象力与创造性得以发挥的前提(NY，2012；Arizona，2013)。此外，教育模式上也可以拓展。如：(1) 翻转课堂的教育模式。将"翻转教学与学习"(Lin，2014)的理念运用到幼儿教育实践中，即给儿童提供充分的自主学习活动(self-directed learning activities)的机会。缩减教师指导和干预的集体教学，加大环境创设的投入，包括室内多样化多变化的区角设计和高质量的室外环境设计，最大限度地给予儿童自主学习、活动、探索和游戏的机会。有必要大力度督促幼儿园给予儿童更多创造性游戏自主活动时间与户外活动时间；避免重技能与滥用儿童记忆力的教学实践以致剥夺了儿童想象力与创造性发展的空间或折断儿童想象的翅膀。(2) 科学与艺术融合的模式。将科学与艺术融为一体是培养儿童想象力与创造性的重要途径(Bequette & Bequette，2012；STEAM Carnival，2014)。笔者2015年在美国某大学附属幼儿园见到的如下情节：某4—5岁班的集体活动(circle time)时间里，老师先讲了一个关于"岩石"的故事，然后播放2分钟的地球内部岩层构造视频；然后在儿童前面摆放了一个装有不同形状、颜色、大小、质地的石头。每个儿童选出一块之后在所选石头上画画(本周开始是关于"岩石"的科学教育项目活动)，画完后，老师随机从最左边的儿童开始，让他们根据自己所画的内容创作故事，接下来的儿童结合自己画的，同时联系前面儿童所讲的内容，续上故事的情节或内容，一个接一个，直到18个儿童一起创作完一个故事。老师不在意儿童在石头上画得怎样，而是让儿童结合自己画的一起来想象和创作故事。这与我国幼儿园里普遍所见的描画——对竖线、曲线、圆圈等各种技能练习的教育目标大相径庭。

(三) 力图确保教育理念与教学行为之间的一致

有学者(cheung，2012)考察了幼儿教师关于创造性实践的理念及其实际教学行为，发现教师有近似书本或文献里关于创造性的丰富认识，但实际教学行为并没有受到他们理念的明显影响,在教师的理念与其实际教学行为之间存在很大的不一致。这可能有来自内外的复杂原因,如从教师自身角度,需要更多的自我反观与意识,包括明确哪些行为与理念不相符;哪些行为能真正支持儿童想象力与创造性的发展。新泽西州(2014)针对"想象力与创造性"子目标提出有效教师的如下特点:(1)在儿童面前是开放性与灵活性的榜样;(2)仔细观察儿童以了解和拓展儿童的想法;(3)给儿童提供想象性游戏与创造性地讲故事的机会;(4)支持多种创造性的艺术表达;(5)在儿童向老师学习制作某物时强调创造的过程;(6)在儿童交流日常经历时,有许多"我想知道/我感到奇怪……"的提问或鼓励;(7)拓展、精致儿童的创造性的观点与兴趣。这些特点与操作可供我们参考。

(四)改革质量评价体系

教师理念与行为之间的不一致为例也与外部评价与环境密切相关(cheung,2012)。教育质量评估体系应最大限度地支持教师,让他们能够把心放在儿童身上而不为外在各种形式的事务或压力束缚;让教师有更多的时间与儿童待在一起而非整日忙碌却没有时间真正陪伴儿童,更不用说用心反思自己的实践。健全学前教育体制机制是当前我国教育改革试点的重点任务之一。质量评价机制当为其首要内容。如美国大量的实证研究检验着儿童早期教育质量评价机制对儿童发展的影响(Goffin ＆ Barnett,2015)。了解全球学前教育质量评价机制及其发展趋势对我们完善体制机制不无借鉴。比如以儿童教育质量闻名的芬兰强调,要珍视儿童发表自己的观点的价值和提供他们在园快乐体验的价值(Finland's Ministry of Education ＆ Culture,2013);玩中学也是其教育政策的核心(Finland Basic Education Act,2010)。美国的课堂互动质量评价和幼儿园环境质量评价所强调的教室内积极氛围的营造、温暖的师幼关系、丰富的支持性环境创设等都是培养儿童想象力与创造性的关键条件。

第八章　儿童早期学习品质的保护与培养

　　儿童早期是学习品质保护与培养的关键时期。要培养充满好奇、主动探索、寻求挑战、能够坚持、乐意合作、思维灵活、富于想象创造……的儿童，就离不开儿童早期着眼学习品质的科学教养（Educare）。遗憾的是，我国幼儿教育在学习品质培养方面存在着重内容轻品质、重形式轻实质、重死记硬背轻思考理解、被动学习等问题（兰晶,温恒福,2018）。乃至儿童正式入学后在学习品质上出现一些突出的问题,如学习兴趣缺乏、学习动力不足、学习主动性差、缺乏自我调节能力等等（唐海燕,2017）。这些令人担忧的不良学习品质都有着早期根源。因此,急需采取树立"学习品质培养优先"的新理念,积极推进儿童早期积极学习品质培养研究（兰晶,温恒福,2018）。那么,在幼儿园和家庭日常生活当中,如何有效培养儿童的积极学习品质? 如何提升儿童特定学习品质的现有水平? 换言之,要在儿童早期养成良好的学习习惯或学习品质,关键的教育理念与操作策略是什么? 有哪些? 本章便围绕上述问题,展开深入细致的探讨。

第一节　儿童早期学习品质的培养策略述评

　　有学者依据扎根理论,对幼儿学习品质发展策略归纳编码,发现幼儿学习品质发展策略包括有:学习品质定位、学习品质识别、关键学习品质、幼儿主体实践、专项训练、课程融合、游戏、榜样示范、阶段性评价、持续改善、外围环境支持等方面(胡连峰,2017)。为进一步全面梳理已有有关对儿童早期学习品质培养策略的认识,下面以美国儿童早期学习与发展的最新标准为参照,选取典型州文件为例展开归纳,同时梳理国内外实证研究的发现,由此概述儿童早期学习品质培养的主要策略与策略特征。

一、儿童早期学习品质培养策略——国外最新政策文件的个案解读

(一)威斯康星州儿童早期学习与发展标准中学习品质培养策略

以威斯康星州(Wisconsin Child Care Information Center,2017:68—75)儿童早期学习与发展标准的政策文件为例,对其中学习品质连续性发展的相应培养策略进行系统解读。

1. 好奇心,学习投入与坚持性——表现出好奇心,冒险和乐意投入到新的学习经历中

该目标下的连续性发展表现和相应的教学策略参考如表1所示。

表1 "表现出好奇心,冒险和乐意投入到新学习经历中"的发展表现及相应培养策略

发展的连续性表现	成人的培养策略示例
对自己周围的人与事表现出短暂的兴趣	1. 运用物品和自身经历来刺激儿童的感官,如外出散步、彩色扭扭车、各类音乐。观察儿童对什么感兴趣。 2. 给他提供安全的玩具玩,他想玩多久就让他玩多久。但也能接受他们仅玩一会的表现。 3. 给他提供与周围其他儿童玩耍的机会。 4. 鼓励儿童想寻找不见了的物体的想法,如他问:"球滚到哪里去了呢?"
对自己、他人和周围的人与物表现出日益增长的热切与兴奋	1. 提供用新材料和活动来实验的机会并让儿童不害怕出错。 2. 提供安全的玩具和自然的物体让儿童探索,如提供沙子、水让儿童操作和探索。 3. 鼓励儿童天生的爱提问和好奇的倾向。帮助他/她精致他的问题并思考他/她自己如何获取答案。
专注的时间更长并表现出对某些活动偏好的倾向	1. 逐渐拉长时间来维持儿童投入活动或经历中。如读更长的故事来扩大他们的注意广度。 2. 翻新玩具和书籍来提供各类新的刺激,但对于儿童最感兴趣的那些保留更长的时间。 3. 把玩具、书和各类玩的东西存放在儿童很容易发现的地方。如把书放在书架上。摆放好以致儿童很容易看到书的封面。

续表

发展的连续性表现	成人的培养策略示例
对他们所在的环境很好奇并乐意去尝试新的、不熟悉的经历与活动	1. 提供可以挑战儿童的游戏装置。鼓励他发展他/她的技能和能力,同时仍体验到成功。 2. 使儿童在大自然中安全地探索,即使你对某些自然中的物体或动物感到不舒服。一起学习新的东西。 3. 给儿童多次介绍新食物。他可能第一次不吃,但后面某个时候又会尝试。 4. 对儿童所做的事给予有意义的、具体的鼓励,如"你今天学会了如何来使用锤子"。

注:上述只是列举的培养策略,对儿童上述发展目标的培养不局限于这些策略。同时,其连续性发展标准始于非常早的年龄直至幼儿园大班毕业的儿童。下同。

表1显示了成人培养儿童好奇心、冒险精神与学习热情的14条具体操作性策略。在这些策略中,有9条策略侧重给儿童提供物品、环境等,5条策略涉及鼓励、引导。

2. 创造和想象——通过与他人、材料和环境的互动,投入到想象性游戏与创造性思考中

该目标下的连续性发展表现和相应的教学策略参考如表2所示。

表2 "通过与他人、材料和环境的互动,投入想象性游戏与创造性思考中"的发展表现及相应培养策略

发展的连续性表现	成人的培养策略示例
观察与模仿他人的动作	1. 经常与儿童一起说笑、大笑——即使很小的婴儿。即使不是直接与儿童交谈,也可以谈论你正在投入的任务或活动。这有助于提升儿童的语言与思维技能。 2. 把你的脸藏在手里或某个物体后面玩躲猫猫游戏(peek-a-boo)。这些都可能引起儿童的注意。 3. 用有趣的手偶与儿童交流。在玩手偶游戏时用一种有趣的声音。
用那些如真实生活中所用的物品来玩假扮游戏,游戏中逐渐用一样物品替代另一物品	1. 给儿童提供日常生活中真实的或假扮的玩具如瓶罐、平锅、勺子、碗或旧手机(但要注意安全,不要有电池在里面)。 2. 在儿童游戏的区域贴着低处墙壁放一些摔不烂的镜子。和儿童一起在镜子前做可笑的鬼脸或假扮动物的鼻子。 3. 选择那些可以有多种玩法的玩具和材料,由此可以刺激儿童的想象力。如卡片盒,画图/涂色材料,旧的装扮的服装。有些复杂昂贵的玩具并不一定能让儿童投入地玩。

发展的连续性表现	成人的培养策略示例
在假扮游戏再创造并表演真实生活以及幻想的经历	1. 和儿童一起读书并扮演书中某些地方或某些角色(如《三只小猪》故事情节中的 huff 和 puff)。 2. 放一盒子真实的衣物让儿童可以来玩假扮游戏。 3. 和儿童一起玩过家家游戏,开茶会等。让儿童投入想象的思考中并一起开心的玩。 4. 带儿童一起参加外面的活动如社区剧院的表演,图书馆的故事会,或当地咖啡时光,高中剧院或音乐会等。
投入到更精细的想象游戏中并玩得更久,能区分真实世界与幻想	1. 玩头脑风暴游戏,如"如果……会发生什么?""还有哪些是你需要知道的?" 2. 给予儿童时间和空间让他们能深度探索自己所感兴趣的。如果儿童对太空有一些了解,鼓励他/她通过用纸箱建构具有许多真实细节(如窗户、齿轮、仪表盘等)的宇宙飞船来表征他/她的学习。 3. 带儿童到许多新的、不同的地方去感知,如消防站、医院、飞机场、博物馆、剧院、土著区等。

表2显示了成人培养儿童想象与创造力的13条具体操作性策略。其中,6条策略侧重成人陪伴儿童、与儿童互动;6条策略涉及提供物品、(物质或人文)环境等;2条策略涉及鼓励、引导。特别说明:根据质性分析原理,某一条文本如果同时表现出两个意思,那么,对此条文本进行两类编码,因而编码类别的总数与原始策略的总数会不一致。下同。

3. 多样性学习——体验各种常规/习惯、实践和语言

该目标下的连续性发展表现和相应的教学策略参考如表3所示。

表3 "体验各种常规/习俗、实践和语言"的发展表现及相应培养策略

发展的连续性表现	成人的培养策略示例
在成人帮助下交流他们的常规/生活习俗,文化偏好和学习方式	1. 学习儿童发展的知识从而不把不现实的期望加到儿童身上。 2. 儿童照料者需经常与儿童交流常规,并能意识到保持一致性的重要性。 3. 花时间去理解儿童教养的各种观点及其实践会如何影响一个儿童的养育。 4. 用简单的手势语给儿童示意日常的活动,帮助那些还不能说简单语言的儿童。 5. 运用多种方法与不同的儿童照看者交流。

发展的连续性表现	成人的培养策略示例
开始注意到常规、实践和语言的差异	1. 认识到生活常规对儿童的重要性,并尊重儿童对一致性和舒适感的需求。 2. 花时间去理解儿童的行为,包括考虑是否是生物或文化的原因。 3. 对基于生物、文化或家庭史等原因而表现出做事方式上的不同保持开放的态度。 4. 通过评论"我们都是不同的,有些人需要拐杖生活,有些人不能走路并需要轮椅,有些人能自己走"来帮助儿童理解差异。 5. 通过音乐、故事以及与不同文化中他人的互动给儿童提供感知其他语言的机会。
在多种情境中向成人提出有关常规/习俗、实践和语言的差异的问题	1. 与儿童讨论我们是如何不同的:有一些人比另一些人的睡眠需要得多一些,或有些人需要助听器才能听见。让儿童投入到讨论他/她是怎样独特的和不同的。 2. 读各种不同文化的书,不同地理位置的书和各种不同的书。 3. 尊重儿童的语言,以及提供提升他们母语与其他语言学习的途径与资源。

表 3 显示了成人培养儿童多样性学习上的 13 条具体操作性策略。其中,7 条策略侧重成人自身的学习与改变,包括理念的获得或改变;4 条策略涉及鼓励、引导;3 条策略涉及尊重与顺应儿童的差异;2 条策略涉及提供物品、环境等。

综合表 1—3 可以看到,成人在培养儿童学习品质上提及的策略类型有:(1) 提供物品、环境,支持儿童探索、学习;(2) 鼓励、提问、引导或启发儿童;(3) 陪伴、互动;(4) 尊重、顺应儿童的文化与差异;(5) 成人自身的学习与改变。

(二) 亚利桑那州儿童早期学习与发展标准中学习品质培养策略

亚利桑那州儿童早期学习与发展标准经过四次修订于 2018 年形成了第四版(Arizona Department of Education,2018:52—55)。当中提及的学习品质的培养策略如下。

1. 一般层面的教学策略

(1) 多途径、多方法地使儿童投入学习。具体而言,要选取那些儿童最感兴趣的学习话题、概念或内容。因为儿童的兴趣直接影响他们的学习专注、投入、好奇等;儿童的动机、记忆、灵活性、创造创新也是随着感兴趣的程度不同而不同。(2)多途径、多方法地表征信息。如深入了解儿童的已有知识与经验;运用多媒体工具、提供多种方法来呈现听觉或视觉信息;运用举例说明、模式、动手操作活动、设想"大理论"(Big Ideas)来促进儿童的学习。(3)多方法、多途径地分享他们所学的。允许儿童运用不同方法、途径来分享他们所学和所理解的是很重要的。如运用身体动作来表达,运用技术手段来表达,运用练习或执行来表达等。此外,培养儿童的好奇心可通过启发思考、动手操作、调查活动等促使儿童运用已学知识与技能的方法,并挑战他们批判地思考。重视儿童在探索过程中用到的可能方法而不要强调完成作品或找到答案等。

2. 具体领域学习中的融合策略

表4　分维度一:主动性与好奇心

与科学学习的融合	与语言与读写学习的融合	与数学学习的融合
1. 让儿童分组参与科学活动。如外出自然环境下收集各种材料,有的负责收集,有的负责用纸笔标记。 2. 有目的地留下某次调查活动的某些材料,让儿童能坚持进一步的探索。	1. 读绘本故事并提开放性问题(如果我们来写结局会发生什么?),让儿童表达与交流他们的推理技能。 2. 邀请儿童记录在家读过的故事并放在听力区角。	1. 描述:"我有4块饼干但这儿有8个小朋友。我们如何让每一个小朋友都吃到同样多的饼干呢?" 2. 解释:"你已经花了很长时间来画一条很长的汽车道、人行道了。你正在建构一个模式。接下来会有什么出现在你的模式里?"

表5　分维度二:专注力与坚持性

与科学学习的融合	与语言与读写学习的融合	与数学学习的融合
1. 通过浇水、观察等为儿童作出如何照料班级花园或某一种子/植物生长的示范。 2. 为儿童提供搭建桥梁或城堡的各类材料。如果桥梁或城堡倒塌了,鼓励儿童坚持和尝试新的办法。提问他们,如"如果用一块小的积木而不是大积木会怎样?"	1. 借助道具来鼓励儿童在阅读时间里的参与度。 2. 提供一筐子有磁性的字母来让他们发现他们自己名字的字母构成。	1. 提供各种材料给儿童,协助他们先根据形状归类,然后根据大小归类。 2. 拿出出勤记录表,让儿童数一数今天来了多少人。

表6 分维度三：自信心与心理弹性

与科学学习的融合	与语言与读写学习的融合	与数学学习的融合
1. 提问儿童："你认为如果我们打开这个葫芦我们会看到里面有什么？"让儿童两两交流，分享各自的观点。 2. 给儿童呈现一筐冰然后问："如果我们把这筐冰放在室外会发生什么？"让儿童在写字板上"写"下他们的预测并相互分享。	1. 观察儿童之间的某次冲突，指导他们适宜地表达自己的情绪并作出示范。 2. 读一本关于自信心和心理弹性的书，鼓励他们在班级里讨论情绪情感话题。	1. 记录每一个儿童的预测，如"你认为苹果有几颗种子？"饭后再来切开苹果看看，数一数它的种子数。 2. 介绍天平并示范如何运用它来称小熊。如儿童通过练习自己发现，红色的熊和黄色的熊一样重。

表7 分维度四：创造力

与科学学习的融合	与语言与读写学习的融合	与数学学习的融合
1. 带领儿童到大自然中，鼓励他们收集各类自然的材料，然后展现他们共发现了些什么（老师应该讨论自然材料及其安全性。） 2. 提供各种颜色的颜料。儿童通过混合颜料创造不同的颜色。	1. 设计一个"书本制作角"来让儿童创作书本。鼓励儿童把他们创造的书读给朋友听。 2. 写下儿童讲述的故事。然后鼓励儿童给他们的故事画一个说明图。	1. 在戏剧区域放一些纸头和制作品，让儿童创作他们自己的菜单以及其他戏剧表演道具。 2. 午餐期间，用一张彩色食谱帮助儿童测量和混合他们的水果沙拉。

表8 分维度五：推理与问题解决

与科学学习的融合	与语言与读写学习的融合	与数学学习的融合
1. 让儿童预测如果我们再加些水到玉米淀粉里会发生什么。给予儿童足够的时间来实验不同的水量的变化。 2. 提问"我们在橡皮泥里加些什么会让它不那么粘了？"儿童可以加入不同的原料进行实验。	1. 基于给定的故事书，让儿童创作同样故事结构的自己的故事。 2. 当开始唱"桶里有个洞"这首歌时，引导儿童思考如何来修补这个洞，把儿童的主意编入到歌中。	1. 在小组会议上用儿童给出的问题答案引导儿童相互指导来创作一个图形。 2. 给儿童提供材料来仿照设计一座桥梁或建构一座自己的桥梁，如果没能听到关于伦敦桥的介绍的话。

综上，亚利桑那州一般层面的教学策略强调了：(1)多样化的途径与方法来促成儿童学习品质的养成，无论是促使儿童的学习投入、表征信息、分享等，都强调方法与途径的多样性、多样化。(2)强调重视学习过程，过程中的所有可能探索，而非学习结果或获得答案。(3)强调最大可能地有趣，并

一定程度地挑战儿童。而表 4—表 8 显示了各个学习品质具体维度的培养。也即，如何通过具体的领域活动策略来促进特定学习品质的养成。如在科学活动、语言活动、数学活动中，如何分别培养儿童的主动性与好奇心、专注力与坚持性、自信心与心理弹性、创造力、推理与问题解决。这些策略具体而典型，如在创造力培养上，在语言活动中，可鼓励设计设计"书本制作角"，并鼓励儿童给同伴讲述自己创作的故事；教师写下儿童讲述的故事，鼓励儿童在故事旁绘画出一个说明图。这是挑战儿童创造力的策略，对儿童创造力的培养具有极大的促进作用。同时策略的示例也能给予成人教者操作性的、丰富的启发。总之，这种指向特定学习品质养成的融合教学策略一方面为我们在具体领域活动中融合特定学习品质培养提供了清晰的参考；另一方面，为儿童早期学习品质的培养思路——明确各学习品质要素的主要培养策略提供了一种参考。

二、儿童早期学习品质培养策略——来自国内外实证研究的归纳

尽管不少学者提出要重视儿童早期学习品质的培养，同时也提出了一些可能的策略（如运用音乐学习、创造性游戏、智慧教学、区域活动等促进幼儿学习品质的发展等），但针对儿童早期学习品质培养策略的实证探索总体不多。国内目前已有实证研究主要来自学位论文，如研究发现，奥尔夫音乐教学法可以促进学前儿童音乐活动中学习品质的提高（吴岩，2017）；具体表现为：实验组学前儿童好奇与兴趣、主动性、坚持与注意、反思与合作性表现显著优于对照组学前儿童；想象与创造力表现上，两组儿童无显著差异。经验还原的音乐教学法有利于促进幼儿好奇心与兴趣、坚持与注意、主动性三种学习品质的提高（朱君莉，2012）。低结构活动能有效促进幼儿学习品质的发展，即实验后，中班幼儿在好奇心、主动性、专注性、反思性四个维度上有显著提高，大班幼儿在好奇心、专注性、创造性、反思性四个维度上有显著提高（李放，2016）。故事表演能有效促进 4—6 岁儿童学习品质的发展，即实验后，4—5 岁幼儿在"坚持与专注程度"、"主动性"、"反思与解释"等维度上出现较显著的提高，5—6 岁幼儿在"坚持与专注程度"、"主动性"、"独立性"、"反思与解释"等四个维度上得到了明显的促进（张乐，2017）。棋类活动能

较好地促进幼儿的专注性、创造性、反思性的提高,但实验前后儿童的好奇心、主动性变化不显著(徐娴,2018)。参与科学探究活动的实验组幼儿在主动性、坚持性、抗挫折能力、好奇心和独立性上明显高于对照组;在目标意识、想象和创造能力和专注程度上两组差异不显著(高璇,2015)。数学绘本活动对大班幼儿的专注性与坚持性有显著影响;对好奇与兴趣、主动性、面对困难时的坚持性、反思与解释、利用已有信息进行推理、描述、探索不具有显著性影响(邱菊茹,2018)。上述研究揭示了特定活动对儿童学习品质的部分促进效应。

另有一些研究者从一般化教育教学行为层面进行了探索。如程清清(2017)研究发现,教师对儿童学习品质发展的支持行为中,不同的支持行为对幼儿学习品质发展的促进效应不同;具体而言,教师情感支持与幼儿学习品质发展更为密切,表现为情感支持较之策略支持、材料支持能更大程度的促进幼儿的坚持性的发展;情感支持较之策略支持能更大程度的推进想象力和创造力的发展;情感支持较之策略支持能更大程度的增强幼儿专注程度的发展;策略支持较之材料支持能更大程度的激发幼儿好奇心的发展。另有研究发现,师幼互动质量提升对学前儿童学习品质发展具有一定的促进作用,主要体现在数量认知、能力动机、注意或坚持和社会性四个维度;不过,在师幼互动质量干预中,情感支持是最难提升的(张晓梅,2016)。此外,有研究通过主体游戏活动提升幼儿学习品质的实验研究总结出有效培养策略如下(裴明慧,2017):建立亲密的师幼关系、慢节奏地推进活动流程、提升幼儿自我管理能力、与幼儿分享"学习故事"、营造学习共同体;反映出在探索特定活动与幼儿学习品质促进之间教师的教学行为的关注。

综上,上述研究探索了具体的/特定的教育教学活动对儿童学习品质发展的支持效应,包括整体促进或部分促进幼儿学习品质的发展。同时研究初步反映教师的有效指导在特定活动促进幼儿学习品质发展中起着重要作用(张乐,2017;徐娴,2018)。教师有效的指导包括:关注和保护幼儿的好奇心;培养幼儿的主动性;提升幼儿的专注性;发展幼儿的反思性;挖掘幼儿的创造性;转变刻板性别观念等(徐娴,2018)。的确,教师的指导在活动促进幼儿学习品质发展当中起着非常重要的作用。如已有研究揭示特定活动对儿童学习品质的部分促进效应,未来促进另外一些学习品质要素的提升可能也与活动质量或教师指导的质量有关。因此说,教师如何有效指导是当中不可或缺的一个关键问题。目前在这一问题上的研究还显得很单薄——尚未有研究旨在探索教师或家长一般的、有效的系统指导行为。因此,下面便是从上位的层面——贯穿各类活动中成人(教师与家长或儿童的主要看护者)如何有效培养年幼儿童学习品质的行为探索。希望从众多的支持性教育教学活动或行为中提取最核心的一般性行为要素;挖掘其中的逻辑关系,建构儿童早期学习品质培养的核心理论模型。

第二节 儿童早期学习品质培养的理论模型建构

通过概览国内外研究与相关文件中儿童学习品质的培养策略,可以看到成人的各类支持、引导/启发、尊重顺应等在儿童早期学习品质培养中的重要性。本节将在吸纳已有研究与文件信息的基础上,从更为概括的上位层面建构出适合于所有成人有效培养儿童学习品质的行为模型;同时,弥补已有研究中零散探索的不足以及对有关关键要素遗漏的不足(如观察记录、顺应跟随在儿童早期学习品质养成中的关键性);最终建构出既简洁明了又有机联系的整体模型——"顺应与点燃"模型。

一、"顺应与点燃"模型结构

"顺应与点燃"模型(To Follow & Ignite,简称 FI 模型,参见图 1)指的是以"顺应"与"点燃"为核心要素的儿童早期学习品质培养理念系统。该模型由两层级三维度构成。第一层级即:理解/了解儿童、回应儿童。第二层级包含三大维度:观察与发现儿童;顺应与跟随儿童、点燃与挑战儿童。其中,理解/了解儿童"下对应的二级维度是观察与发现儿童;"回应儿童"下对应的二级维度是顺应与跟随儿童、点燃与挑战儿童。上述要素和维度便是 FI 模型的基本结构。需特别指出的是,FI 模型以成人的生命成长与

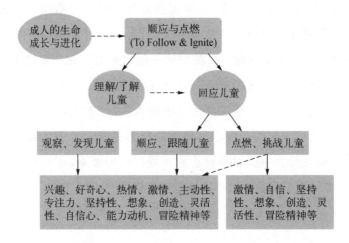

图 1　支持儿童学习品质发展的"顺应与点燃"理论模型

进化为前提基础。也即,成人的生命成长与进化是该模型得以领会和实施的内在支撑。从理念到行为,离不开成人教养者生命的必要成长与进化。更多内容可参见第一章第二节。在顺应与点燃(FI)模型中,"理解/了解儿童"与"回应儿童"是两个基本过程。先了解,后回应。"理解"要全面、准确、深入;"回应"要敏锐、适宜、明智。理解/了解儿童主要通过注意、观察、倾听、发现、记录、解读儿童来实现。了解儿童之后,首先是顺应、跟随儿童,顺应儿童自身的内在天性与倾向性特征。因此,"顺应与跟随儿童"是在观察与发现的基础上,顺应儿童的学习品质倾向,跟随与陪伴儿童;跟上儿童。然后,根据儿童学习品质的具体倾向性与发展特征,必要时给予适宜的、及时的支持、挑战与点燃。因此,支持、鼓励、点燃、挑战、强化等都是点燃与挑战的构成要素。值得注意的是,并非所有的倾向性或发展表现都需要点燃和挑战。究竟哪些方面需要点燃,哪些方面需要强化,哪些方面需要鼓励与支持,要视个体儿童的具体发展倾向性特征来判断和决定。

　　以上内涵适用于儿童早期所有年龄层次。如果要有所区分,则是各维度在不同年龄段的比重差别。比如,对于 3 岁以下的儿童,以观察与发现为主,顺应与跟随为辅;对于 3—5 岁学前儿童,以顺应与跟随为主,观察与发现、点燃与挑战儿童为辅;对于 5—6 岁、6—8 岁儿童,以点燃与挑战为主,观察与发现、顺应与跟随为辅。综上,此模型旨在把握儿童早期学习品质培养中关键的要素,并挖掘其内在的逻辑与相互关系,简洁明了地呈现出儿童学习品质有效养成与提升的教养实质与真知。

下面以具体实例来说明模型的含义。例如某周末,一对父母带着孩子到太空博物馆参观游玩。儿童看到了博物馆里设置的模拟太空与众多星球,停下脚步像黏在地板上,看了十几分钟还未有离开之意,仍在观看、抚摸、俯趴在某个星球上不动……此时,成人需要做的是跟随在孩子的兴趣后,耐心地陪伴,用心地观察他,看他对太空哪些方面最感兴趣,在哪些地方注意的时长最长;同时倾听与记录他自言自语或向父母提出的问题;解读他的疑问并尝试给予及时的回应等。整个过程,成人所需要做的只是观察、陪伴、倾听、记录、解读、发现。即使在一个偌大的太空博物馆里,大半个上午孩子的脚步仅在这小小一片区,没有挪步。成人此时的观察与发现、顺应与跟随是给予儿童时间和空间让他们能深度探索自己很感兴趣的事物;是成人观察、记录、了解儿童的契机,也是儿童专注力、想象力、创造力、坚持性等等学习品质成长的最好契机。当儿童从博物馆玩了一天回来,对太空有一些了解,尤其是表现出持续的浓厚兴趣时,成人可以鼓励他/她通过用纸箱建构具有许多真实细节(如窗户、齿轮、仪表盘等)的宇宙飞船来表征他/她的学习。这便是挑战他们的想象、创造、灵活性,强化他们的主动性、坚持性、专注力,进一步升华他们的兴趣、热情、激情,进一步提升其强烈的好奇心、持久的兴趣、引发深度学习与钻研精神。

二、"顺应与点燃"模型维度内涵

(一) 观察、发现儿童

"观察与发现儿童"指的是通过注意、观察、倾听、发现、记录、解读等来全面、准确、敏锐、深入、及时地了解和理解儿童的学习品质倾向性特征,如兴趣、好奇心、热情、激情、想象、创造、主动性、坚持性、专注力、自信心、灵活性、能力动机、冒险精神等。观察与发现儿童意味着敏锐地观察儿童、用心地倾听儿童、系统地记录儿童、科学地解读儿童;旨在真正读懂、了解、理解儿童。观察与发现儿童,包括:(1) 观察儿童的兴趣、热情、好奇心等;倾听儿童的声音,观察与倾听儿童在活动中的反应与表现;观察他们的当前水平、状态与问题;正在发生的变化。(2)发现儿童热情、激情、兴趣、特点;发现每一个儿童各自的生命形态、兴趣与好奇、热情与激情、专注与坚持等学习品质特征,发现引导的时机与着眼点(量、质、程度、类型)等。(3)记录儿童学习投入状况的各种表现,包括学习的专注程度、坚持挑战的表现、能力动机状况、兴趣激情所在等。像科学家一样思考与记录:孩子表现出了哪些学习品质倾向性?为什么会这样?不是即刻的情绪反应:高兴或不高兴;满意或不满意;指责或不指责;恐惧或不恐惧等。

(二)顺应、跟随儿童

"顺应与跟随儿童"指的是陪伴、跟随、顺应儿童的兴趣、爱好、热情、激情、想象、创造、专注的地方、坚持的内容等等学习品质的各种积极倾向性。顺应与跟随儿童意味着跟随儿童的目光、脚步、注意的方向、感兴趣的事物、热情与激情所在——与孩子的心在一起,不催促、不阻止、不打扰、不打断……允许儿童反复、重复地观察或操作——直到他们自己走开或放下。比如,公园散步的路上,儿童看到了蚂蚁搬家的一幕,随即停下了脚步,蹲下来专注地看着。看了好久,还兴致勃勃地看着。此时的成人,不需要做任何事,唯一需要的是陪伴儿童。跟随他们的兴趣,顺应他们的兴趣,安静地陪伴。这样的安静陪伴,或适时地回应是促成儿童专注力养成与提升的关键教养行为;儿童的自主重复练习也正是发展能力与品质的重要时刻。综上,顺应意味着成人是儿童生命的陪伴者,陪伴孩子成长;而不是拯救或改变生命的英雄、问题解决的专家。顺应与跟随儿童是一种走进孩子生命的能力,是一种真正与孩子心灵沟通的能力。

(三)点燃、挑战儿童

"点燃与挑战儿童"指的是适宜地鼓励、支持、强化儿童的兴趣与热情、创新与创造,挑战儿童的勇气与坚毅,进一步点燃儿童心中内在的热情与激情、点燃儿童的智慧与潜能、点燃儿童的自信心、学习主动性等。点燃与挑战意味着基于观察、倾听、发现、顺应、跟随基础上,提供所需要的、及时的、相应的、适宜的、个性化的、有效的支持与挑战。点燃与挑战儿童是对儿童敏感的回应,包括:(1)支持儿童的兴趣与好奇、热情与激情。研究发现,教师情感支持与幼儿学习品质发展最为密切;情感支持较之策略支持、材料支持能更大程度地促进幼儿坚持性、想象力与创造力、专注力的发展(程清清,2017)。(2)支持儿童想象、冒险、创造等。(3)适宜地挑战儿童的勇气,挑战他们的灵活性,挑战他们的坚持性等。(4)适时地激励、点燃儿童的激情、自信心、能力动机、主动性等。点燃儿童意味着介入——介入的时机、介入的必要性、介入的方法、多少(程度)、介入的个体差异——不是每一个儿童都需要成人过多地介入。在儿童遇到困难、失败时——如搭建某积木、完成拼图总是失败,由此出现退缩或放弃行为时,需要鼓励与点燃儿童——如耐心的鼓励、信心的鼓励、兴趣的点燃、坚持的鼓励等。此外,根据儿童个体的表现,决定是否需要挑战其最近发展区、优势潜能区。因此,支持与点燃儿童需要成人注意介入的适宜适度,又不错失教育的契机。这当中需要很高的教育智慧,也存在不小的挑战。正如瑞吉欧的教师们所经历过的困难——介入的时机与方法;教师不应干预太多,并且不要错失任何一个具有价值的教学契机(爱德华兹,甘第尼,福尔曼,2006:184)。下面用一实例来说明:某小学四年级的一男孩认识了大概4000多种昆虫,他也许是世界上研究昆虫最小的孩子。而这个起因特别简单,有一次他家里有两只苍蝇落在了饭上,他好奇地看了起来。我们一般家长的反应,就是用苍蝇拍把它打掉就行了。可是这位父亲观察到自己孩子对苍蝇的兴致后,对当时还只有五六岁的儿子说,"你看,这两只苍蝇很不一样的,世界有多少多少种昆虫,光苍蝇就有上千种,而且它每个形状不一样,比较以后,你会发现昆虫世界非常的美丽。"后来父亲带着孩子在网上搜索昆虫,结果把孩子引导到昆虫的研究世界中去了。这个孩子的研究兴趣与精神被点燃了! 他的好奇心得到了及时的鼓励和强化!

(四)维度间的内在逻辑

在"顺应与点燃"模型的三个二级维度中,"观察与发现儿童"是前提,它是"顺应与跟随儿童"、"点燃与挑战儿童"的重要前提,是了解儿童的重要途径;而"顺应与跟随儿童"、"点燃与挑战儿童"是回应儿童的关键教养行为,是该模型中回应智慧的集中体现。在观察与发展儿童基础上,可能只需要顺应与跟随,顺应儿童的兴趣与热情,跟随其后,陪伴儿童。跟随其兴趣,既有助于发展其兴趣、专注；又增进了其学习投入、能力动机等。走在儿童的后面，跟随他们的关注、兴趣，而不是走在前面指点与规定，按照成人自己的节奏来要求或引领儿童。必要的时候、必要的个体，适时地提供相应的环境和刺激，即点燃与挑战儿童。点燃意味着张扬生命的活力、激情、热情、专注、投入、开怀、享受……点燃意味着创造环境——创造一种能激发兴趣、产生好奇心，一种宽容、宽松、平等，一种能点燃儿童头脑中的智慧火种的境界；一种能唤起美感、唤起人性、唤醒沉睡心灵的境界。如洛克指出，"把身体上与精神上的训练相互变成一种娱乐，说不定就是教育上的最大秘诀之一。"（洛克，1999，p. 172）顺应与点燃交相辉映。在跟随时知道了适时的点燃，或只是跟随，或适时地点拨、激发。成人是儿童学习过程的守望者、促进者、引导者、点拨者、支持者。有学者曾指出，"孩子所有的行为，其中的80％，我们选择顺应，其中的20％，我们可以选择不顺应孩子，可以选择帮助和引领。"（林巨，2014：75）可见，顺应既需要成人全身心地陪伴——不是三心二意、心不在焉、或被迫、无奈、敷衍；又需要成人有区分顺应与点燃时机与情境的智慧。

综上，"顺应与点燃"是对国内外大量优秀教育理论的精炼概括与创造升华；是促进儿童早期学习品质培养与养成的重要理念。它抓取了儿童早期学习品质养成的根本和实质，概括积淀为应用的法则。儿童从出生到 6 岁，大多数时候成人需要做的只是"观察发现""顺应跟随"；然后适时地、适度地、有效地"点燃"。成人教养者所担任的重要角色主要是：（1）牧羊人——顺应、跟随儿童；（2）引领人——挑战、点燃儿童。

三、"顺应与点燃"模型的理论基础

（一）自然主义教育理论

卢梭主张教育者对儿童期的儿童进行仔细的观察，以了解他们的自然天性。"先让他们性格的种子自由自在地表现出来，不要对它有任何束缚，以便在他们还不知道装佯的年岁时，辨别他们哪些欲望是直接由自然产生的，哪些是由心想出来的。"（卢梭，1978：90）瑞士教育家裴斯泰洛齐也指出，你在地上种一粒极小的种子，那粒种子中蕴藏着树的全部属性（裴斯泰洛齐,2001:328)。还指出:"人的全部教育就是促进自然天性遵循它固有的方式发展的艺术,这一艺术完全依赖于儿童接受的外部印象同他已发展的能力的精确程度之间的关系与和谐。"(转引自侯莉敏,2005)德国教育家第斯多惠说:"教学的艺术不在于传授本领,而在于激励、唤醒和鼓舞。"(转引自孟繁华,2003:80)教育家夸美纽斯曾说,"我们每一个人不必从外面拿什么东西给一个人,只需把那暗藏在身内的固有的东西揭开和揭露出来,并重视每个个别的因素就够了。"后又有教育家洛克断言:"上帝在人类的精神上面印上了各种特性,那些特征正同他们的体态一样,稍微改变一点点是可以的,但是很难把它们完全改成一个相反的样子。"他们都重视儿童的天性特征以及教育要顺应儿童天性。

(二)个体潜能偏向差异与发展可塑性差异

儿童心理学家格莱因认为:"不同的儿童,会表现出对不同事物的天然兴趣偏向,如对秩序的关切甚至大于对周围人们的注意……"(格莱因,1983:2)而哈佛心理学家加德纳提出多元智能理论,认为人的智能有:语言智能、数学逻辑智能、视觉-空间智能、音乐智能、身体动觉智能、人际关系智能、自我认识智能、自然智能、灵性智能、存在智能(张玲,2003)。该理论强调发展中的个体差异,如每一个体的智能类型或优势偏向不同。儿童不仅有着天生的气质、生理、基因等偏向上的差异,而且还存在发展可塑性上的个体差异——也即不同的个体对于自身生活经验及环境的敏感性存在差异而导致不同的发展结果(张卫等,2013)。由此,观察与发现儿童便是教育中的重要前提与基础。

(三)教育引论

第斯多惠(1790—1866,19 世纪德国著名教育家)认为"一切发展都依赖两个条件:存在素质和对它的引发","没有引发,不会有发展。教育就意味着引发。教育理论就是引发的理论。"(赵祥麟,2003,p. 118)大教育家洛克也指出,"我们幼小时所得的印象,哪怕极微极小,小到几乎觉察不出,都有极重大极长久的影响。正如江河的源泉一样,水性很柔,一点点人力便可以把它导入他途,使河流的方向根本改变。从根源上这么引导一下,河流就有不同的趋向,最后就流到十分遥远的地方去了。"(洛克,1999:1)"所以,照料儿童的人应该仔细研究儿童的天性和才能,并且应该经常试试,看他们最容易走哪一条路子,哪一条路子最与他们相适合。此外还要考虑他们的本性,看它怎样才能改良,看它合于做什么。他应该知道儿童缺乏的是什么,那些缺乏的东西他们是不是能够通过努力去获得,由练习去巩固,并且值不值得去努力。因为在许多情形之下,我们所能做的或者所应该做的,乃在尽量利用自然的给予,在于阻止这种禀赋所最易产生的邪恶与过失,并且对它所能够产生的好处,大力给以帮助。人人的天生才智都应该尽量得到发展。但是如果要想使他改换一种天性,那就是白费力气的了。"(洛克,1999:38)可见,引发与引导的智慧至关重要。教育家昆体良认为一个高明的教师首先要了解学生的能力、个性特点和倾向,根据学生的具体情况,扬长避短,长善救失;要能培植各人的天赋特长,要沿着学生的自然倾向最有效地发展他的能力。(任钟印,2001:14,87)

(四)无意识学习与内隐学习理论

无意识学习(Unconscious Learning)是近几十年来认知神经科学研究的一个重要领域(Destrebecqz & Peigneux,2005)。无意识学习表现为个体从环境中内隐地习得复杂规则与知识结构。由此,也激励着无数的研究者去追寻内隐学习发生的本质。内隐学习(Implicit Learning)指的是个体在无心、没有觉察到情况下获得学习材料所隐含的复杂知识(杨治良等,2009);它一定程度上反映了学习的无意识加工特征。同时,系列研究证实了内隐学习具有长时功效特征:随着时间的推进,学习成绩呈逐步上升趋势;甚至内隐学习比外显学习能更好地获得复杂的抽象规则(杨治良等,2009)。当代认知神经科学对无意识及内隐学习的研究为顺应与支持儿童的教育理念提供了宝贵的支持。

古今中外的教育大家都强调儿童内在天性的客观性,以及尊重儿童天性与倾向的必要性。同时指出幼时的印象又会产生极重大极长远的影响。稍加引导,引导稍微不同,都会产生不同的"流向"。这些也是发展儿童学习品质的重要理论基础,从中我们可以提炼出对儿童天性与倾向的"顺应"、"跟随"、"支持"、"点燃"等核心的观点。

四、模型的展望与启示

FI 模型着眼于日常生活层面的教养行为中顺势而为地促成儿童学习品质的养成。这也是当前儿童早期学习品质培养中探讨较少的视角以及尚未建构的理念体系。未来研究可以从理论层面进一步论证和完善该视角下成人教养的关键性支持行为模型；也可以从实证层面展开检验，如从整体层面检验 FI 模型的培养效应，或从当中某一个分维度来检验特定的效应。可采用个案的方法追踪研究，也可以采用实验的方法横向对比研究。此外，还可以开发基于 FI 模型的成人教养素质测评量表或测评任务，从而帮助成人有效觉知自身在支持儿童学习品质早期养成上的水平与问题，此点在第九章有初步的展开，但还有待进一步推进，如开发与检验标准化量表和验证性分析等。

"顺应与点燃"理念有助于保护儿童的天性；有助于始终跟随儿童的兴趣、提升儿童的兴趣；有助于儿童学习的投入与学习的开心；有助于每一个儿童自身激情的释放。每一个体的内在都有着强烈的、巨大的、丰厚的激情；顺应与点燃的教养理念是让儿童的生命热情、激情发散、激发出来的必要前提与关键策略；是培养儿童学习与探索的热情与激情的关键理念。儿童的当下表现需要教养者密切的观察、倾听、跟随、支持、挑战、点燃。这种顺应与点燃是儿童诸多学习品质养成的关键所在。有学者指出，"一个不能得到足够关注的孩子，的确会花费很多精力去获取成年人的关注，不管这关注是正面的还是负面的。这种额外的精力则掠夺了孩子发展自我的空间。"（小巫，33）无视儿童当下的兴趣、儿童当下的关注点——不顾他的当下正感兴趣的事物、事情或现象，硬生生地把他的兴趣打断、阻止，或打扰他正兴致勃勃所全身心投入的当下，这不仅会破坏儿童专注力的养成，也会破坏儿童学习的热情与激情。因此，跟随儿童，就是密切跟随当下，当下儿童的眼睛与视觉的落脚点，他们看在哪，玩在哪，兴趣在哪。他们的眼睛所在处、心情所在处，就是成人跟随的中心。每一个"当下"即儿童当前的兴趣所在，当前的眼睛落脚点所在，当前的好奇心所在，才是最宝贵的教育契机——最宝贵的学习时机。同时，"当下"演绎着儿童早期多个发展的敏感期——如果关注了儿童的当下,便能有效捕捉和抓住他们发展的敏感期。因此,基于 FI 模型的顺应与点燃模型不仅能指导 0—6 岁或 0—8 岁儿童家长的在家教养行为;同时也能有效应用于早教机构、托儿所、幼儿园、培养机构等各类儿童早期教育场所。凡属担任着年幼儿童早期教养行为的成人,都可以从 FI 模型及其相应理念中受益匪浅,最终帮助广大的儿童从小自然而然地、顺利地发展出良好的学习品质。

附录　儿童早期教育名著思想精华文摘与导读

本部分以国外儿童早期教育领域著名开创者、教育家著作为例进行选读与思想摘录。所摘录内容是原著中的精华体现，保持了著作的原本内容，以供反复批判性研读与参考。

一、福禄培尔:《人的教育》

【导读:作为幼教之父——幼儿园首创者的福禄培尔强调教育要顺其自然，顺应儿童天性与内在生长力量;以游戏、恩物展开教育;指出劳动对人的教育作用;指出教育重在不破坏儿童的发展等理念。】

原来的教育、教学和训练，其最初的基本标志必然是容忍的、顺应的(仅仅是保护性的、防御性的)，而不是指示性的、绝对的、干预性的(福禄培尔，2001:9)。

一切专断的、指示性的、绝对的和干预性的训练、教育和教学必然地起着毁灭的、阻碍的、破坏的作用。因此，为进一步接受大自然的教训，葡萄藤应当被修剪。但修剪本身不会给葡萄藤带来葡萄，相反地，不管出自多么良好的意图，如果园丁在工作中不是十分耐心地、小心顺应植物本身的话，葡萄藤可能由于修剪而被彻底毁灭，至少它的肥力和结果能力被破坏(福禄培尔，2001:10)。

另一方面，内部受到损坏的表现并不总是能够被确切地证明的，甚至常常是难以证明的，至少就损坏之发生及其倾向的根源而言是这样(福禄培尔，2001:11)。

人类安宁、幸福和健康的增进和促成，远比我们考虑的简单。我们都有简单的、伸手可及的手段可以运用，但我们却看不到它们。或许我们看到了它们，然而却不重视它们。由于它们简单、自然、易于应用和近在咫尺，我们就觉得它们微不足道，我们就鄙视它们。……因此，今后即使倾注了一半财产，甚至全部财产，也不足以使我们的孩子得到按照精明的见解和透彻的洞察认为最美好的东西(福禄培尔，2001:41)。

儿童有朝一日将要在自己身上表现出来的一切素质,尽管目前还十分微弱,却已经在他身上存在着,并且,这些素质只能从儿童内部加以发展(福禄培尔,2001:46)。

另一些人则把孩子看作空虚的东西,要把生命从外部灌输给他,并按照他们把他想象成的那个样子使他成为空虚的东西,使他的生命遭到扼杀(福禄培尔,2001:47)。

幼儿的生活是生动活泼的,但是我们感觉不到……我们不仅不去保护、扶植、发展他的生活的内在萌芽,却或者任其被自己欲求的重荷所压垮、所窒息(福禄培尔,2001:51)。

二、蒙台梭利:《童年的秘密》

【导读:作为欧洲新教育运动的代表人物,蒙台梭利毕生致力于探索儿童的教育,创立了闻名于世的蒙台梭利教育体系。她提出儿童的内在秩序、发展的敏感期;儿童天生具有吸收性心智与内在生长力量;儿童的发展是在"工作"中实现的;教育重在顺应、保护、不破坏儿童的发展等理念。】

处于支配地位的成人对儿童的自发活动的压抑,必然造成对儿童纯洁心理状态的创伤,使得儿童不能正常地发展,以至产生心理的歧变(蒙台梭利,2005:21)。

教育的基本目的就是发现和解放儿童(蒙台梭利,2005:23)。

儿童不同的内在敏感性使他能从复杂的环境中选择对自己生长适宜的和必不可少的东西。内在敏感性使儿童对某些东西敏感,而对其他的东西无动于衷。当某种特殊的敏感在儿童身上被激起时,它就像一道光线照在某些物体上,而不照在另一些物体上,使得这些被照到的物体成为他的整个世界(蒙台梭利,2005:54)。

儿童有一种特殊的内在活力,它能使儿童以惊人的方式自然地征服对象;但如果儿童在他的敏感期里遇到障碍而不能工作,他的心理就会紊乱,甚至变得乖戾。人们对儿童心理上的创伤知之甚少,但是他的伤痕大多数是由成人无意识地烙上去的(蒙台梭利,2005:53)。

很多任性的行为只是人们过去错误地对待儿童并由此恶化而导致不正常的结果。……我们必须寻找儿童每种任性背后的原因,这完全是因为这些原因就是我们尚未知道的东西。一旦找到这些原因,就能使我们深入到儿童心灵的神秘幽深处,并为我们理解儿童以及跟儿童和谐相处提供了基础(蒙台梭利,2005:53,54)。

虽然要求儿童和成人相互爱戴、和谐地生活在一起,但他们常常是不协调的,因为他们并不能相互理解,这就破坏了他们生活的基础。儿童和成人的冲突产生了许多不同的问题。其中有一些显而易见跟他们的相互关系有关。成人在生活中有一个复杂和强烈的使命要完成。要成人使自己适应儿童的节奏和精神视野,中断自己的工作来满足儿童的需要,这对他来讲已变得越来越困难。另一方面,日益复杂和紧张的成人世界跟儿童不相协调(蒙台梭利,2005:187)。

在儿童和成人工作的自然规律之间有一种基本差异。儿童并不遵循效益规律(即力图获取最大的生产效率而付出最少的精力,据书188),而是正好相反。他并没有未来的目的,却把大量的精力消耗在工作中,并在完成每个细节时运用了他所有的潜能。……成人的工作和儿童的工作之间另一个明显的差异是,儿童并不寻求获利或帮助。……没有人能挑起儿童的担子,代替他长大。儿童也不可能加快他的发展速度。一个生长中的生物特有的性质之一就是,它必须遵循一种进程表,既不允许推迟也不允许加快。……儿童拥有一种驱动力,它不同于成人的驱动力。成人总是为了某些外在的目的而行动(蒙台梭利,2005:193)。

所有的生物都充满着令人惊叹的奇迹和令人崇敬的潜能。……例如,蜂房是名副其实的王宫,它建造在精确的几何线上。……事实上,尽管新生儿完全缺乏经验,但大自然最辉煌的奇迹之一是,新生儿所拥有的力量能使自己适应于外部世界,并防止外部世界的伤害。借助敏感期的部分本能的帮助,他们能够做到这一点(蒙台梭利,2005:196,199)。

人作为一个建设者,但他在何处为他的孩子建造一个适宜的窝呢？它应该是一个美丽的和未被任何外界需要所污染的地方。它应该是这样的一个地方,在那里慷慨的爱能积聚起并非用于生产的财富。是否有这样一个地方,在那里一个人会感到需要抛弃他通常的行为模式,在那里他意识到斗争并不是生存的秘诀,结果,在那里自我克制似乎是生活真正的源泉呢? ……是的,在有些场合,当人感到不再需要征服,而需要净化和纯洁时,他就渴望单纯和平静。在那种纯化的平静中,人们寻求生命的更新,寻求从人世的重负中复活(蒙台梭利,2005:201)。

只要儿童不能按照自然的规律发展,而受到歧变的折磨,人就将永远是不正常的。这种能够帮助人类的能量潜藏在儿童之中。……儿童隐藏着未来的命运。任何希望给社会带来某些利益的人必须保护他不致歧变,并注意他自然的行为方式。儿童是神秘的和强有力的,他内藏着人性的秘密(蒙台梭利,2005:203)。

社会并不要求丈夫和妻子自己做好准备,以便恰当地照料自己的孩子。国家在制定官方文件时如此严密,对最细微的繁文缛节如此谨慎,对规定社会的其他所有领域如此迫切,但是,对未来父母保护子女和为他们适宜的发展提供条件的能力上却毫不关心。它也没有给予任何的准备或教导以帮助这些父母承担职责。即便现在,需要建立家庭的男人和女人所要做的,也只是获得一张证书和举行一个结婚仪式(蒙台梭利,2005:204)。

由于长时间被限制在狭窄的拥挤的地方,他们的身体普遍变得衰弱。……强制的学习导致了恐惧、厌倦和精力的耗竭。他们变得毫无信心,忧郁代替了自然的欢乐。……儿童的父母唯一感兴趣的是,看到儿童通过考试,尽可能学得快些……他们感兴趣的只是儿童应该在尽可能短的时间里获得一张社会通行证(蒙台梭利,2005:205)。

后者(老师)出于他的责任感,更多的还是出于一种权威感,企图通过责备儿童以唤起他们的兴趣。他用威胁的手段强制儿童服从,或者在他们同伴面前指责他们缺乏能力或意志薄弱来羞辱他们。这样,儿童因在家受到剥削和在学校受到惩罚而耗竭他们的生命力(蒙台梭利,2005:206)。

他们(儿童的父母)必须像谨慎地承担某种职责的人一样地保护儿童,并深切地关心他。为了他们的崇高使命,儿童的父母应该净化自然已移植在他们心中的爱,他们应该努力去理解,爱是未被自私或懒散所污染的深沉情感的有意识的表达(蒙台梭利,2005:209)。

三、裴斯泰洛齐:《裴斯泰洛齐教育论著选》

【导读:作为西方教育史上爱的教育的首创者,裴斯泰洛齐提倡对儿童满满的爱、论述慈爱的力量、教育的主要原则是爱;母亲的教育能力、成人自身反思;儿童身上具有渴望发展的倾向,教育要顺应儿童的自然天性;教师是观察者,要尊重儿童的兴趣与激发儿童兴趣;家庭是爱的根源、家庭教育为中心等理念。】

关于爱,最初的,也是最纯真的想讨人喜欢的愿望是婴儿想博得母亲喜爱的愿望。……它同样是信赖存在的证据。每当婴儿没有受到照管,当他的需求没有受到必要的注意,没有被报以慈爱的微笑而是遭到横眉冷遇,这时要使他恢复安静和温顺的性情就很困难了。婴儿有了安静温顺的性情就会耐心等待欲望的满足,就会知足而不贪婪。一旦爱和信赖在婴儿心中扎下了根,母亲的首要责任就是竭尽全力去激励、增强这种倾向,并使之升华(裴斯泰洛齐,2001:360)。

她(母亲)不应该允许自己发火或感到厌倦,哪怕是短暂的一瞬间,因为要说清楚孩子是如何受到细枝末节的影响是困难的。……如果母亲对此深思熟虑,那么她就可以免去孩子的许多痛苦的感觉,这种痛苦虽然不会使之时时触景生情,但却会自然地在孩子心灵中投下阴影,而且还会使孩子逐渐对这种痛苦变得淡漠(裴斯泰洛齐,2001:361)。

她(母亲)将把为孩子所做的种种努力看成是一项最神圣而又最重要的职责。她将确信,教育不等于一系列的告诫和矫正、奖赏和惩罚、命令和指示,并且在既缺乏统一的目标又没有认真实施的条件下把它们掺和在一起;她将确信教育应该提出一套连贯的措施,这些措施源于同一个原则——了解我们永恒的天性法则;按照同一个精神——慈爱而严格的精神来实施,并达到同一个目的——将人的素质提高到具有真正尊严的精神人类(裴斯泰洛齐,2001:362)。

在那些可以由明智的教育来形成的全部道德习惯中,自我克制的习惯是最不容易获得的,而一旦养成了这种习惯,它就是最有补益的……(裴斯泰洛齐,2001:363)。

　　在儿童身上有一种纯洁的真理观和正义观,以抵御由人类本性的弱点而产生的、使人们随时可能陷入谬误和堕落的诱惑。于是,儿童开始自己进行判断,不仅对事物,而且也对人作出判断;他学到了关于品质的概念,他在道德方面变得越来越有主见(裴斯泰洛齐,2001:367)。

　　家庭生活是真正的教育中心。……我们一直忙于改良学校的工作,因为我们认为学校对于发展教育是重要的,然而我们认为围在炉子旁边比学校更重要。……总之,谁要是深切关心年轻一代的幸福,那么就应该把对母亲们的教育看作是他的最高目标,如此而已,别无他途(裴斯泰洛齐,2001:387)。

　　在这方面,母亲应该能够熟练地识别纯粹的记忆活动与其他脑力活动的不同。我认为我们可以有把握地将大量时间的浪费和不可靠地显示肤浅的知识这种状况都归咎于缺乏这样的区分。这种情况在各种学校中,包括程度较高的学校或程度较低的学校,都是屡见不鲜的。因为记住了一些名词术语就认为或断定已习得了知识,这纯粹是一种谬论(裴斯泰洛齐,2001:396)。

　　在稚雏之龄,其智力还刚露端倪,识别能力还未形成,还不能把彼此有别的各种事物的概念存入记忆,这时要孤立地培养记忆势必更为错误了。对一位母亲来说,应当防止这种错误,首要的法则是始终借助事物而不是单词来教。除非你准备向儿童展示物体本身,否则就要尽可能少地向儿童讲这些物体的名称。如果照此执行的话,就能够在回忆由感觉获得的和由物体引起的感觉印象的同时记住物体的名称。……但是,如果母亲要借助事物来教孩子的话,她还必须记住,只将事物摆在感官面前对形成概念来说还是不够的。必须解释事物的性质;必须说明事物的由来;必须描述它的各个组成部分,弄清各部分与整体的关系;必须阐明它的用途、作用和结果。所有这些都必须做到,起码要讲清楚,讲全面,能使儿童把这个事物与别的事物区分开来,并能说明何以有此区别(裴斯泰洛齐,2001:397—398)。

　　思考习惯总是积极地仔细考虑让人思考的东西;那种思考习惯克服了无知的自满或"浅薄的"轻浮,可以使一个人谦虚地承认他所知道的实在太少,使他诚实地意识到自己懂得的不多,要在幼儿的头脑中形成这种思考习惯——经常性的、自觉的思考习惯,没有什么能比早期发展这种习惯更为有效的了(裴斯泰洛齐,2001:401)。

任何一门学科假如用与儿童才能相适应的方式来教的话,都可以发展思维。从不为选择一个可以解释说明某个真理的事物而感到困惑,这就是伟大的教学艺术。……不仅在儿童的生活中没有一件是微不足道的小事情——消遣和娱乐活动、与父母、朋友及游戏伙伴的关系——而且事实上在他们的注意力所及范围之内也没有这样的事情。无论是有关大自然的事情,还是有关职业和生活技能的事情,不仅能成为学习的对象,通过它们可以授予某些有用的知识,而且更为重要的是,通过它们可以使儿童掌握根据所看到的东西进行思考并在思考之后能发表意见的习惯(裴斯泰洛齐,2001:402)。

要引导儿童就这个话题自己进行表述;不要无一遗漏地讲述这个问题,而是要就这个题目向儿童提问,让他找到并纠正答案。长时间的讲解会麻木儿童的注意力,而生动的提问却可以吸引儿童。应当让这些问题提得简短、清晰、易于理解(裴斯泰洛齐,2001:403)。

教师、母亲应该尽力去激发兴趣和保持兴趣。……我甚至要将它作为一个法则定下来,无论何时,只要儿童对学习漫不经心,并明显地表现出对课程缺乏兴趣,教师就应该始终首先在自己身上找原因。当儿童面对大量枯燥乏味的材料时,当儿童被迫安静地聆听冗长的讲解时,或者被迫去完成那些完全没有什么可以使头脑得到调剂或对头脑有吸引力的练习时——这就是教师必须竭力去避免的强加给儿童的精神负担(裴斯泰洛齐,2001:405)。

当教师和学校制度该受到责备的时候,儿童却受到惩罚(裴斯泰洛齐,2001:406)。

更多的是用问题来唤醒他们,用实例来激励他们,用慈爱使他们产生兴趣,并争取他们去学习(裴斯泰洛齐,2001:406)。

费了许多周折,我才坚持这一原则,即应该用来自现实的例子而不是通过抽象概念推导出来的规则来训练儿童的头脑;我们应该通过事物而不是通过字词来教学(裴斯泰洛齐,2001:410)。

在涉及形状要素的一些练习中,我的朋友们已十分成功地恢复并发展了那种古人称之为分析法的方法——就是用问题引出事实,而不是用理论来陈述事实;就是说明问题的原委,而不是单纯地就事论事;就是引导人们动脑筋去创造,而不是停留在满足于别人的创造上。运用这种方法对于大脑确实有益,确实有激励作用,即无论谁希望成功地学习形而上学都应该从学习几何着手(裴斯泰洛齐,2001:411)。

幸福感不是来自外部环境,它是一种心理状态,是一种内部和外部世界相和谐的意识;它把欲望限制在适当的范围内,它为人的才能确立了最高的目标。因为这样的人是幸福的,他能将自己的欲望限制在财力的范围之内;他能够放弃一切个人的和自私的欲望,而不至于失去他的愉快和平静。……幸福的范畴是无限的,它正随着思想境界的开阔而扩展;它也随着内心情感的升华而升华,"随着它们的发展而发展,随着它们的增强而增强。"(裴斯泰洛齐,2001:414-415)

诸如恐惧或过度奢望之类的动机可以刺激智力或体力方面的努力,但是它们不可能温暖心灵。在这些动机中没有哪种活力可以使年轻的心因知识的欢乐——因对天资的真正了解——因对荣誉的崇高渴望——因真挚情感的自然洋溢——而激奋。这种动机的渊源是枯竭贫乏的,在实际运用上是低效的,因为它们并不触动心灵,而"离开了心灵便是生物问题了"。(裴斯泰洛齐,2001:418)

四、马拉古齐:《儿童的一百种语言》

【导读:瑞吉欧的教育理念提出儿童作为学习者的本质,儿童是主动学习者;儿童是社会的一分子,是独立的个体;儿童天生都是艺术家;儿童可以用多种方式来表达自己的思想、有多种发展道路、有多个个性侧面、有多个教育方式等;成人作为倾听者、观察者、参与者、记录者的重要角色;园所家庭社区政府机构之间的相互依存相互学习;项目探索等理念。】

在瑞吉欧·艾蜜莉亚……他们已经整理出共同的意见,以幼儿天生就是学习者的明确哲学为基础。(爱德华兹,甘第尼,福尔曼,2006:175)

老师在幼儿教室中的角色是什么?……从幼儿天生是个学习者的角度

来说,作为成人的老师扮演一种辅助的角色。假如成人可以同意该如何来看待学童的天性、权利及能力,那么他们也会同意幼儿需要何种教师来教育他们。如何给学习中的幼儿下一个定义呢? 瑞吉欧·艾蜜莉亚的教育工作者认为幼儿是坚强的、主动的、有能力担任自我成长过程的主角,是他们共同历史中的演出者、社会与文化的参与者,有权利(与义务)发表自己的看法,以个人特殊的经验以及理解程度与他人共同行动。所有的孩子通过与他人的对话、互动与协商,找到自己的定位、独立性、完整性与满足感。在大人仅为伙伴、资源与引导的情况下,他们行动的情境在教室、社区与文化的世界中,不断地改变。(爱德华兹,甘第尼,福尔曼,2006:176)

提兹安娜·费列皮尼(1990)谈到瑞吉欧.艾蜜莉亚的幼儿以及关于教师应该做什么以便提升幼儿的智慧生活时,将"倾听"这个动作作为教师角色的中心。……"倾听"的意义代表着对幼儿全心全意关注。……"倾听"所富含的意义也是尝试着跟随并进入主动性学习。正如费列皮尼所说的:

有时候,成人加入孩子们一起工作,有时候只围绕一旁,所以成人有许多角色。而成人的重要角色之一便是倾听、观察,进而了解孩子在学习情境中所运用的策略。对我们而言,教师的其中一个角色就是担任"时机的分配者",这个角色对我们而言是非常重要的,也就是让孩子感受到教师的角色不是法官,而是提供资源的人,在他们需要的时候,可以从我们这里借用一个手势或一个字词。(爱德华兹,甘第尼,福尔曼,2006:177)

所有的成人支持性的介入主要是要掌握游戏的节奏,并示范专注与关心的态度。教师试着去扩展幼儿的耐力与注意力的集中,增加技巧与策略的范围,强化他们的集中与努力,但仍允许孩子在游戏中尽情地体会到欢乐。(爱德华兹,甘第尼,福尔曼,2006:178)

教师的角色也就是去帮助幼儿找到题目自己的问题,届时,教师不提供现成的解决方式,反而协助孩子集中注意力在问题及困难上,进而形成假设。教师的目的不是让学习变得顺利或容易进行,而是借由更复杂的、更深入、更凸显的问题去刺激学习的进行。教师会询问幼儿在进行实验的时候需要什么,即时当教师已经知道这一个特殊的方法或假设不是那么"正确"时,他们当孩子的伙伴,一旦遭遇到困难的时候,教师陪伴孩子并且提供协助、资源和策略以避免项目停滞。教师经常鼓励孩子进行某些事情,或者要求他们去完成或再添加某些事物,他们比较倾向于不让孩子一直独自进行项目活动,而是试着与幼儿的目标一起合作。(爱德华兹,甘第尼,福尔曼,2006:182)

教师角色的第三个层面正是瑞吉欧的教师所经历过的困难,也就是介入的时机与方法,因为这要针对当时的情况分析幼儿的思维。……同样的,在美国地区的教师们也担忧介入的多少与时机,以及如何在不提供解决方式的情况下,协助提升幼儿的解决问题能力。……教师不应干预太多,并且不要错失任何一个具有价值的教学契机。维·维奇表达了他的意见:但是你们总是害怕将会错失一个大好时机,这真是一个需要平衡的事情。我相信介入的价值,我个人是倾向于等待,因为我留意到孩子们常常自己来解决问题,而且不总是依照我所告诉他们的方法去进行。(爱德华兹,甘第尼,福尔曼,2006:184 - 185)

五、卡尔:《学习故事》以及卡尔、李:《学习的心智倾向与早期教育环境创设: 形成中的学习》

【导读:《学习故事》颠覆了传统的儿童学习评价理念,首要的是呼吁人们看见每一个儿童的闪光点,看积极面而不是看问题,其二,强调着重观察与记录儿童学习中的学习品质表现,也即那些他们在积极投入活动中的过程表现。】

评价无疑已成为教育中最有力的政策工具。它不仅可以用来确定个人、机构甚至整个教育体系的长处和缺点,还是一种能带来变化的强有力的影响源。(卡尔:2016,绪言:1)

之所以忽略(评价中)那些蕴含远大理想的内容,一部分原因在于获得与这些评价内容有关的信息比较困难且太耗费时间。(卡尔:2016,绪言:5)

20 年前,当我刚刚开始当幼儿园老师时,我相信评价就是看看那些快要上小学的儿童是否已经获得了我认为上小学必须具备的技能,包括早期书写技能、自理技能、早期数学(数数)技能、轮流和使用剪刀的技能。……在我帮助儿童做入学准备的过程中,我的行为背后存在着几个与评价有关的

假设,但 20 年后的我已不再相信其中任何一个假设了。(卡尔:2016:1)

我在思考学习是否既发生在"水面上",也发生在"水面下",这是什么样的学习,我们可以如何评价它,以及这是不是我们早期教育工作者应该管的事情。(卡尔:2016:2)

在我的传统模式中,评价被设计成用来强调缺点的模式。……另一种评价模式是一种强调长处、强调促进心智倾向的模式。在一个强调长处的模式中,那些能促进(学习者的)学习倾向和做好准备的非常成功的参与实例被放在最显著的位置。它们是教育最感兴趣的地方。(卡尔:2016:12)

许多学者都研究了学习者建构和占有学科知识中一些重大概念的方式,如物理、数学或语言。我们感兴趣的是学习者在占有学科知识的同时,是如何发展那些有助于学习的心智倾向有关的重大概念的。于是,我们把有助于学习的心智倾向、学习导向、思维习惯或学习的力量放在最显著的前景位置,同时,我们也记得在后台还有与之紧密联系的学科知识和特定领域的专门知识。(卡尔,李:2016:4-5)

新西兰颁布了新的中小学课程,它的重大意义在于融入了有助于学习的心智倾向,并称之为"关键能力"。(卡尔,李:2016:9-10)

学习的过程包括知道为什么、知道何时何地,以及知道如何运用知识和技能——在后文中这些将被描述为准备好、很愿意和有能力。这个概念已经融入新西兰国家中小学课程,用来建构"关键能力"这个概念。(卡尔,李:2016:21)

视儿童为有能力开创自己学习旅程的合作者。主体能动性这个概念一直贯穿于本研究。我们视儿童为社会化的行动者——有自己的观点,是专家,也是自己学习的主人,而不是视他们为没有能力的、被动接受成人对他们所做事情的人。因此,我们设计了各种方式以倾听他们在日常活动中的声音,倾听他们对自己学习的看法。(卡尔,李:2016:14)

在支持儿童发展有助于互惠的心智倾向过程中,教师扮演了一个非常重要的角色,她们和孩子们建立充满信任的关系,然后参与、看护并调和孩子们与同伴的互动。(卡尔,李:2016:66)

第九章 儿童早期学习品质发展不良的干预研究

儿童早期学习品质发展的个体差异与差距随年龄增长不断扩大(彭杜宏,2018;丘学青,2008;贾卫红,2016)。而实践中广大的教师与家长较为忽视儿童学习品质的早期养成,以致儿童入小学后各种问题凸显,甚至儿童巨大的学习天性与潜力迅速地泯灭。为避免早期学习品质发展不良变为日后更大或更多的学习乃至行为问题,早觉知、早发现、早干预、早矫正十分必要。本章在结合前面观测结果与教师反馈的基础上,选择三类学习品质发展不良的典型个案,通过开发科学合理的针对性干预方案,进行个案干预研究。结合干预效果的分析进一步反观前期理论建构在特定群体幼儿中的具体应用及其反馈。

第一节 学习品质发展不良及其类型表现

一、学习品质发展不良

学习品质发展不良是相对于良好学习品质或积极学习品质(Positive Approaches to Learning)而言提出的。如我国《3—6岁儿童学习与发展指南》中对学习品质的界定是:"儿童在活动过程中表现出的积极态度和良好行为倾向"。《指南》指出要充分尊重和保护幼儿的好奇心和学习兴趣,帮助幼儿逐步养成积极主动、认真专注、不怕困难、敢于探究和尝试、乐于想象和创造等良好学习品质。可见,我国国家文件中用到了"良好"、"积极"等表示学习品质发展得好的那些表现。而美国开端计划关于学习品质的界定是:"学习品质即那些促使儿童投入学习的能力与行为(U. S. Department of Health and Human Services,DHHS,2015)。另有学者认为,学习品质是影响儿童如何进入学习状态的风格与行为,它包括坚持性、主动性等学习的积极倾向性(Kagan et al.,1995;Vitiello, Greenfield, Munis, & George, 2011);学习品质是有助于学习的行为,是学习促进者(Academic Enablers, Demaray & Jenkins, 2011);学习品质指儿童具有的那些用于支持其取得学习成功的因素(王宝华等,2010)。上述反映了美国国家文件以及部分学者视"学习品质"为褒义词,认为它本身即积极性的、促进性的。不过,学界仍有人用"积极学习品质"(Positive approaches to learning, Chen & McNamee, 2011;Teaching Strategies, 2010;Hyson, 2005)或"适应性学习品质"等概念(Vitiello, Greenfield, Munis, & George, 2011;Li-Grining et al.,2010)用以表明那些促进儿童学业成功的行为。

综上,本研究将"学习品质发展不良"(Ill-developed ATL)指尚未发展出良好的、积极的学习品质;由此表现出一些消极的、不良的学习品质倾向,如,没有热情和活力;缺乏专注、耐心、坚持性;被动;自卑;不敢冒险;思维固着;不合作倾向;灵活性不足、想象力与创造力发展不足等等。学习品质非常重要。知识技能没有获得可以日后逐渐获得,而好的学习品质一旦没有形成,很难弥补。这要求家长及教师不要单纯追求知识技能,一定要在入学准备的过程中,关注孩子的学习兴趣、态度、习惯、倾向(鄢超云,2019)。早观察、早觉知儿童的学习品质发展状况,对学习品质发展不良的儿童及早干预与矫正,十分重要。

二、学习品质发展的个体差异与早期差距

在第四、五、六章的研究中,我们已发现儿童早期学习品质发展呈现出各种个体差异。这与其他学者的观点或研究发现较为一致,如有学者指出:学习品质一般的幼儿的好奇心、兴趣高于其他方面,但缺乏独立精神,参与

活动时很消极,很容易分心、无法专注于一个目标,遇到困难,害怕失败、不愿意解决问题,不会进行反思,也不想解释分析;而学习品质高的幼儿对周围的环境中新事物表现出强烈的好奇和感兴趣,能够主动参与到活动中,能够较长时间专注于一个任务、目标意识较强,遇到困难愿意尝试错误,探寻解决的办法,也能有理有据地对自己的行为解释(田艳红,2016)。具有强烈的好奇心的幼儿,爱刨根问底、感情充沛、大胆、有毅力、勤奋、独立、上进心强、自我意识发展迅速、做事细致、有条理;而怯懦、害怕失败、不敢尝试的幼儿在幼儿园和社会环境下往往表现得不太好,因为不够自信,所以对活动感到不安全感,不愿探索(夏丽洁,2013)。好奇心的相关研究中发现,幼儿好奇心存在着性别和年龄方面的差异。如在性别上男孩更关注抽象性质的事物,女孩更好奇具体形象类事物(郑黎丽,2020)。在年龄上也存在着显著差异,如研究发现,小班幼儿的想象基本是无意想象,是无依据的自由联想;中部幼儿无意想象为主,出现有意想象;大班幼儿的有意想象较中班更为发达,比重增大(陈帼眉,2015)。另外一些幼儿由于家长教养过度溺爱、过分保护,表现出了怯于探索、不敢表现、没有主见;在新环境下,幼儿常感到害怕、焦虑、没有安全感等;被否定、消极评价后,幼儿很拒绝同伴交往,不愿意去人的地方活动,不喜欢参加集体游戏,师幼互动也比较抵触,说话声音小、不大方(黄琴,2018)。幼儿坚持性个体差异相关研究发现,坚持性不同程度的个体之间存在显著差异,且随年龄增长差异将不断扩大(彭杜宏,2018)。幼儿的专注力存在在显著的年龄差异,随幼儿的年龄增长,抗干扰能力增强,注意分散行为出现的频次逐渐减少,但个体差异呈扩大趋势(丘学青,2008;贾卫红,2016)。幼儿专注力还存在着性别差异,女孩在活动中抗干扰能力较男孩好,分散注意力行为较男孩少。总体来说,女孩的专注力发展较男孩好(贾卫红,2018)。

综上,儿童早期学习品质发展的个性差异表现在诸多方面,包括好奇心、专注力、坚持性、想象和创造、自信和独立等等。有的儿童学习品质发展良好,有的儿童学习品质发展出现了较大的问题。对此,本研究用"学习品质发展不良"这一概念,主要针对尚未发展出良好的、积极的学习品质,由此表现出一些消极的、不良的学习品质倾向的儿童。

三、学习品质发展不良的主要类型表现

明确学习品质发展不良的主要类型及其具体表现,有助于提升成人教养者的觉知水平,促进教养者根据个体儿童的实际情况早干预、早矫正。表1做了一个简要的归纳说明。

表 1　儿童早期学习品质发展不良的主要类型表现

学习品质要素		发展不良的表现
好奇心与主动性	好奇心:指幼儿对新事物表现出渴望学习和讨论的兴趣。	1. 对周围环境没有兴趣,不想尝试任何活动。2. 对很少一部分区域材料有兴趣,但不想动手尝试。3. 很少关注身边的新事物和周围环境的变化。
	主动性:指幼儿在与他人或独立互动时表现出主动参与活动的积极程度。	1. 不愿意参与活动,处于旁观者角度。2. 参与活动却表现出消极的情绪。3. 自己无法单独进行活动,常常需要教师的帮助和提示。
	具有强烈好奇心的幼儿,爱刨根问底、感情充沛、大胆、有毅力、勤奋、独立、上进心强、自我意识发展迅速、做事细致、有条理。	怯懦、害怕失败、不敢尝试的幼儿在幼儿园和社会环境下往往表现得不太好,不够自信,对活动感到不安全,不愿探索(夏丽洁,2013)。
专注力与坚持性	专注:幼儿在整个活动中对事件的注意程度。	1. 只是随意摆弄材料,行为与目标无关。2. 活动中经常偏离目标,经提醒也较难回到活动中。
	坚持:指幼儿表现出坚持不懈的能力,能够完成他们正在参与的工作,并应对与其发展水平相适应的挑战。	1. 基本不能完成目标任务,面对困难时说我不会、我不行。2. 在参与时,断断续续进行其他无关活动。3. 遇到问题或对另一事物好奇会终止在进行的活动。
		专注力与坚持性较差的幼儿,则一直无目标进行活动,依赖于教师的帮助,并往往分心(王宝华,冯晓霞 2010)。
想象力创造力	想象力:指幼儿在活动中通过已有的形象和意识,内化形成的一种新形象。	1. 想象时没有目标,喜欢复制或模仿。2. 不能用语言、动作、绘画、表演等方式把自己的想象表达出来。
	创造力:指幼儿在活动中是否萌发出创新意识、想法和活动能力。	1. 作品多是模仿他人,没有自己的想法。2. 根据他人的建议完成作品,没有自己的想法与思考。

学习品质要素		发展不良的表现
自信心	自信：指幼儿对自己和他们做事情的能力感到乐观，并能表达或捍卫想法。	1. 不会表达自己的观点想法，一直赞同他人的想法。2. 对自己的作品没有信心，觉得不好，不如别人。
		一些幼儿由于家长教养过度溺爱、过分保护，表现出了怯于探索、不敢表现、没有主见；在新环境下，幼儿常感到害怕、焦虑、没有安全感等；被否定、消极评价后，幼儿很拒绝同伴交往，不愿意去人的地方活动，不喜欢参加集体游戏，师幼互动也比较抵触，说话声音小、不大方（黄琴，2018）。
独立性	独立性：指幼儿遇到困难时独立完成一项任务的能力。	1. 在新环境下，害怕尝试，不敢进行挑战。2. 依赖性强，缺乏安全感，任何事情都希望成人的陪伴与帮助下完成。
综合表现	学习品质与其他方面均协调发展	1. 学习品质发展存在多个因素的发展不足。2. 其他方面的发展（如行为问题或社会—情绪发展）等也存在问题。
	学习品质发展良好的幼儿对周围的环境中新事物表现出强烈的好奇和感兴趣，能够主动参与到活动中，能够较长时间专注于一个任务、目标意识较强，遇到困难愿意尝试错误，探寻解决的办法，也能有理有据地对自己的行为解释（田艳红，2016）。	

第二节　儿童早期学习品质发展不良的个案干预

　　面对学习品质发展不良的早期表现，展开针对性的、有效的干预是必需的。只有这样才能为促进幼儿学习品质的发展和终身学习奠定良好的基础。结合具体表现、特定行为与综合表现，本节主要针对学习品质发展不良的三类典型个案进行干预研究。即采取不同的干预措施对不同的特定个案实施干预，以提升幼儿特定或综合学习品质。

一、有关儿童学习的干预研究概览

对儿童学习的干预研究是学习与教育心理学研究的一个重要问题域。有学者针对数学学习困难儿童的干预研究发现,使用标准化测查工具、幼儿园阶段、运用中介/辅助的方法、针对单一被试、实施高总量和低频次(小于3次/周)的干预效果更好(李欢欢等,2019)。袁茵(2005)在促进幼儿好奇心发展的干预研究中,随机选择小班、中班、大班各两个班,设立3个实验组和3个对照组,研究人数184人。在研究过程中,采用"幼儿好奇心表现教师评定问卷",对幼儿前测和后测的发展进行评分,在实验班进行精心设计的教育活动。夏丽洁(2013)选择了小、中、大三个年龄段的班级各一个进行集体干预研究,并在每班选择1—2名幼儿作为个案重点观察对象。利用观察量表对幼儿在学习活动中的表现进行评估。通过观察诊断幼儿行为,在干预中运用竞争激励法、同伴激励法、情境创设法、材料支持法、尝试错误法、教师肯定法、游戏训练法、树立榜样法、语言激励法、角色扮演法,研究发现,在经过干预后,幼儿某一方面的学习品质得到了改善和提高。高聪(2019)选取23名幼儿,随机分配到实验组和对照组,运用自信心测量工具和自信心课程干预方案对实验组的幼儿进行了集体干预,通过实验组与对照组的前测和后测差异比较,发现,所研究的自信心干预方案对提升幼儿自信心具有显著效果。

综上,国内目前在儿童早期学习干预研究中,有的针对学习困难儿童,有的针对学习品质发展不良儿童;在干预形式上,有的采取个案的、单独的、一对一的干预,有的采取集体干预;在效果考察上,有的采取前后测的对比,有的在实验中设立实验组与对照组。总体而言,前后测数据分析的偏多(如田艳红,2016;夏丽洁,2013;刘洪森,2019)。在效果记录上,有的采取质性描述与文本记录,有的采取量化分析与记录,有的综合两者。如在记录幼儿学习品质发展的情况时,研究者多采用学习故事或叙事性评价,记录幼儿在学习和游戏活动中的学习行为、学习态度和倾向。在干预的具体实施上,研究者采取的干预方法基本分为三大类:一以教师为媒介即教师支持的,有共同游戏法、教师肯定法、语言激将法、肢体暗示法。二以同伴为媒介的即同伴支持的,有竞争激励法、树立榜样法。三以环境为媒介的即环境支持的,有情境创设法、材料支持法、角色扮演法(金芳,2019;高聪,2019;夏丽洁,2013)。

此外,干预的方案随年龄段不同而有差别,如袁茵(2005)在培养幼儿好奇心的研究过程中,选择了与幼儿年龄特点和心理发展水平适宜的教育载体,如在小班进行观察探究,中班进行游戏探究,大班进行学习探究。最后研究数据表明:实验后的实验组好奇心水平远超对比组,说明观察探究、游戏探究、学习探究所针对的不同年龄段幼儿,对其好奇心的发展有很大的推动作用。可见,干预不仅要要注意年龄和个体适宜性,更要根据干预目标,了解幼儿的兴趣爱好、幼儿的需要以及幼儿的发展水平等(张莹,夏琼2016;黄薇,2019)。另有学者提出,干预方案的内容要能够激发幼儿的兴趣和主观能动性(高聪,2019)。

综上,就已有儿童早期学习品质的干预研究来看,国内已有相关研究中,未涉及学习品质发展不良的典型样本,也即干预的被试的学习品质并非发展处于最低端范围的群体,而是对正态分布的中间状态或普通群体的培养、干预,其研究还在于考察某具体方案对儿童学习品质培养的效果。如何将理论转化为有用的、可操作的实践? 如何帮助一线在岗教师和家长对学习品质发展不良的典型个案进行有效矫正? 如何在一日生活中矫正特定幼儿的当前学习品质状况? 如何对学习品质发展不良幼儿进行系统性干预? 这些都是学习品质干预研究需进一步探索的问题。

二、本研究目的

结合前期研究所揭示的学前儿童学习品质早期发展的巨大差距,本研究主要是对针对发展中严重滞后一端的个案进行干预,同时也旨在初步检验前期研究所建构的理论模型在特殊儿童群体中的具体应用及其效果。

三、研究方法

(一)研究对象

个案 A:专注力与坚持性发展不良。

1. 基本情况

性别:男;年龄:3.5 岁;所在幼儿园班级:小班。

2. 专注力与坚持性发展评价与反馈情况

基于教师日常观察的真实性评价。老师通过为期一个学期的日常活动观察了解到:幼儿 A 是一个性子比较急的小男孩,来园已经半年了。在班级活动中,老师一旦布置某个小任务,A 不仔细听要求,就会急匆匆地去做,也不会多思考或者和组员商量合作。每次遇到困难,A 就干脆做别的事情,不完成任务。这样几次下来,A 每次的小任务都没有完成,大多是刚刚开始,觉得太难,不多思考,又匆匆结束。A 在参与活动时经常很容易分心、无法专注于一个目标;在故事创编活动中,也常对老师说"我想不出来"。平时遇到困难,害怕失败、不愿意解决问题,不会进行反思,也不想解释分析。老师认为 A 在班级中的专注力和坚持性水平处于最低水平范围。

根据老师的日常观察评价得出,个案 A 日常学习与活动中表现出明显的专注力与坚持性发展不足。能否专注,可以看小朋友在不同活动中一般投入的时间的长短;能否坚持,主要看小朋友在遇到困难时是轻易放弃,还是不断努力达到目标,这些凭借园所一日活动中的真实性评价比较容易准确判断。

个案 B:想象力与创造力发展不良。

1. 基本情况

性别:男;年龄:6 岁;所在幼儿园班级:大班。

2. 想象力与创造力发展的基本情况

(1)基于教师日常观察的真实性评价。幼儿园老师对儿童 B 的观察与了解:儿童 B 是一名 6 岁的男孩,平时主要由爷爷奶奶照顾。家里比较注重文化知识,很小就教他认字和算数,但是日常生活中的叠被子、穿衣服、吃饭这些在幼儿园里都需要老师和其他小朋友帮助。在老师要求大家创造拼搭积木或画画时,儿童 B 通常会临摹别人的画,模仿别人搭积木,或者干脆什么都不干,让老师来教。在科学小实验中,儿童 B 遇到困难,尝试一两次后就停止,不能有始有终的完成实验探究。课堂活动中,每次请 B 想象故事会怎么样发展,他的回答都很模糊。老师认为他的创造性、想象力等在班级中处于较低水平。

（2）标准化测验结果。以"托兰斯创造性思维测验"中 10 条不规则线条的添画测验发现，儿童 B 的流畅性得分：3 分；变通性得分：3 分；新颖性得分：0 分。处于得分最低的 5% 范围。其作品如图 1 所示。从其作品来看，事实上，该儿童基本未对不规则线条做有意义的添加。在测试过程中，儿童 B 对测试老师不停地说着，"老师，我要打 1000 分；老师，我要打 10000 分！"相比之下，同班儿童中，其完成的情况大不一样（参见图 2），在新颖性上他得了 2 分，意味着他在其班级群体里有 2 副添画属于独创。

综合老师的日常观察评价及标准化测试得出，个案 B 的想象力与创造力发展可能受到了较大的破坏或压抑，目前发展严重不足。

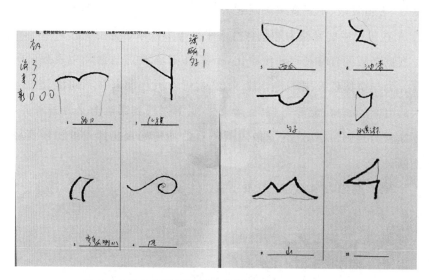

图 1　个案 B 的托兰斯创造性思维测验结果（活动 2）

个案 C：学习品质多要素及综合发展不良。

1. 基本情况

性别：男，年龄：5 岁，所在幼儿园班级：中班。其他特征：个头高，身体壮，力气大。父亲：公务员；母亲：中学教师；平时在家父亲陪伴多一些。

2. 学习品质多要素及其他综合发展评价与反馈情况

（1）基于教师日常观察的真实性评价。从小班到中班一年多时间里，老师观察与了解到，儿童 C"在课堂上举手回答问题时，必须第一个喊他，你不

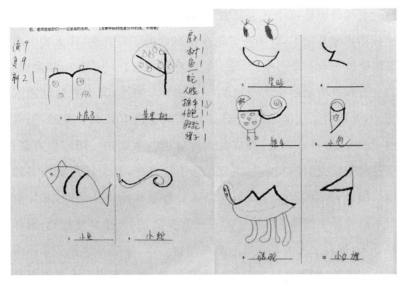

图 2　个案 B 的同班同学托兰斯创造性思维测验结果

喊他,他就说,我的手都举酸了! 然后会走到老师面前捣乱。""他喜欢的事情,能安静的时间久一些;一旦他不喜欢,就不太能坐得住,东倒西歪啊,东张西望啊,或捉弄小朋友啊。""别人要是打了他,不论小心还是不小心的,他一定要打回来,或耿耿于怀,一直记得……打过十几个小朋友,打过老师、阿姨,但回去后和他父母亲说没有打人。""在一起玩时,他爱举着手对同学指手画脚,指挥某某某去做什么,某某某做什么,小朋友没有听他的,他便大喊,很生气,要打人。"老师对他的评价:儿童 C 在学习品质、社会—情绪发展等方面出现综合不良,如较多时候不能专注、容易分心、缺乏耐心等;伴随动手打人、干扰他人、故意捣乱、容易生气等多种表现。

(2)学习故事。在一次中午午睡儿童 C 打了多个小朋友后,家长在班级群内共同发起了"抗议",希望召开一次小范围家长会议解决这个问题。儿童 C 家长在班级群里作了如下回复:"实在对不起啊。我们在知道孩子存在攻击行为之后,第一时间配合老师进行了各方面工作。为了让他不要在幼儿园有攻击行为,我每天送学的路上和到教室之后都会叮嘱一番,并会在每天放学回家后询问当天的表现情况给予事先约定好的一些奖惩;我甚至一再教育他,在幼儿园不管和其他小朋友发生什么矛盾,哪怕是别人先动手打了你,你也不可以反击,只能去告诉老师;包括这次事情我在听说以后,第一时间就跟老师请假让孩子在家反省，并且告诉孩子因为他的严重错误导致他已经被幼儿园开除了，昨天一天他在家自己哭了好几次，昨天晚上我和他妈妈又跟他谈了有一个多小时，他也是全程眼泪汪汪……以上种种这些，都是我们一直以来所做的努力里面的一小部分。当然，我非常能够理解您们的感受，不管我们怎么努力，对于您来说其实是没有什么关系的，您要的是自己孩子的安全，将心比心，换成是我肯定也会这么想。同样作为家长，其实发生这种事情我们的担心和愤怒也许不比您少，甚至还有更很多的焦虑和难过。但是，不管怎样，总归是我们家长的教育出现了问题，才导致了这种谁都不愿意发生的事情发生了。首先我要表达的，还是诚恳的、深深的歉意！接下来，我们一定会更加进一步地配合老师、并想办法去寻求其他一些专业机构的帮助，同时更加加强家庭教育提醒，力求不再发生类似事件。在这里先向大家说一句对不起，等下午见面的时候我再当面向您们道歉！”

(3) 标准化量表评价。两位老师依据 Teaching Strategies 标准化量表中的社会—情绪子维度对个案 C 进行的评价(图 1)。图 1 显示几乎在所有项目上两位老师的评价都一致，即他们都认为儿童 C 在社会—情绪发展方面存在诸多发展不足。

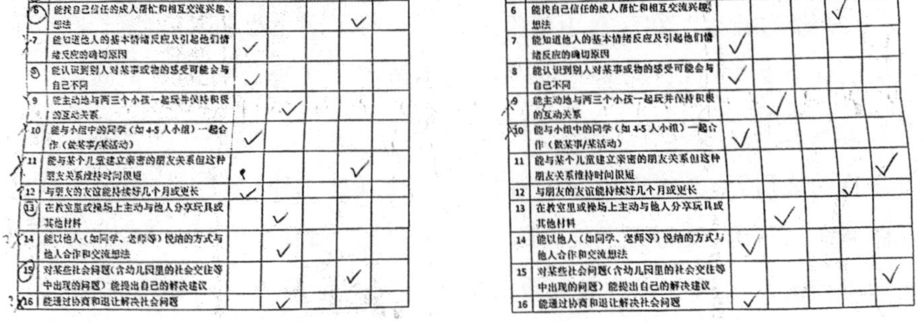

亲爱的家长/老师：
您好！
请据儿童近 1-2 个月里的（在家/在园）表现，客观地在相应选项下画钩。您的客观反馈是准确了解儿童的前提和基础，也是为他/她提供个性化教育的前提和基础。同时，调查为无记名方式，请放心填写！

	调查项目	完全不符合	较不符合	不确定	较符合	完全符合
1	能从不同角度来看待某事或某情境	✓				
2	能延迟满足自己的需要	✓				
3	大部分时候能适宜地控制自己的强烈情绪	✓				
4	对如何满足到自己的需要很自信				✓	
5	能照顾好自己的安全和健康		✓			
6	能找自己信任的成人帮忙和相互交流兴趣、想法				✓	
7	能知道他人的基本情绪反应及引起他们情绪反应的确切原因	✓				
8	能认识到别人对某事或物的感受可能会与自己不同	✓				
9	能主动地与两三个小孩一起玩并保持积极的互动关系		✓			
10	能与小组中的同学（如 4-5 人小组）一起合作（做某事/某活动）	✓				
11	能与某个儿童建立亲密的朋友关系但这种朋友关系维持时间很短				✓	
12	与朋友的友谊能持续好几个月或更长	✓				
13	在教室里或操场上主动与他人分享玩具或其他材料		✓			
14	能以他人（如同学、老师等）悦纳的方式与他人合作和交流想法		✓			
15	对某些社会问题（含幼儿园里的社会交往等中出现的问题）能提出自己的解决建议				✓	
16	能通过协商和退让解决社会问题		✓			

亲爱的家长/老师：
您好！
请据儿童近 1-2 个月里的（在家/在园）表现，客观地在相应选项下画钩。您的客观反馈是准确了解儿童的前提和基础，也是为他/她提供个性化教育的前提和基础。同时，调查为无记名方式，请放心填写！

	调查项目	完全不符合	较不符合	不确定	较符合	完全符合
1	能从不同角度来看待某事或某情境	✓				
2	能延迟满足自己的需要	✓				
3	大部分时候能适宜地控制自己的强烈情绪	✓				
4	对如何满足到自己的需要很自信				✓	
5	能照顾好自己的安全和健康		✓			
6	能找自己信任的成人帮忙和相互交流兴趣、想法				✓	
7	能知道他人的基本情绪反应及引起他们情绪反应的确切原因	✓				
8	能认识到别人对某事或物的感受可能会与自己不同	✓				
9	能主动地与两三个小孩一起玩并保持积极的互动关系		✓			
10	能与小组中的同学（如 4-5 人小组）一起合作（做某事/某活动）	✓				
11	能与某个儿童建立亲密的朋友关系但这种朋友关系维持时间很短					✓
12	与朋友的友谊能持续好几个月或更长				✓	
13	在教室里或操场上主动与他人分享玩具或其他材料		✓			
14	能以他人（如同学、老师等）悦纳的方式与他人合作和交流想法	✓				
15	对某些社会问题（含幼儿园里的社会交往等中出现的问题）能提出自己的解决建议					✓
16	能通过协商和退让解决社会问题	✓				

图 3　两位老师对个案 C 的社会—情绪发展状况的评价

（4）基于认知灵活性任务测评。

采用认知灵活性测评的经典任务（FIST），对个案 C 进行了测评。结果显示其认知灵活性得分 11 分（满分 12 分）。相比于同龄群体的测评结果（参见第六章），他的得分属于高分段一端。同时，进行了工具创新任务的测评，由于测评过程中他的力气过大，在使用非目标工具时过度使力破坏了工具而结束了测试。

综合各方评价得出，个案 C 是一个在学习品质多个要素方面存在发展不足，同时伴随有行为问题、社会—情绪发展问题的男孩。有关学习品质的界定中，有学者认为，学习品质是"有助于儿童学习的积极的、适应性的学习态度与行为，包括学习中的合作行为、坚持行为等"（Meng，2015；Fantuzzo，McWayne，Perry，& Childs，2004）；是"儿童在教室内的教学、组织和社会环境下的适应性"（Musu-Gillette，et al.，2015）。显然，该儿童在他所在的教室环境下表现出诸多不适应。

（二）干预方案

结合第一章建构的 LG 理论模型以及第八章建构的 FI 模型，进一步开发制定面向特定个案儿童的针对性干预方案。

1. 针对个案 A 的干预方案

结合 A 的特定学习品质发展不良情况，采取顺应—跟随的干预方案。即：（1）给家长与教师通知予以指导，让成人教养者在幼儿一日活动中，提供儿童最佳学习环境，如自由的学习环境，顺应其兴趣与探索，跟随其热情与兴趣，保持观察与实时记录。具体而言，在不违背基本规则前提下，尽可能地顺应、跟随该儿童的兴趣、好奇心、热情、激情。尊重他自己的选择，给予他充分的自由，在必要的时候给予材料或提示的支持等。先发展儿童自己兴趣领域的专注力、坚持性。（2）在具体活动中，顺应、跟随与鼓励其坚持性的发展与提升。如设计了"泥塑苏州的老房子"、"池塘音乐会"、"帮小动物找家"等活动，在特定活动中，采取鼓励重点发展其坚持性。

2. 针对个案 B 的干预方案

结合 B 的特定学习品质发展不良情况，采取点燃与挑战的干预方案。即：（1）给家长与教师通知予以指导，让成人教养者在幼儿一日活动中，提供儿童最佳学习环境,如尊重的、自由的学习环境,让幼儿能充分获得学习的自由。(2)设计相关的想象类、创意类活动,在具体活动中,点燃、挑战儿童的想象力与创造力。如本研究设计了美术活动"昆虫秀——宣传海报"、故事创编"草原运动会"、绘本故事"乌鸦喝水"、科学探究"排水法—测体积"五个活动,采用肯定、启发提示、鼓励等来点燃儿童 B 想象的热情、信心、胆量等。在具体活动中适当挑战他的想象与创造。如故事中的长颈鹿和鳄鱼因为身高差距,不仅房门大小差很大,连家具都差很大,可以提问儿童 B,多角度思考,如何建造门可以让鳄鱼和长颈鹿都不感到困难。

3. 针对个案 C 的干预方案

结合 C 的特定学习品质发展不良情况,采取以 LG 模型中的关键环节——成人的生命成长与进化为核心的干预方案。即:(1)首先对其父母亲的生命状态、自我发展与教养理念等进行交流,引发家长发生其生命的成长。由此带动系统内的其他因素的变化。一个学习品质多要素发展不良并伴随有攻击性行为的儿童,不能只针对他的行为、他的问题来展开干预,而必须深入到他所生活的系统,包括干预他的父母亲、他的老师、他的生活环境。因此,针对个案 C 的学习品质综合发展不良的实际情况,制定出基于成人生命成长与进化的系统干预方案。只有通过成人自身的生命成长,才能改善各主体间的情感纽带关系:家长与教师情感上的交流与关系;家长与幼儿情感上的交流与关系;教师与幼儿情感上的交流与关系,等等,各主体之间情感上的双向交流、悦纳与否也是干预能否起到效果的重要因素。生命成长的干预材料主要是国内某知名成人生命成长教练的干预课件、个人专著。(2)针对教师辅以顺应—点燃的日常教养行为指导。即在幼儿一日生活中,尽量以顺其自然的理念,打破常规、顺其兴趣、允许其不一样的节奏与任务选择等。尽量少关注其不良学习品质表现,以跟随、观察其表现为主。反之,越批评、越关注、越控制则可能适得其反。

(三)研究过程

1. 个案 A 的干预过程

为期一个学期的日常教养行为干预,以及在特定教学活动中干预。具体的教学活动及其过程如表2。

表 2 个案 A 的具体干预活动与过程记录

活动方案	活动目的与过程
1. 泥塑"苏州的老房子"	房子泥塑分为三步进行,第一步:幼儿尝试和泥,探究如何和出可以塑形的泥块。第二步:幼儿将泥块制作成不同形状,研究哪一部分适合地基? 屋顶? 墙壁? 第三步:正式打造房屋,并进行一定的设计和装饰。这个活动跨度最长,难度也逐层递进,旨在发展幼儿的专注力、坚持性、想象力等。
2. 音乐活动"池塘音乐会"	音乐创编活动,幼儿根据音乐节奏和图谱,利用手、脚等身体部位打出节奏,也可增加一些合适的动作,丰富这场音乐活动。鼓励个案幼儿大胆表现、大胆想象、发展其兴趣、专注、投入、创造等品质。
3. 数学活动"帮小动物找家"	通过提供若干水果房图片,若干可爱的小动物图片,数字头饰和动物头饰,不限时间地让幼儿自由玩数字与物的游戏,培养其专注、投入、坚持的学习品质与观察、思考的学习能力。

2. 个案 B 的干预过程

为期一个学期的日常教养行为干预,以及在特定教学活动中干预。具体的教学活动及其过程如表 3。

表 3 个案 B 的具体干预活动与过程记录

活动名称	活动目的与过程
1. 美术活动"昆虫秀——宣传海报"	带来多种昆虫的实物,提示个案幼儿观察与感受,启发幼儿依据实物进行想象、创造、设计,发展幼儿依据实物想象、创造的能力。
2. 故事创编"草原运动会"	鼓励幼儿借助擅长的图画进行想象,能够大胆地、较清晰地表达自己的想象,从而发展个案幼儿有意想象的能力。
3. 美工活动"奇妙的椅子"	第一步,让幼儿自由体验在创造性的美工活动。第二步,在已有的技能和经验基础上鼓励幼儿发挥想象与创造,自由展开对椅子的各类装饰。第三步,提供与前两次完全不同的替代性材料,鼓励幼儿动脑思考,进一步创造材料、装饰、结构各不相同的椅子。在逐层递进,提升难度的过程中,发展幼儿的独立性、想象力、创造力以及动手能力。
4. 绘本故事"乌鸦喝水"	鼓励幼儿发现身边事物存在的奥秘,动脑思考,根据已有的经验来创造性想象,发散性想象有哪些方法可以喝到水。为进行排水法实验作经验准备。
5. 科学探究"排水法—测体积"	科学探究活动排水法测体积是重点考察幼儿这段时间的干预效果,科学探究需要幼儿在掌握一定的知识经验的基础上,对问题比较敏锐,并能有自己的想法。在这个过程中考察个案幼儿创造性地思考问题、提出问题、解决问题的能力。

3. 个案 C 的干预过程

为期一个学期的干预,包括家长与教师的共同参与。结合国内知名的生命教练的课件,对该个案儿童的父母进行讲解。当面讲解 1 次,时长 1.5 小时。同时,将该生命教练的个人著作《妈妈,我可以这样吗》,推荐其父母回家深入阅读,自借阅到归还,近 1 个学期。

在一日活动中,班主任与副班老师在个案 C 不伤害他人、未伤害自己、不破坏环境三个基本前提下,尽量保持了以观察、了解、记录、跟随、顺应的教育方式,为期一个学期以上。

四、结果与分析

(一)过程动态观测的结果分析

下面对三个个案在具体活动中的动态过程与变化进行记录(基于学习故事的评价结果)。

1. 个案 A 的动态过程记录结果

个案 A 在泥塑"苏州的老房子"活动中,A 对搅拌泥糊感兴趣,嘴里还嘟囔着"这是巧克力油漆!"教师在一旁主要是观察和记录 A 的当下行为及其变化等,当 A 的注意力开始分散,出现不再想玩的倾向时,老师提出一个问题,"你可不可以用它来建造一栋房屋呢?"A 开始思考,他搅着油漆说:"可是我不会用这个建房子,它们软塌塌的。"教师继续寻问:"那为什么这些陶泥是软塌塌的? 不能塑性呢?"A 想了想回答:"可能是水太多了!但是我不会和泥。"教师找来了高高,"高高的房子建的真好,或许你可以让他帮帮你。"A 拿着陶泥说:"高高,我应该怎么和泥,才能造出房子呢?"高高手把手给 A 演示了,应该一点点的加水,然后像揉面一样,这样几次下来,一块墙板就定型了。A 开始一遍遍尝试加一点点水,揉陶泥,几次下来,陶泥变得很有韧性,不会硬邦邦也不会太烂糊。A 将陶泥切成给一块块泥板,开始继续造房子。他通过自己的努力克服了困难,坚持了下来,并继续投入其中。在这逐步启发引导下,A 能够专注在泥塑房屋这一任务上,并能大胆尝试探究遇到的问题。A 的专注力、坚持性有了明显改善。

个案 A 在"池塘音乐会"活动中,教师在设计活动中运用了情境创设法,有故事、有画面、有音乐,呈现出月下荷塘美好的画面,A 的注意力一下子就被吸引住了。让 A 来扮演去池塘音乐会的演奏家,大胆地尝试怎样打节奏时,教师毫不吝啬地肯定幼儿,让幼儿对这个活动的热情更高,并进一步激发了幼儿大胆尝试的愿望。活动到重点难点环节,要让幼儿自己探索和练习时,教师从自己示范到师幼互动到共同探索,层层递进,步步深入,让 A 的演奏音乐活动完美进行。可见该活动中,老师通过让幼儿成为活动和游戏中的主人翁,为他们创造可以沉浸其中的场景,A 表现出专注于活动,对任务感兴趣,愿意参与、愿意创造。A 没有以前那么急匆匆,做事情也开始能沉下心来,一步步带着思考去完成任务。

2. 个案 B 的动态过程记录结果

个案 B 在"昆虫秀——宣传海报"活动中,随着教师引导 B 画出翅膀颜色、图案不一样的蝴蝶,"你的蝴蝶画的真好看,那你能不能换几个颜色来给蝴蝶的翅膀上色呢?这只是蓝色的蝴蝶,你还喜欢什么别的颜色。"B 尝试着画出了几只颜色不一样的蝴蝶,有黄色、粉红、紫色。接着教师启发 B 进一步创造,"你会画有翅膀的昆虫了,那你想想还有什么昆虫有翅膀?"B 回答:"蜜蜂也有翅膀,蜜蜂屁股上还有刺。"教师马上鼓励 B 画出一些尾巴上有刺的,有翅膀会飞的各种颜色的蜜蜂。教师继续启发,"那什么时候你会看见蜜蜂蝴蝶,你都在哪里看见蜜蜂和蝴蝶?"B 继续画出了一个大大的太阳和一些花草、小石头。在教师的鼓励启发下,B 从一开始的完全临摹慢慢发展成自我创造,这是一个循序渐进的过程。教师可以通过启发幼儿,帮助建立相关事物的连续,逐步引导幼儿创造性创作。

个案 B 在"奇妙的椅子"活动中,随着教师拿来各种废旧材料,有棉花、贝壳、扭扭棒、吸管、各种形状的木片……教师询问 B:"你见过的椅子除了上面都是图案的,还有没有装饰别的?"B 看了看,回答说:"娃娃家的椅子上粘了很多花,我妈妈的椅子还有很多珠子。"B 开始挑了几颗漂亮珠子和贝壳黏在椅背上。教师又问 B:"椅子硬硬的做起来舒服吗？"B回答："我喜欢坐起来软软的。"教师问："那我们要怎么样让椅子做起来软软的呢？"B想了想，拿了一点棉花用胶水粘在椅面上，然后说："这样就不会硬邦邦的。"教师继续问："现在你的椅子只能让一个人坐，那要是两个小朋友想一起坐怎么办呢？"B说："我可以把两把椅子拼在一起，再加上两个把手！"B把几把椅子都拼到了一起，然后粘上了软软的椅子，开心地说："现在大家可以一起坐在椅子上了！"接着B主动找到几个瓶盖说，"我可以给我的椅子安上轮子，这样大家就可以坐在椅子上旅行了。"当B尝试了各种装饰物去美化他的椅子后，他开始寻求椅子的实际用处，他将椅子拼在了一起，有的装上了轮胎，变成了移动的椅子。B的创造性思维有明显的变化。

3. 个案C的动态过程记录结果

要改变孩子的行为模式，特别是品质、情绪层面的，是一个需要很长时间的过程，正如心理治疗，无法这个月去辅导了，下个月就全部还好了。通过干预的多种途径努力，过程当中，个案C有明显的好转。如打人行为的频次明显降低。能安静下来专注于自己喜爱的活动中一段时间等。

综上，对3名幼儿的个案干预过程表现记录及与此前表现对照发现，个案幼儿发展一般的学习品质有了明显的进步和提升。个案A开始做事急匆匆，没有目标，也容易走神分心，在经过家长、老师同步干预以及活动中的深入引导后，个案A做事有条理，并能专注一件事很久，在探究和解决问题上的持续时间也有很大提高。个案B原本不能脱离具体事物进行想象创作，只会照范例临摹，在经过一段时间的干预后，他愿意大胆想象，并根据自己已有知识的经验进行创造。在经过教师针对性的活动干预后，个案B凭借自己积累的科学文化经验，对科学探究活动产生了极大的兴趣。在探究活动中，他能积极思考、大胆尝试，乐于想象，遇到问题，有条理地进行科学探究。

（二）前后的对照结果分析

表 4　三个个案前后对照的质与量的分析结果

干预		个案 A	个案 B	个案 C
干预前	质性分析	在活动中怕困难，经常分心，偏离目标。	1. 喜欢模仿、参考他人作品。 2. 独立进行创作和想象比较困难。	1. 专注力、耐心、合作分享等发展严重不足。 2. 常有攻击行为，社会—情绪发展严重不足。
	标准测试		TTCL：流畅性 3 分，变通性 3 分，新颖性 0 分。	FIST：11 Teaching Strategies（Social-Emotion）：情绪管理与控制得分处于低水平。 打人行为：4—5 次／月，波及人数十余人。
干预后	质性描述	能长时间地投入活动。能进行多次错误尝试，偶尔偏离目标，自己能够很快回到活动之中。	1. 在装饰和制作椅子上，加入了自己独特的想法。 2. 尝试改变椅子的常有形态，创造出更多奇特的椅子。	1. 能主动操作实验，验证想法。 2. 对于失败，不放弃，积极寻找解决问题。
	标准测试		TTCL：流畅性 6 分，变通性 4 分，新颖性 0 分。	PLBS：总均分 3.52，略过了临界值 3 分。

五、讨论

（一）基于 LG 与 FI 模型延伸的针对性干预方案的适用性探讨

本研究中一定程度地考察了基于成人生命成长与进化环境模型（LG）与顺应—点燃模型（FI）在学习品质发展不良的典型群体中的延伸应用。从 3 个不同的典型个案干预过程变化与结果变化来看，基于 LG 与 FI 模型延伸的针对性干预方案各自起到了一定的干预效果。这些针对性的干预方案重在根据问题关键点而展开基于理论模型的干预。如对于专注力与坚持性发展不足的个案 A，干预重在支持与跟随儿童的兴趣与好奇心。跟随他的兴趣与好奇心，在他感兴趣的活动、领域、方面来促其专注力的滋生与生长。对事物、活动等有热情、激情、好奇，才能专注得下来。因此，先顺应、跟随，慢慢形成专注。干预的重点在于跟随（跟随、顺应的更多内涵可参见第八章)。有研究也发现,个性化、干预强度等对干预效果有影响(李欢欢等,2019)。本研究便是采用的个性化的干预,在干预强度上,属于中等强度的干预,置于日常现场生活中与特定活动中而展开。个案不同,情况不同,干预的切入点、侧重点都略有所不同。如个案 C 不仅学习品质多要素发展不良,且社会—情绪发展上也存在问题。因此,对于此类个案,先补情绪情感,并基于成人的生命成长与进化进行系统干预。研究结果表明,个案 ABC 都取得了各自前后的明显变化效果。个案 A 的专注力与坚持性有一定提升,个案 B 能展开想象与创造了,个案 C 在情绪上平和了许多,情绪调节得到一定改善,班级适应、专注等上有一定的改善。综上,前期的理论建构延伸出针对性的干预方案在一定程度上经实证检验,有一定的合理性。LG 模型与FI 模型一定程度上也适合于特定问题情境。

(二)个案干预的主要困难来自对干预方案的忠诚与始终如一的执行

本研究中,由于不是实验室干预研究,而是置于幼儿园真实的教育教学环境下。3 个典型个案的干预也是幼儿园教师、幼儿家长一同配合完成的。尽管研究者事先确定了整套干预方案,同时,将干预理念与特定方案与老师或家长进行了充分的交流与交代,但干预的执行者在执行过程中,仍与研究者的干预方案预设的有出入。如个案 A、C 的干预方案中,对幼儿在园的一日活动,以顺应—跟随为主,也即,让他们自己在园活动更多的是跟随他们自己的兴趣,由此,在其自身感兴趣的领域先让其专注力生长起来。但可能由于教师"教"的理念深入血液,在放手上,难以完全做到。总忘不了建议、安排、规定或指导、引导等。但需要老师深入做的方面,如跟随儿童的兴趣,同时跟上儿童的兴趣,也即能不断更换、提升环境质量,让其兴趣往纵深发展,以及记录儿童在自身感兴趣的不同活动中的专注表现、时长等,做得又略显不足。在真实的教育教学环境下要求教师能根据干预理念调整自己的先前行为,由此给教师带来一定的困难。尤其是,在已经形成了自己的整套教育理念与惯性的教育行为后,以及在对个案幼儿存在某些认识与情感上的隐性偏见后,要能完全做到干预方案中所强调的行为要点,确非易事。某些个案的干预过程中,研究者经过几次观察,稍做了几次提醒。由此总结,对干预方案的忠诚,或始终如一的坚持,是干预研究中的最大困难。

（三）本研究的不足与未来研究展望

目前针对学习品质发展不足或不良的干预性研究而言,国内研究基本尚未展开。本研究做了探索性的尝试,选取了 3 个典型的个案进行了一对一的针对性干预。在一定程度上研究达到了预期目的。但仍然存在一些不足,如在干预过程的具体实施上,还较为中观,同时由于涉及的真实环境包括了家庭与幼儿园,干预过程上,并不能做到严格的控制,干预执行也不能保证完全遵照先前设定的干预方案。最后,在干预效果上,还有待增加更多的指标对比与标准化测评,提供更多前后测结果对照。此外,对学习品质发展不良背后的深层原因还可以再挖掘。因此,未来研究可以在此基础上进一步完善发展,增强研究的普遍性和科学性。

（四）教育建议

当前我国儿童学习品质培养中存在很多问题:填鸭式教学、严重缺乏探究学习、幼儿被动式学习、学习中的消极情绪、学习内容方式单调、缺乏学习实践、对良好学习习惯的培养缺乏科学认知(兰晶,温恒福 2018)。然而本研究启示我们,无论是在幼儿园学习活动中亦或是家庭生活中,教师和家长都要重视幼儿学习品质的培养与发展,多观察幼儿日常行为表现,教师和家长要适时寻求专业指导,并进行符合幼儿个性特点和学习习惯的干预,做到早发现、早干预、早矫正。因为在学习品质发展的过程中,发展不良的学习品质会年龄的增大出现更大的问题,而发展良好的学习品质在一定程度上却可以推动幼儿身心的健康发展,为幼儿的毕生发展奠定坚实基础。

六、结论

（一）经为期一学期的干预,个案 A 的专注力与坚持性得到明显改善;个案 B 的想象力与创造力经标准化测试比较前后有很大变化;个案 C 的综合表现好转。综上,个性化的、针对性的干预能一定程度上改善学习品质发展不良儿童的学习品质状况。

（二）基于成人生命成长的最佳环境模型(LG 模型)与顺应—点燃模型(FI 模型)延伸出针对性的干预方案一定程度上也适合于特定群体的学习品质培养。

第十章 支持儿童早期学习品质发展的成人教养素质测评

　　正如大量的数学技能练习并不发生在正式的学习环境中,而是发生在日常情境中(Lobato et al.,2012),日常生活对于儿童数学能力的培养具有重要作用(崔爽等,2020)一样,日常生活中也充满了各种损害或促成儿童学习品质养成的契机。如现实中存在着幼儿的兴趣得不到应有支持,学习中被动多于主动等各种问题(黄双,吴玲,2015)。各类文献也都在探讨教养者如何努力(如设计活动、创设环境等)引发儿童的兴趣、呼唤儿童的注意;却极少关注儿童天生好奇心的日常保护与顺势引导。儿童当下天然的兴趣与好奇被大量地有意无意忽视。丢失和错过儿童内在的、自发的宝贵学习倾向与热情;外设成人观念里有趣的、多余的、被动的低效学习,无疑也错失了儿童学习品质养成的真正契机。因此,本章将聚焦探索成人在支持儿童早期学习品质养成上的敏感性与整体教养素质问题。具体而言,通过设计与开发成人教养者的教养素质测评任务与工具来帮助成人觉知自己当下的教养素质现状,为成人展开教养素质自我检测等提供支持,从而支持儿童整体的发展与学习品质的早期奠基。好的教育可以超越家庭背景与社会阶层;任何成人都可以通过自身的努力(如提升教养理念、改善教养行为等)给予儿童最好的早期教育,由此奠定儿童毕生发展的坚实基础。

第一节 支持儿童早期学习品质发展的教师教养素质测评工具开发

一、引言

教师对孩子的情感、态度以及行为方式在很大程度上影响着幼儿学习品质的发展,幼儿良好的学习品质的发展离不开教师的适宜支持,需要教师对幼儿加以及时的观察并做出积极的回应,不同的支持方式对幼儿学习品质的作用效果不同(金芳等,2019)。那么,到底教师的哪些教养行为能支持年幼的儿童学习品质的发展? 教师又如何与儿童建立支持性的关系以真正理解不同儿童的学习品质? 曾有记者采访袁隆平,问到一个这样的问题:像他这样出生在北京,生长在武汉、重庆等大城市,从小上教会学校的人,为什么在风华正茂之时违背母愿选择了艰苦而又陌生的农学? 袁隆平没有丝毫犹豫地说出了这个出人意料的答案:"大约我 6 岁时一次郊游,曾在武汉郊区参观了一个园艺园。满园里都郁郁葱葱,到处是芬芳的花草和一串串鲜艳的果实。我觉得那一切简直是太美丽了! 美得我当时就想,将来我一定要去学农。"(吴文俊,2001)上述例子鲜活地告诉我们,儿童天生有着热爱之心,有着自己的成就动机;教育所需要的就是跟随他们,顺应他们,支持他们。幼小的心灵里所体验的智慧与美,都可能种下强烈求知欲望、远大抱负、不懈追求的种子。由此,幼儿园三年如何根据入园儿童的学习品质现状给予及时扶正与必要支持十分重要。本节以第八章所建构的 FI 理论模型为基础,开发适用于幼儿教师教养素质的测评工具,为教师的自我检测与测评提供科学合理的操作性支持。

二、教师教养素质

教养具体表现在个人行为方式中的一种道德修养状况。"教养"一词多用于家庭父母的教养方式等中。幼儿教师的教养内涵十分丰富,多指向对待幼儿的态度和待人接物的方式,是否以一颗耐心和爱心来关心、尊重、理解幼儿;为人是否诚实守信、光明磊落以及心胸宽阔等;在处理事情时能否重视细节,有始有终,能否保持做事时的一个度。总而言之,教师个人的教养能在教师的一言一行于潜移默化之中影响着幼儿的学习与发展,教师的教养值得关注。

教师素质一般指教师的专业素质,即作为教师要顺利从事与教育行业相关活动所需要具备的必不可少的条件。如我国于2012年3月经教育部通过出台的《幼儿园教师专业标准》,主要内容包括了以下三大维度:专业理念与师德、专业知识和专业能力。全美幼教协会(NAEYC)将教师的专业素质分为了核心标准和普通知识标准两类,如核心标准之一:能够促进幼儿的发展与学习(朱莉等,2013)。教师专业素养是以一种结构形态而存在的,我国学者对于教师的专业素养有很多界定,与幼儿学习品质息息相关的有:先进的教育理念和较高的教育能力,掌握先进的教育手段和技术,高水平的活动设计能力,与幼儿进行高水平互动的能力,对环境的设计和使用能力以及对问题和幼儿进行研究的能力等(李季湄等,2012)。

本研究提出的教师教养素质,既属于教师素质范畴,也属于教师专业素养范畴。它是更为具体的——指向支持儿童早期学习品质发展的那些素质或素养。如对学习品质及其价值性的理解、对保护儿童学习品质的理解、对促进儿童学习品质发展的理解;以及相应的教育教养或保教行为,包括如何当好观察者、引导者、倾听者、合作者等。因此,支持儿童早期学习品质发展的教师教养素质,即一系列体现在科学合理地保护儿童的学习品质、促进儿童学习品质养成和发展的教养理念与行为。

三、测评工具开发的理论基础

支持儿童早期学习品质发展的教师教养素质测评工具开发是在第八章所建构的"顺应与点燃"模型基础上的进一步推进。即以"顺应与点燃"模型为理论基础,来开发支持儿童早期学习品质发展的教师教养素质测评工具。因此模型中的各维度显示了成人教养素质的核心要素与具体体现,参见表1。如"观察与发现儿童",对应成人观察与发现儿童的教养素质,既包括观察倾听的敏感性、发现分析的准确性、记录的完整性等;又包括观察发现的内容指向——学习品质要素,如兴趣、好奇心、热情、激情、主动性、专注力、坚持性、想象、创造、灵活性、自信心、能力动机、冒险精神等。由此观察什么、发现什么、记录什么等具体操作行为十分清晰。"顺应与跟随儿童"所指向的内容同观察与发现,即在观察、倾听、记录、发现了儿童的各种学习品质倾向性与特征后,首要的回应是跟随、陪伴、顺应其好奇心等。"点燃与挑战儿童",既包括介入的时机、方法、程度等,又指出了支持、点燃、挑战的方向——学习品质要素,如激情、自信、坚持性、想象、创造、灵活性、冒险精神等。当然,由于学习品质表现的个体差异,在点燃与挑战儿童的具体学习品质要素上会有差异,有的儿童需要支持、鼓励其主动性,点燃其自信心;有的儿童可能需要支持其坚持性的发展、挑战其冒险精神等。观察与发现儿童的所有学习品质要素也可为点燃与挑战儿童所参考。

总之,"跟随与点燃"模型图中所显示的学习品质倾向或要素,是列举的学习品质要素中最突出、最需要观察、发现、记录、跟随、顺应、支持、挑战、点燃的方面,但不仅仅局限在图中所列举的那些要素。比如,第二章中所归纳的众多学习品质要素,这在不同个体的学习品质倾向性上会有体现。要充分支持儿童早期学习品质的养成,那么,儿童所有的学习品质倾向性表现都可以进行观察与记录。"顺应与点燃模型"只提炼了据国内外实证研究与国外最新政策文件中所反映出的高频学习品质要素(参见第二章),形成精要的、简明扼要的理论模型。如新西兰"学习故事"中所强调的记录,重在记录儿童感兴趣、在参与、投入有挑战的活动或在困境中坚持、表达与沟通、承担责任等方面的表现;记录儿童"哇"时候的表现等(卡尔,2016)。无论家长或教师,如做到了上述这些方面,那么,儿童自出生后的学习品质便能得到很好的保护,得到充分的发展。如日常生活中,小朋友要求妈妈/老师给他讲故事了,此时除非不得已,都可以先放下手头上的工作,坐下来和他讲故事——此时此刻,便是他最爱听的时候,最感兴趣的时候,听得最认真、投入、专注的时候,最想学的时候……也是发展儿童好奇心、兴趣、专注力、想象力等的最佳契机。

表1 支持儿童学习品质发展的教师教养素质测评工具开发的理论基础

模型名称	一级维度	二级维度	内容指标
成人的生命成长与进化模型	无		自我觉知;进化意识;身体、心理、精神灵性修炼;积极学习科学教养理念……
顺应-点燃模型(FI)	了解儿童	观察儿童 发现/识别儿童	兴趣、好奇心、热情、激情、主动性、专注力、坚持性、想象、创造、灵活性、自信心、能力转机……
	回应儿童	顺应儿童 跟随儿童	兴趣、好奇心、热情、激情、主动性、专注力、坚持性、想象、创造、灵活性、自信心、能力动机……
		点燃、挑战儿童	激情、自信、坚持性、想象、创造、灵活性、冒险精神……

四、测评工具的开发

根据研究确立的理论基础进一步明确量表开发的整体框架(参见表2)。同时,从测验表、自陈量表、情境测验、观察量表等多角度进行测评工具的开发。

表2 支持儿童学习品质发展的教师教养素质测评工具开发的整体框架

	一级指标	二级指标	三级指标	内容指标	测评要点
支持儿童早期学习品质发展的教师教养素质测评	成人的生命成长与进化	无		自我觉知;进化意识;身体、心理、精神灵性修炼;积极学习科学教养理念……	是否有生命成长的意识,生命是否处在学习、反思与成长中
	顺应-点燃	了解儿童	观察儿童 发现/识别儿童	兴趣、好奇心、热情、激情、主动性、专注力、坚持性、想象、创造、灵活性、自信心、能力动机……	对学习品质的认知程度;观察与发现的意识观察的准确性
		回应儿童	顺应儿童 跟随儿童	兴趣、好奇心、热情、激情、主动性、专注力、坚持性、想象、创造、灵活性、自信心、能力动机……	顺应或跟随的合理性(包括顺应或跟随的意识、跟随的同时是否跟上、是否明确顺应或跟随的学习品质要素、是否保持有观察记录等)
			点燃、挑战儿童	激情、自信、坚持性、想象、创造、灵活性、冒险精神……	点燃或挑战的合理性(时机、实际情况、强度适宜性、方式的有效性程度)

注:方式的有效性,指的是在点燃或挑战儿童的学习品质时所采用的方式,包括提示、启示、引导、鼓励、肯定、表扬、设计环境或活动等是否适宜、有效。

（一）支持儿童学习品质发展的教养理念测验表

教养理念的核查采取命题判断的方式。即以"顺应与点燃"模型为理论参照,列出理论模型所反映的主要命题,教师对这些命题进行正误判断,由此透视教师头脑中关于如何有效支持儿童学习品质发展的理念认知状况。下面通过表3列出了有待进行正误判断的观点或命题。如不清楚,则选择"不确定"。得分越高,其教养理念越专业,越接近科学合理层面。

表3　支持儿童学习品质发展的教养理念测验表

	测评项目	合理	不合理	不确定
1.	在儿童专注力的培养上,重要的不是我们做了什么,而是我们没做什么。			
2.	教育的基本目的就是发现和解放儿童。			
3.	教师的角色是法官。			
4.	准备好、很愿意、有能力是很重要的学习成果。			
5.	教育就是要促进一套"能愿"体系。			
6.	教育最初的基本标志是容忍的、顺应的(仅仅是保护性的、防御性的),而不是指示性的、绝对的、干预性的。			
7.	专断的、指示性的、绝对的和干预性的训练会起着阻碍的、破坏的作用。			
8.	儿童早期表现出来的一切学习素质只能从儿童内部加以发展。			
9.	儿童有一种特殊的内在活力,它能使儿童以惊人的方式自然地征服对象。			
10.	儿童遵循的是效益规律。			
11.	强制的学习会导致恐惧、厌倦和精力的耗竭。			
12.	爱应该是未被自私或懒散所污染的深沉情感的有意识的表达。			
13.	教育是一系列的告诫和矫正、奖赏和惩罚、命令和指示。			
14.	在幼儿的头脑中形成思考习惯——经常性的、自觉的思考习惯非常重要。			
15.	在儿童的生活中没有一件是微不足道的小事情。			

	测评项目	正确	错误	不确定
16.	生动的提问可以吸引儿童；应当让这些问题提得简短、清晰、易于理解。			
17.	恐惧或过度奢望之类的动机可以刺激智力或体力方面的努力，但是它们不可能温暖心灵。			
18.	教师是提供资源的人，很多时候扮演的是一种辅助的角色。			
19.	教师要试着去扩展幼儿的耐力与注意力的集中，强化他们的集中与努力但又不失欢乐。			
20.	处于支配地位的成人对儿童的自发活动的压抑，必然造成对儿童纯洁心理状态的创伤。			

注：表1中项目的来源：早期教育名著中相应内容改编或根据FI模型编制。

（二）支持儿童学习品质发展的教师教养素质测评自陈量表

以表2框架为指导，结合文献研究、团队讨论、受测对象抽样访谈等来开发编制各维度对应的行为指标。教师根据自己的日常行为情况，选择与自己情况一致的选项。从完全不符合到完全符合分别记录1—3分，得分越高，教养素质越高。

1."观察与发现儿童"教师教养素质测评分量表

表4 "观察与发现儿童"教师教养素质测评分量表

	测评项目	完全不符合	有时符合	完全符合
1.	当儿童正投入学习、探索或游戏时，我会静静地仔细观察、记录他（他们）的具体表现。			
2.	我喜欢观察孩子们常常对什么好奇。			
3.	我喜欢倾听孩子们兴致勃勃地与我分享。			
4.	我会记下不同孩子各对什么最感兴趣。			
5.	有小朋友对某个现象或事物着迷时，我会加以留意。			
6.	我没留意过不同孩子激情满怀的时刻。			
7.	我经常记录不同儿童投入玩（或探索）时的专注时长。			

	测评项目	完全不符合	有时符合	完全符合
8.	当有儿童在探索(游戏)中遇到挑战能努力克服并坚持尝试时,我会用笔或录像等方式记录下来。			
9.	我很了解班上哪些儿童会经常表现出主动学习行为。			
10.	我对儿童自己设定目标的行为会详细记录。			

2．"顺应与跟随儿童"教师教养素质测评分量表

表 5　"顺应与跟随儿童"教师教养素质测评分量表

	测评项目	完全不符合	有时符合	完全符合
1.	在儿童偶尔无所事事时,我会提示他(他们)可以做什么或要做什么了。			
2.	当看到某些孩子正自己努力搭建一座桥梁或高楼等积木时,我会不时给出一些建议或指导。			
3.	园内散步路上当孩子们对蚂蚁搬家(或飞舞的蝴蝶等)着迷不肯走时,我会注意须返回的时间并适时提醒。			
4.	当儿童不停地呼唤或发起游戏时(如"老师,我们来捉迷藏吧"、"我当小花猫,你来当米老鼠哈"),我容易烦躁。			
5.	对于幼儿喜爱的某些活动(比如雨天踩地上的浅水或跳过某个浅坑),我会基于安全性考虑而尽量不让他们尝试或参与。			
6.	当儿童连续不断地提问时,我就不想回应了。			
7.	在小朋友邀请下,我会参与他/她感兴趣的学习活动。			
8.	当孩子(们)自己想达到某个目标但需一些帮助时,我会帮他/她一把。			
9.	当画画(或手工等)活动结束了,有小朋友还没完成想继续时,我会允许他自己待在那里继续。			
10.	幼儿园里的晨间活动小朋友们可以自由选择。			

3."点燃与挑战儿童"教师教养素质测评分量表

表6 "点燃与挑战儿童"教师教养素质测评分量表

	测评项目	完全不符合	有时符合	完全符合
1.	我知道如何创设环境或情境让孩子们高兴得跳起来。			
2.	对于儿童很感兴趣的活动或探索,我尽量提供材料或环境的支持。			
3.	在是否给予儿童帮助上,我会考虑最佳时机和需要程度。			
4.	当孩子想要放弃的时候我会先鼓励他再试试。			
5.	孩子不敢冒险时,我会鼓励他冒险。			
6.	当看到有的孩子的胆子比较小时,我会给他提供一些锻炼的机会。			
7.	我会经常有意识地提供儿童自由想象与创造的机会。			
8.	我会创设创造性的环境来点燃儿童的创造性。			
9.	我常尝试给不同小孩稍高于他当前水平的任务。			
10.	我没法经常创设让儿童热切地投入的新环境。			

(三)支持儿童学习品质发展的教师教养素质测评情境量表

有学者指出,在考察实践智能和内隐特质上日益表现出优势的是情境判断测验(Situational Judgement Tests)(郭力平等,2019),这可为教师支持儿童学习品质的教养素质考察提供一种新思路。因此,下面从典型日常情境角度设计幼儿园教师支持儿童学习品质养成的情境测评表。

首先,观测同一个情境,考察教师各层级上的教养行为素质状况。由此跟随情境的完整性实现观测的完整性。情境1:5.5岁的牛牛最近提出了许多问题,如"人老了为什么要到天国去啊?""恐龙究竟有多大?""恐龙为什么消失了?""为什么会打雷闪电?"有的问题因为没得到回答或其他原因,牛牛会多次提出的同一个问题,如:"恐龙为什么消失了?"

1."观察与发现儿童"的教养素质测评

测评要点：

(1) 是否注意到个体儿童此时/此阶段的爱提问表现？是否观察到儿童此阶段爆发式的好奇心？考察教师儿童观察的敏感性，对儿童个体发展特征的敏感度。

(2) 是否意识到儿童此时/此阶段的表现反映了儿童的某种热情与激情？是否意识到了儿童此时渴求的是什么，儿童的内在动机是什么？考察教师对学习品质要素的准确辨识力。

(3) 是否认真、耐心倾听了儿童的各种提问？考察教师适宜、合理地回应的能力。

(4) 是否有意识地记录了儿童的各种提问(或大部分问题)？是否记录了儿童对自己某些疑问探索时的投入度、热切表现等？考察教师记录的习惯与分析能力。

2."顺应与跟随"教养素质测评

测评要点：

(1) 是否允许儿童对自己的疑问展开自由的探索？考察教师适宜、合理地回应的能力。

(2) 是否提供必要的绘本或模型来满足儿童的好奇心与求知的欲望(如通过看恐龙化石、画恐龙模样、剪恐龙形状、讲恐龙的系列图画故事、看恐龙视频等)？考察教师适宜、合理地支持儿童的能力。

(3) 是否耐心地提供力所能及的解答、回应？考察教师站在儿童立场适宜、合理地支持儿童的能力。

(4) 是否陪伴儿童一起来搜集资料、寻找线索乃至设计活动？考察教师站在儿童立场适宜、合理地支持儿童的能力。

3."点燃与挑战儿童"教养素质测评

测评要点：

(1) 是否根据儿童所提出的问题或若干相关问题，如"恐龙究竟有多大?""恐龙为什么消失了?"来设计深入探索的恐龙项目，进行科学探究实验，增强他们对此系列问题认识的广度和深度、培养科学思维习惯与能力？

考察教师适宜、合理地支持、挑战儿童的能力。

（2）是否针对儿童提出的问题进一步挑战他的想象与思考，进一步给他提出问题，如"假如气候没有突然变冷……""假如恐龙发展出应对的生理机制……"等来激发他进一步的想象与思考？考察教师适宜、合理地挑战儿童的能力。

（3）在探索过程中，对于儿童遇到困难想中断或放弃的表现，是否一方面给予记录；另一方面提出小步骤要求，让儿童一点一点地尽量坚持，并记录他的坚持性表现？考察教师适宜、合理地点燃儿童的能力以及记录的习惯。

下面为各主要测评素质设计独立情境测评。

1."观察与发现儿童"的教养素质测评

情境2：在益智区用不同形状的图形拼出不同样子的东西的游戏中，小红搭出了一只小鸟；小明却尝试了很多不同的方法来拼搭，最后拼出来的东西也不成型、不完整，看不出来是个什么东西。活动时间到了，此时您如何对待小明的行为？

A. 告诉小明下次先想好要拼什么再动手拼。

B. 请小明说一说为什么没有拼出图案来呢？是不是遇到了什么问题？

C. 表扬小明尝试着拼搭了，没搭出什么东西也没关系。

D. 安静地记录小明拼搭时的探索行为表现，鼓励小明以后可以继续尝试。

记分标准：选择D选项表明教师有观察、识别、记录的意识，观察的准确性高。

2."顺应与跟随"教养素质测评

情境3：在一次大型的建构活动中，老师请小朋友们搭小飞机，老师要求小朋友在搭建的时候保持安静，但是小明和小红一直在讨论着如何搭飞机，想通过交流把飞机搭建得更好，一会小明问小红搭建的是什么样子的飞机，一会小红又问小明这里搭建不起来你有什么好办法，两个人专注地搭建了很长一段时间，但始终声音都很吵，这时您如何对待？

A. 提醒和要求小明小红在搭建的时候要保持安静。

B. 走过去告诉他们可以做好了再交流，自己也要多想一想。

C. 表扬小明小红的专注、合作等表现，同时提醒他们小声点，不要影响到周围小朋友。

D. 记录小明小红当下的兴趣、投入、合作等表现，同时提醒他们小声点，不要影响到周围小朋友。

记分标准：选择 D 选项表明教师选择顺应的介入方式，同时有观察、识别、记录的意识，观察的准确性高。

3. "点燃与挑战儿童"教养素质测评

情境 4：在美术活动的时候，今天是画自己的自画像，在老师讲完怎么画自己的自画像后，还有小明等一些不擅长画画的幼儿不知道怎么画，也不敢动手画。面对这些儿童您会怎么做？

A. 提醒小明等，"别的小朋友已经画了很多了，要抓紧画画了。"

B. 提示小明等，"你可以看一看镜子里的自己，然后把我们脸上的东西一点一点地画出来。"

C. 与小明等一起来画一画，并提示他们思考，"想一想我们的脸上都有哪些东西，那我们就一点一点地把他们画下来。"

D. 告诉小明等，"你们想画什么画什么，想怎么画都可以的。"并鼓励他们尝试，或画自己想画的东西。

记分标准：选择 D 选项表明教师选择点燃的介入方式，同时意识到画画的自信是首要的，而不是为了要完成特定的活动计划/任务，并采用给予幼儿鼓励、充分的自由，以让幼儿不害怕、有安全感，继而逐步发展、增强其自信。

（四）支持儿童学习品质发展的教师教养素质测评观察量表

观察量表是在现场活动与情境中对教师在支持儿童学习品质发展方面的实际行为进行观察评价。它可以为自陈量表提供有效补充。本观察量表参照了 NAEYC 幼儿活动室观察评价量表，借鉴了其中与本研究相关的内容。初步编制的观察测试题共有 29 个项目，其中教师观察、识别、发现儿童这一维度有 7 个项目，题号为 1—7；教师顺应、跟随儿童这一维度有 12 个项目，题号为 8—19；教师点燃、挑战儿童则有 10 个项目，题号为 20—29（具体参见表 7）。

表7 支持儿童学习品质发展的教师教养素质观察量表

测评项目	完全符合	比较符合	比较不符合	完全不符合
1. 教师非常重视幼儿学习品质的发展,在幼儿游戏、餐点或其他活动时,都能做到观察幼儿的行为表现。				
2. 教师在观察时的态度非常的认真,且具有较强的目的性,知道要观察什么。				
3. 教师观察的能力较强,能在众多幼儿中观察并发现问题,并加以分析。				
4. 教师能从幼儿是否具有学习品质、具有哪些学习品质以及幼儿学习品质所处的阶段来分析幼儿的学习品质。				
5. 教师能根据过程和结果,综合分析幼儿的学习品质,而不只是根据结果的好坏来评价幼儿。				
6. 教师对幼儿在活动中的需求、幼儿的学习行为具有较高的敏感度,能及时发现幼儿的变化。				
7. 教师能较好地将学习品质的内涵和相关内容,与幼儿的实际表现相联系起来。				
8. 教师能在观察之后再考虑是否要介入并给予幼儿一定的帮助。				
9. 教师能再观察分析后找到合适的介入时机和机会,而不是随便打断幼儿的思路。				
10. 教师在介入幼儿的活动时,能顺应幼儿的思路来引导他们,而不是直接提出一种新办法,打破幼儿原有的思考。				
11. 教师能在给予幼儿一定帮助后,及时退出,不过分干预。				
12. 教师能以多种身份如游戏伙伴或是游戏的观察者的身份介入,能掌握一定的技巧和方式方法。				
13. 教师在开展活动前,能充分考虑幼儿已有经验,从幼儿的兴趣点出发,并设计与幼儿年龄相符合的活动。				
14. 教师与幼儿之间的交流方式是相互尊重且平等的,能充分考虑幼儿的意见和想法,顺应幼儿的发展。				
15. 教师能通过一些策略和方法将班级的氛围营造出一种安全、舒适的状态,让幼儿能在这个环境中体验到学习和游戏的快乐。				
16. 教师能将幼儿表述得不清楚的语言或做得不全面的行为,通过语言上数量和质量的刺激来强化幼儿某一方面的学习品质				

续表

	测评项目	完全符合	比较符合	比较不符合	完全不符合
17.	教师能在幼儿活动时,依据幼儿的实际情况,适当增减活动材料。				
18.	教师在投放材料时,能灵活把握投放的顺序。				
19.	教师材料的选择是依据幼儿的兴趣,并选择满足幼儿具体形象思维特点的材料。				
20.	教师能在观察分析后,依据情境考虑要不要给幼儿增加难度,并采取相应的支持策略。				
21.	教师能采取情感上的激励法例如鼓励、表扬、肯定幼儿,来激发、点燃幼儿的挑战。				
22.	当幼儿在探索活动以及其他活动遇到困难无法继续进一步发现时,能采取多种方式如提示、引导等来启发幼儿解决问题。				
23.	教师在激发幼儿、挑战幼儿的能力时的策略效果较好,幼儿能完成之前放弃的活动。				
24.	教师在给予幼儿支持后,如果幼儿的后续活动还遇到了困难,教师还会再次用其他策略来点燃幼儿。				
25.	教师能对幼儿身上表现出来的良好的学习品质及时的加以肯定与表扬,让其他幼儿发现这种良好的学习品质。				
26.	教师投放的材料可以充分激发幼儿的创造和想象的兴趣、能力。				
27.	教师在提问时,不会禁锢幼儿的思想,能较多地提出开放性的问题来点燃幼儿的想法。				
28.	教师注重幼儿的提问,对于幼儿的提问能做出积极的回应,并在回应中运用提示、启发、引导等策略来让幼儿边思考边解决问题。				
29.	教师能在教学活动中尝试一些新颖的教学方法,如手偶故事法、经验还原等方法,来让幼儿被活动所吸引,从而在活动中更乐意探索与发现。				

(五)教师生命成长与进化素质测评自陈量表

成人的生命成长与进化是 FI 模型中一个重要前提。因此,设计如下条目供成人教养者——教师自身在生命成长与进化素质上的行为核查(参见表8)。

表 8　教师"生命成长与进化"核查表

	测评项目	完全不符合	有时符合	完全符合
1.	自己幼时所受的或大或小的伤害对我至今教养行为的影响我略有所察。			
2.	我会通过听音乐、运动或其他途径来疗愈自己。			
3.	我会反思一日活动中自己的好心是否带来了破坏。			
4.	我能意识到自己生命之中的匮乏之处。			
5.	我时常提醒自己尽量心胸开阔、大气大方、积极乐观、富有耐心、谦虚平和。			
6.	我没看过有关成人生命成长的书。			
7.	我喜欢吸纳古今中外儿童早期教育的优秀理念。			
8.	在儿童面前,我需要重新审视自己。			
9.	我在逐步提升自己觉知、接纳、调节、控制不良情绪的能力。			
10.	我尽量保持自己与他人的和谐关系。			
11.	我能觉知到自己处于亚健康状态的时候。			
12.	我常参与各类运动以保持身体的健康与活力。			
13.	我喜欢到大自然中呼吸新鲜的空气,感受自然之美。			
14.	我的内心常存敬畏与感恩。			
15.	我学习保持一颗谦卑的心。			

六、小结与展望

(一)本研究的贡献

目前对于教师的日常教养行为在促进或阻碍幼儿学习品质发展上的测评研究较为匮乏。然而,研究发现教师在支持幼儿学习品质发展上存在不少问题,如教师对幼儿学习品质的内涵认识不足、教师要求刻板限制幼儿想象与创造力的发展、教学活动草率结束不利于幼儿反思与解释能力发展等(曹云云,2018)。无论教师或家长,目前在支持儿童学习品质发展上都有着大量的提升空间。而成人觉知自己在支持儿童发展上的不足或问题是改变提升的必要前提。本节设计开发了理念测验表、自陈量表、情境测验、观察量表等,从多个角度所提供的测评工具能为教师对自身的日常教养行为是在促进或阻碍幼儿学习品质发展上多一层自我检测与操作性参照；有助于教师从多种角度了解自己对幼儿学习品质的了解程度和给予支持的质量状况等。这些测评工具有助于丰富和拓展支持幼儿学习品质发展的教师教养素质，为幼儿园教师进一步识别幼儿的学习品质以及采取提高幼儿学习品质发展的具体举措提供借鉴。此外，本研究聚焦教师支持儿童学习品质发展的素养，为幼儿教师专业素质测评提供了一种新的视角。

（二）本研究的不足

测评工具得以能够在幼儿园中进行施用，需要考察量表的内部一致性，并进行信效度检验，并不断的修改，层层递进，让测评工具尽可能地最优化，来确保测评的有效性。但由于各方面因素的限制，支持幼儿学习品质发展的教师教养素质的测评工具未能进行有效的信度和效度的检验，测评工具的开发仅局限在初步开发的阶段。为了弥补这一缺陷的不足，因此设计了多种测评工具，包括情境测验、自陈量表以及观察量表，可以通过多种角度多种方式来考察教师在支持幼儿学习品质发展的保教行为，一定程度上可以避免单一的测评工具的不足之处。

（三）未来研究的展望

未来研究可以进一步推进和深化，开发成标准化的测评工具，从而广泛用于教师教养素质测评与教师专业素质培养中。本节所开发的测评工具着眼于教师与儿童的具体互动行为中如何支持儿童学习品质的发展，包括理念与行为层面，这是最直接与最核心的部分之一；同时辅以根基的测查要素，如成人的生命成长与进化，以教师在身心灵层面的成长与进化为例。而教师所呈现出的润物无声的榜样环境、与儿童之间建立亲密信任的关系，以及教师所创设的安全、自由、尊重的学习氛围等素质测评还尚未涉及。成人的生命成长与进化十分重要，未来有待独立开发其完整测评量表，从而为深入测评教师的教养素质提供有力支持。随着研究的推进，未来可在此基础上，发展教师采取适宜的支持幼儿学习品质发展的保教行为指导策略，或从教师专业发展的角度进行教师培训研究。例如开展幼儿观察和支持幼儿学习品质发展相关的培训课程，从源头上改善教师支持幼儿学习品质发展的教养素质，使得教师能更好的从幼儿的视角出发，关注幼儿的学习过程，认识到幼儿发展的个体差异性。如有学者发现,幼儿教师很少分配时间、精力进行专业儿童观察与记录,也很少、很难基于儿童观察进行课程设计,教师在儿童行为观察与支持领域的专业知识、能力不足;但通过相关的培训课程以及幼儿园内部生态环境的改变能有效提升教师的儿童行为观察与支持素养(刘昆,2019)。因此,后续研究可在聚焦教师素养提升的培训研究以及园内外环境优化的政策研究(如相关评价政策的优化等)上共同努力,从而从更广大的层面推动幼儿教师在一日活动中保护与促成儿童学习品质的早期养成,为所有幼儿的终身学习与全面发展奠定坚实基础。

第二节 支持儿童早期整体发展的家长教养素质测评量表开发

一、引言

高质量的家庭养育对儿童毕生发展有深远影响(Collins,et al.,2000)。国内学者也指出,养育质量是儿童心理健康和终身发展的关键,尤其是在生命的早期(卢珊,李璇等,2018)。研究揭示,高质量的家庭养育是影响儿童发展的核心要素(Bornstern,2002;Landry et al.,2006);家庭比学校对年幼儿童认知能力的影响更大(Alves et al.,2017)。研究还发现,父母使用温暖友好的语言能促进儿童的自我调节能力(eg.,Karreman et al.,2006)、任务坚持性(eg.,Deater-Deckard et al.,2006)、行为抑制能力(Moilanen et al.,2010)。儿童在早年体验到父母对其自主性发展的支持越多,他们的努力控制(eg.,Lengua et al.,2007)和执行功能(Bernier,Carlson,&Whipple,2010)发展得越好。研究甚至揭示,家庭养育质量存在一个门槛值,即只有家庭养育质量达到了门槛值,儿童才能从家庭教育中真正获益(Finch et al.,2015)。随着社会越来越意识到高质量家庭养育的重要性,那么当代婴幼儿家长是否具备了高质量的教养素质? 如何获知当代青年新手父母的教养素质现状? 有研究发现0—3岁婴幼儿家长看护行为过分强调教育性、互动中过多打扰和干预、情绪表现不明显等(李守慧,2009)。另有研究发现家长将早期教育片面地理解为智力开发,又将智力开发局限于识字、数数等方面(陈红梅等,2011)。这些研究一定程度地反映出婴幼儿家长在育儿上存在的认知偏差和问题行为。不过,目前尚缺乏对我国婴幼儿家长高质量教养素质的整体性考察,也缺乏相应的测评工具。因此本节旨在开发用以测评当前年轻父母在高质量地支持婴幼儿整体发展上素质状况的标准化工具。测评内容主要涉及:(1)能否高质量地处理日常养育中常见的促进婴幼儿重要发展的典型情境?(2)能否意识到婴幼儿不同发展阶段的特征与需求继而提供适宜的、支持性的环境?有学者指出,"大多数家庭,如果稍微给予他们一些指点,他们就有很大的潜力实现高质量的育儿。"(White,1985)本节便从支持儿童早期整体发展的视角,开发家长教养素质自我检测的标准化量表,为他们实现高质量的育儿提供前提性支架。

二、研究过程

(一)测评量表的编制

以"哈佛学前项目"总负责人伯顿·L.怀特的《从出生到3岁:婴幼儿能力发展与早期教育权威指南》(怀特,2007)为量表编制的理论框架和内容依据。该著作英文版 The First Three Years of Life 于 1985 年出版,中文翻译版于2007 年出版。全书基于对婴幼儿的家庭养育二十多年的深度研究(White,1981,1987,1994)而写成,具有很强的专业性和指导性。书中系统概括了最好的家庭养育行为,包括对婴幼儿不同阶段的发展特点和父母应该怎样做以及不应该做什么的详细介绍。此书是在美国文化背景下写成,同时也被世界公认为经典。华盛顿大学家庭教育项目总负责人韦伯斯特指出,"虽然不同的父母对孩子的养育目标会有不同,但不同文化中如何尊重孩子的教养行为惊人的相似。"(Webster-Stratton,2006)因此,以怀特的《从出生到3岁》为内容依据,从中提取主要内容维度并形成量表:《婴幼儿家长高质量教养素质测评量表》。该测评量表包括依恋与情感发展促进、语言发展促进、规则与习惯促进、个性与社会能力促进、动作发展促进、学习与注意力促进、个体差异促进、基本教养理念等维度。每个维度含5—7个项目,共50个项目。经小范围初测,修改了其中受测群体认为表述不明确和不典型的项目。测验最终定为判断题形式。为避免猜测,要求被试认为正确的打勾,认为错误的打叉,认为不清楚的画圈。

（二）参与对象

接受测评的对象为苏州市的婴幼儿(0—3岁)家长(参见表1)。发放量表109份,实际回收109份,有效量表105份,有效率为96％。其中,男性23人,女性82人;年龄在20—30岁的有69人,年龄在30岁以上的有36人。本科以下学历28人,本科及以上学历77人。

表1　参与对象的人口学信息基本情况

	类别	人数	百分比
性别	男	23	21.9％
	女	82	78.1％
年龄	25岁以下	9	8.6％
	25—30岁	60	57.1％
	31—35岁	32	30.5％
	35岁以上	4	3.8％
学历	高中以下	1	1.0％
	高中/中专	7	6.7％
	大专/成教	20	19.0％
	本科	62	59.0％
	研究生及以上	15	14.3％
类型	准父母	82	78.1％
	父母	23	21.9％

（三）施测过程

量表的发放主要是在某医院儿童发展中心,在医院的婴幼儿家长专门讲座前发放,共发放5次,环境干扰很小,家长都很配合,填写认真。对回收的数据采用SPSS16.0进行统计分析。

三、结果与分析

（一）项目分析

对103位家长的测试结果进行项目分析(参见表2)。将得分前27％和后 27％分为高分组和低分组,分别计算了每一个项目的难度和区分度,依据区分度不应低于 0.2,结合难度适宜的指标,删掉不合适的 10 个项目(即 2、3、4、5、10、15、18、19、23、36),由此构成正式量表(参见附录 1)。正式量表共 40 个项目,每项 2.5 分,总分 100 分。得分越高,反映其家长高质量育儿素养越高。

表 2　量表项目的难度和区分度分析

项目	难度	区分度	项目	难度	区分度
项目 1	0.23	0.29	项目 26	0.2	0.36
项目 2	0.46	0.04	项目 27	0.32	0.25
项目 3	0.8	0	项目 28	0.7	0.14
项目 4	0.76	0.07	项目 29	0.29	0.25
项目 5	0.97	0	项目 30	0.29	0.25
项目 6	0.75	0.36	项目 31	0.79	0.18
项目 7	0.22	0.21	项目 32	0.5	0.36
项目 8	0.71	0.29	项目 33	0.14	0.29
项目 9	0.75	0.25	项目 34	0.09	0.29
项目 10	0.77	0.07	项目 35	0.15	0.29
项目 11	0.09	0.18	项目 36	0.92	0.04
项目 12	0.08	0.11	项目 37	0.63	0.07
项目 13	0.45	0.61	项目 38	0.31	0.5
项目 14	0.4	0.29	项目 39	0.21	0.39
项目 15	0.74	0.11	项目 40	0.83	0.21
项目 16	0.77	0.36	项目 41	0.76	0.14
项目 17	0.55	0.5	项目 42	0.28	0.36
项目 18	0.7	0.14	项目 43	0.58	0.32
项目 19	0.97	−0.04	项目 44	0.28	0.43
项目 20	0.74	0.46	项目 45	0.21	0.14
项目 21	0.39	0.54	项目 46	0.06	0.11
项目 22	0.44	0.21	项目 47	0.12	0.21
项目 23	0.04	0	项目 48	0.09	0.18
项目 24	0.51	0.25	项目 49	0.38	0.61
项目 25	0.34	0.14	项目 50	0.63	0.54

（二）信效度检验

由于调查的内容是关于0—3岁婴幼儿养育方面的科学理念与知识，且在调查结束后赠送一份《指导手册》，内容是相关题目的答案及解释作为答谢，所以不能前后两次施测来求再测信度。因此选择计算量表的同质性信度来考量量表的可靠性。数据类型为非连续变量，考虑到不同维度可能给分半带来的影响，所以直接通过库德-理查逊公式计算内部一致性信度，得到Cronbachcs'a系数为0.93，表明量表具有很好的内部一致性，可靠性很强。

本量表以婴幼儿能力发展与早期教育的权威著作为内容来源，这基本确保了量表的内容效度。同时，进一步让婴幼儿教育的两位专家（兼0—3岁婴幼儿母亲）分别独立完成测试，结果发现她们的总分和各维度得分比普通的婴幼儿家长都高，一定程度上印证了该量表的良好内容效度。

（三）婴幼儿家长教养素质测评

1. 总体得分情况

从总分分布情况来看（参见表3），分数集中在21—60分这个区间内，平均得分为40.62分，平均分（40.62分）以上50人，占总人数的47.62%；60分以上6人，占5.71%。进一步统计发现，男性总体平均得分为41.52分，女性为40.37分，男性得分高于女性。30岁以下被试总体平均得分38.81，30岁及以上被试40.82。年龄大一些的得分高于年龄小一些的。本科以下被试得分为39.54，本科及以上为41.53。学历高的被试得分高于学历低的。

表3　总体得分描述性统计

分数段	人数	频率	累积频率
11—20	5	4.76%	4.76%
21—30	22	20.95%	25.71%
31—40	28	26.67%	52.38%
41—50	31	29.52%	81.91%
51—60	13	12.38%	94.29%
61—70	5	4.76%	99.05%
71—80	1	0.95%	100%

2. 各维度的得分情况

统计各维度的平均得分,结果如表4所示,用各维度的平均得分除以各维度的总分得到得分率。表4显示了各维度的平均得分,其得分率分别为0.38,0.41,0.52,0.34,0.43,0.47,0.27,0.54。得分率最高的是维度3:规则与习惯促进和维度8:基本理念,平均可以答对一半以上的项目,得分率最低的是维度1:依恋与情感发展促进,维度4:个性与社会能力促进,维度7:个体差异促进,特别是后两者,平均只能答对不到1/3的项目。

表4 各维度得分情况描述性统计

维度构成	各维度的总分	各维度的平均得分	得分率
维度1:依恋与情感发展促进	12.5分	4.76分	0.38
维度2:语言发展促进	10分	4.05分	0.41
维度3:规则与习惯促进	12.5分	6.48分	0.52
维度4:个性与社会能力促进	12.5分	4.26分	0.34
维度5:动作发展促进	12.5分	5.33分	0.43
维度6:学习与注意力促进	15分	6.98分	0.47
维度7:个体差异促进	10分	2.02分	0.20
维度8:基本理念	12.5分	6.73分	0.54

四、讨论

(一)《婴幼儿家长高质量育儿素养量表》的测量学特征

虽然已有运用于年长儿童的家庭养育测评工具(Enebrink et al., 2015),但尚缺乏针对0—3岁婴幼儿家长高质量育儿素养方面的测评工具。这可能与通常认为父母天生会养育孩子,或者,养育孩子是个人化的事情有关。但若站到国家和民族发展的高度,这样的测评工具就非常必要。婴幼儿接受的家庭养育质量如何?这需要专业化的专门测评工具来考察。本研究所依据的国外权威著作不仅保证了内容与国际接轨,而且保证了内容的有效性。编制过程经历了多次初测、预测、修改、完善等。经验量表具有良好的内部一致性信度。综上,《婴幼儿家长高质量教养素质测评量表》可用来测评当代婴幼儿家长在促进婴幼儿早期整体发展上的关键素质状况。该量表共有 40 个项目,每项 2.5 分,总分为 100 分,共分为 8 个维度,分别是依恋与情感发展促进,语言发展促进,规则与习惯促进,个性与社会能力促进,动作发展促进,学习与注意力促进,个体差异促进,基本理念。测试项目全部由是非题构成,简便易行,得分越高表明教养素质水平越高。不过尽管测试题形式简便易行,也难杜绝猜测的可能,同时难更深入地揭示被试的具体困惑或疑点。因而可以适当补充同样简便易行的题型,同时适当扩大样本量,进行多维信效度检验,使测验量表更标准化。

(二)婴幼儿家长的高质量育儿知识与理念匮乏

尽管家庭育儿可能是成人工作中最具挑战的部分,但它也是青年父母前期准备和训练最少的部分(Webster-Stratton,2006)。本研究也揭示,尽管家长们可能普遍懂得饮食、安全等育儿知识,但在如何更好地养育孩子上存在很大的漏洞。如 90% 以上的婴幼儿家长总分在 60 分以下(满分 100),平均得分才 40.6。表 12 各维度的平均得分也显示得分率超过 50% 的只有两个维度(规则与习惯促进、基本理念)。该测评中的家长学历大部分达到了大专或以上,即便如此,他们对于高质量育儿的知识与理念储备也明显不够。值得注意的是,得分率最低的 3 个维度分别是:"依恋与情感发展促进",说明被试不明确如何在日常生活中与孩子建立积极的依恋关系,并适宜地促进婴幼儿的情绪发展。国外研究表明,一岁以内的婴儿就对成人的情绪状态非常敏感;敏感的养育能增强婴幼儿的积极情绪倾向(Taylor-Colls & Fearon,2015)。但事实是父母亲常常低估了婴儿的这种情绪敏感性(Newton & Thompson,2010)。本研究也反映,家长们还没意识到婴儿期是个体情绪调节发展的起点,家长对婴儿的情绪发展有着重要影响。其二是"个性与社会能力促进"。婴幼儿期是个体社会性发展的重要时期,这个时期的合理教养对儿童的社会能力培养十分重要,直接影响他们将来的社会交往、情绪情感、人格个性、社会适应等方面的表现。测评中的婴幼儿家长没有意识到对孩子个性与社会能力发展的科学引导。最后,"个体差异促进"。个体差异促进是指不同婴幼儿个体发展之间的差异促进。测评中的婴幼儿家长在个体差异促进方面存在知识漏洞和误区。未来人才的质量掌握在年轻的父母手中；"起跑线"竞争的实质即家长的育儿素养。"拼爹"现象也将是父母亲高质量育儿素养的比拼。如纵向研究表明，婴儿期父亲的高质量陪伴与投入能直接预测儿童入园后的学业成就（包括阅读理解能力、数学运用能力等）（Baker,2014）。综上，引导我国婴幼儿家长学习科学合理的高质量育儿知识与理念亟待引起有关部门的重视。正如原苏联著名教育家苏霍姆林斯所指出，没有研究过教育学基本知识的青年公民不应当有成立家庭的权利。

五、结论

1.《婴幼儿家长高质量教养素质测评量表》具有良好的内部一致信信度和内容效度。

2. 调查中的我国婴幼儿家长高质量教养素质总体偏低，如平均得分40.6,60 分以上仅占 5.7%。"依恋与情感发展促进"、"个性与社会能力发展促进"、"个体差异促进"等维度得分尤其低。

附录1 《婴幼儿家长高质量教养素质测评量表》

请仔细阅读以下题项,根据您的经验和看法来作出"正确"、"不清楚""错误"的判断。也即,在您认为正确的题项前打"√",在您认为错误的题项前打"×",在您感到"不清楚"的题项前画"□"。

（　）1.在出生后的头8个月中,家长只要顺其自然就会收到很好的效果。

（　）2.在宝宝会爬行之前主动陪着宝宝玩有助于避免让他养成易怒的习惯。

（　）3.在出生后的头8个月,不同宝宝之间发展的差异性已很明显。

（　）4.对宝宝说了"不"、"不可以"的时候,若他哭闹得厉害,应适时改变您的决定。

（　）5.早期教育中对父母的指导最好在宝宝14个月之后。

（　）6.一岁半到2岁的宝宝不与其他小朋友分享玩具时,要引导他们学会分享。

（　）7.一个陌生的环境或者不熟悉的人会给5个半月—8个月的宝宝带来不安和害羞。

（　）8.要阻止5个半月后的宝宝把东西往地上扔的行为。

（　）9.无论是5个月的宝宝或15个月的宝宝哭喊时,照看人都要迅速过去回应。

（　）10.头3年里养育宝宝的主要目标之一是保护宝宝天生的好奇心。

（　）11.前6个月里大量的安抚会宠坏孩子。

（　）12.换尿布或洗澡等时,不宜和宝宝多说话。

（　）13.和宝宝最有效的交流是多和他一起看故事书。

（　）14.孩子被宠坏通常发生在2岁以前。

（　）15.父母应尽量多地为宝宝购买充足的教育型婴儿玩具。

（　）16.父母陪伴宝宝重在时间的质量,而不在于时间的长短。

（　）17.多和2岁前的宝宝谈论过去或未来的事有助于促进其语言的

发展。

（　）18.对于将来发展的较差的孩子,在出生后的第一年里看不到明显的迹象。

（　）19.等到孩子17个月或18个月再开始设立限制有些迟了。

（　）20.对于1岁多宝宝的需求,给予他的回答用字、词这种越简短的方式越好。

（　）21.对于1—2岁的宝宝,给他们提供的最好的玩具之一是各种各样的球。

（　）22.对宝宝出现的小意外的过度反应会造就一个爱哭并经常感到不满足的孩子。

（　）23.对3个月内的宝宝,可在其前面放一面大镜子,练习其俯卧抬头。

（　）24.等宝宝会坐起来的时候,可给他买婴儿健身架来练习他的手-眼协调技能。

（　）25.当孩子正热衷于某一事物时,应对孩子所专注的事情随时给予指导。

（　）26.当10个月大的宝宝要打掉您的眼镜时,应耐心向他解释为何不可以这样做。

（　）27.出生后的前6个月,宝宝啼哭应迅速给予回应。

（　）28.不要让宝宝随便把东西放进嘴里。

（　）29.不是所有14—24个月里的宝宝都会挑战父母或主要照看人的权威(如发脾气或拒绝等)。

（　）30.宝宝专注力发展与他们日后的成就水平关系很大。

（　）31.宝宝在学会走之前,会爬或不会爬对他的发展没什么影响。

（　）32.宝宝在0—3个月里时,有必要为他精心布置丰富的家庭环境。

（　）33.宝宝出生后头6个月里养育的主要任务是最大限度地减少身体方面的不适。

（　）34.宝宝7个月以前就要注意对他进行纪律约束。

（　）35.宝宝7、8个月后,若父母或其中一方仍能整天待在家里照看孩子当然最好。

（　）36.宝宝3岁后，可带他参加一些幼儿特殊培训课程以促进他特定方面（如音乐或阅读等）的发展成就。

（　）37.宝宝2岁前开始训练大小便可以帮助他们养成更好的生活习惯。

（　）38.宝宝2岁后，主要照看人（如父母）对宝宝性格的影响和引导最具影响力。

（　）39.1岁后宝宝发脾气要及时安慰。

（　）40.宝宝8个月后半夜里哭（无身体不适情况下），最好的办法是将他抱起来走走。

操作手册：

该量表共有40个项目，每项2.5分，总分为100分，共分为8个维度，分别是依恋与情感发展促进，语言发展促进，规则与习惯促进，个性与社会能力促进，动作发展促进，学习与注意力促进，个体差异促进，基本教养理念。上面40个项目中，表述合理的项目是：1、2、7、10、14、18、19、21、22、23、27、30、33、35、38。其余项目属于表述不合理的。得分越高，表明教养素质越高。

附录 2　早教机构成人教养素质与行为的扎根观察

一、背景

自 20 世纪末早教理念在我国传播开来,各种类型的早教机构逐渐在大中小城市蓬勃发展。但由于起步晚,各个早教机构的运营尚缺乏足够的质量监管(高佳,2009;刘霖芳,2012;周影,2015),包括反映在经营管理模式、教师资历、环境设备等结构性质量上存在的问题。有学者指出,系统地观察教师与婴幼儿的实际互动过程所提供的信息对于教育政策非常重要(Bornstein et al.,2015)。然而国内目前尚比较匮乏深入早教机构过程内部,对其实质性的教育教学活动展开系统观察的反思报告。因此本研究旨在归纳反思婴幼儿接受实际教育过程中所存在的突出问题,由此尽可能实现对儿童天性、儿童权益等的保护,同时引导成人教养者真正把握儿童 0—3 岁的飞速发展期。

二、观察对象

某城市最具竞争力的三家大型早教机构,含蒙台梭利早教机构、运动型早教机构、0—3 岁儿童发展中心等。

三、研究方法

扎根观察,共观察了 28 节课程(从 4 个月—2.5 岁,含亲子课、发展课、音乐课、艺术课、运动课等)。

四、结果与分析

(一)施教过度,观察匮乏

"成人的工作不是教"(蒙台梭利,2001)而是观察——像一名天文学家观察天体一样观察儿童。如"孩子自身有什么"(裴斯泰洛齐,2001);他的"可能性潜能"、"倾向性潜能"、"能动性潜能"(谢弗勒,2006)各有什么表现?

"不了解孩子——不了解他的智力发展,他的思维、兴趣、爱好、才能、禀赋、倾向,就谈不上教育。"(苏霍姆林斯基,1998)但早教机构的活动极少观察儿童,全按照事先预定好的计划、程序、内容,"按部就班"地一一展开,直到课堂结束。

由此课堂中呈现出施教过度,包括过多的言语指导、动作示范、教具演示、教学环节等等。例如,一次"发展课"上,老师拿出反映客体永存的"乒乓球抽屉",教宝宝(10个月大时)把球放在抽屉上面的圆洞里,球便从圆洞"砰砰砰"地"跳"出来。宝宝第一次看见如此奇妙的变化很好奇。老师示范一遍后很快就学着拿起球放入洞里,目不转睛地看接下来会发生的事。等到球"砰砰砰"地从抽屉里"跳"出来,高兴得又捡起又放入——不停地操作……此时,老师坐一旁也不停地重复施教:"宝宝,来,把球放这里。"宝宝没看老师,也没看周围,只是盯着那一会从洞里掉下溜出来的球,一会去捡滚开了的球,认真地看着、听着、玩着。只是老师依然不停地示范,不停地说:"宝宝,去,把球捡起来";"宝宝,来,把球放这里"……儿童喜欢重复练习,不需要督促,正如蒙台梭利所观察到的:"我特别注意到的第一件事是,一个大约3岁的小女孩不停地把一些圆柱体放进容器中,然后又从容器中取出。……我惊讶地发现,年幼的儿童如此聚精会神一遍又一遍地进行这项练习。……这是一种重复不停的运用……我决定要看看她在这种奇怪的工作中专心到何等程度。……她重复这项练习42遍,然后才停下来。"不难想象,儿童专注时的表情是多么的可爱!儿童专注时又预示了他们体内潜能及其创造力、想象力、探索精神等等正发生着怎样的增长变化?然而老师看不见儿童的专注,不知"退后"并静静地观察。又如儿童自己在玩教具A,老师不停地呼唤他过去玩教具B(本次课程的主题);或者,儿童对A环节还在兴头上,老师很有计划地结束A而进入B环节。诸如此类无一不反映出老师只顾一味地教,而不观察儿童——不花心思细心观察儿童,儿童有什么特点与他们的教学没有关系。儿童自身具备巨大的建设性,适当的关怀和明智的帮助才有益于儿童。教学环节中的"空白"与教师适时的"退后",离不开深厚的学识、丰富的经验与睿智的判断。早教需要的也正是这样的教育能力。

（二）技能至上，忽视情感

教育最要紧的是点燃（Hargreaves，2013）。早期教育首先要关注婴幼儿学习中的情绪、情感体验。但实际情况是：学习效果常常是各级各类教育机构竞争力问题的焦点。为使来"上课"的宝宝们能在一定时间里发展明显的发展变化，早教机构的课程目标直接而明确——以训练儿童各发展任务为主题，如知识学习、技能训练等。比如，16—24个月（M2）的音乐课上，老师边唱边教宝宝认识自己的头、屁股、大腿等等；又放一段音乐，在与音乐的伴唱中学数学"一只麻雀两条腿，两个眼睛一张嘴，两只麻雀四条腿，四个眼睛两张嘴……"音乐毫无美感，全是数字——用音乐的方式教数学，成了音乐课。18—24个月（A1）的艺术课上，老师拿出橡皮泥，首先学习如何"搓"，然后学习搓面条。接下来学习形状，圆形、三角形、长方形——拿出颜料及三种形状的积木，让宝宝盖章，盖在印有圆形、三角形、长方形的纸上，通过配对操作学习这三种形状。材料是为知识教学的材料——单调而不丰富；教学是为知识掌握的教学——儿童无自由探索，无美的体验、自由创作的体验、愉悦兴奋的体验。又如早期爬行课，面对宝宝不愿意爬的反应，老师直接说"哭一会没关系的"。于是不少宝宝在哭声中学习如何爬行。家长为了使自己的孩子学会爬，也无视宝宝的表情、神态、意愿而积极配合老师。蒙台梭利指出，最有害的莫过于丧失信心。儿童早期的学习最需关注的是学习的过程及其过程中的情绪情感，包括自信心、成就感、兴趣热情、探索勇气、专注状态等等。遗憾的是实际教学中老师都盯着儿童技能掌握与否，无视儿童当下的情绪情感。

（三）节奏过快，环节刻板

频繁的节奏更换会扰乱儿童内在的认知系统，不利于儿童形成对事物的兴趣和专注。正如有人指出："把课堂分割零碎了之后，孩子们就感受不到生命的活力了。"但早教机构的实际操作都类同如下例子。

〈某次10—16个月宝宝的音乐课〉

上课开始

前5分钟：老师边唱歌边一一问候每一位宝宝，教宝宝问候。

第6—7分钟：简单过渡，拿出教具（摇铃）、给每一宝宝发放摇铃。

第 8—13 分钟:老师边唱歌边教宝宝摇摇铃(直接摇、左右摇摆、敲地板……)。

第 14—16 分钟:关灯,教室变暗,给每一宝宝发放手电筒,示范让手电筒紫色的光照在地面、照在前方。

第 17—24 分钟:给每一宝宝发放小面鼓,老师在音乐声中示范伴随音乐的鼓点(稳定的拍子)敲打小面鼓。

第 25—30 分钟:跳舞。老师给每一宝宝发放杰克逊帽,示范家长抱着或牵着宝宝伴随音乐(热烈的音乐)一起跳舞——围着教室边跳边走。

第 31—35 分钟:老师拿出一大框可发出不同声响的玩具,让宝宝坐过来自己拿玩具玩。

第 36—40 分钟:播放舒缓的慢歌,家长抱起宝宝在慢歌中摇晃舞蹈。

第 41—44 分钟:坐下。示范打不稳定的拍子(与前面稳定的拍子不同),发放教具(两个圆木棒),老师边唱歌边示范,让宝宝自己拿着木棒学打拍子。

最后 1 分钟:关灯,听轻音乐,闭眼休息,指导家长抱着宝宝轻摇。

上课结束(共 45 分钟)。给家长一张印有歌词的纸带回家。

每节课 45 分钟。听音乐、跳舞、玩玩具,一项接一项进行,紧张而有序,老师牢牢控制着活动的节奏。即使音乐素材选得好、教具有特色,但从拿出教具玩具——小朋友看——小朋友挑——拿起一个被另一小朋友抢走,又抢回来——刚开始玩或正在兴头上,玩具被收回,几分钟时间内,这一环节结束转入下一环节。不论儿童怎样的反应,完全按照既定的教学程序,无随机教学,更无教育契机。其他环节也是,老师示范、小朋友触摸、(父母协助教)小朋友玩,三五分钟,在宝宝们还默默坐着看或正打算、正感兴趣或玩得尽兴的时候,新教具要收回了。其他课程同样,前几分钟简单问候,后几分钟简单道别。中间半小时有着"丰富多样"的教学环节:例如宝宝之间相互问候、爬行练习、操作教具、其他活动(如坐骑平衡木马、斜坡放球、大伞收放或穿爬隧道……)。每个环节固定几分钟,常常小朋友之间还没来得及相互多看一会,问候环节结束,进入下一活动环节。儿童的节奏跟不上老师的节奏,儿童的好奇与探索一次次地被中断。儿童在这种高节奏、刻板的教学环节变换中"被"教育、"被"发展。这种主宰式、灌输式、在向家长们展示课堂丰富性的展现式早教活动究竟是在促进儿童发展还是在破坏儿童发展,需要深思。

(四)环境及关系营造薄弱,家庭教养指导缺失

研究表明,即使幼儿入小学后,以儿童为中心的教学也比教师主导的教学效果更好(Lerkkanen et al.,2016)。0—3岁的婴幼儿教育更需要"以儿童中心"的教育模式,比如提供丰富的环境刺激(包括安全自然、富于变化、允许冒险、丰富多样、支持同伴交往、禁止干扰打断等),支持儿童自主自由探索,教师只需做到高度觉知、敏锐观察。而实践中早教机构中的教师无一例外地极力想树立教师的权威,使用教师权力,充分展示"教"的丰富与饱满。美国儿童教育部(2010)明确指出:"关系是0—3岁婴幼儿学习与发展的中心。"(U. S. Department of Health and Human Services,2010)。早教机构教师与婴幼儿的高质量关系能促进婴幼儿的社会情绪、行为调节、适应功能等的发展(Bornstein et al., 2014)。反观我国早教机构的教学过程,属于纯粹"教学"——人与人之间没有互动交流:老师与家长之间几乎没有对话;儿童与儿童之间基本没有互动;家长与家长之间完全没有交流;老师与儿童间保持简单问候。尽管家长、宝宝们围坐一起,但人与人之间心灵隔离、相互保守;没有提问、没有解答、没有分享、没有笑声……只有严肃、紧张、孤立、变换的教学环节与封闭的心灵。老师俨然"敬业"下的如此人际环境与交往氛围,或许如毒素一样侵害着幼小的心灵。

儿童早期教育专家华爱华指出,我们能够指望的是通过早教指导机构对家长的育儿指导,进而提高婴儿的家庭教养质量(华爱华,2007)。把生活中经常发生的"刺激—反应—回应"的自然互动提升为自觉的教养意识。然而早教机构将教育的关注点大多集中在婴幼儿的自身发展上,重视潜能的开发和技能的培养,而疏于对家长的指导。据笔者观察,即使有的父母功利心表现得很突出,早教老师也很少为之点拨和纠正。更没有事后的指导或分享亲子游戏的开发方法。那么早教机构究竟是在利用家长的功利

心理还是真正为儿童服务？如果为儿童服务，为何直接训练婴儿而不是着力更为关键的环节——科学育儿的家长指导与培训？正如国外亲子关系专家哈尔所言："教育的关键不在孩子，而在父母。"（郎克尔，2010）理想的早教活动性质应该是老师教学、家长学习、孩子娱乐。综上，尽管有的早教机构课程名称超前、宣传理念很好，但实际操作急功近利、严重滞后。

五、小结

以三大早教机构为例的过程剖析一定程度上透视了我国早教机构教育质量的基本状况。这些突出问题都无一例外地将对儿童发展造成不良影响——比如破坏其专注力与创造性、自主与独立性、探究热情与自我发展等等。当然，这有待未来研究进一步追踪检验。一些发达国家已逐步开展深入、系统的研究来检测儿童早期教育与保育质量对儿童发展的影响（NICHD，2003；Claessens，2012）。而这在我国还几乎处于空白的状态。极少有研究深入关注儿童早期教育质量与儿童发展的关系。因此，质量监测应成为我国当前及未来儿童早期教育与保育研究与实践的重点，应切实加强第三方对质量监测的贡献。例如美国许多州委托高校相应研究部门对全州的0—3岁婴幼儿早教机构进行系统测评，包括过程性质量与结构性质量，由此评定出质量优劣的不同等级（e. g.，Indiana Paths to Quality，Elicker et al.，2013）。这样家长上网便可查到某机构的所有质量指标——有效地帮助了家长选取高质量的早教机构。当前，在我国社会和家长对早期教育有着极大需求的形势下，这些措施也可为我们所借鉴。

参考文献

［澳］莉·沃特斯著,闫丛丛译.优势教养[M].中信出版社2018年版.

［德］福禄培尔著,孙祖复译.人的教育[M].人民教育出版社2001年5月第1版.

［德］雅斯贝尔斯著,邹进译.什么是教育[M],生活·读书·新知三联出版社1991年版.

［法］卢梭(Jean-Jacques Rousseau)著,李平沤译.爱弥儿[M].商务印书馆1978年版.

［美］M.斯科特·派克著,于海生译.少有人走的路[M].中国商业出版社2013年版.

［美］伯顿·L.怀特著,宋苗译.从出生到三岁——婴幼儿能力发展与早期教育权威指南[M].京华出版社2007年版.

［美］哈尔·爱德华·郎克尔著.陈玉娥译.零吼叫养出100%的好孩子[M].重庆出版社2010年版.

［美］埃·弗洛姆著.为自己的人[M].生活·读书·新知三联书店1988年版.

［美］卡洛琳·爱德华兹,莱拉·甘第尼,乔治·福尔曼编著,罗雅芬,连英式,金乃琪译.儿童的一百种语言[M].南京师范大学出版社2006年版.

［美］埃里克森,孙名之译.同一性:青少年与危机[M].浙江教育出版社1998年版

［美］伊斯雷尔·谢弗勒著,石中英,涂元玲译.人类的潜能——一项教育哲学的研究[M].华东师范大学出版社2006年版.

［瑞士］裴斯泰洛齐著.夏之莲等译.裴斯泰洛齐教育论著选[M].人民教育出版社2001年版.

［新西兰］玛格丽特·卡尔(Margaret Car)著.周欣,周念丽,左志宏,赵琳,邹海瑞,陈柯汀等译.另一种评价:学习故事[M].北京:教育科学出版社2016年版.

［新西兰］玛格丽特·卡尔,温迪·李.学习的心智倾向与早期教育环境创设:形成中的学习[M].教育科学出版社2016年版.

［意］玛丽亚·蒙台梭利著,马荣根译,单中惠校.童年的秘密[M].人民教育出版社2005年第2版.

［意］玛丽亚·蒙台梭利著.任代文译.蒙台梭利幼儿教育科学方法[M].人民教育出

版社 2001 年第 2 版.

[意]玛丽亚·蒙台梭利著,成墨初,芮青蓝译.有吸收力的心灵[M].黑龙江教育出版社 2013 年版.

[英]约翰·洛克著.教育漫话[M].教育科学出版社 1999 年版.

[英]卡米洛夫·史密斯著,缪小春译.超越模块性——认知科学的发展观[M].华东师范大学出版社 2001 年版.

B.A.苏霍姆林斯基著.毕淑芝等译.育人三部曲[M].人民教育出版社 1998 年版.

白俊杰.学前儿童抽象能力和认知灵活性发展研究[D].西南师范大学心理学院 2005 届硕士学位论文,指导老师:李红.

毕小彬,范晓壮,米文丽,贺荟中.高风险婴儿前瞻性纵向研究与孤独症谱系障碍早期识别[J].心理科学进展 2020,28(3):443—455.

蔡欣欣.大班幼儿学习品质评估工具的编制与初步试用[D].陕西师范大学学前教育专业 2015 届教育硕士学位论文,指导老师:王庭照.

曹云云.美术活动中幼儿学习品质培养的现状及对策研究[D].陕西师范大学 2018 届硕士学位论文,指导老师:刘华.

程黎,程曦,王美玲,李子华.超常儿童内部动机与创造力的关系:课堂同伴互动的中介作用[J].中国特殊教育,2021(1):58-65.

陈建华,刘丹.当代脑科学视野中的儿童学习关键期研究及其启示[J].外国中小学教育,2008(1):32—36.

陈方平.医哲视阈中"完整的人"及其现实意义[J].南京中医药大学学报(社会科学版),2019.

陈芬.幼儿园绘画教学活动中教师支持行为的研究——基于幼儿学习品质的视角[D].湖南师范大学学前教育专业 2015 届硕士学位论文,指导老师:张卫民.

陈寒,杨治良,韩玉昌,曾玉君.内隐学习的意识性研究述评[J].心理科学,2009,32(4):891—893.

陈红梅,骆萍,金锦秀,陈敏.武汉市散居 0—3 岁婴幼儿家庭早期教育需求分析[J].当代学前教育.2011(3):10—12.

陈红香.三至六岁幼儿创造想象发展的调查分析[J].学前教育研究,1999(4):38—39.

陈伟民,桑标.儿童自我控制研究述评[J].心理科学进展,2002(10):65—70.

陈雅川,黄爽.学习品质:预防儿童学习困难的新视角[J].中国特殊教育,2018(12):49—54.

陈亚萍,李晓东.婴儿动作理解的研究回顾与展望[J].心理科学进展,2013,21(4):671—678.

陈彦芬,高秀岭.英国国家科学课程标准中的科学探究[J].上海教育科研,2005(6):33—36.

成蕾.加强阅读指导 发展幼儿的阅读想象[J].新课程(教师),2010(05):16—17.

程清清.教师支持行为对幼儿学习品质影响的实验研究[D].沈阳师范大学学前教育

专业2017届教育硕士学位论文,指导老师:金芳,芦宁.

崔姗.对话视阈下幼儿教师提问的研究[D].华中师范大学2011届硕士学位论文.

崔爽,高亚茹,王阳阳,黄碧娟,司继伟.非正式学习环境中幼儿的自发数量聚焦[J].心理科学进展,2020,28(12):2064—2075.

池浩田.大班科学集体教育活动中幼儿学习主动性表现特点及教师指导的研究[D].内蒙古师范大学学前教育专业2019届硕士学位论文,指导老师:左雪.

但菲,冯璐.教师态度与指导方式对幼儿坚持性影响的实验研究[J].心理发展与教育,2009(1):7—13.

邓小平.教师行为、亲子互动与学前儿童创造力的关系研究.东北师范大学发展与教育心理学专业2013届博士学位论文.指导老师:张向葵.

董奇,陶沙,张华,刘玉新,李蓓蕾.婴儿问题解决行为的特点与发展[J].心理学报,2002,34(1):62—67.

董奇.西方关于儿童创造力发展研究综述[J].外国心理学,1985(1):15—18.

董书阳,梁熙,张莹,王争艳.母亲积极养育行为对儿童顺从行为的早期预测与双向作用:从婴儿到学步儿[J].心理学报,2017,49(4):460—471.

杜彧,胡清芬.婴儿关于物体支撑的直觉性物理知识[J].心理科学进展,2011,19(7):1003—1010.

丁峻.情感演化论[M].科学出版社2010年版.

方丹,陈朝辉,文军庆.以学习品质评价驱动学校教学变革[J].中小学管理,2017(8):13—16.

方钧君.学前儿童个体差异的再认识——应用"多彩光谱"评估系统的一次实证研究[D].华东师范大学学前教育专业2001届硕士学位论文,指导老师:李季湄.

方笑.心灵的境界——略谈时空意象的灵性转换[J].艺术评论,2017(1):153—156.

方富熹,Henry M. Wellman,刘玉娟,刘国雄,亢蓉.纵向再探学前儿童心理理论发展模式[J].心理学报,2009,41(8):706—714.

冯丽娜,吴政达.家庭社会经济地位、父母教养行为对幼儿学习品质之影响[J].宁波大学学报(教育科学版),2018,40(4):109—119.

费甜.促进幼儿学习品质发展的教师支持性策略研究[D].温州大学课程与教学论专业2015届硕士学位论文,指导老师:郑信军.

付饶."学习故事"评价法运用中存在的问题与对策研究——以保定市Q园为例[D].河北大学学前教育专业2017届硕士学位论文,指导老师:张莅颖,张春炬.

高佳.我国早教机构发展现状及对策研究[J].现代教育论丛,2009(9):58—61.

高健,王小禹,刘娟.母子亲密度与幼儿创造性人格特质的关系:自然联结与亲社会性的链式中介作用[J].学前教育研究,2021(6).

高敬.美国早期教育领域儿童真实性评价探析[J].外国中小学教育,2017(9):31—37.

高璇.科学探究活动对大班幼儿学习品质的实验研究[D].天津师范大学学前教育专业2015届硕士学位论文,指导老师:张丽玲.

高聪,侯怡如,苗晓燕,李晓红.3～6岁儿童自信心课程干预方案[J].中国健康心理学杂志,2019,27(5):781—784.

郭姣.近年来幼儿想象力培养研究的分析.陕西学前师范学院学报,2015,31(5):76—79.

郭亚平.不同体制幼儿园幼儿学习品质的比较研究[D].广州大学学前教育专业2017届教育硕士学位论文,指导老师:叶平枝.

郭力平,蒋路易,吕雪.幼儿园教师"儿童观察能力"的情境判断测验——中国8省市幼儿园教师测评的实证研究[J].教育测量与评价,2018(10):26—33.

何秀菲.幼儿园教师运用"学习故事"存在的问题及对策研究[D].西华师范大学学前教育专业2019届教育硕士学位论文,指导老师:阳德华,黄长平.

何璇,李玲,韩玉梅.美国学前教育数据库建设及启示[J].教育导刊,2014(11):85—88.

何清华,李丹丹.中国儿童青少年跨期决策的发展与脑发育机制[J].心理科学进展,2020,28(3):381—389.

贺琳霞,朱文佳,郭力平.对我国0—8岁儿童发展与教育纵向研究的回顾与展望[J].教育探索,2011(12):21—24.

侯长林.人工智能时代将呼唤灵性教育[J].内蒙古师范大学学报(教育科学版),2018.

胡连峰.幼儿学习品质发展策略的扎根研究[J].天津师范大学学报(基础教育版),2017,18(3):75—80.

胡悦.教师期望对5—6岁幼儿学习品质的影响:师幼关系的中介作用[D].陕西师范大学学前教育专业2017届硕士学位论文,指导老师:程秀兰.

胡梓滟.幼儿园园本教研活动实施策略的改进——基于实践共同体理论的视角[J].教育科学论坛,2016(11):44—47.

华爱华.教学,还是指导——从《FPG早教方案》系列丛书看早教机构中的婴幼儿(亲子)活动[C].中国学前教育研讨会,2007.

黄娟娟.师幼互动类型及成因的社会学分析研究——基于上海50所幼儿园活动中师幼互动的观察分析[J].教育研究,2009(7):81—86.

黄双,吴玲.幼儿学习品质:问题反思与支持策略[J].天津市教科院学报,2015.

黄爽,霍力岩.儿童学习品质的主要影响因素:国外研究进展及其启示[J].比较教育研究,2014(5):40—45.

黄玉娇.材料结构及投放方式对幼儿创造性想象的影响研究[D].西南大学学前教育学专业2014届硕士学位论文,指导老师:胥新春.

霍力岩,孙蔷蔷,敖晓会.高宽课程[M].上海:华东师范大学出版社2017年版.

霍力岩,孙蔷蔷,陈雅川.学前儿童主动学习指标体系研究[J].基础教育,2017(1):68—78.

江守义.叙事是一种评价[J].安徽师范大学学报(人文社会科学版),2002,30(4):5—8.

姜唯,赵伟.科学教育活动中幼儿学习品质培养的策略研究[J].职业技术,2018.

蒋红梅.通过有效提问激发创造思维[J].文学教育(下),2009(3).

教育进展国际评估组织.全球21个国家调查结果显示:中国中小学生想象力倒数第一[N].西安晚报,2010.11.25:专题报道.

金心怡,周冰欣,孟斐.3岁幼儿的二级观点采择及合作互动的影响[J].心理学报,2019,51(9):1028—1039.

金芳,赵一名,程清清.教师支持行为对4—6岁幼儿学习品质影响的实验研究[J].教育探索,2019(4):40—43.

靳慧.幼儿时期灵性与音乐教育的重要性[J].黄河之声,2017.

贾卫红.3—6岁幼儿结构游戏中专注力表现的特点研究[D].沈阳:沈阳师范大学,2016.

赖灿成.幼儿坚持性发展的研究[J].心理科学通讯,1988(4):58—60.

兰晶,温恒福.培养儿童积极学习品质的有效策略[J].教育科学,2018(1):49—53.

雷童.不同认知灵活性高中生语言转换的ERP研究[D].河南大学发展与教育心理学专业2015届硕士学位论文.指导老师:赵俊峰.

李承.幼儿园美术教育活动中幼儿提问行为的研究——以长沙市A幼儿园为例[D].湖南师范大学2014届硕士学位论文.

李润洲.完整的人及其教育意蕴[J].教育研究,2020(4):26—37.

李芳雪.大班幼儿学习品质与家庭文化资本的关系研究[D].天津师范大学学前教育专业2015届教育硕士学位论文,指导老师:王银玲.

李放.低结构活动促进4—6岁幼儿学习品质发展的实验研究[D].沈阳师范大学学前教育专业2016届教育硕士学位论文,指导老师:金芳,李娜.

李红,王永芝.幼儿认知灵活性的发展及其与言语能力的关系[J].心理科学,2006,29(6):1306—1311.

李慧,严仲连.美国0—3岁婴幼儿学习品质的结构指标与培养策略——源自伊利诺伊州的经验.外国教育研究,2017,44(9):72—85.

李家成.追求真实的生命成长——对"新基础教育"价值取向的体悟[J].教育发展研究,2003(3):44—46.

李美华,沈德立,白学军.不同学业成绩类型学生的认知灵活性研究[J].中国临床心理学杂志,2007,15(2):191—193.

李美华,沈德立.3—4岁幼儿认知灵活性实验研究[J].心理学探新,2006,26(1):52—55.

李美华,沈德立.论执行功能中认知灵活性与教育的契合[J].天津师范大学学报(社会科学版),2006(1):69—72.

李守慧.12—24个月婴儿母亲看护行为分类研究[D].首都师范大学发展与教育心理学专业2009届硕士学位论文,指导老师:王争艳.

李西营,刘小先,申继亮.青少年创造性人格和创造性的关系:来自中美比较的证据.心理学探新,2014,34(2):186—192.

李晓博.叙事探究的"事实"、价值和评价基准[J].中国外语,2010,7(5):85—91.

李晓莉.幼儿创造力培养中存在的问题及教育对策.学周刊.2015(7):216.

李雁冰.论教育评价专业化[J].教育研究,2013,10:121—126.

李燕芳,吕莹.家庭教育投入对儿童早期学业能力的影响:学习品质的中介作用[J].中国特殊教育,2013(9):63—70.

李阳,白新文.(2015).善心点亮创造力:内部动机和亲社会动机对创造力的影响[J].心理科学进展,23(2),175—181.

李原.父亲参与教养与幼儿创造力的关系研究.首都师范大学学前教育专业2011届硕士学位论文,指导老师:严冷.

李季湄,夏如波.《幼儿园教师专业标准》的基本理念[J].学前教育研究,2012(8):5—8.

李季湄,冯晓霞.《3—6岁儿童学习与发展指南》解读[M].人民教育出版社2013年版.

李欢欢,黄瑾,郭力平.我国数学学习困难儿童干预效果的元分析[J].全球教育展望,2019,48(5):117—128.

李珊珊,李莉,范洁琼.学前儿童学习品质的评估及其与早期发展的关系[J].教育科学研究,2019(5):40—47.

李思娴,郭嘉.学前儿童在园主动性行为发展的特点[J].学前教育研究,2014(3):37—42.

林崇德.思维心理学研究的几点回顾[J].北京师范大学学报(社会科学版),2006(5):35—42.

林崇德.创新人才与教育创新研究[M].经济科学出版社2009年版.

连桂菊.3—6岁儿童想象力的发展研究.首都师范大学应用心理学专业2013届硕士学位论文,指导老师:王争艳.

林巨著.妈妈,我可以这样吗?[M].电子工业出版社2014年版.

林语堂著.女性人生[M].陕西师范大学出版社2002年版.

林朝湃,叶平枝.家长教养方式对小班幼儿学习品质的影响:自我效能感的中介和家长参与的调节[J].学前教育研究,2020(1):30—41.

刘焱,李志宇,潘月娟,张婷.不同办园体制幼儿园班级教育环境质量比较[J].学前教育研究.2008,8:7—11.

刘欢欢,范宁,沈翔鹰,纪江叶.认知灵活性对非熟练双语者语言转换的影响——一项ERPs研究[J].心理学报,2013,45(6):636—648.

刘良华.儿童的敏感期及其教育[J].湖南师范大学教育科学学报,2019,18(3):8—13.

刘霖芳.我国早教机构发展中存在的问题及对策[J].教育探索,2012(10):138—140.

刘凌,杨丽珠.婴儿自我认知发生再探[J].心理学探新,2010,30(3):29—33.

刘秋凤.集体教学中教师提问类型对幼儿参与积极性的影响研究——以沈阳市X幼

儿园大班为例[D].沈阳大学 2018 届硕士学位论文.

刘少英,李君,朱丹丹,焦小莉.3—9 个月婴儿对不同种族面孔眼动扫描的发展[J].应用心理学,2016,22(3):271—279.

刘少英.学前儿童同伴关系发展追踪研究[D].华东师范大学 2009 届博士学位论文,指导老师:李晓文.

刘淑英.早期阅读活动与幼儿创造性思维培养[J].语文教学通讯·D 刊(学术刊),2012(10):51—52.

刘秀丽,朱宇宁.婴儿移情的研究综述[J].东北师大学报(哲学社会科学版),2018(4):234—240.

刘焱,李志宇,潘月娟,等.不同办园体制幼儿园班级教育环境质量比较[J].学前教育研究.2008,(8):7—11.

刘玉霞,金心怡,蔡玉荣,何洁.幼儿的坚持性与执行功能和负性情绪的关系[J].应用心理学,2011,17(2):185—192.

刘玉霞.趋近——抑制气质类型幼儿的坚持性特点[D].浙江大学应用心理学专业2013 届硕士学位论文,指导老师:沈模卫.

刘云艳.幼儿好奇心发展与教育促进研究[D].西南师范大学 2004 届博士学位论文,指导老师:张大均.

刘晓东.向童年致敬[J].中国教育学刊,2018(5):6—13.

刘晓东.童年哲学论纲[J].江苏教育,2019(18):13—22.

刘洪森.绘本创意阅读对 4—5 岁幼儿创造性思维发展的干预研究[D].内蒙古师范大学,2019.

刘昆.幼儿园教师的儿童行为观察与支持素养的提升研究——以 2—5 年教龄的适应期教师为例[D].华东师范大学 2019 届博士学位论文,指导老师:郭力平.

卢荣梅.初中生的内隐自卑、羞怯与认知灵活性的关系研究[D].西南大学发展与教育心理学专业 2010 届硕士学位论文,指导老师:陈旭.

卢珊,李璇,姜霄航,王争艳,Robert H.Bradley.中文版婴儿—学步儿家庭环境观察评估表的信效度分析[J].中国临床心理学杂志,2018,26(2):244—248.

陆小兵,钱小龙,王灿明.国际视野下教育促进创造力发展的分析:理论观点与现实经验[J].外国教育研究,2015,42(1):28—38.

路奇.新西兰"学习故事"经验度对我国幼儿园贯彻《指南》的启示[J].学前教育研究,2016(9):70—72.

罗碧琼,唐松林,盛红勇.生命论对儿童敏感期理论的检讨与超越[J].学前教育研究,2018(11):53—61.

吕以新,李方红.由教师专业发展走向教师生命成长——兼谈"四三八"教师生命成长模式[J].当代教师教育,2013.

吕彩萍.提高幼儿活动主动性的策略初探[J].学前教育研究,2006(11):55.

马鹰,闵兰斌,郭力平.美国早期儿童纵向研究项目 ECLS-B 特点[J].宁波大学学报(教育科学版),2016,38(6):74—80.

孟祥珍,方珠.关于 4—6 岁幼儿创造力培养的实验研究[J].教育改革,1998,6,21—23.

苗雪红.儿童精神成长研究:意义、取向与多学科视野[J].华东师范大学学报(教育科学版),2012,30(1):29—36.

缪佩君,李玲玉,连榕.幼儿教师心理健康状况及其社会支持系统构建[J].苏州大学学报(教育科学版),2018(4):60—68.

闵兰斌,马鹰,郭力平.美国早期儿童纵向研究项目(ECLS-K)及其启示[J].基础教育,2016,13(1):92—99.

潘芳,岳文浩,王迪涛,宋微涛.不同早期教育环境儿童脑功能测定[J].山东医科大学学报(社会科学版),1992.

裴明慧.主题游戏背景下幼儿学习品质提升策略实证研究[D].湖北师范大学学前教育专业 2017 届硕士学位论文,指导老师:汪丞,朱会从.

彭杜宏,顾筠.我国学前儿童创造力发展特点与培育状况[J].江苏幼儿教育,2017(3):67—71.

彭杜宏,廖渝,苏蕙.5—6 岁儿童认知灵活性的发展特征与个体差异[J].学前教育研究,2017(4):37—47.

彭杜宏,刘电芝,廖渝.儿童早期工具创新表现及其影响因素与测评[J].学前教育研究,2016(10):38—46.

彭杜宏,苏蕙,廖渝.4—6 岁幼儿工具创新能力发展研究[J].教育导刊,2016(11),24—29.

彭杜宏,廖渝.美国学前儿童"创造力"学习与发展标准解读与启示[J].教育导刊,2016(10):91—94.

彭杜宏,倪欣星.江苏省优质幼儿园科学教育现状调查研究[J].早期教育,2017(10):7—9.

彭杜宏.美国"优质幼儿园"过程质量的关键特征[J].早期教育,2016,7—8:35—37.

彭杜宏,苏蕙,刘电芝.小班幼儿坚持性发展的个体差异研究[J].幼儿教育(教育科学),2018(1):55—58.

彭杜宏.儿童早期学习品质的本质内涵、因素结构及学习效应[J].学前教育研究,2020(3):57—71.

彭杜宏,苏蕙,疏德明.小班幼儿坚持性发展的纵向追踪研究[J].早期教育,2017(11):12—16.

彭杜宏.国外学前儿童学习品质测评方法述评[J].幼儿教育,2019(3):37—40.

彭芬.幼儿园科学教育活动中幼儿学习品质的培养[D].山东师范大学学前教育专业 2015 届硕士学位论文,指导老师:张小永.

钱志亮,丁攀攀.《儿童入学成熟水平诊断量表》的研制[J].学前教育研究,2010(2):41—45,51.

秦金亮,高孝品,王园,方莹.不同办园体制幼儿园的师幼互动质量分析[J].教育研究与实验,2017(1):25—30.

邱菊茹.数学绘本教学活动对大班幼儿学习品质的培养研究[D].内蒙古师范大学学前教育专业 2018 届硕士学位论文,指导老师:左雪.

任娟.幼儿教师教学提问的研究[D].河南大学 2008 届硕士学位论文.

任钟印选译.昆体良教育论著选[M].人民教育出版社 2001 年版.

上官子木.创造力危机——中国教育现状反思.华东师范大学出版社 2008 年版.

申继亮,方晓义.关于儿童心理发展中的敏感期的问题[J].北京师范大学学报(社会科学版),1992(1):62—67.

司亚楠.杜威具身认知思想及启示[J].科教导刊(下旬),2018.

施杨,赵曙明.人才创造力的理论溯源、影响因素与多维视角[J].南京大学学报(哲学·人文科学·社会科学),2020(5):37—45.

苏婧,顾春晖,孙璐.学前儿童学习与发展评价实施现状的调查与分析——以北京市为例[J].教育科学研究,2018(5):44—47.

孙瑞雪著.完整的成长——儿童生命的自我创造[M].世界图书出版公司 2010 年版.

孙瑞雪著.爱和自由[M].中国妇女出版社 2009 年版.

孙云晓,赵霞.中国儿童想象力危机报告——少年儿童研究,2009,11.

索长清.儿童早期学习框架中的"学习品质"的比较研究[J].基础教育,2018,15(1):56—61.

索长清.幼儿学习品质之概念辨析[J].学前教育研究,2019(6):35—44.

单中惠."儿童"是谁?蒙台梭利如是说——蒙台梭利对儿童身份问题回答之初探[J].湖南师范大学教育科学学报,2019,18(1):1—5.

史瑾,刘昊,刘悦."赢在起跑线"还是"笑到最后"?——影子教育、学习品质对儿童学习与发展的影响[J].当代教育论坛.2020(5):44—52.

唐田田.儿童成长更需要心灵的陪伴与呵护[J].中国教育学刊,2018(4):105.

田艳红.《指南》背景下幼儿学习品质现状的个案研究[D].杭州师范大学学前教育专业 2016 届硕士学位论文,指导老师:张三花.

陶冶,徐琴美.12 个月中国婴儿熟悉词表征中声调的语义特性[J].心理学报,2013,45(10):1111—1118.

王家军.埃里克森人格发展理论与儿童健康人格的培养[J].学前教育研究,2011(6):37—40.

王静.幼儿园培养幼儿学习主动性现状、问题及对策研究[D].西华师范大学,2018.

王舒云.大班幼儿学习主动性的现状与影响因素研究[D].福建师范大学学前教育专业 2019 届硕士学位论文,指导老师:吴荔红.

王宝华,冯晓霞,肖树娟,苍翠.家庭社会经济地位与儿童学习品质及入学认知准备之间的关系[J].学前教育研究,2010(4):3—9.

王宝艳,冯永刚.美国《新一代科学教育标准》探析[J].中国教育学刊,2015(4):96—100.

王飙.灵性[J].思维与智慧,2016(19):17.

王灿明,吕璐.幼儿教师创造教育内隐观的调查研究.南通大学学报(社会科学版),2015,31(3):107—113.

王江洋,幼儿自我延迟满足能力的预期性、发展性及差异性研究[D].辽宁师范大学2006届博士学位论文,指导老师:杨丽珠.

王莉,陈会昌,陈欣银.儿童2岁时情绪调节策略预测4岁时社会行为[J].心理学报,2002,34(5):58—62.

王荣.儿童的想象活动及其想象力对培养初探[J].教师,2010,12.

王瑞华.幼儿教师教学提问的层次与艺术[J].学前教育研究,1995(1):44—45.

王瑞明,陈红敏,佟秀丽,莫雷,Zhe Chen.用微观发生法培养幼儿科学创造力的实验研究[J].学前教育研究,2007(7—8):41—45.

王姝琼,张文新,陈亮,李海垒,李春,周利娜.儿童中期攻击行为测评的多质多法分析[J].心理学报,2011,43(3),294—307.

王振宇编著.儿童心理学[M].江苏教育出版社2000年版.

温赫柏.幼儿学习品质结构及其发展特点的研究[D].沈阳师范大学2018届硕士学位论文,指导老师:刘彦华.

吴康宁.完整的人及其教育[J].江苏教育(教育管理版),2017(11):1.

吴旻,刘争光,梁丽婵.亲子关系对儿童青少年心理发展的影响[J].北京师范大学学报(社会科学版),2016(5):55—63.

吴岩.奥尔夫音乐教学法对学前儿童学习品质的影响研究[D].哈尔滨师范大学学前教育专业2017届硕士学位论文,指导老师:李晓莹.

吴杨,冯江英.2009—2019年我国幼儿学习品质研究知识图谱的可视化分析[J].教育观察,2020(24):11—15.

吴荔红,廖雨瞳,田晶晶,林洵怡.幼儿科学问题解决能力的发展特点与家长教育卷入的影响[J].学前教育研究,2021(2):42—56.

夏竹筠,宋占美,张丹彤.当前欧美国家有关入学准备研究的最新进展[J].学前教育研究,2014,9:52—58.

夏丽洁.幼儿学习品质的观察诊断与干预研究[D].上海师范大学学前教育专业2014届硕士学位论文,指导老师:夏正江.

肖川.教育必须关注完整的人的发展[J].清华大学教育研究,2001(3):24—29.

肖韶光.提高学生创造能力的三种提问方式[J].现代技能开发,2000(6):27—28.

肖雅琼.学前儿童脑功能网络的发展研究——来自静息态fMRI的证据[D].广州大学2013届硕士学位论文,指导老师:翟洪昌.

小巫著.接纳孩子[M].广西科学技术出版社2009年版.

谢芬莲.学习故事:新西兰儿童发展评价模式及其启示[J].西北师范大学学前教育专业2014届硕士学位论文,指导老师:郑名.

谢超香.基于内隐学习的学前儿童绘画活动研究[D].西南大学学前教育学专业2016届博士学位论文,指导老师:李姗泽.

辛涛,乐美玲.学前教育质量监测的几个问题[J].学前教育研究,2013(9):3—7.

徐欢.合作与竞争情境下幼儿坚持性特点研究[D].东北师范大学发展与教育心理学专业 2013 届硕士学位论文,指导老师:张向葵.

徐晶晶,李正清,周欣.学习品质对 5—6 岁儿童早期数学能力的影响研究[J].幼儿教育(教育科学),2016(1,2):69—75.

徐晶晶.学习品质对 5—6 岁儿童早期数学能力的影响研究[D].华东师范大学学前教育学专业 2014 届硕士学位论文,指导老师:周欣.

徐娴.棋类活动对大班幼儿学习品质的影响研究[D].上海师范大学学前教育专业 2018 届教育硕士学位论文,指导老师:梅珍兰.

徐小妮,郭力平,刘昆.美国马里兰州早期儿童数据系统的建设与启示[J].外国教育研究,2016,43(8):101—115.

徐鹏.美国学前儿童"社会情绪学习(SEL)"的基本结构、培养策略与特点——源自马萨诸塞州的经验[J].外国中小学教育,2018(7):17—27.

许琼华.科学探究活动培养幼儿学习品质:优势、问题及对策[J].乐山师范学院学报,2016,31(3):133—140.

许少月,王争艳.婴儿期外显问题行为的发生与表现及成因分析[J].心理科学进展,2017,25(11):1910—1921.

鄢超云.学习品质:美国儿童入学准备的一个新领域[J].学前教育研究,2009(4):9—12.

鄢超云.学习品质比知识技能重要[N].中国教育报,2019—8—11.

杨晓岚,李传江,郭力平.国外大型儿童发展纵向研究评估工具等分析与启示[J].外国教育研究,2015,42(11):94—106.

杨慧芬.变换提问方式,培养学生的创造思维能力[J].语数外学习(初中版),2013(8):39—40.

杨丽珠,方乐乐,许卓娅,沈悦.音乐学习对幼儿学习品质的促进[J].学前教育研究,2015(11),56—63.

杨丽珠,董光恒.3—5 岁幼儿自我控制能力结构研究[J].心理发展与教育,2005(4),7—12.

杨莉君,邱诗琦.幼儿园教师享有权益的现状调查研究——以湖南省 40 所幼儿园为样本[J].湖南师范大学教育科学学报,2016,15(06):68—75.

杨兴盼.大班幼儿学习品质与家庭环境的关系研究[D].天津师范大学学前教育专业 2018 届教育硕士学位论文,指导老师:孙贺群.

杨颖东,郝志军.灵性教育的价值追求与实践方式[J].教育研究,2016(12):22—29,42.

叶宝娟,张原,高良,夏扉,杨强.主动性人格与大学生职业成熟度的关系:一个有调节的中介模型[J].心理发展与教育,2020(3):50—56.

叶文香.利用自然资源培养幼儿的学习主动性[J].教育评论,2007(5):141—142.

叶平枝,马倩茹.2—6 岁儿童创造性思维发展的特点及规律.学前教育研究,2012(8):36—41.

叶仁敏,洪德厚,保尔.托兰斯.《托兰斯创造性思维测验》(TTCT)的测试和中美学生的跨文化比较[J].应用心理学,1988,3(3):22—29.

叶圣陶.教育与人生——叶圣陶教育论著选读[M].上海教育出版社2004年版.

叶子,庞丽娟.论儿童亲子关系,同伴关系和师生关系的相互关系[J].心理发展与教育,1999(4):50—57.

叶浩生.身体与学习:具身认知及其对传统教育观的挑战[J].教育研究,2015(4):104—114.

易杰雄著.德国古典哲学的奠基人康德——千年十大思想家丛书[M].安徽人民出版社2004年10月第2版.

殷明,刘电芝.身心融合学习:具身认知及其教育意蕴[J].课程.教材.教法,2015,35(7):57—65.

尹建莉著.好妈妈胜过好老师——一个教育专家16年的教子手记[M].作家出版社2009年版。

余璐,刘云艳,评估促进儿童学习何以可能——学习故事的回顾与省思[J].比较教育研究,2017(11):70—75.

于海波,侯悦,何雪梅.主动性人格与职业成功关系研究——领导－成员交换关系中生涯适应力的作用[J].软科学,2016,30(7):78—80,85.

岳慧兰.幼儿创造力认识与培养的调查研究——对幼儿教师的调查研究[D].西南师范大学学前教育学专业2003届硕士学位论文,指导老师:刘云艳.

袁茵,杨丽珠.促进幼儿好奇心发展的教育现场实验研究[J].教育科学,2005(06):54—56.

袁爱玲,肖丹.经脑科学透视的儿童早期教育之误识与误行[J].华南师范大学学报(社会科学版),2007(4):96—100.

张丹丹,陈钰,敖翔,孙国玉,刘黎黎,侯新琳,陈玉明.新生儿情绪性语音加工的正性偏向——来自事件相关电位的证据[J].心理学报,2019,51(4):462—470.

张红岩.针对想象力培养的儿童画示范教学优化研究[D].鲁东大学学科美术专业2014届硕士专业学位论文.指导老师:王刚.

张乐.故事表演促进4—6岁幼儿学习品质发展的实验研究[D].沈阳师范大学学前教育专业2017届硕士学位论文,指导老师:刘彦华.

张莉,周兢.学前儿童学习品质发展及其对早期语言和数学能力的预测作用[J].全球教育展望,2018(5):113—127.

张玲.加德纳多元智能理论对教育的意义到底何在?[J]华东师范大学学报(教育科学版),2003,21(1):44—51.

张庆芳.幼儿园儿童创造力培养的缺失与建议[J].江苏幼儿教育,2017(3):64—66.

张卫,甄霜菊.发展可塑性的个体差异——基因与环境的交互作用[J].华南师范大学学报(社会科学版),2013(5):106—111.

张晓梅.师幼互动质量对学前儿童学习品质的影响及其教育促进[D].东北师范大学教育学专业2016届博士学位论文,指导老师:张向葵.

张亚妮,程秀兰.基于"学习故事"的行动研究对幼儿园教师实践智慧生成与发展的影响[J].学前教育研究,2016(6):50—59.

张一凡.幼儿园科学教育中学习故事的应用研究[D].山东师范大学学前教育专业2019届教育硕士学位论文,指导老师:张小永,孙菁.

张真.比较母亲和老师对幼儿亲社会行为的评价:一致性和预测性[J].心理科学,2012,42(4):926—931.

张玉能.深层审美心理与自我实现者的人格完善[J].安徽师范大学学报(人文社会科学版),2013,(3):339—346.

赵婧.《3—6岁儿童学习品质观察评定量表》的研制[D].杭州师范大学学前教育专业2017届硕士学位论文,指导老师:王喜海.

张颖,杨付.主动性人格:机制与未来走向[J].心理科学进展,2017(9):108—115.

周靖毅,指向学习的学生评价体系:加拿大安大略省的经验和启示[J].外国中小学教育,2018(3):33—41.

周欣,黄瑾.学前儿童数学学习的观察和评价——学习故事评价方法的应用[J].幼儿教育,2012(13):23—25.

周欣.建立全国性学前教育质量监测体系的意义与思路[J].学前教育研究,2012(1):23—27.

周影.早教机构的发展现状与行政监管对策[J].中国校外教育(下旬刊),2015,10:1—2.

周玉,张丹丹.婴儿情绪与社会认知相关的听觉加工[J].心理科学进展,2017,25(1):67—75.

周兢,陈思.建立儿童学习的脑科学交管系统——脑执行功能理论对学前儿童发展与教育的启示[J].全球教育展望,2011,40(6):28—33.

朱君莉.两种音乐教学法在促进幼儿音乐节奏感与学习品质上的教学实验研究[D].浙江师范大学学前教育专业2012届硕士学位论文,指导老师:王秀萍.

朱永新,孙云晓,刘秀英主编.蓝玫副主编.这样爱你刚刚好,我的二年级孩子[M].湖南教育出版社2017年版.

朱永新,袁振国,马国川主编.激发教育活力[M].山西教育出版社2018年版.

朱莉,马丽枝,任广红.幼儿教师专业素质结构的理论探讨[J].内蒙古师范大学学报(教育科学版),2013,2:56—59.

郑黎丽.幼儿园弹性课程与幼儿好奇心的发展[J].学前教育研究,2020(3):93—96.

Alkhudhair, D. M. Early Childhood Teachers' Approaches to the Development of Young Children's Creativity[D]. Doctoral Dissertation of the College of William and Mary in Virginia, 2015.

Alves, A. F., Gomes, C. M. A., Martins, A., Almeida, L. D. S. Cognitive performance and academic achievement: How do family and school converge? [J]. European Journal of Education and Psychology, 2017, 10: 49-56.

Anderson, P. Assessment and development of executive function (EF) during childhood[J]. Child Neuropsychology，2002，8(2)：71 - 82.

Arimitsu，T.，Uchida-Ota，M.，Yagihashi，T.，Kojima，S.，Watanabe，S.，Hokuto，I.，... Minagawa-Kawai，Y. Functional hemispheric specialization in processing phonemic and prosodic auditory changes in neonates [J]. Frontiers in Psychology，2011，2，202.

Arizona Department of Education. Arizona Early Learning Standards [S]. 4th Edition，2018.

Arthur，A. E.，Bigler，R. S.，Liben，L. S.，Gelman，S. A.，& Ruble，D. N. Gender stereotyping and prejudice in young children：A developmental intergroup perspective. In S. R. Levy & M. Killen (Eds.)，Intergroup attitudes and relations in childhood through adulthood (pp. 66 - 86). New York：Oxford University Press,2008.

Australian Government Department of Education，Employment and Workplace Relations (DEEWR). (2009). Belonging，Being and Becoming：The Early Years Learning Framework for Australia. Canberra，ACT：Commonwealth of Australia.

Aunola K，Leskinen E，Nurmi J E. Developmental dynamics between mathematical performance，task motivation，and teachers' goals during the transition to primary school [J]. British Journal of Educational Psychology，2006，76(1)：21 - 40.

Ball，A. Educator readiness to adopt expanded school mental health：Findings and implications for cross-systems approaches [J]. Advances in School Mental Health Promotion，2011,4(2)：39 - 50.

Bagnato，S. J. Authentic assessment for early childhood intervention [M]. New York，NY：Guilford Press，2007.

Bagnato，S. J.，Neisworth，J. T.，& Pretti-Frontczak，K. Linking authentic assessment and early childhood intervention：Best measures for best practices (2nd ed.) [M]. Baltimore，MD：Paul H. Brookes. 2010：377.

BAKER，C. E. African American Fathers' Contributions to Children's Early Academic Achievement：Evidence From Two-Parent Families From the Early Childhood Longitudinal Study-Birth Cohort [J]. Early Education and Development，2014，25：19 - 35.

Barnard-Brak，L.，Stevens，T.，Xiao，F. Y.，Chesnut，S. R. Approaches to learning and medicated ADHD：The potential impact on learning and assessment[J]. Learning and Individual Differences，2016，47：298 - 303.

Beck，S. R.，Apperly，I. A.，Chappell，J.，Guthrie，C.，& Cutting，N. Making tools isn't child's play[J]. Cognition，2011，119，301 - 306.

Beghetto，R. A.，& Kaufman，J. C. Classroom contexts for creativity [J]. High Ability Studies，2014,25(1)，53 - 69.

Beghetto，R. Creativity in the classroom. In J. C. Kaufman，& R. J. Sternberg (Eds.). The cambridge handbook of creativity (pp. 447 - 459) [M]. New York：Cambridge University Press,2010.

Belsky, J., & de Haan, M. Annual Research Review: Parenting and children's brain development: The end of the beginning [J]. Child Psychology and Psychiatry, 2011, 52 (4), 409 - 428.

Belsky, J., Vandell, D. L., Burchinal, M., Clarke-Stewart, K. A., McCartney, K., Owen, M. T., & The NICHD Early Child Care Research Network. Are there long-term effects of early child care? [J] Child Development, 2007, 78, 681 - 701.

Bem, S. L. Gender schema theory and its implications for child development: Raising gender-aschematic children in a gender-schematic society[J]. Signs, 1983,8, 598 - 616.

Bequette, J., & Bequette, M. B. A place for art and design education in the STEM conversation [J]. Art Education, 2012, 65(2), 40 - 47.

Bernier, A., Carlson, S. M., & Whipplee, N. From external regulation to self-regulation: Early parenting precursors of young children's executive functioning [J]. Child Development, 2010: 81, 326 - 339.

Bornstein, M. H. Human infancy and the rest of the lifespan [J]. Annual Review of Psychology, 2014, 65, 121 - 158.

Bornstein, M. H. Parenting infants. In M. H. Bornstein (Ed.), Handbook of parenting [M]. Mahwah, NJ: Erlbaum, 2002.

Bornstein, M. H., Putnick, D. L., Suwalsky, J. T. D. Infant-Mother and Infant-Caregiver Emotional Relationships: Process Analyses of Interactions in Three Contemporary Childcare Arrangements [J]. Infancy, 2015,1 - 29.

Bowers, F. B. Developing a child assessment plan: An integral part of program quality [J]. Exchange, 2008, 184, 51 - 57.

Bowman, B. T., Donovan, M. S., & Burns, M. S. (Eds.). Eager to learn: Educating our preschoolers[M]. Washington, DC: National Academy Press, 2001.

Bradbury, C., Cassin, S. E., & Rector, N. A. Obsessive beliefs and neurocognitive flexibility in obsessive-compulsive disorder[J]. Psychiatry Research, 2011, 187, 160 - 165.

Bradley, R., & Corwyn, R. Socioeconomic status and child development [J]. Annual Review of Psychology, 2002, 53: 371 - 399.

Bumgarner, E., Martin, A., Brooks-Gunn, J. Approaches to learning and Hispanic children's math scores[J]. Hispanic Journal of Behavioral Sciences,2013,35(2):241 - 259.

Bustamante, A. S.,White, L. J.,Greenfield, D. B. Approaches to learning and school readiness in Head Start: Applications to preschool science[J]. Learning and Individual Differences, 2017, 56:112 - 118.

Bustamante, A., White, L. J., Greenfield, D. B. Approaches to learning and science education in Head Start: Examining bidirectionality [J]. Early Childhood Research Quarterly, 2018,44:34 - 42.

Bybee, R. What is STEM education? [J] Science, 2010, 329(5995), 996.

Bleses，D.，Jensen，P.，Slot，P.，Justice，L. Low-cost teacher-implemented intervention improves toddlers' language and math skills[J]. Early Childhood Research Quarterly，2020，53：64 - 76.

Bleses，D.，Jensen，P.，Højen，A.，Slot，P.，Justice，L. Implementing toddler interventions at scale：The case of "We learn together"[J]. Early Childhood Research Quarterly，2021，57：12 - 26.

Byrnes，J. P. The potential utility of an opportunity-propensity framework for T understanding individual and group differences in developmental outcomes：A retrospective progress report[J]. Developmental Review，2020，56(100911)：1 - 20.

California Department of Education，Child Development Division. In F. Ong（Vol. Ed.），The California preschool learning foundations [S]，CA：California Department of Education，2012.

Camras，L. A.，Halberstadt，A. G. Emotional development through the lens of affective social competence[J]. Current opinion in psychology，2017，17：113 - 117.

Canivez，G. L. Independent investigations of reliability and validity of Learning Behaviors Scale Scores：Implications for practitioners and future directions [C]. Proceedings of the 2006 Hawaii International Conference on Education，Hawaii：2006，845 - 860.

Canivez，G. L.，Willenhorg，E.，& Kearney，A. Replication of the Learning Behaviors Scale factor structure with an independent sample. Journal of Psychoeducational Assessment，2006，24，97 - 111.

Canivez，G. L.，Willenhorg，E.，Kearney，A. Replication of the Learning Behaviors Scale factor structure with an independent sample [J]. Journal of Psychoeducational Assessment，2006，24，97 - 111.

Carroll，D. J.，Blakey，E.，FitzGibbon L. Cognitive Flexibility in Young Children：Beyond Perseveration s[J]. Child Development Perspectives，2016，10(4)：211 - 215.

Cartwright，K. B.，Coppage，E. A.，Lane，A. B.，Singleton，T.，Marshall，T. R.，Bentivegna，C. Cognitive flexibility deficits in children with specific reading comprehension difficulties[J]. Contemporary Educational Psychology，2017，50：33 - 44.

Chan，S.，& Yuen，M. Personal and environmental factors affecting teachers' creativity-fostering practices in Hong Kong[J]. Thinking Skills and Creativity，2014(12)：69 - 77.

Chang，H.，Olson，S. L. Examining Early Behavioral Persistence as a Dynamic Process：Correlates and Consequences Spanning Ages 3 - 10 Years [J]. Journal of Abnormal Child Psychology，2016(44)：799 - 810.

Chang，S. H.，Wang，C. L.，Lee，J. C. Do award-winning experiences benefit students' creative self-efficacy and creativity? The moderated mediation effects of perceived school support for creativity[J]. Learning and individual differences，2016(51)：291 -

298.

Chen, J. Q., & McNamee, G. Bridging: Assessment for teaching and learning in early childhood classrooms [M]. Thousand Oaks, CA: Corwin Press, 2007.

Chen, J., & McNamee, G. Positive approaches to learning in the context of preschool classroom activities [J]. Early Childhood Education Journal, 2011, 39(1), 71 – 78.

Cheung, R. H. P. Teaching for creativity: Examining the beliefs of early childhood teachers and their influence on teaching practices [J]. Australasian Journal of Early Childhood, 2012, 37(3): 43 – 51.

Chien, N. C., Howes, C., Burchinal, M., Pianta, R. C., Ritchie, S., Bryant, D. M., Clifford, R. M., Early D. M., Barbarin, O. A. Children's Classroom Engagement and School Readiness Gains in Prekindergarten[J]. Child Development, 2010, 81(5):1534 – 1549.

Choi, J. Y., Elicker, J., Christ, S. L., Dobbs-Oates, J. Predicting growth trajectories in early academic learning: Evidence from growth curve modeling with Head Start children[J]. Early Childhood Research Quarterly, 2016, 36: 244 – 258.

Claessens, A., Duncan, G., Engel, M. Kindergarten skills and fifth-grade achievement: Evidence from the ECLS-K[J]. Economics of Education Review, 2009, 28: 415 – 427.

Claessens, A. Kindergarten child care experiences and child achievement and socio-emotional skills [J]. Early Childhood Research Quarterly, 2012, 27: 365 – 375.

Collins, W. A., Maccoby, E. E., Steinberg, L., Hetherington, E. M., & Bornstein, M. H. Contemporary research on parenting: The case for nature and nurture [J]. American Psychologist, 2000: 55, 218 – 232.

Conger, D., Gibbs, C. R., Uchikoshi, Y., Winsler, A. New benefits of public school pre-kindergarten programs: Early school stability, grade promotion, and exit from ELL services[J]. Early Childhood Research Quarterly, 2019, 48: 26 – 35.

Connors, M. C. Learning at Scale: How Can Policy Support Early Care and Education Quality? [D] Doctoral Dissertation of Department of Applied Psychology from Steinhardt School of Culture, Education, and Human Development in New York University, 2015.

Connors. M. C. Creating cultures of learning: A theoretical model of effective early care and education policy [J]. Early Childhood Research Quarterly, 2016, 36, 32 – 45.

Coolahan, K., Fantuzzo, J., Mendez, J. et al. Preschool peer interactions and readiness to learn: Relationships between classroom peer play and learning behaviors and conduct[J]. Journal of Education Psychology, 2000, 92(3): 458 – 465.

Cutting, N., Apperly, I. A., & Beck, S. R. Why do children lack the flexibility to innovate tools? [J] Journal of Experimental Child Psychology, 2011, 109, 497 – 511.

Cutting, N., Apperly, I. A., Chappell, J., Beck, S. R. The puzzling difficulty of tool innovation: Why can't children piece their knowledge together? [J] Journal of Experimental Child Psychology, 2014, 125,110 – 117.

Cutting, N., Apperly, I. A.,Chappell, J.,Beck, S. R. The puzzling difficulty of tool innovation: Why can't children piece their knowledge together? [J] Journal of Experimental Child Psychology, 2014, 125,110 – 117.

Courchesne, E., Campbell, K., & Solso, S. Brain growth across the life span in autism: Age-specific changes in anatomical pathology [J]. Brain Research, 2011, 1380(12):138 – 145.

Dababneh, K., Ihmeideh, F. M., & Al-Omari, A. A. Promoting kindergarten children's creativity in the classroom environment in Jordan [J]. Early Child Development and Care, 2010,180(9), 1165 – 1184.

Dalke, A. F., Cassidy, K., Grobstein, P., & Blank, D. Emergent pedagogy: Learning to enjoy the uncontrollable—and make it productive [J]. Journal of Educational Change, 2007, 8(2), 111 – 130.

Datu, J. A. D. Sense of relatedness is linked to higher grit in a collectivist setting[J]. Personality and Individual Differences, 2017, 105:135 – 138.

Davidson, M. C., Amso, D., Anderson, L. C., & Diamond, A. Development of cognitive control and executive functions from 4 to 13 years: Evidence from manipulations of memory, inhibition, and task switching [J]. Neuropsychologia, 2006, 44 (11): 2037 – 2078.

Deak, G. O., & Narasimham, G. Is preservation caused by inhibition failure? - Evidence from preschool children's inferences about word meanings [J]. Journal of Experimental Child Psychology, 2003, 86(3):194 – 222.

Deák, G. O., Wiseheart, M. Cognitive flexibility in young children: General or task-specific capacity? [J]. Journal of Experimental Child Psychology, 2015, 138: 31 – 53.

Deater-deckard, K., Petrill, S. A., Thompson, L. A., & Dethorne L. S. A longitudinal behavioral genetic analysis of task persistence [J]. Developmental Science, 2006: 9, 498 – 504.

Deighton, L. C. The Encyclopedia of Education [M]. New York: Macmillan Company, 1971:141.

Demaray, M. K., Jenkins, L. N. Relations among academic enablers and academic achievement in children with and without high levels of parent-rated symptoms of inattention, impulsivity, and hyperactivity[J]. Psychology in the Schools, 2011, 48, 573 – 586.

Department of Child Development of North Carolina. North Carolina Foundations for Early Learning and Development[S], 2013.

Department of Health and Human Services. Head Start Early Learning Outcomes

Framework (Ages Birth to Five)[S], Washington DC, 2015:10 – 15.

Department of Health and Human Services. The Head Start Child Development and Early Learning Framework: Promoting Positive Outcomes in Early Childhood Programs Serving Children 3 – 5 Years Old [S]. Washington, DC: US Department of Health and Human Services, 2010.

Destrebecqz, A., Peigneux, P. Methods for Studying Unconscious Learning[J]. Progress in Brain Research, 2005,150, 69 – 80.

Diamond, A., Barnett, W. S., Thomas, J., & Munro, S. The early years: Preschool program improves cognitive control[J]. Science,2007, 318, 1387 – 1388.

Diamond, M., & Hopson, J. Magic trees of the mind: How to nurture your child's intelligence, creativity, and healthy emotions from birth through adolescence [M]. New York: Dutton, 1998: 57 – 63.

Dick, A. S. The development of cognitive flexibility beyond the preschool period: An investigation using a modified Flexible Item Selection Task[J]. Journal of Experimental Child Psychology, 2014,125: 13 – 34.

DiPerna,J. C.,Lei,P. W.,Reid,E. E. Kindergarten predictors of mathematical growth in the primary grades: An investigation using the early childhood longitudinal study-kindergarten cohort[J]. Journal of Educational Psychology,2007,99(2): 369 – 379.

Dobbs-Oates, J., Robinson, C. Preschoolers' Mathematics Skills and Behavior: Analysis of a National Sample[J]. School Psychology Review,2012,41(4):371 – 386.

Dominguez, X., Vitielio, V. E., Maier, M. F., Greenfield, D. B. A longitudinal examination of young children's learning behavior: Child-level and classroom-level predicators of change throughout the preschool year[J]. School Psychology Review, 2010, 39(1), 29 – 47.

Dominguez, X., Vitiello, V. E., Fuccillo, J. M., Greenfield, D. B., Bulotsky-Shearer, R. J. The role of context in preschool learning: A multilevel examination of the contribution of context-specific problem behaviors and classroom process quality to low-income children's approaches to learning[J]. Journal of School Psychology, 2011, 49: 175 – 195.

Duckworth,A. L., Peterson,C., Matthews, M. D., Kelly, D. R. Grit: Perseverance and Passion for Long-term Goals [J]. Journal of Personality and Social Psychology,2007, 92,1087 – 1101.

Dumais, S. A., Kessinger, R. J., Ghosh, B. Concerted cultivation and teachers' evaluations of students[J]. Sociological Perspectives,2012,55(1):17 – 42.

Duncan, G. J., Dowsett, C. J., Claessens, A., Magnuson, K., Huston, A. C., Klebanov, P., Japel, C. School readiness and later achievement [J]. Developmental Psychology, 2007, 43(6):1428 – 1446.

Early, D. M., Sideris, J., Neitzel, J., LaForett, D. R., Nehler, C. G. Factor structure and validity of the Early Childhood Environment Rating Scale-Third Edition (ECERS - 3) [J]. Early Childhood Research Quarterly, 2018, 44: 242 - 256.

Egan, K. Start with what the student knows or with what the student can imagine? [J] Phi Delta Kappan, 2003,84(6), 443 - 445.

Elicker, J., Ruprecht, K. M., Langill, C., Lewsader, J., Anderson, T., & Brizzi, M. Paths to QUALITY™: Collaborative evaluation of a new child care quality rating and improvement system [J]. Early Education and Development, 2013, 24:42 - 62.

Enebrink, P., Danneman, M., Mattsson, V. B., Ulfsdotter, M. Jalling, C., Lindberg, L. ABC for Parents: Pilot Study of a Universal 4 - Session Program Shows Increased Parenting Skills, Self-efficacy and Child Well-Being [J]. Journal of Child Family Study, 2015,24:1917 - 1931.

Escalón, X. D., Greenfield, D. Learning behaviors mediating the effects of behavior problems on academic outcomes [J]. National Head Start Association Dialog, 2009, 12(1): 1 - 17.

Eslava, M., Deano, M., Alfonso, S., Conde, A., Garcia-Senoran, M. Family context and preschool learning [J]. Journal of Family Studies, 2016,22(2):182 - 201.

Fantuzzo J, Perry, M. A., McDermott, P. Preschool approaches to learning and their relationship to other relevant classroom competencies for low-income children[J]. School Psychology Quarterly, 2004, 19(3): 212 - 230.

Fantuzzo, J., Bulotsky-Shearer, R., McDermott, P., McWayne, C., Frye, D., Perlman, S. Investigation of dimensions of social-emotional classroom behavior and school readiness for low-income urban preschool children[J]. School Psychology Review, 2007, 36: 44 - 62.

Fantuzzo, J., McWayne, C., Perry, M. A., Childs, S. Multiple dimensions of family involvement and their relations to behavioral and learning competencies for urban, low-income children[J]. School Psychology Review, 2004, 33(4): 467 - 480.

Ferronato, P. A., Domellöf, E., & Rönnqvist, L. Early influence of auditory stimuli on upper-limb movements in young human infants: An overview [J]. Frontiers in Psychology, 2014, 5, 1043.

Finch, J. E., Johnson, A. D., Phillips, D. A. Is sensitive caregiving in child care associated with children's effortful control skills? An exploration of linear and threshold effects [J]. Early Childhood Research Quarterly, 2015: 31,125 - 134.

Kapadia, S. Childhood into The 22nd Century: Creativity, the Finland Example, and Beyond [J]. Childhood Education, 2014, 90(5): 333 - 342.

Finland's Ministry of Education & Culture. (2013). Education Policy in Finland. Retrieved from www. minedu. fi/OPM/Koulutus/ koulutuspolitiikka/index. html? lang＝en

Fu, R., Chen, X. Y., Wang, L., Yang, F. Developmental Trajectories of Academic

Achievement in Chinese Children: Contributions of Early Social-Behavioral Functioning [J]. Journal of Educational Psychology, 2016, 108(7): 1001 - 10012.

Fujii, Y., Kitagawa, N., Shimizu, Y., Mitsui, N., Toyomaki, A., Hashimoto, N., Kusumi, I. Severity of generalized social anxiety disorder correlates with low executive functioning[J]. Neuroscience Letters, 2013,543, 42 - 46.

Fusaro, M., Smith, M. C. Preschoolers' inquisitiveness and science-relevant problem solving[J]. Early Childhood Research Quarterly, 2018, 42:119 - 127.

Gailiot, M. T., Mead, N. L., & Baumeister, R. F. Self-regulation. In O. P. John, R. W. Robins, & L. A. Pervin (Eds.), Handbok of Personality Psychology: Theory and Research (3rd ed., pp. 472 - 491)[M]. New York: Guilford Pres,2008.

Galindo, C., Sonnenschein, S. Decreasing the SES math achievement gap: Initial math proficiency and home learning environments [J]. Contemporary Educational Psychology, 2015(43): 25 - 38.

Gardner, M. K., & Sternberg, R. J. Novelty and intelligence. In R. J. Sternberg (Ed.), Mind in context [M]. Cambridge: Cambridge University Press, 1994.

Gelman, R., Brenneman, K. Science learning pathways for young children[J]. Early Childhood Research Quarterly, 2004, 19: 150 - 158.

Glǎveanu, V. P. Children and creativity: A most (un)likely pair? [J] Thinking Skills and Creativity. 2011, 6:122 - 131.

Goffin, S. G., Barnett W. S. Assessing QRIS as a change agent [J]. Early Childhood Research Quarterly, 2015, 30: 179 - 182.

Gopnik, A., Meltzoff, A. N., & Kuhl, P. K. The scientist in the crib: Minds, brains, and how children learn[M]. New York, NY, US: William Morrow & Co., 1999.

Grantham-McGregor, S., Cheung, Y. B., Cueto, S., Glewwe, P., Richter, L., Strupp, B., et al. Developmental potential in the first 5 years for children in developing countries[J]. The Lancet, 2007,369: 60 - 70.

Gray, P. H., Edwards, D. M., Hughes, I. P., Pritchard, M. Social-emotional development in very preterm infants during early infancy[J]. Early Human Development, 2018,121: 44 - 48.

Guler, A. S., Berkem, M., Yazgan, Y., Kalaca S. Cognitive Flexibility and Social Responsiveness in Children and Adolescents with Tourette Syndrome[J]. Child Psychiatry & Human Development, 2015, 46(6): 940 - 950.

Guo, Y., Piasta S. B. Exploring Preschool Children's Science Content Knowledge [J]. Early Education and Development, 2015, 26:125 - 146.

Hahn, K. R., Schaefer, B. A., Merino, C., Worrell, F. C. The Factor Structure of Preschool Learning Behaviors Scale Scores in Peruvian Children[J]. Canadian Journal of School Psychology, 2009, 24(4):318 - 331.

Hahn, K. R., Schaefer, B. A., Merino, C., Worrell, F. C. The Factor Structure of

Preschool Learning Behaviors Scale Scores in Peruvian Children[J]. Canadian Journal of School Psychology, 2009, 24(4), 318 - 331.

Han, G., Helm, J., Iucha, C., Waxler, C. Z., Hastings, P. D., Dougan, B. K. Are Executive Functioning Deficits Concurrently and Predictively Associated with Depressive and Anxiety Symptoms in Adolescents? [J] Journal of Clinical Child & Adolescent Psychology, 2016, 45(1):44 - 58.

Harms, T., Clifford, R. M., Cryer, D. Early Childhood Environment Rating Scale [M] Teachers College Press, New York and London, 2015.

Hasson, R., & Fine, J. G. Gender differences among children with ADHD on continuous performance tests: A meta-analytic review[J]. Journal of Attention Disorders, 2012,16:190 - 198.

Hestenes, L., Kintner-Duffy, V., Wang, Y., La Paro, K., Mims, S., Scott-Little, C., Crosby, D., & Cassidy, D. Comparisons among quality measures in child care settings: Understanding the use of multiple measures in North Carolina's QRIS and their links to social-emotional development in preschool children [J]. Early Childhood Research Quarterly, 2015, 30:199 - 214.

Hill, C. J., Gormley, Jr. W. T., Adelstein, S. Do the short-term effects of a high-quality preschool program persist? [J] Early Childhood Research Quarterly, 2015, 32: 60 - 79.

Hindman, A. H., Wasik, B. A., Snell, E. K. Closing the 30 Million Word Gap: Next Steps in Designing Research to Inform Practice[J]. Child Development Perspectives, 2016, 10(02): 134 - 139.

Hopper, L., Flynn, E., Wood, L., & Whiten, A Observational learning of tool use in children: Investigating cultural spread through diffusion chains and learning mechanisms through ghost display[J]. Journal of Experimental Child Psychology, 2010, 106:82 - 97.

Hu, W. P., Adey, P., Shen, J. L., Lin, C. D. The comparisons of the development of creativity between English and Chinese Adolescents [J]. Acta Psychologica Sinica, 2004, 36(6): 718 - 731.

Hu, B. Y., Zhou, Y. S., Li, K. J., Roberts, S. K. Examining Program Quality Disparities Between Urban and Rural Kindergartens in China: Evidence From Zhejiang [J]. Journal of Research in Childhood Education, 2014(28): 461 - 483.

Hu., B. Y. Teo., T., Nie, Y. Y., Wu,Z. L. Classroom quality and Chinese preschool Children's approaches to learning[J]. Learning and Individual Differences, 2017, 54: 51 - 59.

Humble, S., Dixon, P., Mpofu, E. Factor structure of the Torrance Tests of Creative Thinking Figural Form A in Kiswahili speaking children: Multidimensionality and influences on creative behavior[J]. Thinking Skills and Creativity, 2018 (27):

33 – 44.

Humphreys, K. L., King, L. S., Sacchet, M. D., Camacho, M. C., Colich, N. L., Ordaz, S. J., Ho, T. C., Gotlib, I. H. Evidence for a sensitive period in the effects of early life stress on hippocampal volume [J]. Developmental Science, 2019, 22（3）: 712 – 775.

Hyson, M. Enthusiastic and engaged learners: Approaches to learning in the early childhood classroom[M]. New York: Teachers College Press, 2008.

Hill, J., Inder, T., Neil, J., Dierker, D., Harwell, J., & Essen, D. V. Similar patterns of cortical expansion during human development and evolution [C]. Proceedings of the National Academy of Sciences of the United States of America, 2010, 107(29), 13135 – 13140.

Hannula-Sormunen, M. M. Spontaneous focusing on numerosity and its relation to counting and arithmetic. In R. C. Kadosh and A. Dowker (Eds.), The Oxford handbook of numerical cognition (pp. 275 – 290) [M]. Oxford: Oxford University Press,2015.

Hannula, M. M., & Lehtinen, E. Spontaneous focusing on numerosity and mathematical skills of young children [J]. Learning and Instruction, 2005, 15（3）: 237 – 256.

Indiana Department of Education. Indiana's Early Learning Development Foundations, 2015.

Ivcevic, Z., Brackett, M. Predicting school success: Comparing Conscientiousness, Grit, and Emotion Regulation Ability[J]. Journal of Research in Personality, 2014, 52, 29 – 36.

Jacques, S., & Zelazo, P. D. On the possible roots of cognitive flexibility. In B. Homer, & C. Tamis-Lemonda (Eds.), The development of social understanding and communication (pp.53 – 81) [M]. Mahwah, NJ: Erlbaum, 2005.

Jacques, S., & Zelazo, P. D. The Flexible Item Selection Task (FIST): A measure of executive function in preschoolers[J]. Developmental Neuropsychology, 2001, 20, 573 – 591.

Jewett, E., Kuhn, D. Social science as a tool in developing scientific thinking skills in underserved, low-achieving urban students[J]. Journal of Experimental Child Psychology, 2016,143:154 – 161.

Jones, S. M., Bouffard, S. M. Socail and emotional learning in schools: From programs to strategies [J]. Sharing Child and Youth Development and Knowledge, 2012, 46(4): 1 – 33.

Jung-son Kwon, Hoy-yong Kim, Jong-guy Kim. The meaning and educational value of imagination through Deweys' concept of experience [J]. Procedia-Social and Behavioral Sciences, 2015, 174, 1994 – 1996.

Justice, L. M., Jiang, H., Strasser, K. Linguistic environment of preschool classrooms: What dimensions support children's language growth? [J]. Early Childhood Research Quarterly, 2018, 42: 79 - 92.

Jenkins, J. M., Duncan, G. J., Auger, A., Bitler, M., Domina, T., Burchinal, M. Boosting school readiness: Should preschool teachers target skills or the whole child? [J]. Economics of Education Review, 2018, 65: 107 - 125.

Kagan, S. L. The readiness goal[J]. The GAO Journal, 1992 (16): 12 - 18.

Kagan, S. L., Moore, E., Bredekamp, S. Reconsidering children's early development and learning: Toward common views and vocabulary [R]. Report of the National Education Goals Panel, Goal 1 Technical Planning Group. Washington, DC: U. S. Government Printing Office, 1995.

Kansas Early Learning Standards Committee. Kansas Early Learning Standards (Building the Foundation for Successful Children) [S], Kansas, T. : Kansas State Department of Education, 2013: 13.

Kansas Early Learning Standards, 2013, http://www. ksde. org/Portals/0/Early% 20Childhood/Early%20Learning%20Standards/KsEarlyLearningStandards. pdf.

Karreman, A., van Tuijl, C., van Aken, M. A. G., & Dekovic, M. Parenting and self - regulation in preschoolers: A meta - analysis [J]. Infant and Child Development, 2006: 15, 561 - 579.

Karwowski, M. Teacher personality as predictor of perceived climate for creativity [J]. International Journal of Creativity and Problem Solving, 2011, 21(1): 37 - 52.

Detrich, R., Keyworth, R., States, J. Leveraging Evidence-based Practices: From Policy to Action[J]. Learning Disabilities: A Contemporary Journal, 2016, 14(2): 121 - 142.

Kieffer, M. J., Vukovic, R. K., & Berry, D. Roles of attention shifting and inhibitory control in fourth-grade reading comprehension[J]. Reading Research Quarterly, 2013, 38: 333 - 348.

Kwas niewska, J. M., Gralewski, J., Witkowska, E. M., Kostrzewska, M., Lebuda, I. Mothers' personality traits and the climate for creativity they build with their children[J]. Thinking Skills and Creativity, 2018, 27: 13 - 24.

Lambert, R. G. , Kim, Do-H., Burts, D. C. The measurement properties of the Teaching Strategies GOLD© assessment system. Early Childhood Research Quarterly, 2015, 33: 49 - 63.

Land, M. H. Full STEAM Ahead: The Benefits of Integrating the Arts Into STEM [J]. Procedia Computer Science, 2013, 20, 547 - 552.

Landry, S. H., Smith, K. E., & Swank, P. R. Responsive parenting: Establishing early foundations for social, communication, and independent problem solving skills [J]. Developmental Psychology, 2006: 42, 627 - 642.

Laursen, E. K. The Power of Grit, Perseverance, and Tenacity[J]. Reclaiming

Children and Youth, 2015, 23(4),19 - 24.

Leach, P. Transforming Infant Wellbeing: Research, Policy and Practice for the First 1001 Critical Days[M]. Routledge Press, London and New York, 2018.

Lefebvre, L. Brains, innovations, tools and cultural transmission in birds, non-human primates, and fossil hominins[J]. Frontiers in Human Neuroscience, 2013, 7: 1 - 10.

Legare, C. H. Exploring explanation: explaining inconsistent evidence informs exploratory, hypothesis-testing behavior in young children[J]. Child Development, 2012, 83(1), 173 - 185.

Lengua, L. J., Honorado, E., & Bush, N. R. Contextual risk and parenting as predictors of effortful control and social competence in preschool children[J]. Journal of Applied Developmental Psychology, 2007: 28, 40 - 55.

Lerkkanen, M. K., Kiuru, N., Pakarinen, E., Poikkeus, A. M., Rasku-Puttonen, H.,Siekkinen, M., Nurmi,J. E. Child-centered versus teacher-directed teaching practices: Associations with the development of academic skills in the first grade at school [J]. Early Childhood Research Quarterly, 2016, 36:145 - 156.

Leyva, D., Weiland, C., Barata, M., Yoshikawa, H., Snow, C., Trevino, E., Rolla, A. Teacher-Child Interactions in Chile and Their Associations With Prekindergarten Outcomes[J]. Child Development, 2015, 86(3):781 - 799.

Li, H., Harriet, H., Kim, D. M. Parents' perception of children's mental health: seeing the signs but not the problems[J]. Archives of Disease in Childhood, 2019:1102 - 1104.

Li, Y. W.,Grabell, A. S.,Wakschlag, L. S. , Huppert, T. J. , Perlman, S. B. The neural substrates of cognitive flexibility are related to individual differences in preschool irritability: A fNIRS investigation[J]. Developmental Cognitive Neuroscience, 2017,25: 138 - 144.

Li-Grining, C. P., Votruba-Drzal, E., Maldonado-Carreno, C., Haas, K. Children's early approaches to learning and academic trajectories through fifth grade [J]. Developmental Psychology, 2010, 46(5):1062 - 1077.

Lin, Yu-sien. Transforming Teaching and Learning with Active and Dramatic Approaches: Engaging Students Across the Curriculum [M], 2014, Routledge, New York & London.

Lipsey, M. W., Farran, D. C., Durkin, K. Effects of the Tennessee Prekindergarten Program on children's achievement and behavior through third grade[J]. Early Childhood Research Quarterly, 2018,45: 155 - 176.

Liu, E., & Noppe-Brandon, S. Imagination First: Unlocking the Power of Possibility [M]. San Francisco, CA: Jossey-Bass, 2011.

Love, J. M. . Instrumentation for State Readiness Assessment: Issues in Measuring

Children's Early Development and Learning[C]. Princeton, NJ: Mathematica Policy Research, 2001.

Lobato, J., Rhodehamel, B., & Hohensee, C. "Noticing" as an alternative transfer of learning process. Journal of the Learning Sciences[J]. 2012, 21(3), 433 – 482.

Luby, J. L., Belden, A., Harms, M. P., Tillman, R., Barch, D. M. Preschool is a sensitive period for the influence of maternal support on the trajectory of hippocampal development [J]. Proceedings of the National Academy of Sciences of the United States of America (PNAS), 2016, 113(20):5742 – 5747.

Markowitz, A. J., Bassok, D., Player, D. Simplifying quality rating systems in early childhood education[J]. Children and Youth Services Review, 2020, 112, 1 – 14.

Magnuson, K., & Duncan, G. The role of family socioeconomic resources in the black-white test score gap among young children [J]. Developmental Psychology, 2006, 25(05): 787 – 793.

Mărcus, O., Stanciu, O., MacLeod, C., Liebregts, H., Visu-Petra, L. A FISTful of Emotion: Individual Differences in Trait Anxiety and Cognitive-Affective Flexibility During Preadolescence[J]. Journal of Abnormal Child Psychology, 2016, 44:1231 – 1242.

Mark, D. A., John, B., James, C. K. The many creativities of business and the APT model of creativity [J]. International Journal of Creativity & Problem Solving, 2005, 15: 133 – 141.

Masten, A. S., Roisman, G. I., Long, J. D., Burt, K. B., Obradovic, J., Riley, J. R., et al. Developmental cascades: linking academic achievement and externalizing and internalizing symptoms over 20 years[J]. Developmental Psychology, 2005, 41, 733 – 746.

Matthews, J. S., Kizzie, K. T., Rowley, S. J., & Cortina, K. African Americans and boys: Understanding the literacy gap, tracing academic trajectories, and evaluating the role of learning-related skills [J]. Journal of Educational Psychology, 2010, 102(3): 757 – 771.

McClelland, M. M., Acock, A. C., Morrison, F. J. The impact of kindergarten learning-related skills on academic trajectories at the end of elementary school[J]. Early Childhood Research Quarterly, 2006, 21: 471 – 490.

McClelland, M. M., Acock, A. C., Piccinin, A., Rhea, S. A., Stallings, M. C. Relations Between Preschool Attention Span-persistence and Age 25 Educational outcomes [J]. Early Childhood Research Quarterly, 2013, 2: 314 – 324.

McClelland, M. M., Morrison, F. J., & Holmes, D. L. Children at risk for early academic problems: The role of learning-related skills [J]. Early Childhood Research Quarterly, 2000, 15: 307 – 329.

McClure, E. R., Guernsey, L., Clements, D. H., Bales, S. N., Nichols, J., Kendall-Taylor, N., & Levine, M. H. STEM starts early: Grounding science, technology, engineering, and math education in early childhood [M]. New York: The Joan Ganz Cooney Center at Sesame Workshop, 2017.

McDermott, P. A., Fantuzzo, J. W., Warley, H. P., Waterman, C., Angelo, L. E., Gadsden, V. L., Sekino, Y. Multidimensionality of teachers' graded responses for preschoolers' stylistic learning behavior: The learning-to-learn scales[J]. Educational and Psychological Measurement, 2011, 71(1): 148 – 169.

McDermott, P. A., Green, L. F., Francis, J. M., & Stott, D. H. Preschool Learning Behaviors Scale [C]. Philadelphia, PA: Edumetric and Clinical Science, 2000.

McDermott, P. A., Leigh, N. M., & Perry, M. A. Development and validation of the Preschool Learning Behaviors Scale[J]. Psychology in the Schools, 2002, 39(4): 353 – 365.

McDermott, P. A., Rikoon, S. H., Fantuzzo, J. W. Tracing children's approaches to learning through Head Start, kindergarten, and first grade: Different pathways to different outcomes[J]. Journal of Education & Psychology, 2014, 106(1): 200 – 213.

McDermott, P. A., Rikoon, S. H., Waterman, C., Fantuzzo, J. W. The preschool learning behaviors scale: dimensionality and external validity in head start[J]. School Psychology Review, 2012, 41(1): 66 – 81.

McDermott, P. A., Green, L. F., Francis, J. M., Stott, D. H. Learning Behaviors Scale [C]. Philadelphia: Edumetric and Clinical Science, 1999.

McNeilly-Choque, M. K., Hart, C. H., Robinson, C. C., Nelson, L. J., & Olsen, S. F. Overt and relational aggression on the playground: Correspondence among different informants[J]. Journal of Research in Childhood Education, 1996(11), 47 – 67.

McWayne, C. M., Fantuzzo, J. W., McDermott, P. A. Preschool competency in context: An investigation of the unique contribution of child competencies to early academic success[J]. Developmental Psychology, 2004, 40(4):633 – 645.

McWayne, C., Cheung, K. A picture of strength: Preschool competencies mediate the effects of early behavior problems on later academic and social adjustment for Head Start children[J]. Journal of Applied Developmental Psychology, 2009, 30:273 – 285.

Meisels, S. J., Wen, X., & Beachy-Quick, K. Authentic assessment for infants and toddlers: Exploring the reliability and validity of the Ounce Scale [J]. Applied Developmental Science, 2010, 14(2), 55 – 71.

Meng, C. Classroom Quality and Academic Skills: Approaches to Learning as a Moderator[J]. School Psychology Quarterly, 2015, 30(4), 553 – 563.

Meng, C. Home Literacy Environment and Head Start Children's Language Development: The Role of Approaches to Learning [J]. Early Education and Development, 2015, 26: 106 – 124.

Michigan State Board of Education. Early Childhood Standards of Quality for Prekindergarten [S], 2013.

Mileva-Seitz, V. R., Ghassabian, A. Bakermans-Kranenburg, M. J. et al. Are boys more sensitive to sensitivity? Parenting and executive function in preschoolers[J]. Journal of Experimental Child Psychology, 2015, 130:193 – 208.

Moilanen, K. L., Shaw, D. S., Dishion, T. J., Gardner, F., & Wilson, M. Predictors of longitudinal growth in inhibitory control in early childhood [J]. Social Development, 2010: 19, 326 – 347.

Moore, T. Parallel processes: Common features of effective parenting, human services, management and government [C]. Keynote address presented at the National Early Childhood Intervention Australia Annual Conference, Melbourne, Australia, 2006, August.

Moreno, A. J., Klute, M. M. Infant-toddler teachers can successfully employ authentic assessment: The Learning Through Relating system [J]. Early Childhood Research Quarterly, 2011 26: 484 – 496.

Morgan, P. L., Farkas, G., Hillemeier, M. M., & Maczuga, S. Science achievement gaps begin very early, persist, and are largely explained by modifiable factors [J]. Educational Research, 2016,20(10): 1 – 18.

Moulin, S., Waldfogel, J., & Washbrook, E. Baby Bonds: Parenting, Atachment and a Secure Base for Children [M]. UK:Suton Trust, 2014.

Muenks, K., Wigfield, A., Yang, J. S., O'Neal, C. R. How True Is Grit? Assessing Its Relations to High School and College Students' Personality Characteristics, Self-Regulation, Engagement, and Achievement[J]. Journal of Educational Psychology, 2017, 109(5),599 – 620.

Musu-Gillette, L. E., Barofsky, M. Y., List, A. Exploring the relationship between student approaches to learning and reading achievement at the school level[J]. Journal of Early Childhood Literacy, 2015, 15(1): 37 – 72.

McCormick, M. P., Weiland, C., Hsueh, J., Maier, M., Hagos, R., Snow, C., Leacock, N., Schick, L. Promoting content-enriched alignment across the early grades: A study of policies & practices in the Boston Public Schools[J]. Early Childhood Research Quarterly, 2020, 52: 57 – 73.

NAEYC. 2015 National Institute for Early Childhood Professional Development: Research Symposium: Preparing Teachers to Engage Children in STEM/STEAM [C]. Sponsored by Pearson, 2015, 6.

NAEYC: The Early Childhood Profession We All Want. National Institute for Early Childhood Professional Development, 2015, June 7 – 10, New Orleans, Louisiana.

National Center on Early Childhood Quality Assurance, Administration for Children & Families. Early Learning Standards and Guidelines [S]. 2016.

National Science Foundation. Inspiring STEM learning. (NSF Publication No. 13 – 800). Arlington, VA: U. S., 2013.

Newton, E. K., Thompson, R. A. Parents' Views of Early Social and Emotional Development: More and Less than Meets the Eye [J]. Zero to Three, 2010: 30(4), 10 - 16.

NICHD Early Child Care Research Network. Does amount of time spent in child care predict socio-emotional adjustment during the transition to kindergarten? [J] Child Development, 2003, 74, 976 - 1005.

Nielsen, M., Tomaselli K., Mushin I., Whiten A. Exploring tool innovation: A comparison of Western and Bushman children [J]. Journal of Experimental Child Psychology, 2014, 126, 384 - 394.

Niklas, F., Cohrssen, C., Vidmar, M., Segerer, R., Schmiedeler, S., Galpin, R., Klemm, V. V., Kandler, S., Tayler, C. Early childhood professionals' perceptions of children's school readiness characteristics in six countries [J]. International Journal of Educational Research, 2018, 90:144 - 159.

Ning, H. K., Downing, K. Influence of student learning experience on academic performance: The mediator and moderator effects of self-regulation and motivation [J]. British Educational Research Journal, 2012, 38: 219 - 237.

National Academies of Sciences, Engineering, and Medicine. Parenting matters: Supporting parents of children ages 0 - 8. Washington, DC: The National Academies Press. 2016.

OECD. Quality matters in early childhood education and care [R]. Paris, France, 2012b. OECD. Starting Strong IV: Monitoring Quality in Early Childhood and Care [R]. OECD Publishing, Paris, 2015.

OECD. Starting Strong 2017: Key OECD indicators on early childhood education and care [C]. Paris: OECD Publishing, 2017.

Olson, S. L., Sameroff, A. J., Kerr, D. C. R., Lopez, N. L., & Wellman, H. M. Developmental foundations of externalizing problems in young children: the role of effortful control [J]. Developmental Psychopathology, 2005, 17, 25 - 45.

Oxford, M. L., & Lee, J. O. The effect of family processes on school achievement as moderated by socioeconomic context [J]. Journal of School Psychology, 2011, 49(5), 597 - 612.

Pagani, L. S., Fitzpatrick, C., Archambault, I., Janosz, M. School Readiness and Later Achievement: A French Canadian Replication and Extension [J]. Developmental Psychology, 2010, 46(5): 984 - 994.

Paulus, M., Hunnius, S., & Bekkering, H. Can 14 to 20 month-old children learn that a tool serves multiple purposes? A developmental study on children's action goal prediction [J]. Vision Research, 2011, 51, 955 - 960.

Paulus, M., Licata, M., Gniewosz, B., Sodian. B. The impact of mother-child interaction quality and cognitive abilities on children's self-concept and self-esteem [J]

Cognitive Development, 2018, 48, 42 - 51.

Penhune, V. B. Sensitive periods in human development: Evidence from musical training[J]. Cortex, 2011, 47(9): 1126 - 1137.

Piaget, J. The construction of reality in the child[M]. New York, NY, US: Basic Books, 1954.

Pianta, R. C., & Hamre, B. K. Conceptualization, measurement, and improvement of classroom processes: Standardized observation can leverage capacity [J]. Educational Researcher, 2009, 38(2):109 - 119.

Pianta, R. C., La Paro, K. M., & Hamre, B. K. Classroom Assessment Scoring System [CLASS] manual: Pre-k. Baltimore [M], MD: Paul H. Brookes Publishing, 2008.

Pink, D. H. A whole new mind: Why right-brainers will rule the future [M]. New York, NY: Riverhead Books, 2006.

Poropat, A. E. A meta-analysis of the five-factor model of personality and academic performance[J]. Psychological Bulletin, 2009, 135, 322 - 338.

Powell, S. R., Kearns, D. M., & Driver, M. K. Exploring the connection between arithmetic and prealgebraic reasoning at first and second grade[J]. Journal of Educational Psychology, 2016, 108, 943 - 959.

Pringle, P. B. Educational Change: Development of Creativity Encouraging Pedagogical Framework for a Standards-based Middle School Environment[D]. Doctoral Dissertation of the Kent State University, College of Education, Health, and Human Services, 2016.

Phillips, D., Lipsey, M., Dodge, K., Haskins, R., Bassok, D., Burchinal, M., & Weiland, C. Puzzling it out: The current state of scientific knowledge on pre-kindergarten: A consensus statement [J]. Issues in pre-kindergarten programs and policy, 2017:19 - 30.

Qiu, Y. X., Leite, W. L., Rodgers, M. K., Hagler, N. Construct validation of an innovative observational child assessment system: Teaching Strategies GOLD® birth through third grade edition [J]. Early Childhood Research Quarterly, 2021, 56 (3): 41 - 51.

Qu, L., Ong, JY. Impact of Reminders on Children's Cognitive Flexibility, Intrinsic Motivation, and Mood Depends on Who Provides the Reminders [J]. Frontiers in Psychology, 2016,6(1):1 - 3.

Rao, N. et al. Validation, Finalization and Adoption of the East Asia-Pacific Early Child Development Scales (EAP-ECDS) [R]. Bangkok: UNICEF, East and Pacific Regional Office, 2014.

Rao, N., Richards, B., Sun, J., Weber, A., Sincovich, A. Early childhood education and child development in four countries in East Asia and the Pacific[J]. Early

Childhood Research Quarterly,2019, 47:169 – 181.

Rao, N., Sun, J.,Ng,M.,Becher,Y., Lee, D.,Ip, P.,Bacon-Shone, J. Validation, Finalization and Adoption of the East Asia-Pacific Early Child Development Scales (EAP-ECDS)[Z]. Bangkok: UNICEF, East and Pacific Regional Office, 2014.

Razza, R. A., Martin, A., Brooks-Gunn, J. Associations among family environment, sustained attention, and school readiness for low-income children [J]. Developmental Psychology, 2010, 46(6), 1528 – 1542.

Razza, R. A., Martin, A., Brooks-Gunn, J. Are Approaches to Learning in Kindergarten Associated with Academic and Social Competence Similarly? [J]. Child & Youth Care Forum, 2015, 44(6): 757 – 776.

Reardon, S. F. The widening academic achievement gap between the rich and the poor: new evidence and possible explanations. In G. J. Duncan, & R. J. Murnane (Eds.), Whither opportunity: rising inequality, schools, and children's life chances (pp. 91 – 116) [M]. New York, NY: Sage, 2011.

Rebecca, B., Gaia, S. Executive Functioning as a predictor of Children's Mathematics Ability, Inhibition, Switching and Working Memory [J]. Journal of Developmental Neuropsychology, 2001;19(3):273 – 93.

Rebert, A. S. Implicit learning and tacit knowledge on the cognitive unconscious[M]. New York Oxford University Press,1993.

Richardson, C., Mishra, P. Learning environments that support student creativity: Developing the SCALE [J]. Thinking Skills and Creativity, 2018, 27: 45 – 54.

Rikoon, S. H., McDermott, P. A., & Fantuzzo, J. Approaches to learning among Head Start alumni: Structure and validity of the Learning Behaviors Scale [J]. School Psychology Review, 2012, 41, 272 – 294.

Robinson, K. Reading, writing, and creativity [J]. Business Week, 2006.

Robinson, K. Out of our minds [M]. West Sussex, United Kingdom: Capstone Publishing,2011.

Rock, D. A., Pollack, J. M. Early Childhood Longitudinal Study-Kindergarten Class of 1998 – 99 (ECLS-K): Psychometric Report for Kindergarten through First Grade[C]. Working Paper Series, 2002.

Romano, E., Babchishin, L., Pagani, L., Kohen, D. School Readiness and Later Achievement: Replication and Extension Using a Nationwide Canadian Survey [J]. Developmental Psychology, 2010, 46(5): 995 – 1007.

Sabol, T. J., Hong, S. S., Pianta, R. C., & Burchinal, M. R. Can rating Pre-K programs predict children's learning? [J] Science, 2013, 341(6148), 845 – 846.

Sali, G.,Akyol, A. K. Creativity of Preschool and Elementary School Teachers and Their Students [J]. Perceptual & Motor Skills: Learning & Memory, 2015, 121,3:759 – 765.

Sanderse, W., Walker, D. I., Jones, C. Developing the whole child in an age of academic measurement: Can this be done according to U. K. teachers? [J] Teaching and Teacher Education, 2015,47:195 - 203.

Schaefer, B. A., McDermott, P. A. Learning behavior and intelligence as explanations for children's scholastic achievement[J]. Journal of School Psychology, 1999, 37(3): 299 - 313.

Schaefer, B. A., Shur, K. F., Macri-Summers, M., MacDonald, S. L. Preschool children's learning behaviors, concept attainment, social skills, and problem behaviors: Validity evidence for Preschool Learning Behaviors Scale scores [J]. Journal of Psychoeducational Assessment, 2004, 22(1):15 - 32.

Scherer, R., Gustafsson, J. E. The relations among openness, perseverance, and performance in creative problem solving: A substantive-methodological approach [J]. Thinking Skills and Creativity,2015, 18: 4 - 17.

Science Network: Fetal and Neonatal Experience, effects on child and adolescent mental health. Antenatal maternal stress and long-term effects on child neurodevelopment: how and why? [J] Journal of Child Psychology and Psychiatry, 2007,48, 245 - 261.

Scott-Little, C., Kagan, S., Frelow, V. Inside the content: The breadth and depth of early learning standards. Greensboro, NC: Regional Educational Laboratory Southeast, 2005.

Sheridan, M. & Nelson C. A. Neurobiology of fetal and infant development: Implications for infant mental health. In C. H. Zeanah (Ed.), Handbook of Infant Mental Health [M]. 3rd ed. New York: The Guilford Press, 2009.

Sherman, J., & Bisanz, J. Equivalence in symbolic and nonsymbolic contexts: Benefits of solving problems with manipulatives[J]. Journal of Educational Psychology, 2009,101, 88 - 100.

Shutts, K., Kenward, B., Falk, H., Ivegran, A., Fawcett, C. Early preschool environments and gender: Effects of gender pedagogy in Sweden [J]. Journal of Experimental Child Psychology, 2017, 162:1 - 17.

Spiro, R., Coulson, R., Feltovich, P. Cognitive Flexibility Theory: Advanced Knowledge Acquisition in Structured Domain[M]. Preceding of Cognitive Science Society. Hillsdale, New Jersey: Lawrence Erlbaum Associates. 1988,375.

Strenze, T. Intelligence and socioeconomic success: A meta-analytic review of longitudinal research [J]. Intelligence, 2007,35: 401 - 426.

Sternberg, R. J. , Lubart, T. I. An investment theory of creativity and its development [J]. Human Development,1991,34(1):1 - 31.

Su, Y. F. , Rao,N. , Sun, J. , Zhang, L. Preschool quality and child development in China [J]. Early Childhood Research Quarterly, 2021, 56(3):15 - 26.

Sung, J., Wickrama, K. A. S. Longitudinal relationship between early academic achievement and executive function: Mediating role of approaches to learning [J]. Contemporary Educational Psychology, 2018,54: 171 - 183.

Szyf, M. The Early Environment and the Epigenome [J]. Biochimics et Biophysica Acta, 2009,1790(9), 877 - 885.

Shonkoff, J., Levitt, P., Fox, N., Bunge, S., Cameron, J., & Duncan, G. From best practices to breakthrough impacts: A science-based approach for building a more promising future for young children and families. Cambridge [M], MA: Harvard University, Center on the Developing Child, 2016.

Tayler, C., Cloney, D., Niklas, F. Understanding the trajectories of development of young children and the need for action to improve outcomes[J]. Australasian Journal of Early Childhood, 2015, 40(3): 51 - 60.

Taylor-colls S., Fearon, R. M. P. The Effects of Parental Behavior on Infants' Neural Processing of Emotion Expressions [J]. Child Development, 2015: 86(3), 877 - 888.

Teaching Strategies LLC. The Teaching Strategies GOLD™ Child Assessment Portfolio[M],Washington, DC, 2010.

Thomson, K. C., Oberle, E., Gadermann, A. M., Guhn, M. Measuring social-emotional development in middle childhood: The Middle Years Development Instrument [J]. Journal of Applied Developmental Psychology, 2018, 55: 107 - 118.

Torrance, E. P. Teaching for Creativity. In Isaksen, S. G. (Ed.), Frontiers of creativity research: Beyond the basics (pp. 189 - 215) [M]. Buffalo, NY: Bearly Limited, 1987.

Tough, P. How Children Succeed: Grit, Curiosity, and the Hidden Power of Character[M]. Houghton Mifflin Harcourt Publishing Company, New York, 2012.

Tseng, W. T., Schmitt, N. Toward a model of motivated vocabulary learning: A structural equation modeling approach[J]. Language Learning, 2008, 58(2):357 - 400.

Tremblay, R. E., Nagin, D. S., Seguin, J. R., Zoccolillo, M., Zelazo, P. D., Boivin, M., Japel, C. Physical aggression during early childhood: Trajectories and predictors [J]. Pediatrics, 2004,114, 43 - 50.

Thorpe, K., Rankin, P., Beatton, T., Houen, S., Sandi, M., Siraj, I., Staton, S. The when and what of measuring ECE quality: Analysis of variation in the Classroom Assessment Scoring System (CLASS) across the ECE day[J]. Early Childhood Research Quarterly, 2020, 53: 274 - 286.

Tripathi, T. , Hsu, L. Y. , Koziol, N. A. et al. Concurrent validity of the Bayley cognitive subtest and early problem solving indicator in infants with neuromotor impairments [J]. Developmental Medicine & Child Neurology, 2017,59:113 - 113.

U. S. Department of Health and Human Services. Head Start Early Learning Outcomes Framework (Ages Birth to Five) [S], 2015.

U. S. Department of Health and Human Services. Relationships: The Heart of

Development and Learning [S]. National Infant & Toddler Child Care Initiative, 2010, Washington, DC

Vandell, D. L., & Wolfe, B. Child care quality: Does it matter and does it need to be improved? [R] Madison: University of Wisconsin - Madison, Institute for Research on Poverty. 2000.

Vandell, D., Belsky, J., Burchinal, M., Steinberg, L., Vandergrift, N., & The NICHD Early Child Care Research Network. Do effects of early child care extend to age 15 years? Results from the NICHD Study of Early Child Care and Youth Development [J]. Child Development, 2010, 81, 737 - 756.

Vitiello, V. E., Bassok, D., Hamre, B. K., Player, D., Williford, A. P. Measuring the quality of teacher-child interactions at scale: Comparing research-based and state observation approaches[J]. Early Childhood Research Quarterly, 2018, 44 :161 - 169.

Vitiello, V. E., Greenfield, D. B. Executive functions and approaches to learning in predicting school readiness[J]. Journal of Applied Developmental Psychology, 2017,53: 1 - 9.

Vitiello, V. E., Greenfield, D. B., Munis, P., & George, J. Cognitive flexibility, approaches to learning, and academic school readiness in Head Start preschool children [J]. Early Education and Development,2011, 22(3):388 - 410.

Walgermo, B. R., Frijters, J. C., Solheim, O. J. Literacy interest and reader self-concept when formal reading instruction begins[J]. Early Childhood Research Quarterly, 2018, 44: 90 - 100.

Wang, L. M., Fu, X. L., Zimmer, H., Aschersleben, G. Familiarity and complexity modulate the way children imitate tool-use actions: A cross-cultural study[J]. Journal of cognitive psychology, 2012, 24(2): 221 - 228.

Wang, M. T., Degol, J. L., Amemiya, J., Parr, A., Guo, J. Classroom climate and children's academic and psychological T wellbeing: A systematic review and meta-analysis [J]. Developmental Review, 2020, 57(100912), 1 - 21.

Warner, S. A., & Myers, K. L. The creative classroom: The role of space and place toward facilitating creativity [J]. Technology Teacher,2009, 69(4), 28 - 34.

Webster-Stratton, C. The Incredible Years: A trouble-shooting Guide for Parents of Children Aged 2 - 8 Years [M]. WA: Published by Incredible Years. Preface. 2006.

Weir, A. A. S., Chappell, J., & Kacelnik, A. Shaping of hooks in new Caledonian crows [J]. Science, 2002,297: 981.

Whalen, D. J., Sylvester, C. M., Luby, J. L. Depression and Anxiety in Preschoolers: A Review of the Past 7 Years[J]. Child Adolescent Psychiatric Clinics of North America, 2017, 26(3), 503 - 522.

Whalley, C. L., Cutting, N., Beck, S. R. The effect of prior experience on children's tool innovation[J]. Journal of Experimental Child Psychology, 2017, 161:81 - 94.

White，B. L. Education Begins at Birth. Special Report：Early Childhood Education [J]. Principal，1987：66(5)，15 - 17.

White，B. L. Education for Parenthood [J]. Journal of Education，1981，163(3)：205 - 18.

White，B. L. Head Start：Too Little and Too Late [J]. Principal，1994：73 (5)：13 - 14.

White，B. L. The First Three Years of Life [M]. New York：Prentice Hall Press，1985.

White，R. E.，Prager，E. O.，Schaefer，C.，Kross，E.，Duckworth，A. L. The "Batman Effect"：Improving Perseverance in Young Children[J]. Child Development，2016，in press.

Wisconsin Child Care Information Center. Wisconsin Model Early Learning Standard [S]. Fifth Edition，2017.

Worrell，F. C，Vandiver，B. J.，& Watkins，M. W. Construct validity of the Learning Behavior Scale with an independent sample of students. Psychology in the Schools，2001，38：207 - 215.

Worrell，F. C，Vandiver，B. J.，Watkins，M. W. Construct validity of the Learning Behavior Scale with an independent sample of students[J]. Psychology in the Schools，2001，38：207 - 215.

Wu，Z. L.，Hu，B. Y.，Fan，X. T. Cross-Cultural Validity of Preschool Learning Behavior Scale in Chinese Cultural Context[J]. Journal of Psychoeducational Assessment，2019，37(1)：125 - 130.

Yates，E.，Twigg，E. Developing creativity in early childhood studies students[J]. Thinking Skills and Creativity，2017，23：42 - 57.

Yen，C. J.，Konold，T. R.，McDermott，P. A. Does learning behavior augment cognitive ability as an indicator of academic achievement? [J] Journal of School Psychology，2004，42(2)：157 - 169.

Yeniad，N.，Malda，M.，Mesman，J.，van IJzendoorn，M. H.，& Pieper，S. Shifting ability predicts math and reading performance in children：A meta-analytical study[J]. Learning and Individual Differences，2013，23：1 - 9.

Yeniad，N.，Malda，M.，Mesman，J.，van IJzendoorn，M. H.，Emmen，R. A. G.，Prevoo，M. J. L. Cognitive flexibility children across the transition to school：A longitudinal study[J]. Cognitive Development，2014，31：35 - 47.

Yeung，M. K.，Han，Y. M. Y.，Sophia，L. S.，Chan，A. S. Abnormal Frontal Theta Oscillations Underlie the Cognitive Flexibility Deficits in Children With High-Functioning Autism Spectrum Disorders[J]. Neuropsychology，2016，30(3)：281 - 295.

Yoon，C. H. A validation study of the Torrance Tests of Creative Thinking with a sample of Korean elementary school students[J]. Thinking Skills and Creativity，2017

(26)：38 - 50.

Zenasni，F.，Mourgues，C.，Nelson，J.，Muter，C.，Myszkowski，N. How does creative giftedness differ from academic giftedness? A multidimensional conception［J］. Learning and Individual Differences，2016(52)：216 - 223.

Zhou，Q.，Hofer，C.，Eisenberg，N.，Reiser，M.，Spinrad，T. L.，& Fabes，R. A. The developmental trajectories of attention focusing，attentional and behavioral persistence，and externalizing problems during school-age years［J］. Developmental Psychology，2007，43：369 - 385.

Zohar，A.，Cohen A. Large scale implementation of higher order thinking（HOT）in civic education：The interplay of policy，politics，pedagogical leadership and detailed pedagogical planning［J］. Thinking Skills and Creativity，2016，21：85 - 96.

后　记

　　十余年前,还在心理学院读研究生的我不知不觉中萌生了对儿童教育的兴趣。毕业后留在校园里工作,时常披星戴月、早出晚归。走在校园里上下班的路上,不禁感叹:在这个世界上,有两样东西能让我身心放松,能令我永远陶醉。那便是:辽阔的蓝天,和儿童的笑脸。常常,驻足于一片蓝天之下,忘我地仰望——那淡蓝、深蓝、浅蓝的变换、流动,瞬间,身心得到了极大的放松。也许,正是在那时候,"儿童教育"在我心灵深处构成了一个悄然追随的梦。

　　六年多前,我带着家人一起置身美国,如饥似渴地在儿童早期教育(Early Childhood Education)领域访问学习。学习之余,既为自家小朋友寻找到学年学习的幼儿园和暑期学习的不同课程取向园所夏令营,自己又申请成为幼儿园教师志愿者。前后得以走访许多类型的幼儿园,观看许多不同的园所环境、活动、老师和儿童们。同时基于现场情境向一线老师们请教、聚焦问题深入访谈;多次参加全美幼教年会(NAEYC),与同行专家学者交流讨论……观察着、学习着、反思着、感慨着……

　　最大的感慨之一是我们身边的一些普通美国幼儿,其身体素质、运动能力、社会情绪、独立能力、自律品质等发展得如此优秀! 我在访问学习期间的指导教授 Lynne Vernon-Feagons 对儿童早期的发展"Gap"很敏感,尤其是对"Gap"的纵向追踪研究结果令人印象深刻。作为美国儿童早期教育研究领域的杰出专家,她研究的目的之一是希望引起人们对早期发展差距的关注以避免差距的持续扩大……或许当时我并未意识到她的研究对我的影响,只是迫切地感受到,国家的强盛原来在孩提时代就悄然发生了,建设教育强国可能也需要着眼到儿童早期! 回国后时常涌起写一本书的冲动,并拟了书名:"在家与国际同步:0—6 岁儿童早期教育精要"("家",既指国家,又指小家)。希望写一本既基于国际先进理念、实践经验,又基于本土实证研究与理论创新的儿童早期教育著作。 由此既为推动学术前沿探索做出一点努力;又让广大的中国成人教养者(家长、婴幼儿教师等)茶余饭后有参阅的专业信息,实现在"家"与国际同步的高质量儿童早期教育。 如果每一对父母、每一位老师都能从自身的生命成长与进化出发,不断学习科学的教学理念,把握儿童从出生到 3 岁、从 3 岁到 6 岁这段历程,那么就能极大程度上塑造儿童毕生学习与发展的最佳基础。 当中,学习品质是关键奠基之一。

当今时代,全球发达国家都在为提升儿童早期教育质量而努力。 全面提升我国儿童早期教育质量与成人科学保教能力,这是关乎中华民族未来与发展的奠基工程。 本书聚焦儿童早期学习品质发展与培养,旨在为实现我国儿童早期教育走上高质量轨道、让每一个儿童都能获得高质量的早期教养而努力。 在课题申报、展开和结题过程中,对书稿一遍遍地修改至最终定稿;心愿初步达成,未来继续努力。 由衷地感谢一路走来给予我支持、帮助和启发的老师朋友们! 感谢导师刘电芝教授把我引入学习心理学领域,让我发现了自我的同时,找到了自己毕生热爱的方向! 感谢资助本书出版的江苏省哲学社会科学规划办! 感谢江苏人民出版社的编辑们! 尤其是韩鑫总编和责任编辑石路老师! 感谢支持本书中实证研究的所有同学、幼儿和园所机构! 最后,感谢家人的无私奉献与支持!

疏漏之处敬请各位读者不吝赐教!

彭杜宏

E-mail:pengduhong@126.com

2021 年 7 月 1 日于苏

图 1　Annie3 岁时画的下大雨了

图 2　Annie4 岁时画的老鼠洞

图 3　艺术家陈曦作品

1

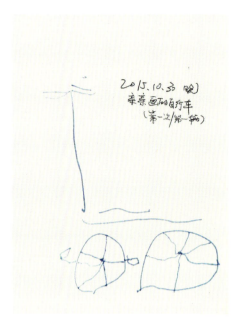

图 4　Annie4 岁时画的自行车

图 5　Annie8 岁时画的骑自行车

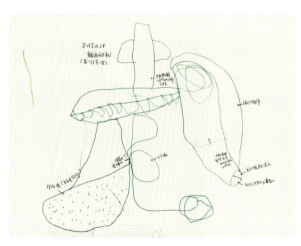

图 6　Annie4 岁时画的飞机

2

图7　Annie7 岁时创作的五个小女孩的
故事1

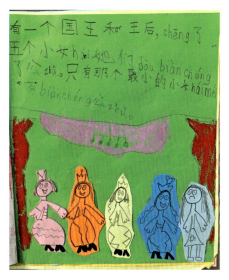

图8　五个小女孩的故事2

图9　五个小女孩的故事3

图10　五个小女孩的故事4（未完）

Cognitive Development

Objective 11 Demonstrates positive approaches to learning

a. Attends and engages

	Not Yet	Level 1	Level 2	Level 3	Level 4	Level 5	Level 6	Level 7	Level 8	Level 9
			Pays attention to sights and sounds		Sustains interest in working on a task, especially when adults offer suggestions, questions, and comments		Sustains work on age-appropriate, interesting tasks; can ignore most distractions and interruptions		Sustains attention to tasks or projects over time (days to weeks); can return to activities after interruptions	

Checkpoints:
First
Second
Third
Fourth

Checkpoint

1st 2nd 3rd 4th Not observed because:
☐ ☐ ☐ ☐ Recently enrolled
☐ ☐ ☐ ☐ Excessive absences
☐ ☐ ☐ ☐ Other: _____

See page 62 of *Objectives for Development & Learning: Birth Through Kindergarten.*

图 11　第三章第四节表 1 对应的英文原版图

4

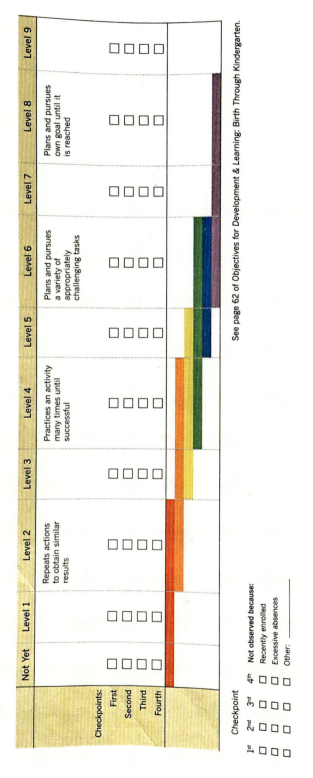

图 12　第三章第四节表 2 对应的英文原版图

5

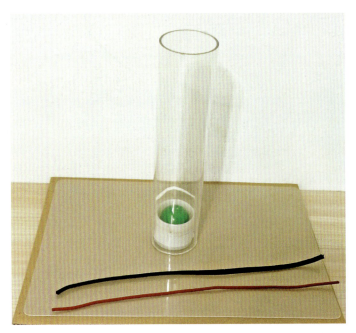

图 13　第五章第二节图 1 儿童坚持性测评实验任务

图 14　第六章第二节图 1 制钩任务实验材料

6